W0226698

Siegfried Obermeier

Um Liebe und Tod

Siegfried Obermeier

Um Liebe und Tod

Das lasterhafte Leben des François Villon

nymphenburger

Besuchen Sie uns im Internet unter
www.nymphenburger-verlag.de

© 2005 nymphenburger in der
F. A. Herbig Verlagsbuchhandlung GmbH, München
Alle Rechte vorbehalten.
Schutzumschlaggestaltung: Wolfgang Heinzel
Umschlagmotiv: Bridgeman, Berlin
Satz: Ina Hesse
Gesetzt aus: 10,5/13,8 Garamond BQ
Druck und Binden: GGP Media GmbH, Pößneck
Printed in Germany
ISBN 3-485-01063-4

Prolog

Père Guillaume, sein Pate, hatte darauf bestanden, die Kutsche anspannen zu lassen, um seinen Schützling bis vor die Tore der Universität zu begleiten. François war vor kurzem zwölf Jahre alt geworden und hatte im Kloster St. Benoît-le-Betourné so viel an Griechisch, Latein, Religion, Rechnen und Geschichte in sich aufgenommen, dass sein Pate es für angebracht hielt, ihn als Studenten im Collège de Navarre aufnehmen zu lassen. Als Kaplan an der Klosterkirche und aus adeliger Familie stammend, hatte Guillaume de Villon weit reichende Beziehungen zur Universität – auch er hatte dort studiert –, insbesondere aber zu dem vornehmen Collège de Navarre. Er selbst war recht wohlhabend, bewohnte in der Nähe seiner Kirche ein eigenes prachtvoll eingerichtetes Haus, »Porte Rouge« genannt, wo auch François seit seinem sechsten Lebensjahr lebte. Von dort zur Universität wären es nur wenige Schritte gewesen, aber Père Guillaume wusste, was er seinem Amt und seinem adeligen Namen schuldig war.

François berührte seinen Paten am Arm.

»Lasst hier anhalten, *mon père*. Ich möchte als Neuling nicht vorgefahren werden wie ein Prinz – das steht mir nicht zu.«

Über das feiste, kluge Gesicht – dort flossen Genießertum und Gelehrsamkeit ineinander – flog ein nachsichtiges Lächeln.

»Du bist erst zwölf, mein Junge, und da gehört es sich...« Er hielt inne und seufzte. »Also gut, aber nach der Einschreibung kommst du sofort.«

Das Register der Studenten führten abwechselnd ältere Semester, die sich damit ein Zubrot verdienten. Mit finsterem Blick musterte der etwa Achtzehnjährige den Neuling. Er tat es lange und gründlich, verzog dann seine Lippen zu einem spöttischen Grinsen und schüttelte missbilligend den Kopf.

»Wir nehmen nicht jeden beliebigen Grünschnabel auf! Dir kleben ja noch die Eierschalen hinter den Ohren – trägst du auch noch Windeln?«

Noch ehe François etwas sagen konnte, sprach der andere weiter.
»Zumindest riechst du danach – also lass sie dir von Mama wechseln und dann kommst du wieder.«
François zeigte sich wenig beeindruckt, zog sein Empfehlungsschreiben aus der Tasche und streckte es dem Registerführer hin. Der nahm es mit spitzen Fingern, als fasste er etwas Schmutziges an, und verzog dabei sein Gesicht.
»Im Übrigen bin ich von meinem Paten Père Guillaume de Villon schon angemeldet.«
Der andere seufzte ergeben.
»Ja, dann … Welchen Namen soll ich eintragen?«
»François de Montcorbier.«
Der Student erschrak.
»Ist das dein Ernst? Davon würde ich dir abraten – ein solcher Name erregt Anstoß.«
»Meine verstorbenen Eltern trugen ihn und ich wüsste nicht, dass er ihnen geschadet hätte.«
»Vielleicht weil sie es gewohnt waren und in der Gegend des Rabenbergs wohnten. Da stand bis vor kurzem noch der Galgen und das ist keineswegs vergessen. Aber wenn du dich ›Franz vom Galgenberg‹ nennen willst, ist es deine Sache.«
Der Student hatte Recht. Dieser Name erregte Anstoß, provozierte Häme und Spott.
Als François später mit seinem Paten darüber sprach, nickte der dazu. »Ich hätte es mir denken können! Dein Vater war ein Tagelöhner und ging nicht selten dem Henker und seinen Knechten zur Hand. Gott hab ihn selig! Aber wir leben in der Gewissheit, dass Gott Könige, Päpste, Adelige ebenso nach ihren Taten misst wie Tagelöhner und Bettler. So werde ich tun, was ich längst hätte tun sollen: Ich mache dich zu meinem Sohn!«
»Der ich vielleicht tatsächlich bin?«
Das war ein Vorstoß ins Leere, doch François hatte aus gewissen Äußerungen, Andeutungen und einer im Sinne des Wortes väterlichen Fürsorge geschlossen, dass Père Guillaume auch sein natürlicher Vater war. Seit er wusste, dass seine Mutter im Porte Rouge fast zwei

Jahre lang den Haushalt geführt hatte, stand sein Verdacht auf festen Füßen und die Zweifel schwanden.
Der Kaplan errötete.
»Hat – hat dir irgendwer – oder bist du selbst –?«
»Ich habe meinen angeblichen Vater nicht gekannt, aber wenn ich ganz ehrlich bin, so ziehe ich es doch vor, ein echter Villon zu sein als der Sohn eines Henkersgehilfen.«
Père Guillaume drohte mit dem Finger.
»Keinen Hochmut, bitte ich mir aus! Vor Gott sind wir alle gleich und er bemisst Bettler und Könige nach gleichen Maßstäben, nämlich nach ihrer Lebensführung, und da kann es schon sein, dass der König in den Höllenschlund fährt und der Bettler himmlische Freuden genießt.«
François grinste und sagte:
»Amen!«
Da verpasste ihm sein Vater eine Maulschelle, aber er lachte dabei.
Mit der Adoptionsurkunde ging François zu seinem Magister und der veranlasste die Namensänderung, gab sie auch im Hörsaal bekannt. Aus Respekt vor seinem Vater, aber auch aus Gleichgültigkeit ließ François das adelige »de« vor seinem neuen Namen weg und nannte sich von nun an Villon.

1

Père Guillaume empfand so etwas wie Befreiung. Was ihn lange drückte, was sein Gewissen zwar nicht schwer belastete, ihm aber doch ein leises Schuldgefühl verursachte, waren die Lebensumstände des kleinen François.

Er selbst hatte es gut getroffen – nein, anders: Gott hatte ihm, Guillaume de Villon, ein Schicksal bereitet, für das er dem Herrn täglich in Gebeten dankte. Alles hatte sich für ihn zum Besten gewandt. Zwar waren Leid und Tod über andere Glieder seiner Familie gekommen, aber das war nicht seine Schuld, sondern Gottes unerforschlicher Wille.

Als er zwei Jahre nach dem Beginn des neuen Jahrhunderts im schönen Städtchen Sens geboren wurde, war die Welt seiner Familie noch in wohl gefügter Ordnung. Seine Mutter hatte immer nur Söhne geboren, von denen drei die Kindheit überlebten, und er, Guillaume, war der Letztgeborene. Einer alten Tradition gehorchend, wurde der dritte Sohn als Gottesgeschenk betrachtet und somit Gott geweiht, also zur geistlichen Laufbahn bestimmt.

Guillaume sträubte sich nicht dagegen – ja, er fühlte sich auserwählt und betrachtete seine älteren Brüder mit einem Gefühl, das vielleicht als mitleidiger Hochmut zu bezeichnen wäre. Auch konnte er eine leise Schadenfreude nicht unterdrücken, wenn die älteren Brüder zur Erntezeit hart in die Arbeit mit eingespannt wurden, während er im kühlen Haus über seinen Büchern saß und auf väterlichen Befehl dabei nicht gestört werden durfte. Das Lernen fiel ihm leicht und an der Domschule von St. Etienne gab es – damals – ausgezeichnete Lehrer. Selbst im Hundertjährigen Krieg, der Elend und Untergang über zahlreiche Ortschaften brachte, hatte Gott seine schützende Hand über ihn gehalten, vielleicht weil dort die Kathedrale dem Erzmärtyrer Stephan geweiht war.

In ebendiesem Gotteshaus feierte Guillaume dc Villon als Achtzehnjähriger seine Primiz in Anwesenheit von Familie, Verwandten und Freunden, als es draußen unruhig wurde. Alle wandten empört ihre

Köpfe, als krachend die Kirchentür aufflog und Bewaffnete hereinströmten. Das war ein Tag! Als die burgundischen Soldaten sahen, dass hier ein junger Priester seine erste Messe zelebrierte, knieten sie nieder und warteten das »Ite missa est!« ab. Dann löste sich eine schlanke, hoch gewachsene Gestalt aus den Reihen der Krieger, verneigte sich vor dem jungen Priester und sagte mit weithin vernehmbarer Stimme, er habe den Bürgern von Sens etwas zu verkünden. Danach stellte er sich auf die Stufen des Altars und teilte der verblüfften Menge mit, er sei Herzog Philipp von Burgund, habe soeben die Stadt Sens erobert und seinem Reich eingefügt.

Freilich, Sens war von den Truppen des französischen Königs Charles nur schwach besetzt und wie sich später herausstellte, hatten sie kampflos den Platz geräumt. So kam es weder zu Plünderungen noch zu irgendwelchen Gewalttaten, denn Philipp von Burgund – später mit dem Beinamen »der Gute« – setzte auf seinem Eroberungszug alles daran, für sein Land neue Bürger zu gewinnen, sich aber nicht neue Feinde zu schaffen.

So wurde diesem 11. Juni des Jahres 1420 später nicht in Hass und Trauer gedacht, weil sich im Grunde wenig änderte. Das Leid und die Trauer kamen auf anderen Wegen. Wenn fremdes Kriegsvolk eine Stadt besetzt und dort für eine Weile Quartier nimmt, dann werden in den meisten Fällen irgendwelche Krankheiten eingeschleppt. Auch Sens entging diesem Schicksal nicht und im Laufe der nächsten Tage und Wochen starben etwa drei Dutzend Menschen an einer Seuche, von der die Ärzte sagten, die Pest sei es nicht, auch nicht die Ruhr oder gar die Blattern. Nur ein sehr angesehener jüdischer Medicus legte sich in der Diagnose fest und sagte, die auffallende Rötung am Hals sowie an Armen und Beinen, dazu die Entzündung im Rachen mit extremen Schluckbeschwerden, weise mit ziemlicher Sicherheit auf *scarlatina*, hierzulande auch als *écarlate* bezeichnet. Aber auch er wusste kein sicheres Mittel dagegen und so starben im Laufe des Sommers an die hundert Menschen qualvoll an dieser Krankheit.

Guillaume de Villon, der junge Priester, war wenige Tage nach seiner Primiz wieder abgereist, denn er wollte sich noch vor der Sommerpause an der Pariser Universität einschreiben lassen, um dort den Magister Artium Liberalum zu erwerben. Hatte dies für einen geweihten Priester überhaupt einen Sinn? Eigentlich nicht, aber wer später einen gewissen Aufstieg in der Kirchenhierarchie anstrebte, war mit einem solchen Titel den anderen schon einen Schritt voraus. Zudem verlieh dieser akademische Rang das Recht der Unterrichtserteilung. Später hatte Guillaume dann die Wahl zwischen einer Pfarrstelle oder einem Lehrstuhl an der Universität.

Das war nun der Lebensplan des jungen Priesters, für den er den Segen Gottes erhoffte. Dann kam die schlimme Nachricht aus Sens und es sah aus, als könnte sich seine Zukunft doch anders gestalten. Seine beiden Brüder waren nämlich kurz hintereinander an der *scarlatina* gestorben und als er überstürzt in seine Heimat reiste, lagen auch die Eltern im Sterben. Die Ärzte wussten um die große Gefahr einer Ansteckung und rieten Guillaume, beim Krankenbesuch eine essiggetränkte Atemmaske zu tragen, aber er brachte es einfach nicht übers Herz, sich seinen Eltern in dieser grauenvollen Verkleidung – die Menschen glichen dann Todesvögeln – zu nähern.

Seine Mutter konnte nicht mehr sprechen, aber ihre fieberglänzenden Augen blickten ihn liebevoll und dankbar an. Der Vater aber winkte ihn näher und krächzte:

»Du – du musst jetzt dein Priesteramt aufgeben – bist der letzte Villon – musst Söhne zeugen – unseren Stamm weiterführen. Unsere *terre* darf nicht in fremde Hände fallen. Andere warten schon darauf.« Dann wurde seine Stimme undeutlich und sein Atem mühsamer.

Guillaume aber wusste keine Antwort darauf, sondern flüsterte nur *sacerdos in aeternam*, denn während seines Theologiestudiums war ihm eingehämmert worden, dass ein einmal geweihter Priester es in Ewigkeit bleibe. Zwar könne ihm sein Bischof oder der Papst aus mancherlei Gründen die Ausübung seines heiligen Amtes untersagen, doch das ändere nichts an seinem Priestertum.

Einige Tage später starben seine Eltern im Abstand von nur wenigen Stunden. Am Tag nach ihrer Bestattung fühlte Guillaume sich matt und abgespannt, was bei seinem großen Leid nur natürlich gewesen wäre, aber als er dann zu frösteln und später zu fiebern begann, hörte er die undeutliche Stimme des Arztes durch die Schnabelmaske sagen:

»Ihr seid Euren Eltern zu nahe gekommen, ohne Schutz …«

Sein viel sagendes Schweigen war beredt genug, um Guillaume wissen zu lassen, auch er sei nun ein Opfer der Seuche geworden.

Gott will mich prüfen, dachte er, will herausfinden, ob ich fest genug bin, mein Priesteramt zu wahren. Freilich kannte auch er Fälle, da hatten Papst oder Bischof einen jungen Geistlichen – wenn er der letzte Spross seines Stammes war – von seinem Amt entbunden und ihm die Erlaubnis zur Heirat und zu weltlichem Handeln erteilt. Immerhin galt es, ein Landgut mit ausgedehnten Feldern, Wäldern und Weinbergen zu erhalten, das zudem einigen Dutzend Familien Brot und Lebensraum gab.

Während die fortschreitende Krankheit ihn zunehmend mit Kopfschmerz, Fieber und heftigem Erbrechen quälte und er nur noch eiskaltes Wasser in kleinen Schlucken zu sich nehmen konnte, flüsterte er in seinen wenigen ruhigen Stunden unaufhörlich vor sich hin: Sacerdos in aeternam – Priester in Ewigkeit!

In seiner dritten Krankheitswoche klang das Fieber ab, die Rachenschwellung ging zurück und er begann sich zu häuten wie eine Schlange. Das war durchaus wörtlich zu nehmen, denn seine Haut verlor ihre krankhafte Rötung, wurde blass und rau und schälte sich dann in kleinen und größeren Fetzen ab.

Sens war eine Bischofsstadt und so beriet sich der junge Priester mit Seiner Exzellenz, den ein loses Freundschaftsband mit der Familie Villon verband und der ihn schon als Kind gekannt hatte.

»Ja, Guillaume, Gottes Handeln ist für uns Menschen oft rätselhaft, erscheint uns manchmal grausam und ungerecht. Warum mussten deine Brüder sterben und dann deine Eltern? Um deine Festigkeit zu prüfen? Das wäre schon ein gewagter Gedanke, vier Menschen um der Standhaftigkeit eines jungen Priesters willen in den Tod zu schicken. Es bleibt uns nur, Gottes Entscheidungen in Demut hinzunehmen. Was dein Vater von dir verlangte, kann ich gut verstehen, denn auch ich stamme aus einer Gutsherrenfamilie und ich erkläre mich – wenn auch nicht gerne – bereit, deine Rückversetzung in den Laienstand zu betreiben. Ich habe gute Verbindungen nach Rom, bin mit einem der französischen Kardinäle befreundet und könnte bei Seiner Heiligkeit, Papst Martin V., erreichen, dass …«

»Verzeiht, wenn ich Euch unterbreche, *mon évêque*, aber darum geht es nicht, auch wenn ich mich für Eure Bereitschaft herzlich bedanken muss. Ich will Priester und ehelos bleiben, möchte an meinem Lebensplan nichts ändern. Für mein Gut wird sich ein Verwalter finden und da Paris nicht allzu ferne ist, werde ich mehrmals im Jahr hier nach dem Rechten sehen.«

Dem Bischof war die Erleichterung anzumerken.

»Wer weiß, vielleicht kannst du später hier ein geistliches Amt anstreben …«

»Der Mensch denkt und Gott lenkt«, sagte Guillaume fromm, denn er hielt es nicht für gut, dem Bischof alle seine Gedanken zu offenbaren. Im Stillen dachte er nämlich, es sei nicht zu empfehlen, in seiner Heimatstadt gleichzeitig als Priester und reicher Gutserbe aufzutreten. Das könnte zu Neid und Misshelligkeiten führen.

»Aber wie finde ich einen fähigen und ehrlichen Verwalter?«

Der Bischof winkte ab.

»Es gibt jetzt genug davon – leider. Der große Krieg hat viele Menschen entwurzelt, heimat- und besitzlos gemacht. Die Engländer halten nicht nur Paris besetzt, sondern auch einige Landstriche im Westen und es gibt viele Flüchtlinge, die dringend eine Arbeit suchen, wie du sie anzubieten hast. Ich werde es für dich in die Wege leiten, als letzten Freundschaftsdienst für deine Eltern.«

Guillaume atmete auf. Er bedankte sich, übergab dem Bischof eine ansehnliche Armenspende und ging nach Paris zurück.

Guillaume de Villon war kein leichtfertiger Mensch und prüfte von Zeit zu Zeit sorgfältig sein christliches Gewissen. Zwei Jahre nach dem Tod seiner Familie stellte er dann etwas befremdet fest, dass er sich in seinem jetzigen Zustand behaglich eingerichtet hatte. Er stand kurz vor der Magisterprüfung und sah ihr mit Zuversicht, aber auch mit Gleichmut entgegen. Selbst wenn er sie nicht bestand, so wäre das kein Unglück. Er war ein sehr wohlhabender Mann; der vom Bischof bestimmte Verwalter führte das Gut mit Geschick und überwies Jahr für Jahr ansehnliche Summen. Guillaume hätte sich – das gab es immer noch – ein höheres geistliches Amt kaufen können, aber das widerstrebte ihm. Doch nicht darum ging es, sondern um die Tatsache, dass ihm sein Besitzstand und die dadurch erreichte Sicherheit eine große Befriedigung verschaffte.

Dabei hörte er ein leises, böses Stimmchen flüstern, wie gut es doch sei, dass Brüder wie Eltern in den Frieden des Herrn eingegangen waren. Wenn auch nur einer seiner Brüder überlebt hätte, wäre Guillaume – zumindest bis er ein einträgliches Amt gefunden hätte – von seiner Gnade abhängig gewesen. Vor diesem Gedanken graute ihm so sehr, dass er – nun, wir haben gehört, was die böse Stimme ihm einflüsterte. Guillaume gebot ihr im Namen Gottes Schweigen, betete viel und beichtete einem ihm unbekannten, aber im Universitätsviertel sehr angesehenen Priester.

»Gott hat uns als schwache, fehlbare Wesen geschaffen, um uns die Möglichkeit einer Besserung, einer Bewährung zu geben. Ich werde dir nicht raten, dein Gut zu verschenken und dich in einem Kloster zu verkriechen – nein, stelle dich der Welt und versuche, Gutes zu tun. Dazu musst du deinen Ehrgeiz ablegen, ein hohes Kirchenamt zu erlangen, weil du es nicht brauchst, weil du durch den Tod deiner Familie zu Wohlstand gelangt bist. Du bist nicht schuld daran, Gott hat es so gefügt, also nimm es hin. Sei ein guter Priester, hoffe auf Gottes Lohn und stopfe alles, was an Stolz und Begierde in dir ist, dem teuflischen Dämon in den Rachen, dann wirst du sehen, dass er verstummt.«

Als Guillaume ihn um genauere Ratschläge bat, wehrte der Beichtvater ab.

»Folge allein deinem christlichen Gewissen, es wird dich auf den rechten Weg führen.«

Seine Magisterprüfung bestand er mit einigem Glanz und dann ergab es sich, dass er für einen erkrankten Priester in der Klosterkirche von St. Benoît-le-Betourné am Johannesaltar mehrmals eine Messe lesen durfte. Der zuvor damit Betraute starb und Guillaume bewarb sich um die Nachfolge.

Kirche und Kloster lagen mitten im Quartier Latin, dem Viertel der Lehranstalten, und zwar an der Ecke, wo sich die Rue St.-Jacques und die Rue St.-Jean-de-Lateran kreuzten. Eine ihm seit Jahren vertraute Gegend, in der er sich zu Hause fühlte.

Der Prior empfing ihn.

»Leider seid Ihr nicht der einzige Bewerber, weil am Nebenaltar zumeist bezahlte Messen gelesen werden und der betreffende Kaplan an den Einnahmen beteiligt ist.«

»Ich will kein Geld dafür, *mon abbé*, ich bin von Haus aus wohlhabend und möchte es um Gottes Lohn tun.«

Das gab den Ausschlag und als Guillaume de Villon das Amt des Verstorbenen am Johannesaltar übernahm, war er vierundzwanzig Jahre alt. Wenig später war ein der Kirche gegenüberliegendes Haus zu verkaufen und er griff schnell zu.

Die Stadt Paris war noch immer von den Engländern besetzt, weil der ewig zaudernde König Charles VII. den Rat seiner Heerführer missachtete und auch der gottgesandten Jeanne d'Arc untersagte, die Stadt zu befreien.

Die wie raubgierige Wölfe hausende englische Besatzung verhinderte jeden Aufschwung und wer es sich leisten konnte, kehrte der Stadt den Rücken. So konnte Guillaume das Gebäude um einen Bettel erwerben, ließ es herrichten, schön ausstatten und stellte einen Hausbesorger an. Der alte, fast vergessene Name des Hauses war »Porte Rouge« und der neue Besitzer ließ über die Eingangstür einen roten Torbogen malen.

Im Jahr darauf – der Frühling zauberte gerade sein erstes Grün über die Wälder und Felder – besuchte Guillaume de Villon wieder einmal seine Heimatstadt. Der Verwalter empfing ihn mit sorgenvoller Miene.

»Gott sei's gelobt, ist auch die letzte Ernte eher üppig ausgefallen, aber Herzog Philipp von Burgund, den sie zwar ›den Guten‹ nennen, braucht ständig Geld für seinen unseligen Kampf gegen König Charles und Ihr könnt Euch denken, woher er es nimmt.«

Guillaume nickte.

»Von seinen Bürgern – woher sonst. Wir müssen diese Zeit durchstehen, es werden auch wieder bessere Tage kommen.«
Der Verwalter seufzte.
»Ein Jammer sind auch die ständig anwachsenden Bettlerhorden von verwaisten Kindern und Flüchtlingen, die der Krieg heimatlos gemacht hat. Mit Eurer Erlaubnis habe ich bisher Brot und Käse verteilt, aber ich glaube, wir müssen unsere Gaben etwas einschränken.«
»Wir werden sehen …«
Bei der letzten Weinernte hatte der Verwalter zusätzliche Kräfte eingestellt, darunter ein Flüchtlingsmädchen von etwa sechzehn Jahren, das während der Lese erkrankte und danach, weil sie herzerweichend darum flehte, als Magd im Hause geblieben war. Guillaume gab sein Einverständnis und Jacqueline küsste ihm dankbar die Hand.
Guillaume, der sonst sein Zölibatsgelübde sehr ernst nahm und Frauen wie Mädchen lieber aus dem Weg ging, konnte die Augen nicht von der zarten und blassen Sechzehnjährigen lassen. Sie wirkte aufs Erste eher unscheinbar, doch als sie ihm nach dem Handkuss einen kurzen scheuen Blick schenkte, hinderte ihn etwas mit aller Macht daran, sie jetzt schon gehen zu lassen.
»Ein wenig mehr möchte ich von dir schon wissen …«, sagte er mit etwas stockender Stimme.
Sie blickte auf.
»Ja? Was soll ich Euch erzählen?«
»Wo du herkommst, wer deine Eltern waren, warum – warum du hier geblieben bist?«
Einer ihrer kurzen blonden Zöpfe war nach vorne gerutscht. Sie warf ihn mit einer kleinen anmutigen Bewegung zurück und ein Entzücken ergriff ihn, das er sich nicht erklären konnte, das ihn befremdete. Flüchtig ging es ihm durch den Kopf, wie König Charles sich den Wünschen eines – wie fast alle glaubten – von Gott gesandten Bauernmädchens beugte, aber dieser Monarch galt allgemein als schwach, entschlusslos und leicht zu beeinflussen.
Guillaume straffte sich. So bin ich nicht!
Als Jacqueline zu berichten begann, unterbrach er sie fast schroff.

»Das kannst du mir auch später erzählen, ich habe jetzt dringend etwas mit dem Verwalter zu besprechen.«

Sie blickte ihn erstaunt an, nickte dann und huschte hinaus.

Sie muss sich einen anderen Dienst suchen, erwog Guillaume. Ich werde ihr genügend Geld geben ... Sollen wir sie verheiraten? Ein Mann wird sich finden ...

Dann traf er den Verwalter auf dem Weg zum Ochsenstall, doch Guillaume behielt seine wirren Gedanken für sich und redete nur Belangloses.

Während der nächsten Tage beobachtete er Jacqueline bei ihrer Arbeit, lief ihr wie zufällig über den Weg, als sie zwei Melkeimer aus dem Stall trug, und hätte fast angeboten, ihr dabei zu helfen. Das gehört sich nicht, wies er sich barsch zurecht, das gehört sich ganz und gar nicht! Nicht für einen Gutsherrn und erst recht nicht für einen Priester.

Der Umgang mit Frauen war dem jungen Priester nicht gänzlich fremd. Während seiner Studienzeit hatte er sich von Freunden in eines dieser Häuser schleppen lassen, war mit der Dirne aufs Zimmer gegangen, hatte schnell und lustlos seinen Samen abgeschlagen und dies später noch einige Male getan. Nach der Priesterweihe aber war er enthaltsam geblieben und es hatte ihm nicht einmal große Mühe bereitet.

Mit Jacqueline aber war es etwas anderes, doch was es genau war, konnte er in der Verwirrung seiner Gefühle nicht herausfinden. Er wusste nur so viel: Er wollte diesem Mädchen etwas Gutes tun. Später erfuhr er, dass sie aus einem der kleinen Dörfer im Westen von Paris stammte. Der Ort wurde im Verlauf des großen Krieges mehrmals ausgeplündert und schließlich niedergebrannt.

Ob Eltern und Geschwister im Haus umkamen, während Jacqueline am Waldrand ihre kleine Gänseschar hütete, oder ob sie geflohen waren, konnte sie niemals herausfinden, weil sie selbst vor den beute- und weibergierigen Soldatenhorden nach Süden geflohen und schließlich in Sens hängen geblieben war.

Guillaume de Villon rang sich zu einem Entschluss durch. Er wollte Jacqueline bei der Suche nach ihren Eltern helfen, wollte dafür

sorgen, dass sie Gewissheit bekam. Sollte er ihr selbst diesen Vorschlag unterbreiten oder den Verwalter beauftragen? Tagelang erwog er diese beiden Möglichkeiten, ohne herauszufinden, was besser gewesen wäre. Schließlich ließ er es offen und reiste überstürzt ab.
Später dann, als er in Paris durch sein schönes, wieder instand gesetztes Haus ging, fiel ihm plötzlich ein, was er hätte tun sollen, und die Worte gingen ihm so glatt und mühelos durch den Kopf, als hätte er sie abgelesen.
»Jacqueline, ich möchte dir den Vorschlag machen, in mein Haus nach Paris zu kommen, weil dort eine weibliche, eine ordnende Hand fehlt. Du könntest mir den Haushalt führen, kochen und für Sauberkeit sorgen. Für die gröberen Arbeiten ist ein Mann im Haus …«
Ja, so hätte er reden müssen, wären ihm nicht fruchtlose Erwägungen durch den Kopf gegangen.
Es vergingen einige Jahre, bis er seinen Entschluss in die Tat umsetzte. Doch als er wieder in Sens war, fehlte ihm der Mut, es ihr selbst zu sagen.
Sein Verwalter tat es dann auf recht geschickte Weise und sie stimmte sofort zu, bedankte sich später bei Guillaume.
»Es wäre schön, meine Eltern und meine Geschwister wieder zu finden. Ich glaube aber nicht, dass sie noch am Leben sind. Das weiß nur Gott …«
»Ja, Jacqueline, Gott ist allwissend, aber wir sind von ihm mit einem freien Willen geschaffene Wesen, denen er es überlässt, sich für das Richtige oder das Falsche zu entscheiden.«
»Aber wer sagt mir, was richtig oder falsch ist?«
»Gott hat uns ein Gewissen gegeben und uns durch Moses die Zehn Gebote übermittelt. Damit können wir nicht fehlgehen.«
»Warum gibt es dann Kriege, Grausamkeiten, Mord und Totschlag?«
»Weil viele – zu viele Menschen das Falsche tun.«
»Sind das die Sünder?«
»Alle, Jacqueline, alle sind wir Sünder vor dem Herrn – große und kleine.«

Nicht alle sahen es dann gern, dass Père Guillaume de Villon ein junges Mädchen mit in sein Privathaus nahm, auch wenn er sagte – oder vorgab –, sie führe ihm den Haushalt und es sei schließlich nicht ungewöhnlich, dass ein Laienpriester diese Aufgabe einer Frau übertrage. Der Abt, der ihn deshalb hatte kommen lassen, lächelte spöttisch.

»Auch für solche Frauen gibt es etwas wie ein kanonisches Alter, das heißt, sie sollen um die vierzig oder darüber und mit dem Priester verwandt sein.«

»So ist es«, sagte Guillaume schnell, »sie ist meine Base und eine Kriegswaise. Zuerst habe ich sie auf meinem Landgut beschäftigt, jetzt aber, da wieder friedlichere Zeiten herrschen, werde ich mich auf die Suche nach ihren möglicherweise nur verschollenen Eltern machen.«

Der Abt nickte.

»Lassen wir es dabei. Solltet Ihr die Eltern des Mädchens nicht finden, so wäre es vielleicht angebracht, sie bald zu verheiraten.«

»Ich werde mich bemühen, für meine Base das Beste zu tun.«

Der Abt erhob sich.

»Gott möge Euch dabei helfen.«

Père Guillaume bat Jacqueline, sie solle sich der Schicklichkeit wegen als seine Verwandte bezeichnen, bis – bis –

»Warum sprecht Ihr nicht weiter, Monseigneur?«

»Bis ich – bis wir für dich einen Mann gefunden haben.«

Als er ihr Erschrecken sah, fügte er schnell hinzu: »Aber damit hat es noch Zeit …«

Die Erleichterung war ihr anzusehen und sie bekräftigte seine Worte.

»Ja, Monseigneur, damit hat es tatsächlich noch Zeit. Auch möchte ich nichts tun, was meine Eltern verärgern könnte. Erst wenn ich sicher weiß, dass sie nicht mehr am Leben sind – erst dann …«

»Ja, so denke ich auch.«

Etwa ein halbes Jahr nach diesem Gespräch setzte in den ersten Novembertagen ein kalter Herbstregen ein und die Menschen starben

wie die Fliegen – an Hunger, Verwahrlosung und den ständig grassierenden Krankheiten. Die englische Besatzung requirierte für ihre Truppen jedes Stück Vieh, das über den Weg lief, jeden Laib Brot, der offen vorbeigetragen wurde.
Guillaume de Villon tat, was er konnte, um wenigstens die Not in seiner Pfarrei zu lindern, aber das war ein hoffnungsloses Unterfangen. So las er eine Totenmesse nach der anderen und dass er es umsonst tat, sprach sich schnell herum.
War es Überlastung, war es das ungesunde, feuchtkalte Wetter, das die Kleidung klamm, Hände und Füße kalt werden ließ – jedenfalls warf es den Kaplan aufs Krankenlager. Der Klosterarzt tat unbekümmert.
»Ihr seid jung und kräftig, da kann Euch die Influenza wenig anhaben. Ich habe Euch einen Tee aus Melisse, Rosmarin und Holunder gemischt, den sollt Ihr so oft wie möglich trinken. – Hast du gehört, Jacqueline? Sorge dafür, dass Monseigneur nur leichte bekömmliche Speisen zu sich nimmt und mindestens sechsmal täglich einen großen Becher von dem Tee trinkt.«
Jacqueline knickste.
»Das werde ich tun, *mon père*.«
Krankheit schafft eine gewisse Nähe. Jacqueline musste den Kaplan beim Trinken stützen und ihm auch anderweitig auf eine Weise zur Hand gehen, die körperliche Berührungen nicht vermeiden ließ. Auf Anraten des Arztes war die Krankenstube geheizt, sodass die Pflegerin nur leichte Kleidung trug und Guillaume mehr als einmal ihre Brüste berührte. Anfangs stand keine Absicht dahinter, es geschah aus Zufall, aber dann war es, als seien die beiden jugendlichfesten Halbkugeln Magnetsteine, die seine Hände mit unwiderstehlicher Macht in ihre Richtung lenkten. Zwar wehrte Jacqueline ab, aber mit Gesten, die ihn eher ermunterten. Das Fieber wich schnell, seine Kräfte kehrten zurück und er nützte sie nicht dazu, seine Pflichten wieder aufzunehmen, sondern zu feurigen Umarmungen der lieblichen und kaum widerstrebenden Jacqueline. Beide waren jung und voll Lebenskraft, verloren auch bald jede Scheu oder Zurückhaltung und erprobten mit immer neuem Entzücken immer neue

Varianten des alten Spiels. Als Jacqueline dann bei Jahresbeginn feststellte, dass sie schwanger war, erwachten beide aus ihrem seligen Liebestraum in eine harte, gewisse Entschlüsse fordernde Wirklichkeit.

»Ich werde dich nicht im Stich lassen«, sagte Guillaume de Villon fest, ohne freilich zu wissen, was als Erstes zu tun sei.

»Die Schande, die Schande!«, klagte Jacqueline und ihre Tränen flossen reichlich.

»Es ist doch keine Schande, ein Kind zu kriegen«, sagte der Kaplan, wusste aber genau, was sie meinte, und sprach schnell weiter.

»Ich werde einen Mann für dich suchen, dann wird unser Kind ehelich und später sehen wir weiter.«

Sie sagte nichts, doch Pater Guillaume machte sich unverzüglich auf die Suche. Durch regelmäßige Besuche seiner Messen hatten sich gewisse Verbindungen ergeben und so kam eines Tages Henri ins Haus, ein Tagelöhner, der sein Brot als Helfer bei Bauarbeiten, leider auch als Gehilfe des Henkers bei dessen vielfältigen Aufgaben verdiente. Die englischen Besatzer regierten mit harter Hand und es verging kein Tag, ohne dass Dieben nicht die Hände abgehauen, Totschläger gehenkt oder kleinere Sünder ausgepeitscht wurden. Henri hielt auch diese Tätigkeit für notwendig und gottgewollt, obwohl er andere Arbeiten vorzog.

Der Kaplan teilte ihm das Notwendige mit, versah Jacqueline mit einer ansehnlichen Mitgift und traute das Paar eine Woche später am Altar des heiligen Johannes.

Wie war ihm dabei zumute, als seine Geliebte an der Seite eines anderen Mannes die Kirche verließ? Eine Mischung von einander widerstrebenden Gefühlen hielt ihn gefangen. Einesteils trauerte er der Geliebten nach, zum anderen erleichterte es ihn, dass der ständige Anlass zur Sünde der Unkeuschheit aus dem Haus verschwunden war. Nicht im Traum wäre es ihm eingefallen, für Jacqueline einen Ersatz zu suchen und die Lücke in seinem Bett mit einer neuen Buhlschaft zu schließen. Nein, er beichtete seine Verfehlung, was den alten Priester, der ganz andere Sachen zu hören bekam, in mitleidige Rührung versetzte.

»Ach Gott, lieber Bruder, Eurem Gelübde und den kanonischen Gesetzen zufolge habt Ihr zwar gesündigt, aber bedenkt, in welchen Zeiten wir leben! Paris ist dabei, auszubluten, weil jeder, der es irgendwie kann, der Stadt den Rücken kehrt. Seit die Engländer hier ihr Unwesen treiben, sind doppelt so viele Menschen gestorben wie in den friedlichen Zeiten zuvor. Ihr habt einen neuen Menschen gezeugt und damit getan, was Gott schon im Alten Testament verlangte: Seid fruchtbar und mehret euch! Hat er etwa hinzugefügt: Nur Priester sollen es nicht tun? Die Rabbiner jener Tage waren kraftvolle Männer mit mehreren Frauen und zahlreichen Kindern. Der Zölibat ist Menschenwerk und es hat Jahrhunderte gedauert, bis er sich durchsetzen konnte. Gott wird Euch diese kleine Sünde verzeihen, da könnt Ihr gewiss sein.«

Etwas beruhigt von diesen Worten, ging Père Guillaume weiter seinen Pflichten nach, aber als an einem schönen sonnigen Septembertag des Jahres 1431 sein Sohn geboren wurde, war er doch sehr ergriffen, kaufte der zuständigen Pfarrei das Taufrecht ab und übernahm selbst die geistliche Handlung.

Henri gab nicht zu erkennen, ob er etwas von Guillaumes Vaterschaft ahnte. Wortkarg wie immer, nahm er an der Zeremonie teil und verließ gleich danach wegen irgendeiner Arbeit schnell, fast überstürzt die Kirche. Guillaume ging danach mit der jungen Mutter in die Sakristei. Der Ministrant wollte ihm beim Ablegen der geistlichen Gewänder helfen, doch der Kaplan gab ihm einige Kupfermünzen und schickte ihn weg.

»Hält er François für sein eigenes Kind?«

»Ich glaube schon, aber er redet nicht viel und gibt wenig von sich preis. Er ist kein schlechter Mann, trinkt nicht, arbeitet fleißig, lebt aber gerne für sich.«

»Und, Jacqueline, wie geht es dir?«

Sie lächelte bitter.

»Schaut doch hinaus aus dem Fenster! Dort drüben erhebt sich der Galgenberg und *la corde* ist wie immer mehrfach besetzt. Wenn einer gerädert wird, hört man sein Gebrüll im ganzen Viertel und nicht selten ist Henri dabei und geht dem Henker zur Hand. Nicht un-

bedingt ein schönes Leben, Monseigneur, das dürft Ihr mir glauben.«
Guillaume war so betroffen, dass er nicht gleich eine Antwort fand.
»Aber – aber, was lässt sich da tun?«
»Dem Henri eine feste Arbeit besorgen und von hier wegziehen, ja, das wäre mein Wunsch.«
Während Guillaume sich bemühte, diesem Wunsch gerecht zu werden, wurde Henri von einem Straßenräuber erschlagen, als er von einer auswärtigen Baustelle in der Dämmerung nach Hause ging.
Damals war François kaum ein halbes Jahr alt und Père Guillaume gelang es schließlich, Jacqueline in der für das Kloster tätigen Wäscherei unterzubringen.
So vergingen die Jahre und Père Guillaume hatte ein Auge auf seinen Sohn, ließ ihm und seiner Mutter regelmäßig Geschenke zukommen.
Anfang des Jahres 1436 begann die Gewaltherrschaft der Engländer zu bröckeln. Im Jahr von François' Geburt hatten sie in Rouen der Jungfrau den Prozess gemacht und das gottgesandte Mädchen musste als rückfällige Hexe und Zauberin den Scheiterhaufen besteigen. König Charles VII. hätte es vielleicht verhindern können, aber seine Höflinge rieten davon ab. Es würde, so sagten sie, seinen Ruhm als der siegreiche Britenbezwinger schmälern, wenn die Jungfrau am Leben bliebe und vom Volk – was zu erwarten sei – in den Himmel gehoben werde. Inzwischen vertrödelte der König seine Zeit auf der Festung Chinon mit üppigen Festen und schnell wechselnden Mätressen.
Dann aber kam die wunderschöne, kaum zwanzigjährige Agnes Sorel an den Hof und fesselte den König so sehr, dass er seine anderen Gespielinnen davonjagte, Agnes zur Ehrendame seiner Gemahlin machte und ihr das Schloss Beauté an der Marne schenkte. Sie bewirkte in dem trägen, entschlusslosen Charles eine Wandlung und es gelang ihr zu vollenden, was der unglücklichen Jeanne d'Arc verwehrt war. Entschlossen stellte er ein neues Heer mit tüchtigen Generälen auf; schon 1435 unterwarf sich Philipp von Burgund und ein Jahr später wurden die Engländer aus Paris gejagt.
So schön dies klingen mag – für das Volk von Paris bedeutete es eine

Katastrophe, weil die Briten alle Zufahrtsstraßen besetzt hielten und so keine Lebensmittel mehr in die Stadt gelangten. Zudem hielt der Frühling seinen Einzug, die Wintervorräte waren aufgebraucht und die verängstigten Bauern hatten sich in die Wälder geflüchtet, anstatt ihre Äcker zu bestellen.

François war jetzt schon fast fünf Jahre alt und nahm das Elend um sich mit offenen, erschreckten Augen wahr. Auch entging es ihm nicht, dass sich seine Mutter jeden Bissen vom Mund absparte, um ihn dem Söhnchen zukommen zu lassen, und das kränkte seinen Bubenstolz. Wenigstens einmal wollte er dafür sorgen, dass sie sich satt essen konnte, und da hatte er auch schon einen Plan.

Beim Bäcker um die Ecke gab es offiziell nichts mehr zu kaufen, aber für betuchte Kunden führte er im Hinterhof seinen Laden weiter. Wenn zuvor ein halbpfündiges Brot für Kupfer zu haben war, so wurde jetzt dafür Silber verlangt und die es zahlen konnten, mussten kaum hungern.

François hatte herausgefunden, dass am Morgen – noch vor Sonnenaufgang – das frisch gebackene Brot auf Brettern an das offene Souterrainfenster gelegt wurde, damit es schneller abkühlte. Da blieb es dann eine Weile unbewacht, wenn der Bäcker mit seinen Gehilfen das erste Frühstück zu sich nahm. Doch der war auch nicht dumm und setzte sich so, dass man zwar ihn nicht sehen konnte, aber er durch einen Spiegel seine Ware stets im Auge hatte. So schlich François geduckt in den Hof, ein kleiner grauer Schatten in der Morgendämmerung, griff sich zwei Brote und wollte davonlaufen, aber da hatte ihm der Bäcker schon einen Gesellen nachgeschickt, der ihn, noch ehe er aus dem Hof war, am Kragen packte. Der *maître boulanger* war inzwischen herausgekommen und hielt einen Stock in der Hand. Finster musterte er den kleinen Dieb.

»Ich will gar nicht wissen, woher du kommst und wie du heißt, ich will dir nur ein für alle Mal die Diebessuppe versalzen. Halt ihn gut fest!«

Der grinsende Geselle zog François an den Armen hoch und legte ihn über seine Schulter. Wütend hieb der Bäcker auf den Rücken des Jungen ein, bis das ohnehin löcherige Hemd in blutigen Fetzen an ihm herunterhing. Als der Geselle ihn danach losließ, fiel François in den Staub wie ein lebloses Lumpenbündel. Als er den Griff im Nacken spürte, hatte er die beiden Brote fallen lassen. Der Bäcker schob sie ihm mit dem Fuß vor die Nase.

»Dieses dreckige Zeug kann ich sowieso nicht mehr verkaufen – wohl bekomm's!«

François humpelte nach Hause, die beiden Brote fest an sich gepresst. Sein Rücken brannte wie Feuer, aber etwas wie Stolz fühlte der Junge doch, weil er am Ende erreicht hatte, was er wollte.

Seine Mutter schrie erschreckt auf.

»Mein Gott, was ist mit dir geschehen? Bist du unter die Räuber gefallen?«

François legte die Brote auf den Tisch.

»Die habe ich erbettelt und als sie mir ein größerer Junge abnehmen wollte, haben wir uns geprügelt und schließlich konnte ich davonlaufen.«

Dass es nicht so war, erkannte Jacqueline am grausam zerschlagenen Rücken ihres Sohnes. Doch sie schwieg dazu, weil sie spürte, wie wichtig diese Notlüge für ihn war. Aber sie fasste einen Entschluss, den sie so schnell wie möglich in die Tat umsetzen wollte. Sie musste sich gedulden, weil Père Guillaume diesmal schon im März seine alljährliche Reise nach Sens angetreten hatte, jetzt aber wegen der Straßensperren nicht zurückreisen konnte. Als er Ende Juni endlich in Paris eintraf, fand er Jacqueline mit ihrem Sohn halb verhungert und die Stadt in einem schrecklichen Zustand.

Inzwischen war der kleine François ein zweites Mal verprügelt worden – diesmal von der Stadtpolizei, weil er versucht hatte, aus der Markthalle einen Hammelkopf zu stehlen.

»Wie alt ist der Bub jetzt?«

»Fast fünf, aber ob er unter diesen schrecklichen Umständen sein sechstes Jahr noch erlebt, liegt in Gottes Hand.«

Das fuhr dem Kaplan in die Glieder und ohne lange zu überlegen, bot er an, den Jungen als Klosterzögling aufzunehmen.

»Dann ist er versorgt, lernt etwas und wird es später leichter haben.«

Natürlich war Jacqueline einverstanden; sie hielt es im Übrigen für durchaus angebracht, dass der Vater sich um die Ausbildung seines Sohnes kümmerte. Pater Guillaume aber spann einen Faden in die Zukunft und spielte mit dem Gedanken, François später zu adoptieren, sodass sich – wie sein Vater es gewünscht hatte – der Stamm des Geschlechts doch noch fortpflanzen sollte – vorausgesetzt natürlich, der Bub würde durch die künftige Klostererziehung nicht den Wunsch nach einer geistlichen Laufbahn hegen. So richtet sich jeder in Gedanken eine Zukunft ein, die dann meist doch einen anderen Verlauf nimmt.

2

Guillaume de Villon hatte, als er die Adoption des kleinen François erwog, eine Bedingung daran geknüpft. Ich werde es tun, nahm er sich vor, wenn der Kleine sich so entwickelt, dass er meinen Namen verdient. Passten solche Überlegungen zu dem im Grunde sanftmütigen und eher nachgiebigen Père Guillaume? Vielleicht war es nur eine Art Selbstschutz vor der Möglichkeit, ein Kuckucksei großzuziehen, obwohl er doch sicher sein konnte, dass der Kleine sein leibliches Kind war. Vielleicht war es auch nur ein spontaner Gedanke, den er schon wenig später vergessen oder abändern würde.

Doch François erfüllte alle in ihn gesetzten Hoffnungen, sodass Père Guillaume keinen Grund hatte, seinen Entschluss zu bereuen. Er lernte eifrig und mit Freude und war so recht das, was man im Allgemeinen als einen Musterschüler bezeichnete. Freilich gab es von Seiten der Mutter bei jedem ihrer Besuche die strengsten Ermahnungen, aber er hätte ihrer nicht bedurft, denn François war von seinem ganzen Wesen her wissensdurstig und allem Neuen aufgeschlossen. Seine Lehrer spürten das und kamen ihm entgegen. Als er sich zum Dienst am Altar meldete und seine Ministrantenpflichten genauso eifrig und pünktlich erfüllte wie seine Schulpflichten,

gab es im Kloster St. Benoît-le-Betourné keinen, der ihn nicht wohlwollend gefördert hätte.
Das war nun seine kleine Welt zwischen der Wohnung im Haus Porte Rouge, der Schule im Kloster und dem Dienst in der Kirche. Außerhalb dieser Welt sah es bedrückend aus. Während seines ersten Schuljahres brach in Paris die Pest aus und der Todesengel mähte in weiten Schwüngen Tausende von Menschen nieder, was ihm umso leichter fiel, da die von Hunger und Entbehrung Geschwächten der Krankheit keinen Widerstand entgegenzusetzen hatten. Anders als bei gesunden und wohlgenährten Menschen, bei denen die Pest oft einen langen Kampf ausfechten musste – den sie nicht selten verlor –, gaben die Ausgemergelten und Todesschwachen schon nach wenigen Tagen auf – ja, manchmal schien es nur einige Stunden zu dauern. Die wenigsten von ihnen starben im Bett; die meisten fielen einfach um, wo sie gerade gingen oder standen.
Als die Nachricht von Jacquelines Tod an der Klosterpforte eintraf, machte sich Père Guillaume sogleich auf, um für eine würdige christliche Bestattung zu sorgen, aber er hätte sich die Mühe sparen können. Um der Seuche Einhalt zu gebieten, hatte der Magistrat befohlen, alle Pesttoten hinaus vor die Stadt zu schaffen und sie in Massengräbern zu verscharren. So war es auch mit Jacqueline geschehen und der Kaplan musste seinem Schützling behutsam beibringen, dass es für seine Mutter kein Grab gab.
»Du musst sie in deinem Herzen bewahren, François. Gibt es eine schönere Ruhestätte für eine Mutter als das Herz ihres Sohnes?«
François weinte ein bisschen und tröstete sich dann damit, dass es nun ein Ende hatte mit dem Elend. Die Mutter war ein Engel geworden und ihr Sohn in sicherer Klosterobhut.
Als die Pest im Winter aufhörte zu wüten, ging es aufwärts mit der Stadt Paris. Sie nannte sich zwar Haupt- und Regierungsstadt und das Volk hoffte, der König würde hier seine Residenz aufschlagen. Doch Charles VII. verabscheute – und zwar zeitlebens – eine Stadt, die sich zuvor den Burgundern und dann den Engländern an den Hals geworfen hatte. Aber war es tatsächlich so? Hatten sich die fremden Herren nicht mit Kriegsgewalt der Seine-Stadt bemächtigt? Das

wurde zwar jetzt behauptet, aber so war es nicht gewesen. Schon unter Charles V. – dem Großvater des jetzigen Königs – hatten Kaufleute und Zünfte mächtig ihre Häupter erhoben und den Anspruch angemeldet, eine Stadt selbst regieren zu wollen, die sie mit ihrem Gewerbefleiß reich gemacht hatten. Um den königlichen Verfügungen zu trotzen, riefen sie die Burgunder nach Paris und lieferten sich einige Jahre später den Engländern aus.

Charles VII. war zwar träge und oft entschlusslos, aber er war nicht dumm und wusste um diese Dinge genau Bescheid. So wartete er ab, bis die Pest völlig erloschen war, um dann im Frühsommer des Jahres 1438 – François war fast sieben Jahre alt – dem ungeliebten Paris einen Besuch abzustatten. Der König wusste schon jetzt, dass er hier nicht bleiben würde, aber die Pariser sollten ihn dennoch in guter Erinnerung behalten und so gab er der Stadt ein mehrtägiges Freudenfest mit freier Bewirtung. In allen Straßen prasselten die Feuer unter aufgespießten Schweinen, Schafen und Ochsen; das Brot wurde körbeweise herbeigeschafft und vor Fässern mit Wein und Most drängten sich die Menschen. Jeder hatte ein möglichst großes Gefäß dabei, um den kostenlosen Trunk in Krügen und Eimern nach Hause zu schleppen.

Beim feierlichen Umzug hoch zu Ross trug der König den mit Hermelin besetzten Purpurmantel über dem blauseidenen, mit goldenen Lilien bestickten Unterkleid. Auf die Krone hatte er bewusst verzichtet, von seinem hohen Hut aus blauem Samt funkelte eine aus Diamanten und Rubinen geformte Lilie.

An seiner Seite ritt der jetzt fünfzehnjährige Thronfolger Louis, ein dicklicher Bursche von imposanter Hässlichkeit. Unter der großen fleischigen Nase wölbten sich wulstige Lippen mit verachtungsvoll nach unten gezogenen Mundwinkeln. Was ging in diesem jungen Mann vor? Es wäre ein Fehlschluss, zu glauben, seine Verachtung gälte dem Volk – nein, sie galt dem Vater, dessen ganze Einstellung, von seiner Art zu regieren bis zu seinem Liebesverhältnis mit Agnes Sorel, er aufs Tiefste missbilligte. König Charles wusste das und er war auf der Hut. Kürzlich war ihm hinterbracht worden, sein Sohn habe sich – wie schon so oft – sehr abfällig über Agnes Sorel geäußert und dann hinzugefügt, es sei das Glück dieser Metze, dass sie nur Töchter zur Welt bringe, denn hätte sie einen Sohn geboren, würde er einen Weg finden, sie zu beseitigen. Der König vermied es, ihn deshalb zur Rede zu stellen, aber er wählte die Leibdiener seines Sohnes selbst aus und sie mussten ihm regelmäßig berichten.

Das Volk von Paris wusste nichts über diese Dinge und freute sich, den künftigen König so einträchtig neben seinem Vater durch die Stadt reiten zu sehen. Der Zug machte vor den wichtigsten Kirchen und Klöstern Halt und so auch vor St. Benoît, wo François im Kreise seiner Lehrer und an der Hand seines Pflegevaters – der ja auch sein tatsächlicher war – den purpurgewandeten König anstaunte, der nun vom Pferd stieg und dem Abt flüchtig die Hand küsste, der sich seinerseits tief verbeugte. So erwiesen sich nach altem Brauch Thron und Altar gegenseitig Reverenz.

Der schmucklos gekleidete, großnasige und wulstlippige Thronfolger schaute mit kaum verhohlener Verachtung auf dieses Treiben, küsste dennoch dem Abt ebenfalls die Hand, während dessen Verneigung weniger tief ausfiel.

François verfolgte dies alles mit großen Augen, die verehrungsvoll am König hingen, dessen bleiches, melancholisches Gesicht ihm überirdisch schön und majestätisch erschien. Den Thronfolger beachtete er kaum, nicht ahnend, dass er es sein würde, der ihm – ohne ihn näher zu kennen – durch gewisse Umstände veranlasst, zweimal das Leben retten sollte.

Zwei Jahre später, als François neun Jahre alt geworden war, erreichte im Herbst eine Nachricht Paris, die alle schaudern machte. Die Händler, Handwerker und all die kleinen bürgerlichen Leute empfanden eine gewisse Befriedigung bei dieser Kunde, während sie den Adel nachdenklich machte, nicht wenige der hohen Herren auch erboste. Schließlich war Gilles de Rais einer der ihren, und nun hatten ihn weltliche und geistliche Richter als Ketzer, Sodomiten, Teufelsbeschwörer und vielfachen Mörder zum Tode verurteilt und ihn am 26. Oktober hinrichten lassen. Noch dazu auf schmähliche Art: durch den Galgen mit anschließender Verbrennung.

Das geschah in Nantes im Herzogtum der Bretagne, doch Jean de Malestroit, Bischof von Nantes und Kanzler des Herzogs Jean, hatte daraus eine Staatsaktion gemacht. Auf sein Betreiben waren die Prozessakten mehrere Dutzend Male kopiert und an alle wichtigen französischen Bistümer verteilt worden – zur Verlesung von der Kanzel. Der Hochadel des Landes hatte dies meist verhindern können, doch nach und nach sickerte die Wahrheit durch. Herzog Jean der Bretagne hatte wie viele Landesherren in Frankreich das Bestreben, den während des langen Krieges groß gewordenen Adel des Landes klein zu halten. Er förderte die Zünfte der Handwerker und Kaufleute, von denen er seine Steuern bezog, denn der Adel sah seine Pflichten in der Heeresfolge erfüllt und zahlte – abgesehen von einer kleinen Lehensabgabe – keine Kupfermünze in die herzoglichen Kassen. Gilles de Rais gehörte zu den reichsten Feudalherren in der Bretagne und sein Schicksal war nun in aller Munde.
Arglos fragte François seinen Vater nach den Geschehnissen und sah zu seinem Erstaunen, wie sich das Gesicht Père Guillaumes rötete – nicht vor Zorn, sondern aus schamvoller Verlegenheit. Er hüstelte, wandte sich ab, ging zum Fenster und dann, als er sich wieder gefasst hatte, murmelte er etwas, dem zu entnehmen war, er könne zu einem Neunjährigen über solche Dinge nicht reden. Deutlicher fügte er hinzu:
»Auch mir sind diese Ereignisse unfassbar und kaum verständlich. Aber eines steht fest: Gilles de Rais hat seine Taten bereut, sich mit Gott und der Kirche versöhnt und ist als frommer Christ gestorben.«
François hätte sich mit dieser Auskunft begnügt, denn für ihn gab es Dinge, die ihn brennender interessierten, aber da war der dicke Jeannot, ein zwölfjähriger Bengel, Sohn eines reichen Weinhändlers – faul, verfressen und frühreif –, der seinen Mitschüler aufklärte. Während einer Pause zog er François in eine Ecke des Kreuzgangs.
»Von den Pfaffen erfährst du freilich nichts, nur über das fromme und selige Ende des adeligen Sodomiten und Teufelsanbeters berichten sie ausführlich. Woher ich es erfahren habe? – Von meinem älteren Bruder. Den hat dieser Fall so entzückt, dass er sich tagelang mit seinen Freunden betrank. Also hör' gut zu!«

Zwar wusste auch Jeannot nicht alles, aber dieses Ereignis erregte die Gemüter so sehr, dass am Ende jeder Lausebengel darüber Bescheid wusste. Wie aber war es dazu gekommen? Üblicherweise bereinigten die Adeligen ihre Vergehen mit dem Lehensherrn, und so konnte es, was es auch immer war, in der Regel mit einer Geldbuße aus der Welt geschafft werden und das geschah in aller Stille. Im Fall des Gilles de Rais aber kam es anders, woran gewisse Umstände die Schuld trugen.

Der früh verwaiste Gilles wurde von Jean de Craon, seinem Großvater mütterlicherseits, erzogen. Dieser Mensch war ein Ausbund an Tücke, Habgier und Grausamkeit. Den größten Teil seines Besitzes hatte er durch Betrug, Gewalt und bestochene Richter zusammengerafft und als er starb, hinterließ er seinem Enkel ein gewaltiges Erbe. Seine Schlösser und Güter erstreckten sich weit über die Bretagne hinaus, im Norden nach Anjou und Maine und nach Süden in die Grafschaft Poitou.

Dabei hatte alles so verheißungsvoll begonnen. Als Einundzwanzigjähriger wurde Gilles de Rais von König Charles empfangen und hinterließ dort einen so guten Eindruck, dass er ihn einige Jahre später zum Heerführer und Begleiter der Jeanne d'Arc machte. Gemeinsam zogen sie nach Orléans, befreiten die Stadt von den Engländern und wohnten der Krönung des Königs in Reims bei. Bei dieser Gelegenheit ernannte Charles VII. seinen Feldherrn Gilles de Rais zum Marschall von Frankreich – für den Fünfundzwanzigjährigen ein ungeheurer Aufstieg, denn diesen Titel durften jeweils nur zwei Männer in ganz Frankreich tragen.

Ein Jahr später kam die Jungfrau in englische Gefangenschaft und endete als Hexe auf dem Scheiterhaufen. War es dieses tragische Ereignis, das den jungen Adeligen aus der Bahn warf? Vielleicht trug es dazu bei, wie auch der Tod seines schrecklichen Großvaters, der ihm zwar einen ungeheuren Reichtum, aber auch ein krankes Gemüt mit vielen schlechten Wesenszügen vererbt hatte.

Gilles, seit einigen Jahren verheiratet, hatte seine Frau auf einen entfernten Besitz verbannt und wandte seine Gunst Knaben zu, was in der Feudalgesellschaft keine Seltenheit war. Doch jeder Liebesakt, den Gilles mit einem der Buben vollzog, endete mit einem Mord, denn nur sterbende Kinder in ihrer Todesqual verschafften ihm die Befriedigung seiner Lust.

Gilles de Rais wurde im September des Jahres 1440 auf seinem Schloss Machecoul festgenommen. In der ihm überreichten Anklageschrift wurde ihm vielfacher Mord, Unzucht mit Knaben, Teufelsbeschwörung und eine Anzahl anderer »ungeheurer Verbrechen« vorgeworfen.

Einige seiner Helfershelfer wurden gleichzeitig verhaftet und ihre Aussagen waren später eine Hauptstütze der Anklage.

Gilles wurde in Nantes eingekerkert und legte nach einigem Zögern ein umfassendes Geständnis ab. Dabei verfluchte er sich selbst und bekannte, dass er genug Böses getan habe, um zehntausendmal den Tod zu verdienen.

Jean de Malestroit, Bischof von Nantes und Kanzler der Bretagne, inszenierte die Hinrichtung wie ein erbauliches Schauspiel und es mangelte nicht an Zuschauern, als der verurteilte Adelsherr vor die Menge trat, um sein Geständnis vor aller Welt zu wiederholen, und die betroffenen Familien weinend um Vergebung anflehte. Danach wurde er auf einer Wiese vor der Stadt zusammen mit seinen Leibdienern Henriet und Poitou gehängt. Gilles hatte darauf bestanden, vor seinen Helfern den Tod zu erleiden, damit sie nicht befürchten mussten, der reiche Adelsherr würde nach ihrer Hinrichtung begnadigt werden.

Dies alles hatte François von dem dicken Jeannot erfahren, der bei seinem Bericht unaufhörlich grinste und dabei so mir nichts, dir nichts eine große Pastete verzehrte.

François war zuerst sprachlos, schluckte ein paar Mal und fragte dann mit leiser Stimme:

»Weiß man – weiß man, wie viele Kinder …«

Jeannot spähte nach draußen und als er keinen Lehrer in der Nähe sah, spuckte er kräftig aus.

»An die hundertvierzig Morde hat er zugegeben, aber es werden vermutlich mehr gewesen sein. Du kannst es dir ja ungefähr ausrechnen. Als Gilles aus dem Feldzug zurückkehrte und – er hat es selbst gesagt – danach sein schändliches Treiben begann, sind bis zu seinem Tod etwa acht Jahre vergangen. Seine Bubenfänger haben erklärt, dass pro Woche zwei bis drei, manchmal sogar vier Kinder ihr Leben lassen mussten. Seien wir gnädig und rechnen ihm nur zwei an, dann macht das pro Jahr um die hundert. Das müsste man dann mit acht multiplizieren …«

Wieder feixte der dicke Jeannot auf so widerwärtige lüsterne Weise, dass François dem Überraschten eine gewaltige Maulschelle verpasste und dabei rief:

»Was gibt es da zu lachen, du Haufen Dreck? In den Händen dieses Lustmörders wäre dir dein freches Grinsen schon vergangen!«

Inzwischen hatte Jeannot sich gefangen und nun kam ihm zu Bewusstsein, dass sich ein Zwölfjähriger von einem neunjährigen Wicht nicht ungestraft schlagen lassen durfte. Er holte zu einem Faustschlag aus, doch François duckte sich weg und rammte seinen Kopf in den dicken Wanst des anderen. Der fiel dabei hin und riss den Jüngeren mit zu Boden, wo sie sich fluchend und einander den Hals zudrückend wälzten. Gleich sammelten sich andere Schüler um die Raufbolde. Man musste die beiden buchstäblich auseinander reißen, so sehr hatten sie sich ineinander verkeilt. Bei der anschließenden Vernehmung stieß Jeannot hervor:

»Er hat angefangen, hat mir plötzlich grundlos ins Gesicht geschlagen.«

François, der an der Stirn blutete und dessen linkes Auge verschwollen und halb geschlossen war, hielt dagegen:

»Grundlos? Du fette Wanze kennst genau den Grund!«

Aber er brachte dann doch so viel Solidarität auf, um nichts von dem Gespräch über Gilles de Rais zu erzählen. So wurden beide zu je fünfzehn Stockschlägen verurteilt, die ihnen der Concièrge des Klosters mit zufriedenem Grinsen aufzählte. Jeannot schrie dabei wie am Spieß, aber François biss sich die Lippen blutig und gab keinen Laut von sich.

Natürlich erfuhr Père Guillaume davon und stellte seinen Sohn zur Rede.

»Verzeiht, *mon père*, aber ich kann Euch nur so viel sagen, dass

wir darum stritten, ob dieser Gilles de Rais zu Recht verurteilt wurde.«
Guillaume de Villon richtete einen flehenden Blick nach oben.
»Um Himmels willen, dieses Scheusal ist es doch nicht wert, dass man um ihn streitet. Und ihr wart da verschiedener Meinung?«
»Nein, *mon père*, wir beide hielten die Strafe für gerecht.«
Der Kaplan riss vor Erstaunen die Augen auf.
»Aber warum dann der Streit?«
François zögerte.
»Nun rede schon, du weißt, dass ich für vieles Verständnis habe.«
»Also – also, ich hielt den Fall für bitterernst und musste an die armen Kinder denken und er – er hat dabei gegrinst ...«
»Und da hast du –?«
»Ja, da habe ich ihm eine heruntergehauen.«
Da sagte Père Guillaume mit ernster Miene:
»François, ich glaube, der Kerl hat das verdient.«
Dann mussten sie beide lachen und Père Guillaume legte seinen Arm um die Schulter des Buben.
Später vertrugen sie sich schnell wieder, der dicke Weinhändlersohn Jeannot und sein jüngerer Schulkamerad François, der auch in Betracht zog, dass er es war, der als Erster zugeschlagen hatte. Zudem beschäftigte ihn eine Frage, die er keinem anderen stellen wollte als dem dicken Jeannot, denn sie hing mit dem Fall des Gilles de Rais zusammen.
»Versteh mich nicht falsch, Jeannot, aber etwas an der Sache ist mir nicht ganz klar und du als der Ältere wirst es mir schon erklären können.«
Das ging dem Dicken wie süßer Wein die Kehle hinunter und so sagte er mit freundlicher Herablassung:
»Ich weiß über alles Bescheid, darauf kannst du dich verlassen – also, worum geht es?«
»Da war immer die Rede von Knabenliebe und Mord, aber wie geht das zusammen? Jeder weiß, was Mann und Frau miteinander treiben und wie sie es machen, aber wie war das bei Gilles? Hat er die Buben von hinten –?«

Jeannot unterdrückte sein aufkommendes Grinsen und sagte mit vor Ernst bebender Stimme:
»Nein, von hinten machte er es nicht – er schlitzte ihnen den Bauch auf und fickte da hinein. Dann erwürgte er sie oder ließ ihnen den Kopf abschneiden.«
François stand wie erstarrt und wurde ganz bleich.
»Aber das ist doch – das ist doch –«
Jeannot nickte.
»Ganz ungeheuerlich, da bin ich deiner Meinung.«

3

Noch ehe François die Freuden der körperlichen Liebe mit einer Frau kennen lernen durfte, musste er feststellen, dass Gilles de Rais als Lustmörder zum Glück eine Ausnahme darstellte, aber die Liebe erwachsener Männer zu Knaben weiter verbreitet war, als er dachte. Auf der Universität verstärkte sich noch sein Wissensdrang, sein Fleiß, seine Lust, etwas zu lernen, und er kam mit seinen Professoren so gut zurecht, dass ihm fast schon der Ruf eines Strebers angehangen hätte, wäre er nicht sonst zu jedem studentischen Schabernack mit Feuereifer bereit gewesen. Allerdings beging er niemals den Fehler, ein Professorenwort in Frage zu stellen. Manche der älteren Studenten taten das und wenn es allzu unverschämt vorgebracht wurde, setzte es Hiebe, und nicht zu wenig. Wer sich über das Leben an der Universität Illusionen machte und glaubte, dort würde man – der Schulzucht entronnen – endlich wie ein Erwachsener behandelt, erlebte eine bittere Enttäuschung. Jede der Fakultäten beschäftigte einen »Stockmeister« und der schlug zu, dass einem Hören und Sehen verging. Zwar gelang es den wohlhabenderen Studenten, seine Schlagkraft mit klingender Münze zu mindern, aber den meisten fehlte das Geld dazu.
Villon, so wollen wir ihn, da er fast erwachsen ist, nun künftig nen-

nen – Villon also entging durch sein musterhaftes Verhalten fast immer dieser Gefahr. Aus ihm war ein hübscher Bursche geworden, mittelgroß, wohl proportioniert, mit einem kecken, noch etwas pausbäckigen Bubengesicht, in das – wenn er den Lehrern lauschte – so etwas wie männlicher Ernst trat.

Besonders gut verstand er sich mit dem Professor für Griechisch und Latein, der sich wunderte, dass ein Zwölfjähriger schon so umfassende Kenntnisse in den alten Sprachen mitbrachte.

Wie an den Schulen, so war es auch auf der Universität – fast jedem der Professoren wurde ein *sobriquet*, ein Spitzname, angehängt, der manchmal recht respektlos klang und sich meist auf Aussehen oder Eigenschaften des Betreffenden bezog. Einige reagierten unwillig und empört und riefen, wenn ihr Spottname allzu laut fiel, gleich den Stockmeister, andere überhörten es einfach, aber nur wenige waren stolz darauf. Zu ihnen zählte der vorhin erwähnte Professor für alte Sprachen, den seine Schüler »Le Grec« nannten und es auch in seiner Gegenwart tun durften. Er galt als heimlicher Heide und es gehörte zu seiner Lieblingsbeschäftigung, seinen Hörern ausführlich, detailreich und mit glühender Begeisterung vom Leben der alten Griechen zu erzählen, das für ihn beispiellos war und ein stets anzustrebendes Ideal darstellte.

Der »Grieche« war ein Mann um die dreißig und betrieb – was damals Erstaunen und Unverständnis auslöste – regelmäßig gymnastische Übungen, allerdings so, dass es seiner professoralen Würde keinen Abbruch tat. Er fand bald heraus, wer von den Studenten sich von seiner Griechenlandbegeisterung anstecken ließ, und Villon gehörte dazu. Noch bartlos und glatthäutig, kam er den klassisch-pädophilen Vorstellungen entgegen und so sah Le Grec sich als Mentor dazu aufgerufen und verpflichtet, seinen Schützling in alle wichtigen Dinge des Lebens einzuführen. Wohlgemerkt – Le Grec war verheiratet und hatte zwei Kinder, was dem klassischen Beispiel durchaus entsprach, denn die Mentoren waren in der Regel Familienväter. Eines hatte mit dem anderen nichts zu tun, aber getreu den Vorbildern sah sich der Mentor auch als *erastes*, als Liebhaber, der seinen Schützling in das Wesen der Sexualität einzuführen hatte.

Le Grec holte sich bei Père Guillaume die Genehmigung ein, mit Villon regelmäßig auch einige Mußestunden zu verbringen und dann zogen sie hinaus in die freie Natur, streiften durch die Wälder und Felder rund um Paris. Villon, der immer nur ein Stadtkind gewesen war, lernte laufen, springen, Klimmzüge machen und schwimmen.

An einem Sonntag Anfang Juni hatten sie nachmittags eine Exkursion in die westlich von Paris gelegenen Wälder um Versailles gemacht, ein Jagdgebiet der Könige, doch seit längerem schon eine unberührte Wildnis. Einem gewundenen Waldrand entlang waren sie gut eine halbe Stunde gelaufen, bis ein kleiner, schilfumsäumter Weiher auftauchte.

Le Grec blieb stehen, doch der geübte Turner war kaum außer Atem geraten, während Villon schnaufte wie ein Ochse, der eine schwere Last ziehen muss.

Der Professor schüttelte betrübt den Kopf.

»Villon, ich fürchte, deine Brust ist noch immer nicht frei geworden! Da steckt der Stadtmief tief drinnen und es wird noch einige Zeit dauern, bis du ihn loshast.«

Er deutete auf das moorigbraune Gewässer.

»Wir werden ein erfrischendes Bad nehmen, aber erst, wenn wir uns abgekühlt haben und das Herz wieder ruhig geworden ist.«

Mit kritischer Miene drückte er seine flache Hand auf Villons Brust.

»Schlägt noch viel zu schnell ...«

Dann kam ihn plötzlich ein Lachen an.

»Du wirst ja wissen, dass es keiner körperlichen Anstrengung bedarf, um unser Herz in schnellere Gangart zu bringen. Als ich vor acht Jahren meine Frau kennen lernte, war ich ein unerfahrener Zwanzigjähriger, den einige Huren auch nicht liebesklüger gemacht hatten. Gegen Ende meines Studiums hatte ich auch so eine Art Mentor – er lehrte Kirchenrecht – und der lud mich eines Tages zu sich ein. Seine Tochter, die hübsche, aber sehr wohlbehütete Lisette, tischte uns auf und später wurde mir klar, warum sie es tat und nicht ihre Mutter. Er wollte mich zum Schwiegersohn! Ich war der einzige

Erbe meiner Eltern, dazu ehrgeizig und begabt, und als er sah, dass ich dieser Verbindung nicht abgeneigt war, fand ich in ihm einen unermüdlichen Förderer und das gehört ja zu den Aufgaben eines Mentors. Jetzt aber zu dir! Da ich mich um dein geistiges Wohl – wie mir scheint – nicht zu sorgen habe, werde ich mich um dein leibliches kümmern.«

Mit kundiger Hand befühlte er Stirn, Brust und Schenkel seines Schülers, wobei seine Hand zuletzt länger verweilte und dabei einen ganz leisen Druck ausübte.

»Du bist abgekühlt – jetzt aber runter mit den Kleidern!«

Villon war nicht besonders überrascht, denn es war schon mehrmals geschehen, dass sie unterwegs ein kurzes, erfrischendes Bad genommen hatten.

Le Grec kam seinen griechischen Vorbildern recht nahe, denn an seinem Körper war nichts Schlaffes oder Dickliches und Villon bewunderte das Spiel der Sehnen und Muskeln, als sein Lehrer entschlossen auf das Wasser zuging, das Schilf beiseite bog, die Tiefe erprobte und ein paar vorsichtige Schritte tat.

»Hier kann man überall noch stehen, da werden wir gleich wieder das Schwimmen üben.«

Villon schauderte in dem noch recht kühlen Wasser, fühlte den nachgebenden moorigen Untergrund und quälte sich ein Lachen ab.

»Hoffentlich bleiben wir nicht im Sumpf stecken ...«

Dann vertraute er sich seinem Lehrer an, der ihn an Kinn und Brust stützte und so lange die Schwimmbewegungen machen ließ, bis er sich – wenn auch nur kurz – alleine über Wasser halten konnte. Draußen rieben sie sich mit einem Tuch trocken und Le Grec blickte grinsend auf Villons Geschlecht.

»Hat dich das kalte Wasser in eine Frau verwandelt? Dein Piephahn ist ja so klein geworden, dass man dreimal hinschauen muss, um ihn überhaupt wahrzunehmen.«

Dann blickte er an sich herunter.

»Na, meinem geht's auch nicht viel besser – ich glaube, wir müssen die Burschen wieder zum Leben erwecken.«

Sie legten sich ins Gras und Le Grec begann mit kundiger Hand sein

Werk, das bald eine deutliche Wirkung zeigte. Villon aber wagte nicht, das Gleiche zu tun, und bekam den Unwillen seines Lehrers zu spüren.

»Du musst das säuberlich auseinander halten, Villon! Hier habe ich mit dem Talar auch den Professor abgelegt, hier sind wir nichts weiter als Kinder der Natur, die uns als männliche Wesen geschaffen hat, und das sollten wir nutzen!«

Villon verstärkte seinen Griff, aber Le Grec rief lachend:

»Wie ungeschickt du bist! Aber schließlich bin ich dafür da, dich auf den rechten Pfad zu führen.«

Villon hielt inne und kicherte.

»Auf den Pfad der Tugend, *mon professeur*?«

»Hier nicht, mein kleiner Liebling, ganz abgesehen davon, dass man in früheren Epochen diesen Begriff anders definiert hat. Ah, jetzt spüre ich, wie er heiß wird, der kleine Villon, wie er tief Atem holt, um auszuspucken, was sich da angestaut hat.«

Es war ein lustvolles, mit ziehenden Schmerzen vermischtes Verströmen.

Le Grec lachte leise.

»Je jünger man ist, desto schneller geht's, dafür aber auch öfter.«

Er schob Villons ungeschickte Hand beiseite, vollendete das Werk und säuberte sich und ihn.

»Ein angestauter Samen blockiert den Geist. Spürst du, wie dein Hirn frei und leicht wird? Das Christentum mag viel Gutes bewirkt haben, aber es war ein Fehler, die körperliche Lust zu verteufeln. Wozu führt denn die Askese am Ende? Zu wirren Gedanken, zu nebligen Visionen und zum Irrglauben, dahinter stehe eine göttliche Eingebung. Der Zölibat ist ein Fehlgriff, eine Vergewaltigung der Natur. Gott selbst hat den Mann zum Zeugen bestimmt und hat diesen Akt lustvoll gestaltet, um sicher zu sein, dass unsere Art sich fortpflanzt. Dies zu missachten oder gar ins Gegenteil zu kehren ist in meinen Augen Gotteslästerung.«

»Im Auditoire würde ich Euch niemals widersprechen, aber hier sind wir nicht Lehrer und Schüler, sondern zwei nackte Menschen. Da wir jetzt nicht gezeugt, sondern unsere Samen auf das Gras verströmt haben wie Onan in der Bibel – war das nicht auch Gotteslästerung?«

Le Grec lachte leise.

»Jetzt wird er spitzfindig, der kleine Grünschnabel. Wir leben nicht mehr im Zeitalter des Pentateuchs sondern gut dreitausend Jahre später. Ich will damit nicht sagen, dass es in der Natur des Menschen seither so etwas wie einen Fortschritt gegeben hat, aber unsere Denkweise hat sich gewandelt. Da die Gabe der Vernunft eines der kostbarsten Gottesgeschenke ist, lässt sie uns verschiedene Wege einschlagen. In unserem Fall haben wir die Wahl, den angeborenen Fortpflanzungstrieb – dem wir nolens volens doch folgen müssen – an einer Ehefrau, einer Hure oder im freien Spiel zwischen Männern zu praktizieren. Du hast kein Weib und von Huren ist im Allgemeinen abzuraten. Dein Geschlechtstrieb aber quält dich, hindert dich am klaren Denken, lässt dich nicht schlafen – kurzum, er hält dich so in Atem, dass dein Studium darunter leidet. So hilft dir eben dein Mentor, auf angenehme Art deinen Geist zu klären. Ein Akt der Vernunft, den auch der Schöpfer gutheißen muss.«

»Aber, *mon professeur*, da lehrt die Kirche etwas ganz anderes! Mit Bußübungen, Kasteien, durch Fasten, Schlafentzug, Keuschheit und Selbstpeinigung gelangen wir zur Ansicht Gottes, erringen wir himmlischen Lohn.«

Le Grec lachte schallend.

»Und daran glaubst du?«

Villon feixte.

»Nicht genug, um ehrlich zu sein … Aber ist es nicht Sünde, was wir tun? Ein Gilles de Rais hat dafür den Scheiterhaufen besteigen müssen …«

Le Grec richtete sich empört auf.

»Aber damit kannst du doch uns nicht vergleichen! Dieser Adelige verschaffte sich Lust um den Preis von Kinderleben! Sein Wesen war verfault bis ins Innerste, seine Seele auf eine Weise missgestaltet, als hätte ein Dämon sie geformt. Oder lass es mich anders sagen – die christliche Religion hat sie verformt. Für nicht wenige Menschen bedeutet es eine große Gefahr, zu glauben, da Gott durch die Beichte auch die schwersten Sünden verzeiht, sei ihnen alles erlaubt. Die sieben Todsünden lassen sich in dem Bewusstsein begehen, durch Reue und Buße wieder zunichte zu werden oder zumindest der ewigen Höllenstrafe zu entgehen. So wiegen die vier- oder fünfhundert qualvoll gemordeten Kinder leicht. Verstehst du, worauf ich hinauswill? Einem in sich gefestigten Menschen bedeutet dies keine Verlockung, denn er scheut davor zurück, Gott durch ein sündhaftes Leben zu beleidigen. Wer es aber darauf anlegt, alle Möglichkeiten unserer Religion zu nutzen, stellt für andere eine Gefahr, eine Bedrohung dar.«

Villon hatte mit dem Hemd seine Blöße bedeckt und – Sünde hin, Sünde her – ihn verlangte danach, das lustvolle Spiel noch einmal zu erproben, doch ihm fehlte der Mut, von sich aus zu beginnen. So versuchte er sich mit Worten abzulenken.

»Wenn man diesen Gedanken konsequent zu Ende führt, dann wäre es für Leib und Seele am ungefährlichsten, sich in ein Kloster zurückzuziehen. Da lebt man nach festen Regeln, die Gehorsamspflicht entbindet einen vom Grübeln, die Klosterärzte sind bekanntlich die besten und wenn das letzte Stündlein schlägt, ist man von Priestern umgeben.«

Le Grec hatte eine lange Grasrispe abgerissen und kitzelte seinen Schüler an beiden Brustwarzen. Immer wenn Villon den Halm lachend beiseite schob, wanderte er flugs zur anderen Seite. Da zog der Lehrer ihn plötzlich zurück, knickte ihn mehrmals und warf ihn über die Schulter.

»Ein solch passives Leben ist nicht für jeden geeignet. Möchtest du es? Andere dein Leben gestalten zu lassen? Sich ganz papierenen Regeln und den Befehlen des Abtes unterzuordnen? Nein, Villon, das wäre nichts für mich und auch nichts für dich – so gut kenne ich dich schon. Wir wollen unser Leben frei gestalten können, natürlich immer mit der Maßgabe, dass Gott uns einen Spielraum lässt. Es heißt, der Mensch denkt und Gott lenkt, aber wie weit seine Führung geht, kann niemand sagen.«

Le Grec rückte näher heran, legte einen Arm um Villons Schultern und flüsterte:

»Manchmal habe ich den Verdacht, Gott lässt uns frei walten, seit das erste Menschenpaar nach dem Apfel der Erkenntnis gegriffen hat. Vorhin habe ich die Vernunft als eine der kostbarsten Gottesgaben erwähnt. Vielleicht war es sein Abschiedsgeschenk, um sich danach von der Welt abzuwenden. Allein mit der Vernunft müsste doch unser Leben zu bewältigen sein! Sie gebietet uns, keine Kriege zu führen, niemand zu töten oder zu bestehlen, den Nächsten zu achten wie sich selbst, denn sie muss uns ja sagen, dass dieser Nächste den Spieß umdrehen und Mord, Raub, kriegerischen Angriff auch gegen uns richten könnte. Blickst du aber auf die Menschheitsgeschichte zurück, so hat jegliche Vernunft in entscheidenden Fällen versagt. Alle Welt führt Krieg, jeder bestiehlt jeden und so scheint es zu gehen seit Adams Zeiten, begonnen mit Kains Mord an Abel.«

Le Grec sprang auf, griff nach seinen Kleidern und zischte:

»Zieh dich an, da vorne reitet ein Jagdaufseher!«

Sie schlüpften rasch in ihre Kleider; langsam kam der Reiter näher, stieg ab und führte sein Pferd zur Tränke. Es war ein schon älterer Mann mit einem grau gesprenkelten Bart und dem grünen, wappengeschmückten Rock der königlichen Forstbeamten.

»Was habt ihr hier zu suchen? Das ist königliches Jagdgebiet und kein Park für Streuner und Tagediebe!«

Le Grec verneigte sich übertrieben tief und stellte sich mit Namen und Titel vor.

»Ein Professor willst du – wollt Ihr sein? Und der da?«

»Das ist mein Schüler François de Villon, mit dem ich hier Naturstudien treibe.«

»So? Vorhin wart ihr noch nackt, wenn meine Augen mich nicht getäuscht haben.«

»Wir haben ein Bad genommen, um Körper und Geist zu erfrischen. Vielleicht solltet Ihr es auch versuchen?«

»Ich bade niemals«, brummte der Bärtige, nahm die Zügel des Pferdes und führte es auf festeren Grund.

»Habt Ihr den König jemals gesehen, dessen Wappen Euer Gewand schmückt?«

»Nein, aber was geht Euch das an?«
»Nichts, aber seltsam ist es schon, dass Seine Majestät die Hauptstadt des Landes auf eine Art meidet, als herrsche hier noch die Pest.«
Der Aufseher schwang sich in den Sattel.
»Die Pest gerade nicht, aber hier haben Leute das Sagen, die dem König gar nicht gefallen – Leute wie Ihr …«
Le Grec lachte.
»Zum Glück! Eine Stadt des Adels wird Paris niemals werden – da sei Gott vor!«
Mit einem undeutlichen Fluch wendete der Aufseher sein Pferd und trabte davon.
Le Grec begleitete seinen Abgang mit einem spöttischen Lächeln.
»Das kurze Gespräch soll dir zeigen, wie fest die falschen Meinungen in den Köpfen der kleinen Leute sitzen. Freilich scheut jeder König vor der freien Luft in den Universitäten zurück, weil dort in der Regel wenig vom Untertanengeist zu spüren ist. Andererseits hat gerade Charles VII. allen Grund, auf seine Städte stolz zu sein, denn dort blühen Handel und Handwerk. Immerhin hat ihm die Ständeversammlung vor einigen Jahren eine Jahressteuer von etlichen hunderttausend Livres bewilligt, während seine so genannten Vasallen keinen Sou herausrücken und nur eines im Sinn haben – den Königstitel.«
Villon blickte verwundert.
»Aber wir haben doch schon einen König …«
»Ja, schon, aber die Länder der Herzöge von Burgund, Anjou, Bourbon und der Bretagne sind so ausgedehnt, dass sie einen Königstitel rechtfertigen würden. Schau dir nur dieses Burgund an! Es erstreckt sich über Flandern und die Niederlande bis zur Somme. Gefährliche Nachbarn! Der König darf sie nicht reizen, muss aber auch dafür sorgen, dass sie nicht zu mächtig werden. Ohne sein stehendes Heer und die von ihm aufgestellten *franc-archers* hätte Burgund längst wieder einen Krieg begonnen.«
»Was sind Freischützen? Das Wort habe ich schon gehört, aber ich weiß nicht …«

»Ganz einfach: Jede Pfarrgemeinde in Frankreich muss für je fünfzig Haushalte einen Bogenschützen stellen. Das summiert sich dann und wenn es brenzlig wird, kann der König auf ein Reserveheer von einigen zehntausend Mann zurückgreifen.«
»Wie genau Ihr Bescheid wisst«, sagte Villon bewundernd.
»Ja, ein wenig sollte man sich schon in der Politik auskennen. Der freie Mann im alten Griechenland und später auch in Rom war immer ein *homo politicus*, auch wenn er kein politisches Amt versah. Etwas davon ist in Frankreich – als Gallia eine der ältesten römischen Provinzen – auch auf uns gekommen und wie man hört, hält man es in den freien Reichsstädten in Deutschland nicht anders. Da hat der Adel keinerlei Macht, Städte wie Nürnberg, Frankfurt oder Hamburg sind nur dem Kaiser, besser gesagt, dem deutschen König untertan. Jetzt aber genug geschwätzt! Ziehe deine Schuhe an, hole tief Atem – und …«
Er wandte sich um und begann zu laufen. Zwar holte Villon ihn schnell ein, aber nach einer halben Stunde blieb er zurück, da ihm die Ausdauer fehlte. Wie immer in solchen Fällen passte Le Grec seine Geschwindigkeit dem Jüngeren an.

Villons Verbindung zu Le Grec dauerte noch einige Monate, dann wandte sich der Lehrer einem Jüngeren zu. Er tat dies nicht stillschweigend, sondern legte offen seine Gründe dar, als sie an einem schönen, aber schon frostigen Spätherbsttag an der Seine entlangspazierten. Sie nahmen den Weg vom Hôtel de Dieu, vorbei am Bischofspalast, bis zum *terrain aux papelards*, wie man die südöstliche Spitze der Ile de la Cité nannte. Wie dieses Stück Boden zu dem Namen »Land der Heuchler« gekommen war, konnte ihm auch sein Lehrer nicht erklären. Sie setzten sich auf einen umgestürzten Baum, den kürzlich ein Herbststurm entwurzelt hatte.
»Du kommst jetzt in ein Alter, *mon ami*, da du keine Führung mehr brauchst, auch keine mehr willst. Im Übrigen hast du deinen Adoptivvater, der dir in allem zur Seite steht.«
Villon lächelte traurig.
»In allem?«

Le Grec schmunzelte.
»Ich weiß schon, was du meinst – in diesen Dingen freilich nicht, aber das weißt du ja selbst. Betrachte einmal genau deinen Körper und du wirst sehen, dass du auf dem Weg bist, ein Mann zu werden. Deine Stimme ist rauer und dunkler geworden, auf deinen Wangen beginnt der Bart zu spießen, die lustigen rötlichen Flaumhärchen auf Armen und Beinen werden hart und borstig. Mit einem Wort, ich – dein Mentor und Erastes – überlasse dich von nun an den Frauen. So, wie du aussiehst, wirst du bald weibliche Blicke auf dich ziehen und dich dann ein wenig schämen, dass du dich einmal mit deinem Mentor im Gras gewälzt hast.«
Immer wieder musste Villon seinen Lehrer bewundern, weil er über alles, auch die intimsten Dinge, so frei und offen sprach. Bei den anderen Lehrern musste er genau auf seine Worte achten, um nicht Anstoß zu erregen, während sie selbst eine feierliche und gestelzte Redeweise pflegten, bei der es manchen der Studenten schwer fiel, den gebotenen Ernst zu wahren.
Bei Le Grecs Worten war Villon leicht errötet, aber er schüttelte nachdrücklich den Kopf.
»Nein, ich schäme mich dessen nicht! Warum auch?«
»Recht so, *mon ami*! Wir haben einander nichts vorzuwerfen und bleiben Freunde. Mit den Frauen ist das anders, du wirst es bald erleben. Wir starren bei ihnen zuerst auf die Brüste und den Körper, dann ins Gesicht, denken aber dabei ans Bett. Die Damen aber zielen bei einem Mann zuerst aufs Herz und wenn sie glauben, dass es ihnen gehört, schenken sie dir ihre Gunst. Bei uns war das anders. Wir beide haben unsere Köpfe zum geistigen Austausch benützt und werden dies weiterhin tun. Auf dem Weg zur Leibesmitte aber haben wir das Herz übersprungen. Das ist besser fürs Gemüt und lenkt uns nicht von der Arbeit ab. Bei Frauen aber musst du es dir abgewöhnen, immer nur an das eine zu denken, außer bei den Huren. Die öffnen ihre Schenkel gegen Bezahlung – Kopf und Herz bleiben draußen. Deshalb gehört es auch zu den schlimmsten und unerfreulichsten Lebenssituationen, sich in eine Hure zu verlieben. Wenn du einer begegnest und du spürst, dass es sich nicht nur in

der Hose, sondern auch in der Brust zu regen beginnt, dann ergreife die Flucht!«
An diese warnenden Worte musste Villon später noch oft denken.

Die von Le Grec beobachtete Veränderung an Villons Äußerem schritt schnell voran und nichts ersehnte er mehr, als erwachsen zu werden. Körperlich gesehen, war er es schon, seine Stimme war dunkel geworden und hatte einen so schönen Klang, dass der Musiklehrer Villon in seinen kleinen Chor aufnahm, ihn sogar seine Handorgel erproben ließ.
Als Père Guillaume von der Musikbegabung seines Sohnes erfuhr, schenkte er ihm zum Namenstag eine Laute, mit der er so schnell zurecht kam, dass er zu seiner und seiner Freunde Unterhaltung freche Gassenhauer klimpern konnte. Die Texte dazu hatte er zuerst aufgeschnappt, später machte er sie selbst und es fiel ihm so leicht, dass er sie im Dutzend aus dem Ärmel schütteln konnte.
Wie von seinem Lehrer vorausgesagt, zog er bald die Blicke der Frauen auf sich, wenn es vorerst auch nur Huren waren, die ihm ein bezahltes Schäferstündchen anboten. Die älteren Semester besuchten regelmäßig verschiedene Studentenkneipen. Für die Studenten am Collège de Navarre war es Ehrensache, nur ganz bestimmte Kneipen aufzusuchen, und dazu gehörte vor allem der »Pomme de Pin«, weil sich der Wirt dort bemühte, für wenig Geld einen halbwegs guten Wein anzubieten, und nicht zuletzt auch deshalb, weil dieses Lokal in einem anrüchigen, aus verwinkelten Gassen bestehenden Viertel lag, das niemals ein Professor und nur selten die Stadtmiliz aufsuchte. Letztere war kaum zu fürchten, da die Studenten – von schweren Fällen abgesehen – der Gerichtsbarkeit ihrer Universität unterstanden. Natürlich trieben sich hier die Huren herum und auch für die älteren, weniger ansehnlichen gab es eine Möglichkeit, sich in den nur spärlich erleuchteten Gassen einen Kunden zu angeln.
Es war nicht so, dass Villons – meist ältere – Freunde ihn dazu drängen mussten, solche Kneipen aufzusuchen – nein, eine unbändige Neugier hatte ihn erfasst, das Leben dort kennen zu lernen, und er stellte es sich aufregend, bunt und abenteuerlich vor. Wie selten im

Leben wurden alle seine Erwartungen erfüllt. Im »Pomme de Pin« gab es Saufereien, Raufereien, Liebeshändel, Spiel, Tanz, Gedränge und ein Publikum, das vom abgebrühten Coquillard bis zum feisten Prasser, von der Groschenhure bis zur Grande Cocotte reichte, die mit ihrem Leibwächter hereinschneite, nicht um Liebhaber, sondern um Abwechslung und Unterhaltung zu suchen.

Nichts an diesem Treiben stieß Villon ab, seine brennende Neugier trieb ihn immer wieder hierher, ohne dass es den geringsten Einfluss auf sein Studium hatte, das er weiterhin mit Eifer und Hingabe betrieb. Hier kam er auch mit der geheimnisvollen Zunft der Coquillards in Berührung, von der nahezu jeder wusste, dass es sie gab, aber kaum einer bereit war, sich darüber auszulassen. Wer ihr angehörte, bewahrte eisernes Schweigen, weil Verrat unnachsichtig geahndet wurde. Wer nichts mit der Coquille zu tun hatte, spuckte nur verächtlich aus oder brummte etwas von »endlich mit diesem Gesindel aufräumen«.

Die Coquillards – Muschelbrüder – hatten sich nach Ende des Hundertjährigen Krieges zusammengefunden. Das waren ehemalige Söldner und andere heimatlos gewordene und entwurzelte Menschen – Kriegsopfer, um die sich keine Behörde kümmerte. Sie waren auch zu viele, um sie in Armenhäusern oder Gefängnissen wegzuschließen, doch unter ihnen gab es auch einige Gescheite und Scharfsichtige, die versuchten, eine gewisse Ordnung in die Not zu bringen. So bildete sich mit den Jahren eine straff organisierte Geheimgesellschaft heraus, die in allen großen Städten des Landes Zentren mit zahlreichen Mitgliedern unterhielt. So viel erfuhr Villon im Laufe der nächsten Zeit, noch ohne zu ahnen, dass er später selbst zur Coquille gehören würde.

Père Guillaume, durch Vertraute am Collège über alles genau unterrichtet, was seinen Sohn betraf, war hin- und hergerissen. Sollte er ihn vor den Besuchen in solch anrüchigen Kneipen warnen, ihm die möglichen Folgen von Rauferei, Hurerei und Besäufnis aufzeigen? Ja, er hätte es sofort getan, wären nicht die Berichte über einen folgsamen, eifrigen und erfolgreichen Studenten gewesen. So verfolgte er diese Entwicklung sehr genau, doch als ihm François – das war etwa ein Jahr vor seiner Magisterprüfung – eines Tages drückende Spielschulden eingestand, entschloss er sich zu einer gründlichen Aussprache.

Vor einigen Tagen hatte Paris Weihnachten gefeiert und nun schauten die Menschen dem neuen Jahr 1451 entgegen, und zwar recht hoffnungsvoll, da sich ein endgültiger und umfassender Sieg des Königs über die Engländer abzeichnete. Die Briten hielten nur noch unbedeutende Gebiete im äußersten Westen besetzt und es war abzusehen, dass sie sich nicht mehr lange dort würden halten können. König Charles, unter dem bestimmenden Einfluss seiner Geliebten Agnes Sorel, hatte fähige Leute – wie Jacques Coeur – mit der Ordnung von Finanzen und Rechtspflege bestimmt und diese Maßnahmen zeigten inzwischen eine vorteilhafte Wirkung.

Père Guillaume setzte sich mit François ans lodernde Kaminfeuer im weiträumigen und behaglichen Wohnraum des Hauses Porte Rouge.

»Ein Glas Wein?«

Villon schüttelte den Kopf.

»Nein, *mon père*, ich habe mir seit längerem angewöhnt, tagsüber abstinent zu leben. Das Studium erfordert Geist und Kraft, wie Ihr ja selbst wisst, und schon ein Becher Wein ist geeignet, den Gedankenfluss zu hemmen.«

»Gibt es denn heute noch Vorlesungen?«

»Nein, aber ich habe noch viel zu lernen, das Pensum ist sehr umfassend, und wenn ich die Magisterprüfung bestehen soll …«

»Gut, gut, sehr löblich, dass du dich untertags des Weines enthältst. Aber wie steht es am Abend? Da bist du, wie man hört, kein Kostverächter, bist Stammgast in berüchtigten Kneipen wie dem ›Pomme de Pin‹, dem ›Espé de Bois‹ oder dem ›Homme d'Arme‹. Dort wird heftig getrunken, hoch gespielt, und zweimal warst du schon in ernsthafte Raufereien verwickelt.«

Villon blickte seinen Vater verblüfft an. »Woher wisst Ihr das alles?«

Das dicke, gutmütige Gesicht des Kaplans verschloss sich.
»Ich habe meine Quellen und ich halte es für meine Pflicht, deine Lebensführung aufmerksam zu verfolgen. Hätten unter diesem nächtlichen Lotterleben deine Leistungen untertags nachgelassen, so wäre ich schon früher darauf zu spechen gekommen. Aber seltsamerweise ...«
Villon griff nach der Hand seines Vaters, streichelte sie flüchtig und beugte sich vor.
»*Mon père,* Ihr wisst, wie sehr ich Euch liebe und verehre. Auch bin ich mir bewusst, dass ich meine Dankesschuld Euch gegenüber niemals abtragen kann. Aber Ihr müsst auch mich verstehen. Ihr selbst habt Euch schon recht früh für die Priesterlaufbahn entschieden, habt Euch auch durch familiäre Schicksalsschläge nicht beirren lassen. Ich aber strebe, wie Ihr wisst, einen weltlichen Beruf an und werde mich nach der Magisterprüfung entscheiden, ob ich in die Dienste des Staates treten oder ein Lehramt übernehmen will. Bei Studenten, die eine weltliche Laufbahn gewählt haben, geht es eben lockerer zu oder – wenn der Vergleich erlaubt ist – sie richten ihr Studium über das Collège hinaus auch auf Dinge des Lebens, die außerhalb der Lehrgebäude stattfinden. Will ich etwa ein Steuerbeamter des Königs werden, so muss ich dem Volk – das diese Abgaben bezahlt – so nahe wie möglich kommen, um später gewisse Dinge zu verstehen oder damit zusammenhängende Schwierigkeiten zu meistern. So habe auch ich ...«
»Halt, mein Lieber – halt, das geht mir zu weit! Jetzt arten deine Argumente in Sophisterei aus und ich möchte dich warnen, dergleichen *ex cathedra* zu verkünden. Das mag dich zwar bei deinen Studenten beliebt machen, aber deine Kollegen werden es dir als Geschwätzigkeit ankreiden und dir vorwerfen, leeres Stroh zu dreschen. Versuchen wir zu einer gewissen Ernsthaftigkeit zurückzufinden.«
»Ja, *mon père,* dafür bin ich auch, verzeiht mir meine etwas losen, vielleicht sogar leichtfertigen Worte. Was mich betrifft, so gibt es eines klarzustellen: Wenn ich weiterhin als Student der Artes liberales strebsam und erfolgreich sein will, dann brauche ich eine Gegenwelt und die besteht in dem von Euch schon Gesagten – im Trin-

ken, Händelaustragen, Spielen, Lieben und Gassenhauersingen. Das macht den vom vielen Lernen verkleisterten Kopf wieder frei. Verzeiht, wenn ich es erwähne oder Vergleiche ziehe:
Auch Ihr habt eine Gegenwelt, die Euch hilft, Euer gewiss nicht immer einfaches Amt als Kaplan und Beichtvater auszuführen, nämlich dieses schöne Heim, das Ihr Euch geschaffen habt. Ihr habt Euch im Laufe der Jahre eine ansehnliche Sammlung von illuminierten Büchern und religiösen Schriften zugelegt – da drüben steht eine hoheitsvolle Madonnenstatue aus alter Zeit, an der Wand hängt ein fein gearbeitetes Kruzifix aus Elfenbein und kürzlich habt Ihr mir zwei neu erworbene Cloisonné-Arbeiten gezeigt. Dies alles liebt Ihr und schätzt es hoch ein, weil es eine Gegenwelt zu Eurem Kirchenamt darstellt, in der Ihr Euch erholen und neue Kräfte schöpfen könnt.«

Nun war es an Père Guillaume, Verblüffung zu zeigen, die dann in eine leichte Verstimmung umschlug.

»Warum hältst du mir das alles vor? Das klingt ja fast, als würdest du mir diese schönen Dinge missgönnen!«

»Nein, um Himmels willen! Auch ich schätze diese Kostbarkeiten, doch für solche beschaulichen Freuden bin ich noch zu jung, mich zieht es mehr zu meinesgleichen, für mich gibt es kaum etwas Schöneres, als nach der konzentrierten und vom Geist durchwehten Stille im Hörsaal einzutauchen in das brausende Leben, um fühlen zu können, dass dieser Kopf auf einem lebendigen Körper sitzt.«

Père Guillaume seufzte leise.

»Und dieser Körper hat Bedürfnisse – ich verstehe. François – ich verlange nicht von dir, dass du dein Leben und deine Gewohnheiten änderst, doch ich erwarte, dass du zu diesem ›brausenden Leben‹, wie du es nennst, eine gewisse Distanz hältst, um nicht in Gefahr zu geraten, darin unterzugehen.«

Villon lachte erleichtert.

»Da braucht Ihr Euch keine Sorgen zu machen, *mon père*, ich schwimme stets oben und behalte den Überblick.«

Zunächst schien ihm das auch zu gelingen. Er war weiterhin Gast in anrüchigen Kneipen, trank sich dann und wann einen fidelen Rausch an, zog manchmal blank und focht – eher spielerisch – mit seinem kurzen Studentendegen, bis bei einem der Streithähne Blut floss und den Streit beendete.

Wie aber stand es mit den Frauen? Wenn Villon damals bei dem Griechischprofessor schon seine Unschuld verloren hatte, so zählte das nicht viel und galt nur als Vorstufe zu den wahren Liebesfreuden. Nun waren diese anrüchigen Kneipen nicht der geeignete Ort, um sein Herz zu verlieren, denn was dort an Weiblichkeit umging, war eher von lockerer Art. Professionelle Huren hatten keinen Zutritt zu öffentlichen Lokalen, aber wer mochte schon eine Grenze ziehen zwischen einem lockeren Mädchen, das seinen mageren Lohn als Näherin oder Wäscherin mit bezahlten Liebesstunden etwas aufbesserte, und einer Hure, die nur von solchen Diensten lebte? Dann gab es da noch die liebeshungrigen Gattinnen älterer Herren, die eher nach einem Becher Wein als nach den Brüsten ihrer Gemahlinnen griffen.

Wenn Villon mit seiner Laute auf der Schulter eine Kneipe betrat, mit seinen graugrünen Augen die Gästeschar musterte, sich lachend durch sein etwas struppiges tiefbraunes Haar strich, dann blieben die Augen der genannten Damen an seiner schlanken sehnigen Gestalt hängen und er musste nicht viel tun, um ihre Gunst zu gewinnen. Doch was einem in den Schoß fällt, das schätzt man nicht allzu hoch und lässt es auch leicht wieder fahren. So kam Villon in diesen Kreisen niemals in Gefahr, sein Herz zu verlieren, auch wenn so manches Mädchen, so manche Frau für länger oder kürzer in der falschen Meinung verharrte, es für sich gewonnen zu haben.

Inzwischen war der Zeitpunkt für die Magisterprüfung so nahe gerückt, dass Villon seine nächtlichen Ausflüge auf das Wochenende verlegte, um sich an den Werktagen ganz seinem Studium widmen zu können. Er verspürte keinerlei Prüfungsangst, hatte die Nacht zuvor tief und ruhig geschlafen, sodass er sich am Morgen geistig frisch und tatkräftig genug fühlte, um sämtliche Examensfragen dieser Welt glanzvoll zu bestehen.

An einem der letzten Junitage legte Seine Magnifizenz als *recteur* des Collège de Navarre ihm und sechs anderen den Magistermantel um die Schultern und überreichte ihnen das gesiegelte Diplom. Père Guillaume, der unter den Gästen stand, errötete vor Stolz und senkte schnell den Kopf, weil er sich des Stolzes schämte.

4

Mit zwei der frisch gebackenen Magister war Villon näher befreundet und so streiften sie schleunigst ihre Talare ab und trafen sich im »Pomme de Pin«. Fast wie aus einem Mund ertönte der Ruf: »Das muss gefeiert werden!« Doch wie dies geschehen sollte, bedurfte einer längeren Diskussion.

»Viel darf es nicht kosten«, meinte einer, doch da hob der dickliche Robert Vallée, Sohn eines steinreichen Vaters, gebieterisch die Hand.

»Um das Geld braucht ihr euch keine Sorgen zu machen – das übernehme ich!« Dabei lachte er laut und herzlich.

»Mein Vater hat sich die neue Würde seines Sohnes etwas kosten lassen und dieses Geld brennt mir in der Tasche.«

»Dann geht es nur noch um das ›Wie‹, sagte Villon und blickte fragend in die Runde.

»Da hätte ich gleich einen Vorschlag«, meinte Guy de Tabarie, mit dem Villon am engsten befreundet war.

»Wir hören!«, kam es von den drei anderen.

»Wer von euch kennt das Kloster Porte-Royale?«

Villon feixte.

»Du hättest fragen sollen: Wer kennt es nicht?«

Was aber machte dieses Kloster so beruhmt, dass selbst junge Männer, die nun wahrhaftig kein Ordensleben im Sinn hatten, es kannten? Porte-Royale war vor über zweihundert Jahren im strengen Geist der damals aufkommenden zisterziensischen Bewegung gegründet worden. Schon ein halbes Jahrhundert später wurden die harten Ordensregeln kaum noch beachtet und die jetzt dort weilenden Nonnen waren überzählige Töchter aus guten Familien, die man ins Kloster abgeschoben hatte, um eine hohe Mitgift zu sparen und sie so dem himmlischen statt einem irdischen Bräutigam anzuvermählen. Dass es diesen Abgeschobenen sowohl an Bereitschaft wie auch am frommen Geist für das Klosterleben fehlte, war verständlich und sie rächten sich auf ihre Weise.

So war aus Porte-Royale ein fideles Freudenhaus geworden, wo man »reiche Stifter« zu Gastmählern empfing und wo die meist jungen Nonnen in ihren Zellen alles andere als Bußübungen verrichteten. Die Äbtissin, Huguette du Hamel, genoss den Ruf einer besonderen Freizügigkeit und es gingen Gerüchte über sie um, die so abenteuerlich waren, dass sie von vielen nicht geglaubt wurden. So soll diese unfromme Dame in Männerkleidern häufig nach Paris gegangen sein, um sich dort in anrüchigen Tanzhäusern die Nächte um die Ohren zu schlagen. Ob wahr oder nicht – Tatsache jedoch blieb, dass man mit einer vollen Börse dort sehr willkommen war und eine entsprechende »Stiftung« nicht nur mit himmlischem Lohn vergolten wurde.

Die Freunde einigten sich auf einen bestimmten Tag und Robert Vallée bestand darauf, dass Villon seine Laute mitnahm.

»Vielleicht wirst du sie nicht brauchen, aber ich habe das Gefühl, ein paar flotte Lieder werden dort willkommen sein.«

Villon nickte lachend.

»Wer zahlt, schafft an – so heißt es doch.«

An einem wunderschönen Julimorgen machten sich die vier auf den Weg nach Porte-Royale, das etwa einen Tagesritt südwestlich von Paris, in ein grünes Tal geschmiegt, hinter hohen Bäumen so versteckt lag, dass man erst beim Näherkommen den spitzen Turm der Klosterkirche wie einen winkenden Finger herausragen sah. Der zwischen Büschen und Bäumen ins Tal hinabführende Weg war so schmal, dass sie hintereinander reiten mussten, mit Robert Vallée, ihrem »Schatzmeister«, an der Spitze. Der brachte jetzt sein Pferd zum Stehen, hob die Hand und wandte sich um.

»Also – unsere Abmachung ist, dass ich mit der Äbtissin einen Betrag aushandle, der für uns alle gilt. Ich werde ihr sagen, ihr seid meine Gäste und wir möchten unser Magisterexamen auf eine Weise feiern, die auch gottesfürchtigen Zwecken dient, und dieses Freudenfest mit einer wohltätigen Stiftung verbinden. Lasst euch kein weiteres Geld aus der Tasche locken, hört ihr!«

»Ist schon gut, Robert, das war ja alles schon abgesprochen«, rief Villon, der am Schluss ritt, über die zwei anderen hinweg.

»Du erwirbst dir himmlischen Lohn«, spöttelte Guy de Tabarie, der als sehr loser Vogel galt und bei jeder Gelegenheit über die »feisten Pfaffen« herzog. Dass er als Freund von Villon den allseits hoch geachteten Père Guillaume dabei ausnahm, verstand sich von selber.

Die Schwester Pförtnerin musterte die vier jungen Männer mit gerunzelter Stirn. Die hier im Orden lebenden Nonnen nannten sich nach Bernard de Clairvaux Bernardinerinnen, trugen ein bis auf die Hüften fallendes schwarzes Kopftuch und auf der Brust des weißen Habits ein ellenlanges blutrotes Kreuz. Das sah sehr fromm und andächtig aus, wie auch die *portière* keinen Anlass zu Missdeutungen gab, denn sie war hager, ältlich und ihre Augen blickten streng.

Wie Kenner es ihm empfohlen hatten, sagte Robert Vallée sein Sprüchlein her.

»Ehrwürdige Mutter, wir sind vier Freunde, die auf dem von der Kirche geführten Collège de Navarre erfolgreich ihre Magisterprüfung abgelegt haben. Da dies gewiss auch mit Gottes und seiner Heiligen Hilfe geschah, wollen wir mit unserer kleinen Feier auch dem Allmächtigen danken, und wie können wir dies besser tun, als es in Eurem hoch angesehenen Kloster mit einer Stiftung zu verbinden?«

»Ist jemand von euch mit einer unserer Schwestern verwandt?«

Villon und Guy hoben die Hand. Dass hier eine entfernte Base von Père Guillaume lebte, hatte er erst kürzlich erfahren, während Guy de Tabarie, der lose Vogel, dem selbst die dicksten Lügen glatt über die Lippen kamen, diese Verwandtschaft geschwind erfand.

»Eine Cousine zweiten oder dritten Grades hat vor zwei – nein, ich glaube schon vor drei – Jahren hier ihre Profess abgelegt.« Er machte ein tief betrübtes Gesicht.
»Seither habe ich sie nicht mehr gesehen …«
»Wie heißt diese Cousine?«
»Yvette – glaube ich.«
»So, Ihr glaubt das nur! Hoffentlich wisst Ihr auch, dass die Schwestern hier neue Namen bekommen?«
»Natürlich weiß ich das! Um ihn zu erfahren, bin ich ja hier – unter anderem …«
Die Pförtnerin erhob sich.
»Ich werde der *abbesse* Bescheid geben.«
Sie mussten nicht lange warten und wurden dann von einem alten Gärtner mit krumm gearbeitetem Rücken in das ans Kloster angebaute Gästehaus geführt. Dann krächzte er etwas von »Abendessen« und »abgeholt werden«.
Die Gästezimmer waren mit jeweils zwei Betten ausgestattet und Guy de Tabarie ließ sich lachend auf eines davon fallen.
»Ich hoffe, diese Schlafstätte wird heute Nacht nicht die unsere sein«, sagte er in steifem professoralen Ton.
Robert Vallée klopfte auf seine am Gürtel hängende Börse.
»Das wird uns die Zellen der Nonnen öffnen – so jedenfalls wurde es mir berichtet.«
Villon schlug ihm auf die Schulter.
»Das wollen wir auch hoffen!«
Sie hatten ihre besten Kleider mitgebracht, erfrischten sich im Hof unter Lachen und Prusten am Wassertrog und zogen sich dann um. Villon legte ein hochgeschlossenes, weinrotes Wams an, das bis knapp zu den Oberschenkeln reichte, und um die Hüften zog er einen losen goldgepunzten Ledergürtel fest. Die graugrünen, eng anliegenden Hosen hatte er nach der Farbe seiner Augen gewählt, die spitzschnabeligen Wildlederschuhe waren in der Farbe dem losen, bis ans Knie reichenden goldbraunen Umhang angepasst.
Danach führten sie einander unter Lachen und Spotten ihre Galakleider vor und es dauerte nicht lange, da erschien ein etwas beleib-

ter, dunkel und vornehm gekleideter Herr. Er stellte sich namentlich vor und fügte hinzu:

»Ich bin der *procureur* dieser Abtei und hier in Geschäften für einige Tage zu Gast. Die *abbesse* hat es sich nicht nehmen lassen, mich mit der Abholung ihrer geehrten Gäste zu betrauen.«

Tabarie, der schräg hinter ihm stand, schnitt solche Grimassen, dass Villon Mühe hatte, sich zu beherrschen. Als ahne er etwas, drehte sich der *procureur* plötzlich um, doch Tabarie, auf alles gefasst, versank in eine tiefe Verneigung.

Im festlich mit Blumen, Damastdecken und silbernem Tafelgerät herausgeputzten Refektorium fanden sich dann noch weitere Gäste ein. Da war der alte zahnlose und, wie sich bald erwies, halb taube *confesseur*, der Beichtvater des Klosters. Er hatte ständig ein verlegenes Lächeln auf den Lippen, als wolle er um Verzeihung bitten, weil er kaum etwas verstand. Zwei wohlgekleidete Herren mittleren Alters saßen einander gegenüber und Villon schien es, als fühlten sie sich nicht sehr wohl in ihrer Haut. An der Stirnseite des langen Tisches thronte in einem kostbar geschnitzten und mit rotem Samt bezogenen Sessel Huguette du Hamel, die Äbtissin von Porte-Royale.

Auf den ersten Blick war nichts Besonderes an ihr. Sie schien eher zierlich, in ihrem blassen ovalen Gesicht glühten zwei dunkle, quicklebendige Augen, denen nichts entging. Ihre Kleidung unterschied sich in nichts von der der anderen Schwestern, nur ein schweres goldenes Kreuz funkelte auf der unter der weißen Kutte kaum erkennbaren Wölbung ihrer Brust. Links und rechts von ihr saßen einige Schwestern, sieben oder acht, durchweg jung, aber Villon musste immer wieder auf die blutroten Kreuze blicken, die so herausfordernd auf ihrem Habit leuchteten, dass ihn der Gedanke befremdete, mit einer von diesen gottgeweihten Frauen ins Bett zu steigen.

Vielleicht stimmte das alles nicht und war nur geiles Gerede von Möchtegernweiberhelden? Er verkniff sich ein Lächeln, wenn er daran dachte, dass Robert für seine großherzige Stiftung mit einem Gastmahl abgespeist und dann in Ehren verabschiedet wurde. Schließlich war das hier kein Hurenhaus! In Villons strenger religiöser Erziehung verband sich der kreuzgeschmückte Nonnenhabit mit Kerzen, Weihrauch, Chorgesang, lateinischen Gebeten ... Die leisen Gespräche erstarben, als die Äbtissin mit einer seltsam rauen, lasziv klingenden Stimme zu reden begann.

»Liebe Mitschwestern, hochwerte Gäste! Es ist ein Fest besonderer Art, an dem wir heute teilnehmen dürfen, denn die vier hier anwesenden jungen Herren haben auf dem zur theologischen Fakultät der Pariser Universität gehörenden Collège de Navarre ihre Magisterprüfung abgelegt. Wie es sich für künftige Kleriker ziemt, haben diese Magister in ihre Dankesfeier Gott den Herrn miteinbezogen und dieses Fest nicht in ein städtisches Lokal, sondern in ein ländliches Kloster verlegt. Das ist fromm und gottesfürchtig gedacht und so wird gewiss der Segen des Herrn auf dieser kleinen Festlichkeit ruhen.«

Robert Vallée bedankte sich, auch im Namen seiner Freunde, für die Einladung und gab zu verstehen, dass eine künftige Priesterlaufbahn nur eine von mehreren Möglichkeiten sei und er selbst den Beruf eines Advokaten anstrebe.

Die *abbesse* nickte freundlich und begrüßte die beiden anderen Herren als Gönner und Wohltäter des Klosters. Zuletzt wandte sie sich an den *procureur*, »der kein Gast ist, sondern hier ein zweites Zuhause hat und seit Jahren durch unermüdliche Arbeit zum Gedeihen von Porte-Royale beiträgt«.

Zweierlei erschien Villon seltsam: Während ihrer ganzen Rede hatte die Äbtissin keinen Namen genannt und ihn dabei nicht aus den Augen gelassen. Ihr dunkel leuchtender Blick hatte ihn festgehalten, als sie von den »vier jungen Magistern« sprach, war dann kurz zu den anderen Gästen abgeirrt, zuletzt aber wieder zu ihm zurückgekehrt, begleitet von einem leisen Lächeln, das ihm, ja, wollüstig erschien. Dieses Wort hielt er aber doch nicht für passend und ihm, dem Redegewandten, drängten sich andere Begriffe auf, die aber nur umschrieben, was dieses Lächeln in seinen Augen ausdrückte: begehrlich, unzüchtig, dirnenhaft, buhlerisch, unkeusch, lasterhaft, sinnlich ...

Das jetzt aufgetragene üppige Mahl riss ihn aus seinen Grübeleien. Die *abbesse* hob wie entschuldigend beide Hände.

»Ich bitte meine Gäste, mir zu glauben, dass die hier gebotene Üppigkeit in Porte-Royale kein Alltag ist, denn sonst geht es wesentlich bescheidener – eben klösterlich zu. Aber der Anlass ist doch ein so festlicher, dass unser geehrter *procureur* namhafte Köche aus Paris verpflichtet hat – also lassen wir uns überraschen!«

Dann sprach sie ein kurzes Tischgebet und dienende Nonnen – aus einfachen Familien und ohne Mitgift ins Kloster gekommen – trugen Schüsseln und Platten, Pfannen und Töpfe auf.

Das Mahl begann mit in Kräutern gesottenen Schleien, Aalen und Hechten, bestreut mit einer Mischung aus Mandeln, Ingwer, Safran und Zimt. Darauf folgten Pasteten mit einer Füllung aus Wild und Geflügel, begleitet von gebratenen und zerlegten Schnepfen, Fasanen und Wachteln. Zu den am Spieß gebratenen Keulen von Hirsch und Wildschwein wurde in kleinen irdenen Schalen eine scharfe Tunke gereicht, die jeden, der zu viel davon nahm, sogleich zum Becher greifen ließ. Dabei hatte man die Auswahl zwischen weißen und roten Weinen und solchen, die gewürzt und heiß serviert wurden. Das Mahl klang mit verschiedenen Süßspeisen aus, die aber bei Villon und seinen Freunden wenig Anklang fanden.

Als der taube und ewig lächelnde Beichtvater sich verabschiedet hatte – es war eher ein unauffälliges Davonschleichen gewesen –, lockerte sich die Stimmung spürbar auf. Man tauschte mehrfach die Plätze und es ergab sich, dass die Äbtissin neben Villon saß und er zu seinem Erstaunen spürte, dass ihr Fuß auf eine Weise seine Wade streichelte, die kaum misszuverstehen war. Sie deutete auf ihren Becher, um vorzutäuschen, dass vom Wein die Rede sei, aber sie flüsterte:

»Solange der *procureur* zu Gast ist, kann ich nicht handeln, wie ich will …«

Dabei trat in ihre dunklen Augen ein lüsterner Glanz und ihre Zungenspitze glitt über die Lippen, dass sie feucht und verlockend schimmerten.

»Seid ein andermal mein Gast, wenn wir ungestört sind – wollt Ihr?«

Villon schluckte mehrmals und nickte heftig.

»Ihr habt mein Wort!«

Das hatte er wohl etwas zu laut gesagt, denn der *procureur* schaute misstrauisch in ihre Richtung. Huguettes Fuß zog sich zurück, sie erhob sich und nahm neben dem *procureur* Platz.
Villons Freunde hatten sich unter die Nonnen gemischt, die sich so nach und nach in junge Mädchen verwandelten. Zuerst fiel das schwarze Kopftuch und es stellte sich heraus, dass keine von ihnen – wie es ja eigentlich Vorschrift gewesen wäre – ihr Haar bis auf Fingerbreite gestutzt hatte. Danach verschwand der Habit mit dem dicken roten Kreuzbalken und darunter kamen leichte Sommerkleider zum Vorschein.
Robert hatte seinen Freund schon zweimal aufgefordert, etwas auf der Laute zu spielen; als er es nun zum dritten Mal tat, stand Villon auf und wandte sich zur *abbesse*.
»Wenn die Ehrwürdige Mutter es gestattet …«
Huguette du Hamel blickte ihn lächelnd an.
»Wenn es nichts Anstößiges ist …«
»Aber nein, ganz im Gegenteil! Freche Lieder singe ich in der Kneipe, aber für ein Kloster habe ich andere parat.«
Er stand auf, holte das in einer Ecke stehende Instrument und schlug ein paar Probetöne. Dann nahm er den von Robert hingehaltenen Becher, trank ein paar tiefe Schlucke und räusperte sich.

»Bei Gott, dem Vater, ewig kund,
beim Sohn der Magd, gebenedeit,
gleich Gott dem Vater ewig und
beim Heiligen Geist – Dreifaltigkeit,
die uns erlöst von Adams Schuld,
mit Sündern schmückt den Himmelshain …
Wer daran glaubt, erwirbt viel Huld,
die Toten werden selig sein.

Tot waren Leiber und Seelen,
verdammt zu ewiger Feuerpein,
verfaulten Leibs die Seelen schwelen,
wes Standes sie auch mochten sein.

Natürlich bleiben ausgenommen
die Nonnen hier im Saal.
Sie werden in den Himmel kommen,
befreit sein von der Hölle Qual!«

Da war es ganz still geworden und etwas wie Andacht trat in die vom Wein geröteten Gesichter. Villon lachte und ließ die Laute sinken. »Macht nicht so finstere Gesichter, nur weil ich einen frommen Wunsch geäußert habe. Um euch wieder aufzumuntern, singe ich jetzt noch die ›Ballade von den falschen Wahrheiten‹:

Der Hungernde die Not nicht spürt,
nur Nutzen uns vom Feinde kommt,
nur trocknes Heu zur Fresslust führt,
nur wer stets schläft, als Wächter frommt,
nur die Verräter Rettung bringen,
nur Schwache werden stark genannt,
nur Ungläubige hört fromm man singen,
nur der Verliebte zeigt Verstand.«

Lebhafter Beifall ermunterte ihn zum Weitermachen, doch er schüttelte lachend den Kopf.
»Wir sind nicht in einer Taverne – genug ist genug!«
Er setzte sich an einen Tisch neben eine der Schwestern, weil sie ihn von weitem angelacht hatte. Nun aber schaute sie ihn auf eine Weise an, die ihn eher an manche Frauen in den Pariser Kneipen als an eine züchtige Nonne denken ließ.
»Ich bin mit Huguette entfernt verwandt und habe es ihrer Fürsprache zu verdanken, dass ich nicht einen uralten geizigen Miesepeter heiraten musste, nach dessen Vermögen mein Vater trachtete. Der Mann war kinderlos und hatte mich im Heiratsvertrag als einzige Erbin eingesetzt. Man kann schon sagen, dass ich hierher geflüchtet bin. Mein Vater wollte das nicht so ohne weiteres hinnehmen, aber Huguette hat so vielfältige Beziehungen in Paris, dass er den Rechtsstreit verlor.«

Ihr rundes, noch etwas pausbäckiges Gesicht hätte kindlich gewirkt, wären nicht diese wissenden Augen und der spöttisch verzogene Mund gewesen.
»Wie darf ich Euch nennen?«
»Ich bin die schöne Helena«, sagte sie mit gespieltem Ernst.
»Habt Ihr schon die Profess abgelegt?«
»Wo denkt Ihr hin? Ich bleibe Novizin, solange es geht, und hoffe, dass ein Traumprinz kommt, um mich zu entführen.«
»Und zu heiraten?«
»Warum nicht ...«
Unter dem leichten Sommerkleid zeichneten sich deutlich ihre schönen Brüste ab. Wäre Villon jetzt im »Pomme de Pin« gewesen und eines der lockeren Mädchen hätte sich neben ihn gesetzt, so hätte er nicht gezögert, diese Brüste zu umfassen, aber jetzt ...
Helena betrachtete ihn mit einer Art lüsterner Neugier.
»Ihr zappelt so unruhig auf Eurem Stuhl herum – ist es Euch zu heiß geworden? Wollt Ihr an die Luft?«
»Kein schlechter Gedanke! Der heiße Würzwein fährt einem so in die Glieder ...«
Er stand auf, spürte, wie sich sein steifes Glied so kräftig gegen die eng anliegende Hose presste, als wollte es den Stoff sprengen. Helena schien nichts davon zu bemerken, aber waren die dunklen Augen der Äbtissin nicht spöttisch auf seine Leibesmitte gerichtet?
»Aber, Villon, du wirst doch nicht schon schlafen gehen?«, hörte er Vallées trunkene Stimme, gefolgt vom meckernden Lachen der anderen. Einer rief ihm nach: »Er wird's ja nicht allein tun ...«
Helena ignorierte diese Bemerkungen und ging zur Tür.
Die Nacht war kühl und sternenklar, Villon spürte, wie der auf seiner Stirn trocknende Schweiß den Kopf kühlte. Er blickte hinauf.
»Einige der größeren Sterne scheinen uns zuzublinzeln.«
Er beugte sich hinab, umfasste Helenas Kopf und küsste sie auf den Mund. Sie erwiderte den Kuss mit unerwarteter Heftigkeit und ihre Hand legte sich besitzergreifend auf sein Geschlecht.
Sie kicherte.

»Huguette hat ein Auge auf dich geworfen, das ist mir nicht entgangen.«
Er stellte sich unwissend.
»So – davon habe ich nichts bemerkt.«
»Wenn der *procureur* hier ist, hält er sie fest in Beschlag. Nicht, dass er eifersüchtig wäre, aber er regelt alles Finanzielle für unser Kloster und da glaubt er, ein Anrecht auf sie zu haben.«
»Was kümmert das uns?«
Wieder küsste er sie auf Hals, Wangen und Mund, spürte, wie sie schneller atmete und sich fordernd an ihn presste.
Ob sie es für Geld tun?, ging es ihm durch den Kopf. Aber dann wären sie ja nicht besser als Huren …
Sie schien zu ahnen, was ihn beschäftigte.
»Nicht alle hier gehen mit Männern um. Es gibt auch ein paar echte Nonnen …« Sie lachte leise.
»Aber ich gehöre nicht dazu. Ich zähle zu denen, die sich an ihrer Familie, an tyrannischen Vätern oder habgierigen Brüdern auf solche Weise rächen. Diese Herren erwarten von uns, dass wir in stiller Demut Gott dienen und ihn bitten, ihnen ihre Sünden zu vergeben. Den Teufel werde ich tun! Wenn andere das machen, ist es ihre Sache, ich aber bete darum, dass dieses Pack zur Hölle fährt!«
»So rachsüchtig?«
»Dazu habe ich allen Grund, aber reden wir von etwas anderem.«
Sie deutete nach Westen.
»Dieser Flügel steht seit langem leer – wer geht heute noch freiwillig ins Kloster? Der Krieg ist vorbei, man kann wieder herumreisen, ohne auf irgendwelche Soldaten zu stoßen – ganz gleich, ob es Briten, Burgunder, Franzosen oder ausländische Söldner sind –, die einem die Kleider vom Leib stehlen, den Frauen Gewalt antun, die Männer töten, Häuser in Brand stecken. Da mag es klug gewesen sein, sich in ein Kloster zu verkriechen. Als ich vor zwei Jahren hierher kam, lebte noch ein Dutzend Nonnen da drüben, aber jetzt kommen fast nur noch solche, die von ihrer Familie aus eigensüchtigen Gründen abgeschoben werden.«

Der Vollmond hing wie eine leuchtende Riesenperle am Himmel und hüllte den Klosterkomplex in silbriggraues Licht.
»In dem leeren Trakt haben sich einige von uns ein Nest bereitet …«
»Das du mir jetzt zeigen willst?«
»Vielleicht …«
»Ich bitte dich darum.«
»Hast du eine feste Freundin?«
Sie blieb stehen und er sah das Mondlicht in ihren weit geöffneten Augen tanzen.
»Oder bist du gar verheiratet?«
»Weder noch – ich schwöre es dir!«
Sie lachte. »Männerschwüre! Da gehen zwei Dutzend auf einen Sou …«
»Du darfst mir ruhig glauben. Während des Studiums fehlt einem die Zeit für Weibergeschichten – wollte sagen für eine feste Bindung und ans Heiraten habe ich überhaupt noch nicht gedacht. Da braucht's zuerst ein festes Einkommen, außerdem …«
»Ist ja gut, ich glaub's dir. Aber für deine Laute hast du wohl immer Zeit gehabt, dein Spiel vorhin klang recht geübt.«
»Habe im letzten Jahr oft meinen Freunden aufgespielt.«
»Davon wirst du auch als Magister nicht leben können.«
»Nein, ich muss mir einen Beruf suchen, bin noch unentschlossen …«
Plötzlich hatte sie einen Schlüssel in der Hand. Sie kicherte:
»Viele haben einen … Das Schloss ist immer gut geölt.«
Fast lautlos öffnete sie die Tür, griff ins Dunkle, holte zwei Kerzen hervor, die sie an der glimmenden Laterne neben dem Eingang ansteckte.
»Ich gehe voraus …«
Fast am Ende eines langen Ganges betraten sie einen Raum – ehemals eine Klosterzelle –, den ein breites Bett fast ausfüllte. Sie deutete darauf.
»Das schmale, harte Strohlager musste natürlich raus. Hier wird nicht mehr gebetet und gebüßt …«
»Wird es oft benutzt?«

Sie verpasste ihm eine scherzhafte Maulschelle.
»Geht dich das etwas an? Verschwiegenheit ist der Liebe schönster Begleiter.«
Nun, da Helena keine geistliche Kleidung mehr trug, war diese seltsame, nie gekannte Scheu von ihm abgefallen. Unter Lachen und Scherzen zogen sie sich gegenseitig die Kleider vom Leib, unterbrochen von immer heftigeren Küssen. Als sie ihm aus Mutwillen in die Lippe biss, fuhr er vor Schreck zurück und stieß dabei eine Kerze um, die zum Glück sofort erlosch.
»Ehe du mich auffrisst und wir noch dein Liebesnest in Brand stecken, sollten wir zur Sache kommen.«
Sie lachte so laut und herzlich, dass er davon angesteckt wurde. Dann taten sie, was Liebende in aller Welt eben tun, wenn sie nackt auf einem Bett liegen. Villon, durch den Umgang mit Huren eher an eine hastige Abfertigung gewöhnt, fand in Helena eine hingebungsvolle Geliebte, fordernd, begehrlich und dabei – so schien es ihm – von fast scheuer Zurückhaltung.
Sie schliefen bis zur Morgendämmerung und Villon erwachte als Erster. Er küsste Helena zart auf die nackte Brust, dann auf Hals und Wange. Sie regte sich, lächelte, seufzte und drehte sich um. Er liebkoste ihr schön gerundetes Gesäß und überlegte, ob er nicht versuchen sollte, sie ganz sacht, rücklings – da fuhr sie plötzlich auf.
»Die Prim!«, rief sie, »ich muss zur *prière du matin* erscheinen!«
Sie raffte ihre Kleider zusammen, holte aus einer Truhe beim Fenster ein Klosterhabit, streifte es über, befestigte den langen schwarzen Kopfschleier und eilte hinaus, ohne Villon weiter zu beachten. Ihn verwunderte ihre besorgte Hast wegen der Morgenandacht, die so gar nicht zu diesem Kloster passte. Als er aber im Gästehaus seine Gefährten antraf, hatten sie Ähnliches erlebt. Später erfuhren sie dann, dass die Äbtissin großen Wert darauf legte, bei der Prim alle versammelt zu finden, weil es dann und wann überraschende Inspektionen gab, die aber niemals untertags – da wäre leichter etwas vorzugaukeln gewesen –, sondern immer am frühen Morgen stattfanden.
Robert Vallée tat groß mit seiner nächtlichen Eroberung und er-

innerte seine Freunde immer wieder daran, dass sie ihr Vergnügen allein ihm zu verdanken hatten.

»Ohne mich würdet ihr noch immer in euren Kaschemmen herumhängen und bei Huren um gut Wetter betteln. Ich hoffe schon sehr, dass beim nächsten Mal ein anderer die Kosten übernimmt!«

Guy de Tabarie grinste über sein hageres Frettchengesicht mit den flink umherhuschenden Augen.

»Da wirst du lange warten müssen! Keiner von uns hat einen reichen Weinhändler zum Vater und im Übrigen scheint mir, du bist heute nicht auf deine Kosten gekommen …«

Da wurde der dickliche Robert gleich böse und reckte sich wie ein Gockel, der gerade eine seiner Hennen getreten hatte.

»Ich nicht auf meine Kosten! Mir scheint das eher umgekehrt, weil du schon hier warst, als wir kamen.«

Es war aber tatsächlich so, dass der lose Vogel Tabarie – ungeachtet seines Frettchengesichts und seines schlechten Rufes – nicht nur bei Huren gut ankam. Er grinste frech und selbstsicher.

»Eigentlich wollte ich nicht davon reden, aber du forderst einen ja geradezu heraus. Dann sollst du wissen, dass ich nicht nur eine, sondern zwei dieser fidelen Nönnlein beglückt habe. Alle lachten, sogar Vallée verzog sein Gesicht, wenn auch etwas säuerlich.

»Wie geht's jetzt weiter?«, fragte Villon.

Vallée setzte ein gehässig-zufriedenes Gesicht auf.

»Gar nicht, mein Lieber – das war's!«

Gegen Mittag wurden die vier noch zu einem Abschiedsmahl geladen, aber keine der jungen Nonnen vom vorigen Abend war zugegen. Huguette du Hamel, die *abbesse,* lächelte verschlagen und ihre raue Stimme klang jetzt fest und sachlich.

»Ja, meine Herren, heute hat das strenge Klosterleben wieder begonnen – es sei denn, die Herren wollen sich noch einmal als Stifter betätigen.«

Der *procureur* nickte zufrieden.

»Etwas der Kirche oder einem Kloster Gestiftetes verheißt ewigen Lohn, während die in Kneipen und bei Huren vergeudeten Vermögen nur in den Rachen der Hölle führen.«

Père Guillaume wusste, wo sein Schützling die Nacht über gewesen war, und so fragte er:
»Hat der Besuch in Porte-Royale bei dir etwas zum Klingen gebracht – ich meine, hast du eine Neigung verspürt, die kirchliche Laufbahn einzuschlagen? Du hättest dabei meine volle Unterstützung.«
Villon mühte sich, den Ernst zu wahren. Wusste sein Vater nicht, wie es dort zuging, in welchem Ruf dieses Nonnenkloster stand? Anscheinend war es der durchtriebenen Huguette du Hamel doch gelungen, einen gewissen Schein zu wahren.
»Nein, *mon père*, zum Priester tauge ich gewiss nicht, aber ich habe dort den *procureur* kennen gelernt und könnte mir schon vorstellen, einer geistlichen Institution als Rechts- und Finanzverwalter zu dienen.«
Er sah in den gütigen Augen seines Vaters eine freudige Hoffnung aufleuchten.
»Ein respektables Ziel, das du anstreben könntest. Allerdings müsstest du dich erst in die Materie einarbeiten.«
Er dachte nach, stand auf, nahm ein Handbuch aus dem Regal und begann zu blättern.
»Es gibt rings um Paris eine Reihe von Klöstern und Abteien, aber zu keiner habe ich eine besondere Verbindung.«
Dann stutzte er.
»Halt – hier: Die Abtei Vaux-de-Cernay, eine Reitstunde von Porte-Royale entfernt und von Benediktinermönchen geführt. Der *procureur* war mein Studienkollege, ich treffe ihn dann und wann. Wenn er einen Gehilfen braucht …«

Nein, dieser umtriebige Finanz- und Rechtsberater brauchte keinen Gehilfen, aber er tat seinem alten Studienfreund den Gefallen und nahm Villon für ein mageres Taschengeld auf. Was hatte er dort zu tun? Gab es etwas zu lernen? Es wäre übertrieben, so etwas zu behaupten. Im Grunde war Villon dort nur ein Kopist, der endlose Eingaben, Urteilsbegründungen, Revisionen und dergleichen abzuschreiben hatte und dieser Tätigkeit schon nach wenigen Wochen von Herzen überdrüssig war. Aber er machte dennoch weiter – mit zusammengebissenen Zähnen, um Père Guillaume nicht zu enttäuschen. So krochen die Monate dahin und bald war seit seinem Besuch in Porte-Royale schon ein Jahr vergangen. Unter diesen bedrückenden Umständen freute er sich auf jeden Feiertag, der es ihm für einige Stunden erlaubte, aus seiner Tretmühle zu entfliehen.

So war es auch am Fronleichnamstag, als er am Abend mit einem etwa gleichaltrigen Hilfspriester und einer jungen Hausbesorgerin namens Isabeau vor der Klosterkirche St. Benoît zusammensaß. Es war eher ein zufälliges Treffen, denn Isabeau hatte sich in der Kirche einen Krug frisches Weihwasser besorgt und Gilles, der Priester, war ihr dabei zur Hand gegangen – ohne jede Nebenabsicht. Dennoch wäre ihn Villon gerne losgeworden, weil er spürte, dass dieses Mädchen einer näheren Verbindung zu ihm nicht abgeneigt war.
Ohne ein Gespür für Villons weltliche Absichten blieb der Geistliche ruhig sitzen und schwatzte Belangloses. Villon versuchte ihn abzulenken, doch der Wink mit dem Zaunpfahl blieb unbeachtet und er begann sich zu ärgern, weil die schöne Freizeit so nutzlos davonlief. Unwillig schob er den Gedanken an den morgigen Arbeitstag beiseite und suchte nach einem passenden Kompliment für die schmucke Isabeau, als er aus der Rue Saint-Jacques zwei Männer hervortreten sah, von denen er den einen recht gut kannte. Das war dieser so genannte Priester Philippe Sermoise, ein beschäftigungsloser Herumtreiber und wenig erfolgreicher Frauenheld, dem Villon schon so manches Mädchen ausgespannt hatte. Sein Begleiter versuchte ihn noch zurückzuhalten, aber er hatte plötzlich einen Dolch in der Hand und stürzte auf Villon los, der sich zur Seite warf, aber an der Lippe verletzt wurde. Da floss reichlich Blut und so ergriffen die anderen schleunigst die Flucht.
Villon stieß den Angreifer nieder und wollte in das Haus Porte Rouge flüchten, aber Sermoise war aufgestanden, schwang seinen Dolch und begann, laut fluchend, Villon zu verfolgen. Der blieb stehen, hob einen losen Pflasterstein auf und traf den anderen am Kopf. Der Priester stürzte und blieb bewusstlos liegen, doch Villon wusste recht gut, wie unnachsichtig der Châtelet – der Pariser Gerichtshof –

Gewalttaten an Klerikern verfolgte, und lief zum nächsten Bader. Dem gelang es, Sermoise wieder zu Bewusstsein zu bringen und die Wunde notdürftig zu versorgen. Der Heilkundige richtete sich auf.
»Ich muss es aber melden, sonst komme ich in Teufels Küche.«
Villon nickte, lief ins Haus hinüber, holte Père Guillaume und erstattete kurzen Bericht.
»Du warst der Angegriffene, François, und dass du dich wehren musstest, wird jeder einsehen.«
Philippe Sermoise wurde ins Klosterhospiz gebracht und Père Guillaume ließ einen Untersuchungsrichter kommen, der den Verletzten befragte.
Der sichtlich schwer Getroffene stammelte etwas Unverständliches und wiederholte - nachdrücklich befragt -, dass er der Angreifer gewesen sei, Villon verzeihe und darum bitte, ihn nicht weiter zu verfolgen. Mehr war aus ihm nicht herauszubekommen und als er am nächsten Tag an seiner Verletzung starb, schien der Fall beigelegt.
So war es aber leider nicht. Der Bader, von Freunden des Priesters aufgehetzt, ergänzte seine Aussage insofern, als ihm Villon schon dadurch verdächtig erschien, dass er ihm nicht seinen Namen nennen wollte und ihm ein beträchtlicher Unterschied zwischen den Verletzungen auffiel: Villon, nur leicht an der Lippe verletzt, Sermoise aber mit eingeschlagenem Schädel.
So wurde der Fall - zunächst ohne Villons Wissen - weiterverfolgt, aber da gab es noch seinen Freund Guy de Tabarie, der offenbar mehr wusste und ihn zu einem Treffen ins »Espé de Bois« bestellte.

Am frühen Abend war die Kneipe fast leer und so konnten sie in einer verschwiegenen Ecke ungestört plaudern.
In Tabaries Frettchengesicht kam ein hämischer Zug, als Villon erschien, der aber gleich wieder verschwand, als er sich zu ihm setzte.
»Ja, mein Freund, jetzt ist die Stunde der Wahrheit gekommen.«
»Wie meinst du das?«
»Durch gewisse Quellen habe ich erfahren, dass der Fall Sermoise

vom Châtelet weiterverfolgt wird, wenn auch nicht mit besonderem Nachdruck. Damit diese Sache nicht zu deinem Nachteil endet, rate ich dir, etwas dagegen zu unternehmen.«

Villon konnte sein Erstaunen nicht verbergen. Woher bezog dieser lose Vogel, dieser Herumtreiber, sein Wissen? Guy de Tabarie hatte zwar die Magisterprüfung bestanden, aber noch weniger daraus gemacht als er selbst.

»Willst du mich zum Narren halten? Was sollen deine ›gewissen Quellen‹? Du wirst mir nicht weismachen können, dass die Herren vom Châtelet einem *fainéant* wie dich in ihre Geheimnisse einweihen.«

Tabarie schien keineswegs beleidigt und setzte ein überlegenes, fast gönnerhaftes Grinsen auf.

»Du nennst mich einen Tagedieb? Aus deiner bisherigen Sicht mag das stimmen, aber jetzt höre mir genau zu. Wenn du in dieser Stadt, in diesem Frankreich, in dieser Gesellschaft nicht untergehen willst, dann brauchst du mächtige Freunde. Dein Père Guillaume mag manchmal recht nützlich sein, aber wenn es um etwas Größeres geht, wird er passen müssen. Jetzt aber steht immerhin dein Kopf auf dem Spiel und da würde ich mich der Hilfsmittel bedienen, die ich dir gleich vorschlagen werde.«

Villon beugte sich neugierig vor.

»Und die wären?«

»Du solltest der Coquille beitreten.«

Villon spürte, wie ihn ein eisiger Hauch anwehte.

»Das meinst du doch nicht im Ernst? Bist du denn selbst –?«

Tabarie nickte.

»Schon seit langem. Die Coquille ist ständig auf der Suche nach Schreib- und Rechtskundigen. Überall hat sie ihre Leute sitzen, zum Teil in den höchsten Rängen des Gerichtshofes – ja, sogar im Gefolge des Königs sollen welche sein. Wenn ich von meinen Quellen spreche, dann sind das unsere Zuträger im Châtelet und sie geben dir folgenden Rat: Verfasse sofort ein Gnadengesuch und stelle dabei diesen Fall so dar, wie er sich abgespielt hat, wobei du auf die Aussage des sterbenden Philipp Sermoise verweisen kannst, der sich

ausdrücklich als Angreifer bekannt und dir verziehen hat. Im Übrigen kannst du dich auf ein strafloses Vorleben berufen und auf deine Tätigkeit als Anwaltsgehilfe. Ich werde dir jetzt den Namen eines Beisitzers im Châtelet nennen, an den du das Gesuch richten musst – unter einer Bedingung: Du schließt dich uns an.«
»Ich soll ein Coquillard werden – nein – nein …«
Villon schüttelte ratlos den Kopf. Zugleich fühlte er den Sog einer gewissen Verlockung, der ihm nicht unbekannt war und dem er bis jetzt widerstanden hatte. Das war, wenn er nachts in den Kneipen die Laute schlug, freche Lieder dazu sang und den Beifall der anderen vernahm. Da geisterten dann Gedanken durch seinen Kopf, dies sei das eigentliche Leben, ihm vom Schicksal bestimmt.
Magister Artium – wen juckt das schon? Anwaltsgehilfe? Schlecht bezahltes Arbeitstier in einer geistlosen Tretmühle – ja, so klang die ungeschminkte Wahrheit. Die Lockung verschwand, wenn er im Porte Rouge seinem Vater gegenübersaß, mit ihm entspannt und gelehrt redete, Schach spielte oder eine Neuerwerbung betrachtete. Das änderte aber nichts daran, dass dieser Sog von Mal zu Mal stärker wurde, und jetzt – unter dem Druck der drohenden Mordanklage – gab er ihm nach.
Tabarie hatte bisher geschwiegen, weil er spürte, dass dieses Nein nur ein vorläufiges war und sein Freund Verschiedenes gegeneinander abwog.
»Gut, mir bleibt nichts anderes übrig, aber ich werde der Coquille nur mit der Feder und mit meinem Wissen dienen – verstanden?«
Tabarie schmunzelte erleichtert.
»An nichts anderes habe ich gedacht. Das Fälschen und Betrügen, das Einbrechen und Ausrauben wie auch das Totschlagen für Geld überlassen wir anderen. Unser jahrelanges Studium soll doch einen Sinn gehabt haben – oder?«
Villon hob die Schultern.
»Ich habe mir zwar gedacht, aus meinem Wissen etwas anderes zu machen, aber die Zeiten sind hart und wir müssen uns nach der Decke strecken. Wie wird man bei euch aufgenommen – was muss ich tun?«

»Nicht viel. Auf keinen Fall wird es etwas Schriftliches geben. Da dein Entschluss nun gefasst ist …«

Tabarie winkte einen Mann herbei, der einige Tische weiter saß und offenbar auf dieses Zeichen gewartet hatte. Villon sprang auf.

»Colin Cayeux! Was hat das zu bedeuten?«

Es war ein alter Studienfreund, dem Villon von Zeit zu Zeit in den Kneipen begegnet war, den er aber sonst aus den Augen verloren hatte.

»Ja, Villon, so trifft man sich wieder.«

Anders als Tabarie hatte Cayeux ein angenehmes, etwas kantiges Gesicht. Es war seine Gewohnheit, jeden Gesprächspartner ernst und gesammelt anzublicken. Wenn es Tabarie ohne Weiteres zuzutrauen war, so schien es bei Cayeux eher abwegig, in ihm ein Mitglied der Coquille zu vermuten.

»Also auch du –?«

»Was spricht dagegen? Wenn der Adel seine vermeintlichen Rechte gegen alle Welt, sogar gegen den König verteidigt, warum sollten wir freien Bürger es nicht tun? Uns fehlte bisher nur der Zusammenhalt, das gemeinsame Handeln, unterstützt durch vielfältige Verbindungen zu den Ämtern und Behörden, und zwar in ganz Frankreich. Bald wirst du sehen, wie weit das schon gediehen ist und wie gut es funktioniert.«

Vor diesen beiden Zeugen erklärte nun François Villon seine unbedingte und verschwiegene Mitarbeit bei der Coquille. Zuletzt erhielt er von Cayeux den Rat:

»Wir werden gleich morgen gemeinsam dein Gnadengesuch verfassen und dann musst du aus Paris verschwinden, bis die Antwort vorliegt.«

»Aber warum gerade jetzt, mitten im Winter?«

Tabarie schüttelte den Kopf.

»Verstehst du denn nicht? Solange keine Entscheidung gefallen ist, darfst du einfach nicht zu fassen sein. Und ich sage dir eines – sie wird bald fallen, weil seit Sermoises Tod schon ein halbes Jahr vergangen ist. Auch dein Père Guillaume hat Neider und wo man ihn nicht treffen kann, wird man es bei dir versuchen.«

Das war nun seine nächste Sorge: Wie es dem Vater beibringen? Cayeux hatte von etwa einem halben Jahr gesprochen, das er außerhalb von Paris, unauffindbar für die Behörden, werde verbringen müssen. Plötzlich kam er auf einen nahe liegenden Gedanken und bat seinen Advokaten um ein Gespräch. Der blickte ihn gleich misstrauisch an und aus seinem zerknitterten, grämlichen Gesicht war deutlich der Argwohn zu lesen.
»Wenn Ihr eine Lohnerhöhung wollt, dann brauchen wir das Gespräch gar nicht zu beginnen. Die Zeiten sind hart und jeder muss sehen, wo er bleibt.«
»Nein, nein, Maître, darum geht es nicht. Ganz im Gegenteil: Ich bitte Euch darum, meinen Lohn für etwa ein halbes Jahr auszusetzen – aus zwei Gründen. Zum einen möchte ich das Kloster Vaux-de-Cernay, dem ja ein großer Teil unserer Arbeit gilt, einmal persönlich kennen lernen, zum anderen wisst Ihr ja, dass ich quasi geistlich erzogen bin und Père Guillaume nach wie vor im Stillen hofft, dass ich die Priesterlaufbahn einschlage. So möchte ich dort im Kloster für eine Weile Gast sein, um – um mich selbst zu prüfen …«
»Weiß Père Guillaume davon?«
»Andeutungsweise – ja.«
»Gut, warum nicht. Aber Ihr habt keine Garantie, Euren Arbeitsplatz wieder vorzufinden! Wenn ich einen billigeren Kopisten finde, müsst Ihr Euch anderweitig umsehen.«
Villon machte ein trauriges Gesicht, aber als er draußen war, rieb er sich grinsend die Hände und dachte: Das wäre geschafft!

Wie zu erwarten, hatte Père Guillaume nichts einzuwenden, erst recht nicht, als ihm Villon von der im Châtelet weiterverfolgten Anzeige berichtete. Ein Studienfreund sei dort angestellt und habe es ihm unter der Hand mitgeteilt.
Sein Vater nickte.
»Dann tust du recht daran. Im Übrigen hast du mir mit deinem geplanten Klosteraufenthalt einen geheimen Wunsch erfüllt. Vielleicht öffnet sich dein Herz doch noch für den Ruf des Herrn …«

Da werde ich dich enttäuschen müssen, dachte Villon, aber er sagte: »Unsere Zukunft ist nur Gott bekannt und sein Wille ist unerforschlich.«

Von Tabarie hatte er einige Anschriften von Coquillards erhalten, die er auswendig lernte, denn – wie seine Freunde sagten – bei einer Leibesuntersuchung durfte niemals die Spur einer Mitgliedschaft bei der Coquille gefunden werden. Auch der noch vor Jahren geübte Brauch, irgendwo am Körper die Nachbildung einer *coquille*, einer Muschel, zu tragen, war von den Oberen untersagt worden.
»Und wenn sie mich foltern?«
Cayeux lachte unfroh.
»Da sagt fast jeder, was diese Herren wünschen – das zählt nicht.«

An einem frostkalten Januarmorgen machte Villon sich auf den Weg. Einfach gekleidet saß er auf einem älteren Maulesel, seinen Notgroschen in Form eines *ecu d'or* hatte er – auf Anraten von Tabarie – in den After gesteckt.
»Selbst wenn sie dich bis auf die Haut ausplündern – in den Hintern wird dir keiner schauen. Außerdem kannst du immer auf die Hilfe anderer Coquillards zählen, notfalls auch ohne eine Gegenleistung.«
»Und worin würde sie bestehen?«
»Von dir werden sie etwas Schriftliches verlangen: eine Eingabe ans Gericht, ein Gnadengesuch, ein Schreiben an den Magistrat – etwas in dieser Art.«
»Wenn's weiter nichts ist ...«
Bei dem Gedanken, sie könnten von ihm doch etwas anderes verlangen, wurde ihm unbehaglich. *Manus manum lavat* – so war es immer schon gewesen beim Zusammenleben von Menschen, aber ihm schwante, dass dies bei den Coquillards etwas härter ausgelegt wurde als unter ehrbaren Bürgern.
Als er die *banlieue* der Stadt hinter sich hatte, atmete er auf, umso mehr, als ihm an der Porte de la Ville der Schrecken in alle Glieder gefahren war. An den verschiedenen Stadttoren gab es schärfere

Kontrollen, seit es immer wieder vorgekommen war, dass vom Châtelet gesuchte Personen, vorzeitig gewarnt, die Stadt verlassen und sich so ihrer Bestrafung entzogen hatten.
Noch befand er sich nicht in dieser Lage, aber ein diensteifriger Hauptmann der Stadtmiliz hatte ihn zuerst in Augenschein genommen, dann nach den Zügeln seines Maulesels gefasst. Villon hatte an einem so frostig-unwirtlichen Morgen darauf gehofft, dass die Kontrolleure lieber in ihren warmen Wachstuben blieben, aber nein, er musste einem wohl übereifrigen Pflichtbesessenen in die Hände fallen!
»Halt – halt! Dass Ihr nicht zum Markt reitet, sehe ich an den aufgeschnallten Felleisen und an Euren Reisekleidern. Also: Woher – wohin – warum?«
Villon, durch seine Bänkelsängerei an schauspielerisches Auftreten gewöhnt, verneigte sich leicht.
»Zuerst Euch und dem Magistrat meinen tiefen Respekt, *mon capitaine*. Ich sehe mit Freuden, dass die unsicheren Zeiten vorbei sind und ein friedlicher Bürger sich in und um Paris beschützt und geborgen fühlen kann. Ich heiße François de Villon, bin Anwaltsgehilfe beim *procureur* des Klosters Vaux-de-Cernay und in Geschäften dorthin unterwegs. Hier steht alles drin.«
Er holte das gesiegelte Schreiben des *procureurs* hervor und reichte es dem Hauptmann. Doch der wehrte ab.
»Nein, nein, dass Ihr kein Vagabund seid, habe ich Euch schon von weitem angesehen, aber manche dieser Gauner – ich spreche von den Coquillards – tarnen sich so erfolgreich als honorige Bürger, dass wir Stichkontrollen anstellen müssen. Ich hoffe, Ihr versteht das?«
»Und ob! Mein Kompliment, *mon capitaine*!«
Villon zog den Hut und ritt erleichtert davon. Im frostigen Dunst sah er in der Ferne den Galgenberg aufragen.
Montcorbier – das lag hinter ihm, davon hatte er sich gelöst. War es tatsächlich so? War er als Mitglied der Coquille dem Galgen nicht wieder näher gerückt? Nein! Schließlich beging er keine Verbrechen, sondern half nur jenen, die sich in die Maschen des Ge-

setzes verstrickt hatten, wieder herauszufinden. Vorwärts! Schau nach vorne, Villon, und sei guten Mutes!

Sein erstes Ziel war der nur wenige Meilen entfernte Marktflecken Bourg-la-Reine, wo der Dorfbarbier Perrot Girart als *escorcheur* zu den obersten Rängen der Coquille zählte. Dort sollte er weitere Hinweise und, wenn nötig, auch Geld für die Weiterreise erhalten.

Villon hatte natürlich Porte-Royale im Auge und beim Gedanken an die schöne Helena schoss ihm das Blut in die Lenden und sein Atem ging schneller. Aber eines nach dem anderen, beruhigte er sich, auch die Welt ist nicht an einem Tag geschaffen worden.

Die Zunft der Barbiere ist vor allem dafür bekannt, dass ihre Mitglieder so etwas wie eine Nachrichten-, aber auch Gerüchtebörse unterhalten. Ob einer seinen Laden in einem Pariser Viertel oder auf dem Dorf betreibt – er kennt die Menschen in seinem Umfeld so gut wie kein anderer. Wer sich die Haare schneiden, den Bart abnehmen, ein Furunkel aufschneiden oder einen Zahn ziehen lässt, ist in der Regel gesprächig und sagt manches, das er sonst verborgen hält, wie er andererseits vom Barbier auch manches erfährt, das noch nicht die Runde gemacht hat.

Man hatte Villon eingeschärft, möglichst keine Namen zu nennen und im Umgang mit anderen Coquillards das Wort *frère* – Bruder – zu gebrauchen.

Der Barbier von Bourg-la-Reine war ein scheinbar altersloser Mann, der Ende zwanzig, aber auch Anfang vierzig sein konnte. Sein offenes, freundliches Gesicht flößte Vertrauen ein und wer nicht eingeweiht war, hätte diesen Mann für alles andere als einen führenden Coquillard gehalten.

Noch ehe Villon etwas sagen konnte, nickte der Barbier.

»Ich habe Euch schon erwartet, seid herzlich willkommen, Bruder. Ihr könnt ein paar Tage – längstens eine Woche – im Warmen sitzen; ich habe auch Arbeit für Euch. Trotzdem –«

Er streckte beide Hände vor und Villon ergriff mit seiner linken Hand die linke des anderen, und der Barbier wiederholte seinerseits diese geheime Geste mit der rechten Hand, sodass ihre überkreuzten Arme ein X bildeten. Einige sagten, dieser Buchstabe bedeute

Xenomane, also der Fremdenfreund, und verweise darauf, dass aus zwei der Coquille angehörigen Fremden sofort Freunde werden.
Villon erhielt eine Namensliste mit einem jeweiligen kurzen Hinweis, um was es ging. Der eine beantragte wegen schlechter Ernte eine Steuererleichterung, ein anderer appellierte an den König, weil ihn Soldaten beraubt hatten. Wenn auch nicht alle von diesen Leuten schriftunkundig waren, so fehlte ihnen doch das Wissen, mit den Behörden wirkungsvoll umzugehen. Nun kam Villon seine Tätigkeit als Anwaltsgehilfe zugute und wenn er bisher geglaubt hatte, die Zeit dort sei vertan und nutzlos gewesen, so wurde er jetzt eines Besseren belehrt.
Die Arbeit ging ihm schnell von der Hand und als es schon nach vier Tagen nichts mehr zu tun gab, schlug ihm der Barbier freundschaftlich auf die Schulter.
»Ich glaube, Eure Zeit hier ist um; im Übrigen erwarte ich neue Gäste –« Er beugte sich vor und flüsterte:
»– die dringend Hilfe benötigen. Braucht Ihr Geld?«
Villon streckte schmunzelnd seine leeren Hände vor.
»Ich musste Paris arm wie ein Bettler verlassen.«
Der andere wiegte zweifelnd seinen Kopf.
»Na, na – so seht Ihr aber nicht aus. Wie dem auch sei, wer arbeitet, verdient einen Lohn.«
Er griff in einen an seinem Gürtel befestigten Beutel und holte einige große flache Münzen hervor.
»Ich muss Euch leider burgundisch bezahlen, aber zehn *doubles* sind auch nicht wenig Geld.«
Geheimnisvoll fügte er noch hinzu:
»Unser Ort liegt auf der Straße nach Dijon …«
Erst später verstand Villon diese Anspielung auf eine der Hauptstädte von Burgund, die zugleich der größte Umschlagplatz für Diebesgut und somit Zentrum der Hehler und auch der Coquille war.
Villon verstaute die dünnen Silbergroschen in einer verborgenen Tasche und machte sich auf den Weg nach Westen, nach Porte-Royale.

5

Vor anderthalb Jahren war Villon im Kreise seiner Freunde denselben Weg geritten. Wie hatten sie gealbert und gelacht, gescherzt und sich gebrüstet, das Nonnenkloster auf den Kopf stellen zu wollen. Nun, ihre Erwartungen waren nicht enttäuscht worden und wenn er daran dachte, wie die dunkel leuchtenden Augen der als lasterhaft verschrienen Äbtissin ihn an jenem Abend verfolgten … Das war ihm dann öfter in den Sinn gekommen, aber es wurde verdrängt von dem nächtlichen Erlebnis mit der schönen Helena. Seltsam nur, dass er das Gesicht der *abbesse* so deutlich vor Augen hatte, während das von Helena ins Nebelhafte verschwamm. Immer wieder musste er an ihre Worte denken, sie warte auf einen Traumprinzen, der sie von diesem Dasein erlöse.

Während der langen Nacht in dem leer stehenden Gebäudetrakt waren sie nicht nur mit ihren Körpern beschäftigt gewesen, denn das Einswerden von Mann und Frau zählt bekanntlich zu den intensivsten, aber auch kürzesten Vergnügungen, die das Leben zu bieten hat – nein, sie hatten sich auch lebhaft und angeregt unterhalten. Seltsam genug, konnte er sich dabei sogar an Einzelheiten erinnern. Helena hatte am Hausunterricht ihrer Brüder teilgenommen, war erstaunlich belesen, und zwar nicht nur in religiöser Literatur, wie das bei einer künftigen Nonne angemessen gewesen wäre.

Wenn – was selten vorkam – in der Kneipe die Namen Peire Vidal, Bertrand de Born oder Charles d'Orléans fielen, dann wussten nur die wenigsten, dass es sich bei den Ersteren um namhafte Troubadour-Dichter und bei Letzterem nicht nur um den in Azincourt gefangenen und von den Engländern fünfundzwanzig Jahre als Geisel festgehaltenen Fürsten handelte, sondern um einen Poeten von Rang. Helena waren diese Dichternamen vertraut und sie konnte aus ihren Werken zitieren.

Er hatte schon damit gerechnet, dass der *procureur* wieder einmal nach dem Rechten sehen und dabei die *abbesse* mit Beschlag belegen würde, aber das war zum Glück nicht der Fall.

Nach einer schicklichen, nicht allzu langen Wartezeit empfing ihn Huguette du Hamel mit einem vieldeutigen Lächeln und er glaubte, aus der heiseren Stimme einen lockenden Unterton herauszuhören.

»Ah – François Villon! Habt Ihr Euch endlich auf meine Einladung besonnen? Ein wenig spät, nicht wahr?«

»Ich war gezwungen, Geld zu verdienen, *ma révérende mère*, denn nicht jedem hat – wie meinem Freund Robert Vallée – das Schicksal einen reichen Vater beschert.«

»Aber, Villon, so geschickt, wie Ihr seid! Ich erinnere mich an Euch als einen Poeten von Rang – lasst Eure Verse kopieren und jeder Buchhändler wird sie Euch abnehmen.«

Er hörte diesen Vorschlag nicht zum ersten Mal und gab darauf immer dieselbe Antwort.

»Mögen meine Lieder und Balladen auch ganz gut sein, so müsste das Papier vor Scham erröten, würde man sie niederschreiben. Zudem gehe ich dabei mit Adel und Klerus nicht sehr behutsam um und gerade diese beiden verstehen bekanntlich wenig Spaß und jeder weiß, dass man dabei den Kürzeren zieht. Das wäre es mir nicht wert, meine Lieder verbreitet zu sehen.«

»Ihr könntet sie ja abmildern, ihnen die Schärfe nehmen.«

»Das hieße, ihnen die Würze nehmen – nein, nein, meine Lieder und Balladen sind in mir und mit mir lebendig. Wenn ich tot bin, mögen sie untergehen, es ist nicht schade darum.«

Die Wohnung der Äbtissin war im Westen an das Kloster angebaut, hatte nach Norden einen eigenen, nicht einsehbaren Eingang und bestand aus mehreren Räumen.

Während der Nacht war etwas Schnee gefallen, der sich in der Februarkälte auf den Bäumen und Sträuchern hielt, und die sinkende Abendsonne verwandelte die Landschaft für kurze Zeit in einen rosenroten Feengarten.

Die Frage nach Helena lastete ihm schwer auf der Seele – er musste sie jetzt loswerden.

»Was ist aus der schönen Helena geworden, die mich damals zu ihrem Schützling erkor?«

Huguettes Gesicht verschloss sich etwas, blieb aber freundlich.
»Helena? Ich entsinne mich keiner Schwester dieses Namens ...«
»So jedenfalls nannte sie sich.«
»Ja, ich kenne diese Spiele. Wenn Herrenbesuch kommt, dann legen sich meine Damen allerlei einprägsame Namen zu und so wird es auch bei dieser Helena gewesen sein. Geht sie Euch immer noch im Kopf herum? Ihr werdet Euch doch nicht verliebt haben?«
»Nein, nein – wenn ich an Porte-Royale dachte, dann stand mir Euer liebliches Bild vor Augen, Huguette.«
Sie lachte geschmeichelt und ihre dunklen Augen blitzten ihn lockend an.
»Denkt daran, Villon, diesmal seid Ihr mein Gast und ich möchte Euch für mich haben. Also vergesst die anderen und benehmt Euch wie ein Troubadour, der seine Dame preist.«
»Die Zeit der Troubadoure ist verklungen und die der Bänkelsänger ist gekommen. Wenn Bertrand de Born von der Schönheit des Kampfes sang, dann mag das damals noch seine Berechtigung gehabt haben. Seit es die Feuerwaffen gibt und man einen von Kopf bis Fuß gepanzerten Ritter mit einer Hakenbüchse aus sicherer Entfernung töten kann, ist es damit vorbei.«
»Damit mögt Ihr schon Recht haben, doch für die Liebe gilt das nicht. Wenn sich auch die Waffen für Kriegsspiele gewandelt haben, so doch nicht das alte Spiel der Liebe. Das ist gleich geblieben, auch wenn wir tausend Jahre zurückschauen und weitere tausend in die Zukunft blicken.«
Villon lachte.
»Da kann ich Euch nicht widersprechen und mir kommt Bernard de Ventadou in den Sinn, der vor dreihundert Jahren sang:

Gar sanft und lauter Süßigkeit
wirkt diese Liebe auf mein Herz:
Tags sterb' ich hundertmal vor Schmerz
und lebe auf vor Fröhlichkeit ...«

Huguette hob lächelnd die Hand und fuhr fort:

»Mein Weh ist eine süße Pein,
mit der kein fremdes Glück sich misst;
und wenn mein Weh so süß schon ist,
wie süß muss dann mein Glück erst sein!«

Villon verneigte sich.
»Auch Ihr kennt seine Lieder? Da seht Ihr, wie lebendig ein wahrer Dichter noch dreihundert Jahre später ist und wie Recht ich habe mit meinem Wunsch, meine Spottlieder mögen mit mir ins Grab sinken.«
»Sie werden es nicht tun«, sagte Huguette fest, »denn Ihr seid noch jung und werdet Euer Bestes erst später schaffen.«
»Später? Ich denke nicht an später, für mich gibt es nur hier und jetzt.«
Mit einer anmutigen Geste klopfte sich Huguette an die Stirn.
»Eure tiefsinnigen Bemerkungen haben mich so abgelenkt, dass ich das Nächstliegende vergaß.«
Heftig schüttelte sie die silberne Tischglocke und deren Ton war noch nicht verklungen, da huschte schon eine Laienschwester herein. Sie trug ihr Haupt demütig gesenkt, aber Villon fühlte, dass sie ihn insgeheim beobachtete.
»Ist das Nachtmahl bereit? Gut – lass es gleich auftragen und sorge dafür, dass meinem Gast ein Zimmer bereitet wird.«
Die Schwester knickste und huschte hinaus.
»Werde ich das Zimmer brauchen?«
»Seid nicht so frech, Sieur de Villon! Sagt mir lieber, ob Ihr Eure Laute dabeihabt?«
»Ohne sie gehe ich nicht aus dem Haus.«
»Gut, aber zuerst werden wir uns stärken.«
Villon sah, wie Huguettes Augen mit hastiger Gier über den gedeckten Tisch flogen, als wollte sie alles auf einmal verschlingen.
»Greift zu, mein Freund!«
Da Villon unterwegs von seinem Proviant gezehrt hatte, war er nicht sehr hungrig. Umso häufiger griff er zum Wein und schnalzte genüsslich mit der Zunge.

»Ihr solltet auch etwas essen, sonst steigt Euch der Wein zu schnell in den Kopf.«
Er blickte auf. »Keine Sorge, ich bin ein geübter Trinker und der Sänger in mir wartet geradezu darauf, dass die Geister des Weines in ihm etwas zum Klingen bringen.«
»Ist es schon so weit?«
Villon lachte und leerte seinen Becher.
»Die Laute schläft draußen bei meinem Gepäck.«
»Ich lasse sie holen …«
»Nein, nein, ich gebe sie ungern in fremde Hände.«
Als er zurückkam, hatte Huguette ihr Obergewand abgelegt und sich nahe an das Kaminfeuer gesetzt.
»Ist Euch heiß geworden?«
»Ja, von der Mahlzeit …«
»Was wollt Ihr hören – ein Liebeslied?«
»Warum nicht? Aber zuerst möchte ich etwas über Euch selbst hören – wenn es Euch recht ist?«
»Warum nicht?«
Er stand auf, stimmte sein Instrument, rückte einen Stuhl ans Feuer und stellte den linken Fuß darauf.

»Ich kenn die Fliege gleich im Rahm,
ich kenn den Mann an seinem Kleid,
ich kenn den Apfelbaum am Stamm,
ich kenn am Harz des Stammes Leid,
ich kenne gute, schlimme Zeit,
ich kenn der Dinge gleich Gewicht,
ich kenne Faulheit, Tüchtigkeit,
kenn alles, nur mich selbst nicht.

Ich kenn den Esel und das Pferd,
ich kenne ihre Last und Qual,
ich kenn verschiedener Münzen Wert,
ich kenn des Würfels Fall und Zahl,
ich kenn Gesicht und Traum zumal,

ich kenn, was der Zigeuner spricht,
ich kenne Romas Machtgeprahl,
kenn alles, nur mich selbst nicht.«

Huguette klatschte in die Hände.
»Nun bin ich so klug wie zuvor, aber es hat mir gut gefallen. Jetzt etwas von den Frauen …«
Sie hatte den Kopfschleier abgelegt und das Kaminfeuer zauberte einen rötlichen Schimmer auf ihr dunkelbraunes Haar.
»Nicht von den Frauen, nur von einer und wie ich im letzten Sommer an sie dachte.«
»Manchmal …«
»Öfter, als du glaubst, meine Huguette.«
»Also lass hören, denn eine gesungene Lüge ist leichter zu ertragen.«

Er lachte leise und stimmte die Laute an.

»Im Sommer war das Gras so tief,
dass jeder Wind daran vorüberlief.
Ich habe da dein Blut gespürt
Und wie es heiß zu mir herüberrann.
Du hast nur meine Stirn berührt,
da schmolz er auch schon hin, der harte Mann,
weil's solche Liebe nicht tagtäglich gibt …
Ich hab mich in dein rotes Haar verliebt.

Im Feld den ganzen Sommer war
Der Mond so rot nicht wie dein Haar.
Jetzt wird es abgemäht, das Gras,
die bunten Blumen welken auch dahin.
Und wenn der rote Mond so blaß
geworden ist, dann hat es keinen Sinn,
dass es noch weiße Wolken gibt …
Ich hab mich in dein rotes Haar verliebt.«

Sie erhob sich und legte ihre Arme um seine Schultern.
»Dabei habe ich kein rotes Haar ...«
»Jetzt schon, im Feuerschein ...«
»Wirst du noch etwas singen oder lieber ...«
»Was?«
»Dein Gästebett beziehen.«
»Die Nacht ist kalt ...«
»Im Schlafzimmer der *abbesse* ist kein Platz für einen Mann!«
»Das sehe ich ein, dann bleiben wir doch hier. Amors Pfeil trifft überall, dazu braucht es kein Bett.«
Villon, erfahren im Umgang mit lasterhaften Weibern, spürte gleich, dass die Äbtissin Huguette du Hamel diesen Frauen in nichts nachstand. Sie forderte viel und gab viel, benahm sich schamlos wie eine erfahrene Hure. Sie wälzten sich lachend und stöhnend vor dem lodernden Kamin und erst am nächsten Tag bemerkte Villon eine Brandblase auf seiner rechten Schulter. Ein im Feuer platzendes Holzscheit hatte ihm einen glühenden Splitter auf die Schulter geschleudert und er hatte es nicht bemerkt.
Auf Huguettes Wunsch schlich er in den Morgenstunden hinüber ins Gästehaus, wo er – ungeachtet des eiskalten Bettes – sofort einschlief.

Huguette du Hamel legte Wert darauf, ihren Gast nur bei einbrechender Nacht zu empfangen, aber wie verbrachte Villon die kalten Wintertage? Er hatte inzwischen das nur zwei Meilen entfernte Mönchskloster Vaux-de-Cernay besucht, fand in dem alten Abt einen umgänglichen Mann, der den Gehilfen seines *procureur* nicht nur mit offenen Armen empfing, sondern gleich eine Reihe von Rechtsfragen mit ihm zu besprechen hatte. Später kam die Rede auf Porte-Royale und sofort verzog der Abt angeekelt sein Gesicht.
»Diese schamlose *abbesse* bringt das ganze Klosterleben in Verruf! Im Grunde ist sie nur eine geistlich gekleidete Puffmutter, die ihre Hühnchen meistbietend verkauft und dabei viel Geld scheffelt. Ich sehe schon einen lachenden Teufel am Höllentor stehen, der händereibend die Ankunft dieser Sünderin erwartet.«

»Nun – sie wird ihre Vergehen von Zeit zu Zeit beichten …«
»Ja, bei einem tauben Pfaffen! Nein, nein, Gott schaut in unsere Herzen und die Seele dieses Weibes ist vor Sünde rabenschwarz.«
Und ich habe dazu beigetragen, dachte Villon, aber er empfand weder Reue noch Bedauern. Nach einer Woche machte sich ein leiser Überdruss bemerkbar. Villon begann zu vergleichen, dachte an die geistvolle Unterhaltung mit Helena, wenn sich ihre Körper von der lustvollen Mühe ausruhten. Huguette aber liebte keine langen Pausen und schien zu einem klugen Gespräch nicht aufgelegt, vielleicht auch nicht imstande dazu.
Als er einmal kurz nach Mitternacht vor Erschöpfung eingeschlafen war, dauerte es nicht lange und sie kitzelte ihn an den geeigneten Stellen wach und presste fordernd ihren feuchten Schoß an seine Lenden.
»Lass mich weiterschlafen, die Nacht ist noch lang …«
»Mir ist sie immer zu kurz!«, fauchte sie gereizt und richtete sich auf. »Da kann ich mir gleich meinen *procureur* holen, der rammelt kurz und schnell wie ein Kaninchenbock, dreht sich dann um und schnarcht bis in den Morgen.«
Villon mühte sich ab, ihren Forderungen nachzukommen, aber es wurde nichts Rechtes daraus und so schlüpfte er in seine Kleider und flüchtete ins kalte Gästebett.
Sie versöhnten sich wieder und er blieb noch zwei Tage, um dann unter einem Vorwand abzureisen.
Recht besehen war es kein Vorwand, denn es drängte ihn, beim Barbier in Bourg-la-Reine nachzufragen, ob eine Antwort auf sein Gnadengesuch eingegangen sei. Das war leider nicht der Fall, aber die Coquille hatte einen Auftrag für ihn. Der Barbier übergab ihm ein Säckchen aus Leinen, das intensiv nach Heilkräutern roch.
»Übergebt das dem *apothicaire* zu Dijon – sein Laden liegt hinter der Kirche von Notre Dame. Sagt nichts und fragt nichts, begrüßt den Mann nach unserer Art und reist gleich wieder zurück. Ich werde dafür sorgen, dass bis dahin Euer Gnadengesuch beantwortet wird. Und noch etwas: Ihr reist als Magister und wollt in Dijon einen Studienfreund besuchen, der Arzt und Apotheker geworden ist. Auf sei-

nen Wunsch bringt Ihr ihm Arzneien aus Paris mit, die hier einzeln aufgeführt und auch im Säckchen enthalten sind.«
Der Barbier übergab ihm ein zusammengefaltetes Papier.
»Und was ist noch darin enthalten?«
»Das geht Euch nichts an! Tut Ihr Eure Arbeit und wir tun die unsere.«
Villon lag die Bemerkung auf der Zunge, dass es kein Vergnügen sei, im Winter nach Dijon zu reisen, aber er schwieg, weil er wusste, wie sehr die Coquille sich um ihn bemühte.
An Huguette du Hamel verschwendete er keine weiteren Gedanken, aber den Vorsatz, Helena wieder zu sehen, hatte er nicht aufgegeben. Ob es der Frau Äbtissin passt oder nicht, dachte er trotzig. Neugierig war er schon, denn er konnte sich nicht denken, dass ihn die Coquille wegen einiger Arzneien auf eine Reise geschickt hatte, die hin und zurück an die drei Wochen dauerte.

So ritt er los. Anfangs meinte es das Wetter gut mit ihm, denn eine fahle Wintersonne brachte um die Mittagszeit noch so viel Kraft auf, in die eisige Luft einen Hauch von Wärme zu zaubern.
Bittere Gedanken begannen ihn zu quälen: Hatte er sich nicht geschworen und es auch die Coquille wissen lassen, dass er ein Mann der Schrift sei, ein gelehrter Magister, der sich zu brachialem verbrecherischem Tun nicht würde hinreißen lassen? Und wie war das jetzt? Er hatte dem Sog in die Tiefe nachgegeben und beförderte nun ein höchst verdächtiges Leinensäckchen nach Dijon – etwas, von dem er nicht wusste, was es wirklich enthielt. Dass er seine geliebte Laute beim Barbier hatte zurücklassen müssen, trübte seine Stimmung noch mehr. Der Coquillard hatte energisch seinen Kopf geschüttelt und gesagt, es wäre nicht einzusehen, wozu ein Magister Artium eine Laute benötige. Man würde in ihm einen Bänkelsänger vermuten und das ginge nicht an. Villon hatte sich gefügt, aber bei sich gedacht: Das bin ich ja schließlich auch – ein Bänkelsänger, der sein Publikum unterhält, und zwar recht erfolgreich. Man kann doch beides sein ... Da wisperte ihm ein böses Stimmchen zu: Du bist noch ein Drittes, vergiss das nicht! Ein Coquillard, unterwegs

in dunklen Geschäften. Du gräbst dir damit selbst eine Grube und eines Tages wirst du hineinstolpern … Nein, das werde ich nicht, dachte er trotzig, ich habe einen wachen Verstand und wenn's darauf ankommt, weiß ich, was zu tun ist.
Wieder hörte er das giftige Flüstern, aber er verschloss die Ohren und begann ein Lied zu singen, dessen Text ihm vor einigen Tagen zugeflogen war.

»Die einen nah des Gottes Rat
als Herrn in Amt und Würden stehn,
die andern werden kaum noch satt,
die Brötchen nur im Fenster sehn,
doch wieder andere inzwischen,
Kartäuser oder Zölestiner,
gehen hochgestiefelt Austern fischen,
denn es gibt Herren und es gibt Diener.

Die großen Herrn in Gottes Hut,
sie führen ein gelassnes Leben,
denn ihnen geht es so weit gut,
da spart man sich die Worte eben.
Die Armen mit dem leeren Magen,
wie ich, Gott stärk sie mit Geduld!
Die Reichen müssen viel ertragen
An Brot und Zukost, Himmelshuld.

Sie haben Wein im Überfluss
und Soßen, Suppen, Festtagsbraten
und alle Art an Hochgenuss
mit Eiern, Auflauf, süßen Fladen.
Sie stehen auch nicht faul herum,
wie Maurer, die nur ›Lehrbub!‹ schrein,
auch ohne Mundschenk geht es um
und jeder schenkt sich selbst ein.

Ich ließ mich da auf Sachen ein,
auf Dinge, förderlich mitnichten …«

Da schwieg die böse Stimme, es wurde Abend und Villon gelangte in die Gegend von Auxerre und das gehörte schon zum Herzogtum Burgund. Er befühlte die Münzen in seiner Tasche, die in Bourg-la-Reine verdienten burgundischen *doubles*. Bisher hatte er kaum Geld ausgeben können, denn er hatte eine Adressenliste auswendig lernen müssen, die es ihm erlaubte, von Tagesreise zu Tagesreise bei einem Coquillard zu übernachten. Jedes Mal hatte er beide Hände zum Geheimgruß ausgestreckt, aber einmal – das war in dem Städtchen Joigny an der Yonne – wäre beinahe etwas schief gelaufen. Da sollte er sich an den Hufschmied bei der Rosstränke wenden und als er unauffällig beide Hände vorstreckte, blickte ihn der rußverschmierte Hüne nur böse an.

»Aber – aber Ihr seid doch hier – oder gibt es noch einen Hufschmied?«

»Nein, ist an Eurem Pferd etwas zu richten?«

Villon murmelte etwas von Quartiersuche und verdrückte sich. In der besten Herberge nahm er sich ein Zimmer, das von innen abzuschließen war. Sonst hatte es bis jetzt keine Schwierigkeiten gegeben und von Mal zu Mal stieg sein Respekt vor dieser Bruderschaft, die so straff durchorganisiert war, dass der reisende Coquillard behütet und sicher durch das Land ziehen konnte. Das hatte zumindest auf das französische Gebiet zugetroffen, doch jetzt, im Burgundischen, schien etwas im Gange zu sein.

In Montbard, nur noch wenige Tagesreisen von Dijon entfernt, kam er bei Nacht an, fand mit Mühe das angegebene Haus – eine kleine Bäckerei – und musste lange klopfen, bis die Tür sich einen Spalt öffnete. Er sagte das für Burgund geltende Codewort, wurde grob am Mantel gepackt und ins Innere des Hauses gezogen. Der Mann hielt die Lampe an Villons Gesicht.

»Na, dass Ihr nicht von der Miliz seid, sehe ich auf den ersten Blick.«

Er war es dann, der seine Hände vorstreckte, und Villon erwiderte das Zeichen mit festem Druck.

»Ihr müsst umkehren – gleich morgen!«
Sie betraten einen kleinen, niedrigen Raum, in dem das Kaminfeuer am Erlöschen war. Der Bäcker deutete auf einen Stuhl, schob ihm einen frisch gebackenen Wecken hin, brachte dann Käse und Wein.
»Während Ihr esst, erkläre ich Euch, warum Ihr zurückreisen müsst.«
Villon trank einige Schlucke Wein, biss in das Brot und schob ein Stück Käse nach.
Der Bäcker, ein kleiner, dicklicher Mann mit schlaffen Wangen und wachen Augen, rückte näher und begann mit halblauter Stimme:
»In Dijon ist der Teufel los! Unser Herzog Philipp ist gewissen Einflüsterungen erlegen und hat – wohl nach langer geheimer Vorbereitung – an einem einzigen Tag die meisten unserer Brüder in Dijon festnehmen lassen. Genauer gesagt, wird der Alte in Bruges den Befehl nur unterschrieben haben, denn dahinter steckt ohne Zweifel sein Thronfolger Charles. Mir wurde berichtet, dass die Schreie der Gefolterten seit Tagen durch die Stadt gellen und die ersten Hinrichtungen schon stattgefunden haben. Die Galgen sind so voll, dass eine Reihe neuer errichtet werden musste. Ihr könnt Euch denken, wie sehr ich in Sorge bin, dass einer der Gefolterten auch meinen Namen nennt. Ich könnte mich nach Frankreich absetzen, aber ich habe eine große Familie und meine Flucht würde ihren Untergang bedeuten. So bleibt mir nichts übrig als abzuwarten …«
Als der Bäcker ihn nach seinem Auftrag fragte, holte Villon das Säckchen hervor und nannte den Apotheker in Dijon als Empfänger.
»Habt Ihr nachgesehen?«
»Nein – Vertrauen gegen Vertrauen.«
»Aber jetzt, wohin damit?«
»Da Ihr einer von uns seid und ich meinen Auftrag nicht ausführen kann, werde ich es öffnen.«
Der kleine Sack enthielt einige verschnürte Päckchen und sie öffneten eines davon. Eine Reihe erbsen- bis nussgroßer Kristalle von bräunlicher Farbe kamen zum Vorschein, die sehr stark rochen. Mit spitzen Fingern hob der Bäcker einen davon hoch.

»Eine Arznei – versteht Ihr etwas davon?«
»Nein, die Heilkunde war niemals mein Fach.«
Der Bäcker beugte sich vor, nahm ein anderes Stück heraus und roch daran.
»Das jedenfalls ist keine Arznei …«
Er hielt das Stück ans Licht und es glühte rötlich auf.
»Ein Rubin, schön geschliffen und kaum von der Arznei zu unterscheiden.«
Was kann ein Bäcker von Edelsteinen verstehen?, dachte Villon verwundert, aber viele Coquillards trugen ihre Berufe wie Masken, hinter denen sie etwas anderes verbargen.
Er befingerte das Päckchen.
»Da werden noch mehr solche drin sein, aber das will ich gar nicht wissen. Packt das Zeug wieder weg, bringt es nach Frankreich zurück und berichtet vom Untergang der burgundischen Coquille.«
Villon legte ihm eine Hand auf den Arm.
»Nein, mein Freund, ein Untergang ist das noch lange nicht. Die Coquille wird sich neu formieren, aber jetzt heißt es: stillhalten und abwarten.«
Erst viel später sollte Villon erfahren, woher die vom Bäcker erwähnten »Einflüsterungen« kamen, die Herzog Philipp und seinen Thronfolger zu diesen Maßnahmen bewogen hatten.

Ehe er wieder französischen Boden betrat, wurde er viermal von herumstreifenden burgundischen Milizen befragt. Um einer körperlichen Untersuchung zuvorzukommen, hatte er sich das Arzneisäckchen an den Gürtel gehängt und hielt es den Bewaffneten unter die Nase.
»Arznei für meinen schwerkranken Vater, die ihm vielleicht das Leben retten kann.«
Die Männer begnügten sich mit dem Geruch, verzogen ihre Gesichter und ließen ihn laufen. Einmal hörte er, wie der Hauptmann zu seinen Leuten sagte:
»Ich erkenne jeden Gauner am Gesicht und dass der da harmlos ist, war schon von weitem zu sehen.«

Das ist mein Kapital, dachte Villon, ein Coquillard mit einem ehrlichen Gesicht …

In Bourg-la-Reine wusste man schon über die Ereignisse in Burgund Bescheid und der Barbier nahm unbewegten Gesichts das Säckchen zurück.

»Ist nicht Eure Schuld, aber zahlen kann ich Euch nur die Reisekosten, denn das eigentliche Geschäft ist ja nicht zustande gekommen. Dafür habe ich eine gute Nachricht für Euch.«

Das Schreiben war mit dem königlichen Siegel versehen und sagte in kurzen, dürren Worten, dass der König sich bewogen gefühlt hatte, den Magister François de Villon wegen seiner bisherigen einwandfreien Lebensführung zu einer Strafe von drei Monaten Verbannung zu begnadigen.

Diese Zeit war gerade um und Ende März kehrte Villon nach Paris zurück. Sein früherer Arbeitgeber, der *procureur* des Klosters Vaux-de-Cernay, hatte inzwischen von dem Fall erfahren und verweigerte Villon eine weitere Anstellung mit der Begründung, die Anhäufung von Arbeit habe ihn gezwungen, einen Schreiber einzustellen, der außerordentlich fleißig und mit geringerem Lohn zufrieden sei.

Villon, eher froh, diesem sauertöpfischen Menschen nicht mehr dienen zu müssen, kam durch Vermittlung seines Vaters bei dem Steuerpächter Pière St. Amant unter und fand dort eine Arbeit, die weitaus kurzweiliger war, denn Kaufleute, hohe Beamte und auch der Adel gingen hier ein und aus und der Maître scheute sich nicht, weniger wichtige Fälle von seinem neuen Gehilfen – den er stets als Maître Villon vorstellte – lösen zu lassen.

In dieser Zeit – die Tage waren schon länger geworden und ein warmer Frühlingswind fegte durch die Stadt – klopfte es an die Tür, gerade als Villon dabei war, sein Arbeitszeug wegzuräumen. Maître St. Amant war heute eher gegangen, weil er seine Frau von einem Verwandtenbesuch abholen wollte. Villon unterdrückte einen Fluch und hoffte nur, dass sich der späte Gast schnell abfertigen ließ.

Zwei Männer standen draußen, einer – offenbar der Diener – trug eine Laterne und leuchtete Villon ins Gesicht.

»Ihr seid nicht Maître St. Amant – führt mich zu ihm!«

Noch ehe Villon etwas sagen konnte, drängten die beiden herein. Der zuvor Vermummte schlug seine Kapuze zurück.

»Erkennt Ihr mich?«

»Nein, mein Herr, aber der Maître ist nicht mehr im Haus und ich war gerade dabei …«

Der andere gab seinem Diener einen Stoß.

»Du wartest draußen, am besten vor der Haustür! Du weißt ja, was zu tun ist?«

»Jawohl, Seigneur!«

Der Diener verschwand und Villon hörte eine gebieterische Stimme.

»Ich bin Jacques Coeur – sagt Euch der Name etwas?«

Kalte Augen musterten ihn ohne Neugier.

»Ja, gewiss, aber Ihr seid doch –«

»Beim König in Ungnade gefallen und eingekerkert gewesen. Jetzt aber bin ich auf der Flucht und muss zusammenraffen, was mir noch geblieben ist. Dein Herr ist mir noch etwas schuldig …«

»Davon weiß ich nichs. Ihr müßt versuchen, ihn …«

»Dazu fehlt mir die Zeit. Und Euch, junger Mann, gebe ich einen Rat mit auf den Weg: Baut niemals auf die Gunst eines hohen Herrn, sei er nun Graf, Fürst oder König. Mit Eurem Vermögen wächst die Zahl Eurer Neider und am Ende seht Ihr Euch einer Anklage gegenüber, die nichts auslässt, was das Strafregister auflistet: Mord, Fälschung, Hochverrat. Vertrauen könnt Ihr nur in Euch selbst setzen und auf Freunde, die Euch auch im Unglück beigestanden haben. Zum Glück besitze ich einige davon …«

Er wandte sich zur Tür.

»Öffnet und schaut nach, ob die Luft rein ist.«

Dieser Mann war das Befehlen gewohnt und schien auch jetzt weder gebrochen noch verzweifelt. Als er gegangen war, öffnete Villon den Registerschrank und suchte den Namen von Jacques Coeur, doch der war längst entfernt worden. Nachdenklich verschloss er den Schrank und setzte sich an sein Schreibpult.

Wer in Frankreich kannte diesen Namen nicht? Wie wurde dieser Mann noch vor wenigen Jahren gelobt, gepriesen, in den Himmel gehoben! Vom König geadelt und zum Schatzmeister ernannt, erbaute er sich in Bourges, seiner Heimatstadt, einen fürstlichen Palast. Sein Umgang mit Geld war kühn und risikoreich, doch am Ende gewann immer er. Andere aber verloren und als die halbe Verwandtschaft des Königs – Grafen und Herzöge – zu seinen Schuldnern zählte, wurde sein Untergang beschlossen. Er wurde beschuldigt, die schöne Agnes Sorel vergiftet sowie Münzen und Urkunden gefälscht und damit Hochverrat am König begangen zu haben. Charles VII., mit seiner Verwandtschaft ohnehin verfeindet, hätte ihm alles verziehen, aber allein der Verdacht, seine geliebte Agnes in der Blüte ihrer Jahre ermordet zu haben, genügte, um den früheren Günstling zu verdammen. Coeur wurde gefangen gesetzt und sein Vermögen eingezogen. Nach einigen Jahren gelang ihm die Flucht und von Paris, wo Villon ihm jetzt gegenübergestanden hatte, schlug er sich nach Italien durch, gelangte dort auf eines seiner Schiffe, wo er wenige Tage später auf der Fahrt nach Chios starb.
Als Villon dies erfuhr, war er selbst auf der Flucht. Jetzt aber saß er an seinem Pult wie betäubt und dachte über Coeurs Worte nach. Natürlich hatte er – wie jedes Kind in Frankreich – gewusst, dass der einstige Schatzmeister im Kerker saß, und er kannte die schwere Anklage, die auf ihm lastete. Und wie alle Welt glaubte er an seine Schuld und pries die Entschlusskraft des Königs, dem Mörder und Fälscher das Handwerk gelegt zu haben. Dieser Mensch gehörte an den Galgen, das wünschten sich viele, aber Charles war als Zauderer bekannt und am Ende geriet Jacques Coeur schon fast in Vergessenheit.
Seltsam war nur: Seit dieser Mann vor ihm gestanden hatte, war Villon von seiner Unschuld überzeugt, wäre aber in Verlegenheit gewesen, hätte er diese Meinung begründen müssen. Die Worte von Jacques Coeur hatten in Villon eine Wandlung bewirkt. Seit seiner Rückkehr nach Paris – die Ereignisse in Dijon vor Augen – hatte er versucht, sich langsam von der Coquille zu lösen. Der Auftrag von

Dijon hatte ihm im Nachhinein bewusst gemacht, dass er auf bestem Wege war, eine Verbrecherlaufbahn einzuschlagen. Er war seinen Freunden Tabarie und Cayeux aus dem Weg gegangen, hatte die Kneipen gemieden, in denen sie verkehrten. Das war ihm nicht immer gelungen und einmal hatte sich Tabarie ihm in den Weg gestellt und sein spitzes Frettchengesicht zeigte eine drohende, hasserfüllte Miene.

»Man schätzt seine alten Freunde nicht mehr, auch wenn sie viel für einen getan haben! Es würde dir gut anstehen, Villon, wieder einmal Farbe zu bekennen und zu zeigen, dass du zu uns gehörst.«

Villon hatte es nicht getan und nun klangen ihm Coeurs Worte im Ohr, dass man Vertrauen nur Freunden schenken sollte, die einem im Unglück beigestanden hatten. Vielleicht war er dabei, sich durch sein Verhalten Cayeux, Tabarie und andere zu Feinden zu machen? In Frankreich war die Coquille noch immer sehr mächtig …

Villon stand seufzend auf, holte die Laute aus dem Wandschrank und verließ seine Arbeitsstätte. Nach kurzem Besinnen schlug er den Weg zum »Espé de Bois« ein, wo Cayeux und Tabarie regelmäßig verkehrten. Nein, zu einem Verbrechen werde er sich niemals hergeben, aber um die Freundschaft zu erneuern, musste er ihnen die Versöhnungshand reichen.

6

Das Jahr 1456 begann für den Dauphin Louis mit einem schweren Zerwürfnis, das ihn seinem Vater, dem König, noch mehr entfremdete. Sie waren sich ja niemals grün gewesen und als die Großen des Landes sich gegen die Günstlinge seines Vaters empörten, hatte sich der damals siebzehnjährige Dauphin auf ihre Seite gestellt. Der sonst schwache und entschlusslose König aber hatte die besseren Feldherren und der Aufstand wurde schnell niedergeschlagen. Charles versöhnte sich notdürftig mit seinem Erstgeborenen und da man ihm riet, dem jungen Mann eine selbstständige Aufgabe zuzuweisen, betraute er ihn mit der Regierung der Dauphiné – eine Aufgabe, die ihm nach altem Brauch ohnehin zugestanden hätte, woran auch der Titel »Dauphin« erinnerte, den die französischen Thronfolger seit Generationen trugen. Da Vater und Sohn an verschiedenen Orten wohnten und residierten, hielt der brüchige Frieden seit Jahren an. Die Lieblingsresidenz Charles' VII. war das abgelegene Loches gewesen, wo er mit Agnes Sorel in eheähnlicher Gemeinschaft gelebt hatte. Als die Geliebte aber vor fünf Jahren starb, war ihm der Ort verleidet und er verlegte seine Residenz nach Amboise, während der Dauphin weiterhin in Loches blieb, wo er aufgewachsen war. Er fühlte sich wohl in dem weitläufigen, verwinkelten Schloss, das wie eine Stadt in der Stadt hoch über dem Marktflecken lag und von einem gewaltigen doppelten Mauerring umgeben war.

Nun war es aber nicht zu vermeiden, dass der Sohn dem Vater einen Neujahrsbesuch machte, und so brach der jetzt zweiunddreißigjährige Dauphin mit kleinem Gefolge nach Amboise auf. Das war kaum ein Tagesritt, aber der bevorstehende Besuch ließ Louis gereizt und mürrisch werden. Wieder einmal wünschte er sich, der Alte möge endlich zur Hölle, seinetwegen auch in den Himmel fahren, und ein paar Mal hatte es schon so ausgesehen, als würde sich sein Wunsch erfüllen. Nach Agnes Sorels Tod – der zuerst Jacques Coeur, dann ihm angelastet wurde – war der König schwer erkrankt und der Thronfolger erhielt in Loches ungewöhnlich viele Besuche wichtiger und unwichtiger Leute, die ihm ihre Ergebenheitsadressen darbrachten. Dann war der Alte wieder genesen und es sah so aus, dass Louis seinen dreiunddreißigsten Geburtstag im Juli noch immer als Thronfolger begehen sollte.

Verfroren und hungrig langte er bei einbrechender Dunkelheit in Amboise an, dem auf einer Loire-Insel errichteten königlichen Schloss. Als er hörte, dass sein Vater sich schon zurückgezogen hatte, ließ er die Ankunft nur seiner Mutter melden.

Marie d'Anjou, seit fünfunddreißig Jahren mit König Charles ver-

heiratet, hatte eine unendliche Zahl von Geliebten durch das Bett ihres wankelmütigen Gatten wandern sehen. Das hatte sie vorzeitig altern und bitter werden lassen. Als er Agnes Sorel zu ihrer Hofdame und bald zu seiner Geliebten machte, war sie fast erleichtert, dass ihr Gemahl mit dem Herumtändeln ein Ende machte und Agnes quasi als seine Gattin zur linken Hand betrachtete, ihr ein Schloss schenkte, auf ihren Rat hörte und tatkräftig verschiedene längst überfällige Maßnahmen ergriff. Da konnte die Königin ihr eine gewisse Bewunderung nicht versagen, die sie auch freimütig äußerte:
»Ihr habt aus einem entschlusslosen Schattenkönig einen entschlossenen Herrscher gemacht. Dafür gebührt Euch nicht weniger Dank als dafür, dass Ihr mir die Mühen des Ehebettes abgenommen habt, die ich längst leid bin. Der Thronfolger ist geboren – ich habe meine Pflicht erfüllt.«
Agnes Sorel errötete über dieses Lob und war dankbar, dass ihr die Königin keine Hindernisse in den Weg legte. Ja, es bahnte sich zwischen ihnen eine Freundschaft an, die bis zu Agnes' frühem Tod andauerte.
Marie d'Anjou umarmte ihren Sohn.
»Dass du dich mit Charlotte von Savoyen verlobt hast, heiße ich gut, auch in Betracht deiner Nachfolge. Das Volk erwartet von seinem König ein Familienleben. Wann soll die Hochzeit sein?«
Louis rieb verlegen seine fleischige, wie eine stumpfe Axt weit vorragende Nase.
»Charlotte ist erst vierzehn … Frühestens in einem halben Jahr – wenn Seine Majestät einverstanden ist.«
Dieser Nachsatz klang so bitter, dass die Königin ihren Sohn fragend anblickte.
»Hat es schon wieder Streit gegeben?«
»Streit? Wann? Ich habe den Herrn Vater seit Monaten nicht mehr gesehen. Aber Ihr habt Recht: Wenn wir uns treffen, endet es regelmäßig mit einem Streit und wir scheiden im Zorn. Wahrscheinlich sind wir beide daran schuld.«
Sie ging nicht darauf ein, sondern fragte unvermittelt:
»Du hast Agnes Sorel angefeindet, nicht wahr?«

»Ja, das habe ich, weil sie meiner Mutter den Gatten wegnahm.«
»Das haben andere auch.«
»Aber die gingen wieder – Agnes blieb.«
»Weißt du, dass sie meine einzige wirkliche Freundin war? Ihr Tod traf mich schwer – hast du ihn verschuldet?«
Sein Gesicht verschloss sich.
»Nein, Frau Mutter, wie Ihr wisst, wurde Jacques Coeur dieser Tat angeklagt.«
Die Königin schüttelte traurig den Kopf.
»Wegen seiner Finanzgeschäfte mag er schuldig geworden sein, aber Agnes Sorel war ihm wohl gewogen und nicht zuletzt hatte er seine Ernennung zum Schatzmeister hauptsächlich ihr zu verdanken. Er wäre der Letzte gewesen, ihr etwas anzutun.«
»Habt Ihr schon daran gedacht, dass der Grund ihres Todes eine schwere Krankheit gewesen sein könnte, wie bei so vielen Menschen? Wenn eine hochgestellte Person – ob Frau oder Mann – in der Blüte ihrer Jahre stirbt, dann muss es immer Gift gewesen sein. Das ist mehr als lächerlich!«
Die Königin tätschelte seinen Arm.
»Beruhige dich und nimm dir fest vor, morgen beim Anblick deines Vaters nicht gleich aus der Haut zu fahren.«
»Ich werde es versuchen.«

Zuerst fiel es ihm leicht, denn beim Neujahrsempfang war er nur einer unter vielen, wenn auch – als Thronfolger – der Erste, der im Thronsaal vor dem König niederkniete und artig seine Glückwünsche hersagte.
König Charles – jetzt Mitte fünfzig – sah aus wie ein Siebzigjähriger. Seine verschatteten Augen hielt er halb geschlossen, die Wangen hingen schlaff und faltig herab, der dicklippige Mund – Louis hatte ihn geerbt – verzog sich manchmal nur mühsam zu einem wohlwollenden Lächeln. Auch der Anblick seines Erstgeborenen konnte sein Gesicht nicht aufhellen. Er nickte nur zweimal.
»Seid bedankt für Eure guten Wünsche, Herr Dauphin.«
Mehr nicht, auch nicht zu den meisten anderen; den Herzögen, Gra-

fen und Baronen. Nur für seine Vertrauten, etwa Jean Dunois, den Bastard von Orléans, oder den Herzog von Alençon, hatte er ein Lächeln und ein paar freundschaftliche Worte.

Der Graf Charles von Charolais, Sohn Herzog Philipps von Burgund und sein Thronfolger, brachte etwas Leben in das schlaffe Gesicht des Königs. Der jetzt Vierundzwanzigjährige war Stolz, Hoffnung und Augapfel seines Vaters, war ein Spross aus dessen vierter Ehe mit Isabella von Portugal und sah seinem Erzeuger so ähnlich, als sei er sein jüngerer Bruder. Doch was bei Philipp ins Vornehme und Großherzige ausgeprägt war, hatte bei ihm etwas Wildes und Verschlossenes angenommen. Mit seinen ungebändigten schwarzen Haaren, den großen blauen Augen und dem festen Kinn wäre er männlich-schön gewesen, hätte nicht der schmale verkniffene Mund das Bild etwas getrübt. Nur noch in Hofkreisen sprach man ihn mit dem Grafentitel an, für alle anderen war er der Prinz von Burgund. Der König sah in ihm den Sohn eines seiner mächtigsten Gegner, der sich den Engländern angeschlossen und ihn jahrelang bekämpft hatte. Der Friedensvertrag von Arras vor jetzt über zwanzig Jahren hatte dem Burgunder nicht nur Vorteile gebracht – das wollte und konnte der König niemals vergessen.

»Wie geht es Eurem Vater, Herr Graf?«

»Der Herzog scheint das Alter nicht zu spüren – er reitet, geht auf die Jagd, fördert Künste und Wissenschaften, ist rastlos tätig. Ich versuche seinem Vorbild nachzueifern …«

Der König runzelte die Stirn und seine verschatteten Augen belebten sich etwas – ja, sogar seine Lippen kräuselten sich zu einem spöttischen Lächeln.

»Tut das nicht in allem, Herr Graf. Wir haben fünfzehn Jahre Krieg miteinander geführt …«

»Das ist vorbei, Majestät. Jetzt gilt es andere Aufgaben zu bewältigen …«

Der König fragte nicht weiter, aber bei einem Nachtmahl im kleinen Kreis – nur der Graf, der Thronfolger und einige nahe Verwandte waren zugegen – kam er darauf zu sprechen. Der Dauphin hatte ihn mit der Frage nach diesen »anderen Aufgaben« dazu ermuntert.

»Vor allem geht es um die Coquille, einer hauptsächlich über Frankreich und Burgund verbreiteten Gaunerzunft. Wie ihr wisst, lebe ich in Dijon und was diese so günstig gelegene Stadt an weiterem Aufblühen hindert, sind die Coquillards, deren übles Treiben sich in Ämtern, Handel und Gewerbe bemerkbar macht. Es ist das Hehlerzentrum von Frankreich und Burgund! Hier wird Diebesgut in Millionenwerten umgeschlagen und die Hälfte der Goldschmiede lebt vom Unkenntlichmachen gestohlener Juwelen und sakraler Utensilien. Seit längerem habe ich mich mit dieser Materie vertraut gemacht, aber ich weiß offen gesagt nicht, wie dem beizukommen ist. Am liebsten würde ich die ganze Stadt ausräuchern, dann geht dieses Gesindel mit zugrunde!«

Seine Augen blitzten, sein Kinn trat hervor und seine Haare standen wirr, er bot einen Anblick zum Fürchten und wusste sofort, dass ihm dies in einem solchen Kreis nicht anstand. Schnell fing er sich wieder, strich seine Haare zurück und presste sich ein Lächeln ab.

»Es tut mir Leid, Eure Majestät damit behelligt zu haben ...«

Noch ehe der König etwas sagen konnte, fuhr es dem Dauphin zornig heraus:

»Bei uns ist es auch nicht viel besser! In Paris und Orléans, in Tours und Lyon – in allen größeren Städten beklagt man sich über die Coquille, die mit Drohung und Erpressung, mit Raubmord und Überfällen die Bürger verunsichert und schädigt. Ihr werdet Euch erinnern, Herr Vater, dass ich schon seit Jahren anmahnte, etwas gegen diese Plage zu unternehmen. Aber was ist geschehen? Nichts! Nichts!«

Die Erregung hatte sein an sich bleiches Gesicht gerötet, die kleinen Augen weiteten sich und blickten vorwurfsvoll und zornig auf den Vater. Der aber beherrschte sich und suchte nach einer ruhigen Antwort.

»Das ist eine Folge des Krieges mit England und Burgund, der sich über Generationen hinzog. Viele Menschen wurden dadurch entwurzelt und die Soldaten unserer Heere haben nichts anderes gelernt, als zu töten, zu rauben und Häuser in Brand zu stecken. Dann gab es den Frieden, die meisten Söldner wurden entlassen, haben aber nur das Kriegshandwerk gelernt. So bildete sich die Coquille, die sich in den nächsten Jahren mangels Nachwuchs auflösen wird. Mit Gewalt läßt sich da nichts erreichen.«

Der burgundische Thronfolger sagte ruhig:

»Zumindest mein Vater ist da ganz Eurer Meinung. Ich aber suche nach einer Lösung und weiß, wie schwer die richtige zu finden sein wird. Man muss auch bedenken, wie verlockend und vorteilhaft eine Mitgliedschaft bei der Coquille sein kann. Im Übrigen gebe ich Euch Recht: Gewalt ist nur in Einzelfällen angebracht und so denke ich zunächst an eine Amnestie für alle, die sich freiwillig von dieser Gaunerzunft lösen – begrenzt auf eine bestimmte Zeit. Es wird sich zeigen, ob ich damit Erfolg habe.«

Der Dauphin schaute mit unverhohlener Verachtung auf seinen Vater.

»Das ist immerhin ein Anfang, aber bei uns geschieht nichts. Manchmal kommt mir der Verdacht, die Coquille hat schon den Hofstaat erfasst, schaltet und waltet nach ihrem Ermessen –«

Das schlaffe Gesicht des Königs verzerrte sich und seine sonst eher leise Stimme schwoll an.

»Was erlaubt Ihr Euch, Dauphin von Frankreich? Wenn Ihr Euch von meinem Hofstaat bedroht fühlt, dann reist nur schnell wieder ab!«

Kronprinz Louis erhob sich mit gerötetem Gesicht, schmatzte mit den Lippen und presste seine ohnehin kleinen Augen zu Schlitzen.

»Das werde ich auch tun! Bereist doch einmal Eure Städte, Sire, und Ihr werdet sehen, welcher ungute Wind dort weht – aber Ihr werdet es natürlich nicht sehen, weil Eure so genannten Freunde alles Üble von Euch abhalten. Ihr seid ein Unglück für unser Land!«

Der König war kreidebleich geworden und schrie mit sich überschlagender Stimme:

»Hinaus! Hinaus mit diesem Wechselbalg, von dem ich manchmal zweifle, ob ich ihn selbst gezeugt habe.«

Aber da war der Dauphin schon an der Tür. Seiner Dienerschaft gab er den Befehl, alles für die Abreise am nächsten Morgen vorzubereiten.

Er war gerade dabei, sich auszukleiden, da erschien Charles von Burgund.
»Verzeiht, Euch jetzt noch zu stören, *mon Dauphin*, aber ich möchte Euch einen Vorschlag unterbreiten.«
Der Dauphin schickte die Diener weg.
»Ich höre.«
»Eine Frage vorweg: Wo geht Ihr jetzt hin?«
Louis blickte ihn misstrauisch an.
»Nach Loches zurück, wohin sonst?«
»Kommt mit nach Dijon, immerhin sind wir ja verschwägert.«
»Verschwägert? Ach ja, das ist aber lange her.«
Der Burgunder war vor über fünfzehn Jahren mit Catherine, der jüngeren Schwester des Dauphins, verheiratet gewesen, aber sie war bald nach der Hochzeit gestorben.
»Ein wenig verbindet es uns doch. Außerdem sollen wir unseren alten Herren von Zeit zu Zeit einmal zeigen, dass wir längst erwachsen sind und selbstständig handeln können.«
»Da mögt Ihr schon Recht haben, Herr Vetter.«
In diesem Punkt gab er dem Burgunder tatsächlich Recht, aber er wollte es auch nicht zu weit treiben, denn es gab einen jüngeren Bruder, der die Würde eines Kronprinzen gerne übernommen hätte.
Einen größeren Unterschied zwischen den Thronfolgern von Frankreich und Burgund hätte man sich nicht denken können, wobei es kaum ins Gewicht fiel, dass Louis zehn Jahre älter war. Es begann schon beim Äußeren, denn Charles von Burgund war eine blendende Erscheinung: schlank, hoch gewachsen, breitschultrig, in Gestik und Bewegung wahrhaft königlich. Von seinem Gesicht mit den großen blauen Augen ging etwas Strahlendes aus, das allerdings schnell in jähe Wildheit umschlagen konnte.
Daneben die plumpe, gedrungene Gestalt des Dauphin, die – da er stets einfach gekleidet ging – etwas Bäuerisches an sich hatte. Sein Gesicht mit der fleischigen, übergroßen Nase und den kleinen, misstrauischen Augen unterstrich das noch.
Dennoch – sie beide waren gebildete Menschen, fürstlich erzogen,

und sie standen zu ihren Vätern in einem etwas gespannten Verhältnis.

Erst als sie in Dijon angekommen waren, sandte der Dauphin einen Boten nach Amboise, um den König wissen zu lassen, wo er sich aufhalte. Herzog Philipp hatte sich vor einigen Jahren entschlossen, seine Residenz in Bruges aufzuschlagen, das viele Tagesreisen entfernt im äußersten Norden von Burgund lag, sodass Vater und Sohn einander nicht im Weg standen. Der Herzog war einsichtig genug, die Regentschaft über den Süden des Landes seinem Sohn zu überlassen. Macht bedeutete dem hoch Gebildeten nicht mehr viel und er zog es vor, sich seiner umfangreichen Sammlungen an illustrierten Büchern, Gemälden und Plastiken zu erfreuen, die er rastlos erweiterte und vervollkommnete.

Die beiden Prinzen waren übereingekommen, dem Besuch des Dauphins keinen offiziellen Anstrich zu geben, sodass nur wenige wussten, dass der französische Thronfolger zu Gast war. Es hieß, ein befreundeter Graf habe auf der Durchreise nach Deutschland für einige Tage Aufenthalt genommen. Nicht einmal Isabella von Bourbon, die blutjunge zweite Gemahlin des Burgunders, wurde in Kenntnis gesetzt.

So konnte Louis unerkannt und unbehelligt – nur von einem Leibwächter begleitet – die prachtvolle Stadt durchstreifen, die ihn aber, seinem Wesen gemäß, kaum beeindruckte. Für prunkvolle Paläste, erlesene Kleidung und fürstliches Auftreten hatte er niemals etwas übrig gehabt. Deshalb fühlte er sich in der uralten verwinkelten Burg von Loches so wohl, die er in seiner Vorstellung mit einem Spinnennetz verglich, in dessen Mitte er saß und seine Fäden zog.

Bald kamen sie auf die Coquille zu sprechen und als der Dauphin fragte, wo und in welcher Form sie hier anzutreffen sei, lachte Prinz Charles nur verächtlich.

»Nirgends und überall! Ihr werdet in diese verborgenen und doch so tätigen Kreise nur eindringen können, wenn von Euch etwas zu holen, etwas zu erwarten und kein Grund zum Misstrauen gegeben ist.«

Nicht weil der Dauphin besonders fromm war, sondern weil es sich so gehörte, befand sich in seinem Gefolge ein Kaplan, der unterwegs Messen las und auch als Beichtvater zur Verfügung stand. Der Dauphin ließ ihn kommen. Der Priester schaute ihn fragend an.
»Wollt Ihr beichten, *mon Dauphin*?«
»Beichten? Ich wüsste nicht, dass ich in letzter Zeit gesündigt hätte – nein, es geht um etwas anderes. Ihr führt doch für Eure Messen unterwegs einen kleinen Feldaltar mit? Bringt alles her, was dazugehört – Kelche, Monstranzen, Leuchter.«
Der Priester schien erschrocken und wollte etwas einwenden.
»Nein, nein, sagt jetzt nichts, ich werde es Euch dann erklären.«
Wenig später standen die sakralen Utensilien auf dem Tisch: Zwei silberne, innen vergoldete Messkelche, eine mit Edelsteinen geschmückte Monstranz, dazu silberne Leuchter, Patenen, Hostienkapseln und einiges andere.
Louis blickte abschätzig.
»Nicht viel wert, das Zeug, oder?«
»*Mon prince*, das sind heilige Gerätschaften, alle aus Silber, manche vergoldet, aber nicht der materielle Wert zählt, sondern –«
»Spart Euch den Sermon, ich kaufe Euch den Krempel ab.«
»Ihr wollt – aber warum?«
Der Dauphin wurde ungeduldig.
»Fragt nicht lange, nennt einen Preis und kauft Euch dafür alles wieder neu.«

Tags darauf empfing er den Polizeichef von Dijon.
»Ich habe zu Hause Probleme mit diesen verfluchten Coquillards, wie sieht es hier damit aus?«
»Auf Wunsch Seiner Hoheit habe ich einige *mouchards* eingeschleust und es wird nicht mehr lange dauern, dann …«
»Gut, gut – wo befindet sich das Zentrum der Hehler?«
»Das verteilt sich auf mehrere Orte. Man muss bestimmte Tavernen aufsuchen, ein Codewort sagen, einen Verbindungsmann suchen, der dann das Geschäft vermittelt.«

Ausgestattet mit dem nötigen Wissen, machte sich Louis auf den Weg in das Gassengewirr zwischen dem Herzogspalast und dem Benediktinerkloster – zwei bewaffnete Begleiter folgten ihm in einigem Abstand. Unter einem weiten, der kühlen Jahreszeit angepassten Mantel trug er einen Sack mit dem Messzubehör. Er suchte eine der einschlägigen Kaschemmen auf – »Gavotte« genannt – wo es nach ranzigem Fett, saurem Wein und ungewaschenen Körpern stank.

Ihn störte das nicht, fast genoss er es. Als der Wirt einen Krug Wein auf den Tisch knallte, beugte er sich vor und flüsterte das Codewort. Der Mann wandte sich gleichgültig ab, doch dauerte es nicht lange, dann fragte ihn ein dürrer Kerl mit kleinen schlauen Augen, ob er Platz nehmen dürfe. Louis hob den Becher, als wollte er trinken, und flüsterte dabei, er habe einiges zu verkaufen. Der andere trank und sagte, ehe er seinen Becher absetzte, mit leiser, aber gut verständlicher Stimme:

»Stellt es unter den Tisch, redet mit mir über die schlechten Zeiten und trinkt dann aus. Morgen um dieselbe Zeit bringe ich den Zaster, aber ins ›Boutoir‹ schräg gegenüber.«

Louis nickte und der Dürre begann leise etwas zu erzählen, von dem der Dauphin nur wenig verstand, denn der andere redete Rotwelsch, die von den Coquillards benützte Gaunersprache. Louis nickte nur immer dazu, trank schnell aus und schlenderte hinaus. Nach einer Weile folgten ihm seine Begleiter.

So einfach ist das alles, dachte er, aber der Schlüssel dazu ist die Sprache. Die Sprache – ja, das ist es! Nur wer die Gaunersprache der Coquillards beherrscht, kann in ihre Welt eindringen, um sie dann später zu zerstören.

Am Abend berichtete er seinem Gastgeber in kurzen Worten von seinem Erlebnis.

»Da seht Ihr es«, sagte Charles von Burgund erregt, »es ist fast so einfach wie Essen und Trinken! Das macht es so verlockend …«

»Es ist einfach, wenn man die Codewörter kennt und die entsprechenden Orte, aber das genügt nicht. Angenommen, ich würde morgen in Begleitung der Miliz das ›Boutoir‹ betreten, so wäre alles zunichte gemacht, denn der vermutlich sehr rege Spitzeldienst der

Coquille würde schon im Voraus die Betreffenden warnen. Nein, Ihr müsst versuchen, das Rotwelsch zu beherrschen, um –«
Die schwarzen Haare des Prinzen sträubten sich, sein Gesicht flammte in jähem Zorn auf.
»Was – ich soll – ja, seid Ihr denn verrückt geworden?«
Der Dauphin war nicht aus der Ruhe zubringen.
»Natürlich nicht Ihr, schließlich kennt Euch in Dijon jedes Kind. Lasst die entsprechenden Leute ausbilden, sucht nach Überläufern und spart dabei kein Geld, denn es ist gut angelegt.«
Ungeachtet seines wilden und jähen Naturells war Charles von Burgund mit einem scharfen Verstand begabt, amnestierte die wenigen Überläufer und bezahlte ihnen hohe Summen. Mit ihrer Hilfe drang er in die Coquille ein und höhlte sie von innen aus.
Zu einem geheim gehaltenen und mehrmals kurzfristig veränderten Zeitpunkt erfolgte dann der vernichtende Schlag vor allem gegen das von der Coquille beherrschte Hehlerunwesen in Dijon. Dass auch Unschuldige in die grausame Gesetzesmühle gerieten, war nicht zu vermeiden, auch schon deshalb, weil viele Coquillards unter der Folter nicht oder nur am Rande Beteiligte belasteten, um die eigene Zunft zu schützen. Das mag so manchem Coquillard die Flucht ermöglicht haben, doch das Netz war zerrissen, und die es über Jahre so emsig geknüpft hatten, zappelten am Galgen.

Dieses Ereignis sprach sich herum und so erfuhr auch König Charles davon, gerade als er in Loches das endlich fertig gestellte Alabastergrabmal der Agnes Sorel besuchte. Der Dauphin hatte sich mit Pflichten entschuldigt, die er einem Lehensmann schulde, aber alle wussten, dass er nur mit Freunden auf die Jagd gegangen war, um seinem Vater auszuweichen.
Beim Nachtmahl aber saßen sie dann doch zusammen und Louis konnte es sich nicht versagen, die Auslöschung der Coquille in Dijon anzusprechen.
»Ihr seht also, Herr Vater, dass es mit einem harten und konsequenten Durchgreifen schon möglich ist, diese Gaunerzunft auszurotten – mag sie noch so mächtig geworden sein.«

Der König, durch sein Verweilen am Grab der Geliebten weich gestimmt, nickte bestätigend.
»Wenn die Nachricht nicht übertreibt, gebe ich dir Recht. Die Situation in Burgund ist allerdings eine andere. Dort gibt es nur zwei oder drei Städte, die wirklich zählen, vor allem Dijon mit seiner Residenz. Ist dort die Coquille entmachtet, dann gilt das für das ganze Herzogtum. Was nun den weit größeren Teil betrifft, nämlich Flandern und Brabant, so hat sich dort die Coquille niemals ausbreiten können, weil diese Länder unter dem großen Krieg kaum gelitten haben. Jetzt zu Frankreich. In Paris, Reims, Orléans, Lyon, Bordeaux und anderen großen Städten läßt sich die Methode Dijon nicht anwenden, weil man dort überall gleichzeitig zuschlagen müsste. Der Aufwand wäre so groß, dass mich meine Untertanen dann mit Recht einer maßlosen Verschwendung anklagen müssten. Trotzdem glaube ich, dass Dijon auf die Dauer als Beispiel nachwirkt und so mancher Coquillard sich von der Zunft löst.«
Der Dauphin, der sonst vor seinem Vater die Ohren verschloss, wollte diesmal einen Streit vermeiden.
»Eure Einwände sind berechtigt, Herr Vater, und sollten bei unseren Maßnahmen sorgfältig bedacht werden. Um die französische Coquille ins Herz zu treffen, müssten wir bei Paris beginnen.«
Charles brachte ein müdes, spöttisches Lächeln zustande.
»Ja, mein Dauphin, und so wirst du nach meinem Tod nicht nur die Krone erben, sondern auch die Coquille, die wie ein Dorn im Fleisch unseres Landes steckt. Du bist dann aufgerufen, ihn herauszuziehen.«
»Das werde ich tun, Herr Vater, das werde ich gewiss tun.«

Wie immer hatte das Strafgericht in Dijon meist die kleineren Coquillards getroffen, denn die großen konnten es sich leisten, ein Nachrichtensystem zu unterhalten, wurden rechtzeitig gewarnt und setzten sich meist nach Paris ab. So kam es, dass dort die Coquille eher aufblühte, was aber François Villon weniger betraf, denn er war kein Stehler und auch kein Hehler, kein Totschläger oder Einbrecher. So mühte er sich weiter in Diensten des Steuerpächters St. Amant

ab und was ihm anfangs noch einiges Vergnügen bereitet hatte, wurde ihm jetzt – da es sich ständig wiederholte – zum Überdruss. Er schloss sich wieder enger seinen Freunden Tabarie und besonders Cayeux an, dessen gepflegtes und angenehmes Äußeres nicht verriet, dass er inzwischen allen Ehrgeiz, aus seinem Magister Artium etwas zu machen, aufgegeben und die Laufbahn eines äußerst geschickten Einbrechers eingeschlagen hatte.
»Schau dich doch an«, spottete er, »da mühst du dich Tag um Tag in deiner Aktengruft ab und was bringt es dir? Der Blutsauger St. Amant zahlt dir so wenig dafür, dass es schon nach zwei oder drei Nächten im ›Pomme de Pin‹ draufgeht.«
Der Freund hatte natürlich Recht, aber Villon hätte nicht fast jede Nacht in einer Taverne verbringen können, wäre nicht die wachsende Schar seiner Bewunderer gewesen, die ihn freihielten. Wenn er Anstalten machte, die Kneipe zu verlassen, steckte ihm der eine oder andere ein paar Silbermünzen zu, um ihn zum Bleiben und zu weiteren Liedern zu bewegen. Gab es untertags bei der Arbeit eine Pause oder der Maître ging in Geschäften aus, dann fegte Villon die Schriftsätze und Anfragen in eine Ecke und schrieb Lied um Lied auf das schöne, teure Kanzleipapier.
Es waren freche und lustige, aber auch anklagende und traurige Lieder, die ihm aus der Feder flossen, manchmal trieb es ihn dazu, das bunte Volk seiner Zuhörer und Bewunderer – nicht ganz ernsthaft – um Verzeihung zu bitten.

»Das ganze Mönchsgesindel hier,
samt Bettelweibern zum Erschrecken,
Halunken, Gauner voller Gier,
die Nutten an den Straßenecken
in engen Blusen, kurzen Röcken,
verliebte Schelme, frech und fein,
im Modeschuhwerk, eitle Gecken,
ich bitte sie mir zu verzeihen.«

So lief Villons Leben auf zwei Pfaden dahin, deren einer brav, bürgerlich und seiner Ausbildung gemäß war, auf dem anderen aber tänzelte er dahin, schlug seine Laute, sang seine Chansons und wenn der Braten auf dem Teller fehlte, dann gab es dafür Weiberfleisch im Überfluß, das um ein paar Lieder feil war.
Auch etwas Drittes gab es noch, über das er sich ausschwieg, es auch nicht besang. Das war der Traum von einem Leben mit der schönen Helena. Die Tage mit Huguette du Hamel waren längst verblasst wie schlechte Tinte auf alten Akten. Jetzt machte er sich die unsinnigsten Vorwürfe, damals nicht auf einem Besuch bei Helena bestanden zu haben. Und noch ein anderer Gedanke drängte sich ihm auf: Hatte sie damals nicht gesagt, sie warte auf den Traumprinzen, der aber nicht wirklich ein Prinz, nur ein ansehnlicher wohlhabender Herr sein musste? Ansehnlich? Damit konnte er aufwarten, aber er war alles andere als wohlhabend. Wie konnte er das ändern? Mit seiner Arbeit bei dem Steuerpächter jedenfalls nicht. Da tanzten seine Gedanken einen seltsamen Reigen und führten ihn ganz sacht in eine Richtung, von der er sich geschworen hatte, sie zu meiden.

7

Die Vorstellung, auf irgendeine Weise zu Ansehen und Vermögen zu kommen, ließ Villon nicht mehr los und wurde zum Zwang. Durch die Coquille konnte er höchstens an den Galgen, aber nicht zu Ansehen gelangen und reich wurden dabei nur die oberen Ränge, die Drahtzieher. Plötzlich glaubte er, einen anderen, einen besseren Weg zu finden, und ein Bewunderer seiner Chansons brachte ihn darauf.
Es war ein noch junger Bursche, Gehilfe eines Buchhändlers im Quartier Latin, den sein Auftrag vor kurzem nach Angers geführt hatte, wo Herzog René d'Anjou prachtvoll und kunstsinnig resi-

dierte. Er trug auch noch den Titel eines Königs von Neapel, musste aber diesen Thron seinem Gegner Alfonso überlassen. Da auch andere politische Pläne gescheitert waren, zog er sich – kaum vierzig Jahre alt – nach Angers zurück, um sich dort ganz seinen Leidenschaften, dem Bauen und Kunstsammeln, zu widmen. Er hegte auch eine große Liebe für die Dichtkunst und hatte schon mehrere Romanepen verfasst.

Mit vor Begeisterung flammenden Augen berichtete der Buchhandelsgehilfe von Angers und dem kunstsinnigen Herzog.

»Allein dieses prächtige Wasserschloss ist schon einen Besuch wert! Es ist aus grauem Schiefer erbaut, wird von über einem Dutzend gewaltigen Türmen bewacht, die so martialisch wirken, gerade weil ihnen die Dächer fehlen und –«

»Halt, halt, mein Lieber, ich will von dir keine Baugeschichte hören, sondern etwas vom Herzog erfahren. Hast du ihn gesehen?«

»Nur von ferne, aber ich durfte in den Festsaal schauen, der sich am Hochufer der Maine erstreckt und gut hundert Ellen lang ist und darin ist ein Wandteppich ausgespannt mit schrecklichen Bildern aus der Apokalypse …«

»Jetzt hör' schon auf! Das kann ich mir alles selbst ansehen, erzähle mir lieber etwas von Herzog René und wenn du nichts über ihn weißt, dann halt den Mund!«

»Na ja, sie nennen ihn ›den Guten‹, weiß auch nicht warum, vielleicht weil er schon lange keine Kriege mehr geführt hat. Er ist von Sängern und Musikern, Dichtern und Malern umgeben, für die er immer eine offene Hand hat. In Angers habe ich schon davon reden hören, dass er die Steuergelder für unnützes Zeug verprasst, aber die Burschen waren besoffen und wer selbst nicht schreiben und lesen kann, der ist mit solch abfälligen Reden schnell bei der Hand.«

»Da hast du schon recht«, sagte Villon, stand auf und griff nach seiner Laute. Sofort trat erwartungsvolle Stille ein. Villon hob dieHand. »Ich singe Euch jetzt die Ballade von den guten Lehren, die auch eine Warnung vor bösen Taten ist:

Ob Ablasskrämer du hienieden,
ein Spieler, Würfelgauner bist,
man wird in heißem Öl dich sieden,
damit du für dein Falschgeld büßt,
wie das bei Strolchen üblich ist.
Ob Räuber oder Taschendiebe,
die Beute geht nach kurzer Frist
beim Saufen drauf und für die Liebe.«

Obwohl er dazu noch einige Strophen im Kopf hatte, hörte er plötzlich auf, was seinem Publikum heftige Schmäh- und Bittrufe entlockte. Er kümmerte sich nicht darum, winkte seinen Freunden zu und ging hinaus.

Die schwüle Augustluft war auch nachts kaum frischer geworden und über dem Kneipenviertel brütete ein fauliger, verdorbener Dunst. Mit schnellen Schritten ging Villon ins Quartier Latin zurück. Er war ganz außer Atem, als er die Rue Saint-Jacques erreichte, die Kirche St. Benoît passierte und endlich vor Porte Rouge stand. Das von ihm selbst stets gut geölte Schloss gab nur ein leises Klicken von sich, als er aufsperrte. In der Wohnstube war es schon dunkel, denn Père Guillaume legte sich wegen der fast täglichen Morgenmessen immer früh zu Bett.

Villon stieg zu seiner Kammer hinauf, zog sich splitternackt aus und leerte den Wasserkrug über seinem Kopf aus. Inzwischen hatte er einen Entschluss gefasst. Er würde nach Angers gehen, um bei Herzog René eine Anstellung zu finden, aber er konnte dies nicht mittellos tun. Freilich scheute er davor zurück, seinen Vater um Geld zu bitten, weil er es schon oft – zu oft – getan hatte. Nein, es mussten sich andere Wege finden.

Tage und Wochen vergingen, er sprach mit seinen Freunden Cayeux und Tabarie, aber die zuckten nur ihre Achseln. Cayeux meinte:

»Um etwas wirklich Lohnendes auf den Weg zu bringen, bedarf es einiger Vorbereitung – ich werde darüber nachdenken.«

Ob er dies wirklich tat, blieb fraglich, jedenfalls ließ er bis in den Herbst hinein nichts von sich hören.

Villon aber blieb bei seinem Entschluss: Er musste nach Angers – so oder so. Um nicht ganz mittellos dazustehen, hatte er zu sparen begonnen und es war ihm sogar gelungen, ein Dutzend seiner Lieder an einen Buchhändler zu verkaufen. Der ließ sie kopieren und war ehrlich genug, um zuzugeben, dass die Nachfrage nicht schlecht war. Zudem hatte Villon jeden Silbergroschen, den seine Verehrer ihm zusteckten, beiseite gelegt, anstatt wie bisher seine Freunde damit freizuhalten.

Was kam dabei heraus? Nicht viel, nicht genug, um damit sorglos die Reise nach Angers antreten zu können. Dann musste es eben so gehen und er würde unterwegs die Gastfreundschaft der Coquillards in Anspruch nehmen. Dennoch wollte er nicht von Paris scheiden, ohne für seine Freunde kurz vor Weihnachten ein *banquet d'adieu* zu veranstalten.

So ließ er im Gasthof »Mule« einen Tisch bereiten und wie immer, wenn es etwas umsonst gab, waren Cayeux und Tabarie sehr pünktlich, gleich darauf erschien Petit-Jehan, so etwas wie ein Laufbursche bei der Coquille, er hatte sich aber auch als geschickter Einbrecher einen »guten Namen« gemacht. Trotz allem war er ein lieber Kerl und Villon schätzte ihn sehr. Dom Nicholas, ein entlaufener Mönch, hatte es als Coquillard zu einem höheren Rang gebracht und erschien als Letzter. Es war eine recht fidele Runde, sie aßen wie Scheunendrescher und soffen wie Kamele nach einer Wüstenfahrt.

Wer sprach zuerst davon? Später behaupteten Tabarie und Cayeux, sie hätten fast gleichzeitig diese Idee gehabt, während Villon meinte, er habe als Erster den Reichtum des Collège de Navarre erwähnt. Wie dem auch sei: Alle waren sie angeheitert, aber keiner zu betrunken, um nicht begeistert und ideenreich an dem Plan mitzuwirken. Da sie zwei angesehene »Fachleute« am Tisch hatten, beschlossen sie, in den Schatzraum des Collège einzudringen, um sich dort die sicher reich gefüllten Geldtruhen anzusehen.

Dom Nicholas grinste.

»Nur ansehen?«

Villon deutete auf Cayeux und Petit-Jehan.

»Unsere Spezialisten werden sehen, was zu machen ist.«

Die frostklirrende Nacht konnte ihnen wenig anhaben, denn der reichlich genossene Wein und der waghalsige Plan hatten ihnen Körper und Gemüt so erwärmt, dass sie glaubten, wie auf Flügeln dahinzuschweben und keine Macht der Welt könnte sie aufhalten. Alle waren sie erfahrene Coquillards und achteten als Erstes darauf, dass die Wache ihre Runde um das Collège gerade gemacht hatte und erst nach einer guten Stunde wiederkommen würde.

Der Schatzraum war an die Sakristei der Collegiatskapelle angebaut und durch eine massive eisenbeschlagene Tür gesichert. Petit-Jehan und Cayeux berieten sich flüsternd, hantierten leise klirrend mit ihren Werkzeugen und es dauerte nicht lange, dann standen sie vor der mit drei Schlössern gesicherten eisernen Truhe. Tabarie kauerte draußen und spitzte seine Ohren, um sie bei einem etwaigen früheren Erscheinen der Nachtwache warnen zu können. Dom Nicholas, der entlaufene Mönch, sicherte die andere Seite. Auch die erfahrenen Spezialisten hatten mit den drei komplizierten Schlössern ihre Mühe und es ging nicht geräuschlos ab.

»Leiser!«, zischte Villon aufgeregt. »Mit eurem Lärm weckt ihr noch den *concierge*.«

»Es geht nicht leiser«, sagte Cayeux, »dafür sind wir schon beim letzten.«

Alle schwitzten sie – Villon vor Aufregung, die beiden anderen vor Anstrengung. Da die Wirkung des Weines jetzt nachließ, begann Villon zu frieren und seine Zähne klapperten hörbar. Der kaltblütige Cayeux spottete:

»Mach dir nur nicht gleich in die Hosen! Schau lieber her, was wir da haben.«

Villon hatte die Lampe abgeschirmt, um kein Licht durch die Butzenscheiben nach draußen dringen zu lassen. In der großen Eisentruhe waren kleine Schatullen verstaut, aber obenauf lag ein verschnürter Lederbeutel, der verheißungsvoll klirrte, als Petit-Jehan ihn heraushob. Cayeux schnürte ihn hastig auf und Villon leuchtete hinein.

»Gold! Gold!«, rief Petit-Jehan und holte ein paar Münzen heraus.

»Lass die Finger davon! Geteilt wird später«, befahl Cayeux und machte sich daran, die Schlösser wieder abzuriegeln, um möglichst wenig Spuren zu hinterlassen und nicht gleich am nächsten Tag die Spürhunde in Bewegung zu setzen.

Als sie draußen waren, hörten sie in der Ferne das Nahen der Wachen. Tabarie kicherte.

»Um ein Haar!«

Dom Nicholas fragte:

»Wann werden wir teilen und wo?«

Villon sagte schnell:

»Jetzt gleich – kommt mit!«

Da er von seinem Studium her jeden Stein hier kannte, wusste er um ein vorstehendes Wächterhäuschen an einem Nebeneingang zum Collège. Sie löschten die Laterne und pressten sich an die Mauer in den Schatten, denn das Licht des Sichelmondes war stark genug, um die Blicke der Wachen auf sie zu lenken. Dann verklangen die waffenklirrenden Schritte und sie schlichen zum Wächterhäuschen.

Die *ecus d'or* waren schnell gezählt und beliefen sich auf genau fünfhundert.

Petit-Jehan lachte leise.

»Hundert für jeden – nicht schlecht!«

Doch Cayeux schüttelte den Kopf.

»Tabarie und Nicholas haben nur Wache gestanden, während wir die ganze Arbeit –«

Villon unterbrach ihn:

»Nein! Bei den Brüdern der Coquille geht es gerecht zu! Das Wachestehen ist nicht weniger wichtig als die Arbeit vor Ort.«

Da fügten sich die anderen und jeder ging um hundert *ecus d'or* reicher nach Hause.

Anstatt in den nächsten Tagen sofort nach Angers aufzubrechen, beschloss Villon, das Nachlassen der winterlichen Kälte abzuwarten. Um die Weihnachtszeit hielt St. Amant sein Bureau geschlossen und Père Guillaume war gerade jetzt von früh bis spät mit dem Kirchendienst beschäftigt.

So schlief Villon faul in den Tag hinein, bis ein schrecklicher Traum ihn weckte. Er sah sich in dunkler Nacht mit den Freunden auf dem Raubzug, spürte sogar die gestern empfundene Begeisterung, als sie den schweren Beutel heraushoben – aber dann! Als er mit der Lampe hineinleuchtete, wimmelte es darin vor Maden, Würmern und Aasfliegen, die jetzt mit bedrohlichem Summen herausschwirrten und sich ihm auf Gesicht und Hände setzten. Da war er vor Ekel erwacht, doch es gelang ihm nicht, dieses Gefühl abzuschütteln oder zurückzudrängen. Doch nun ekelte er sich vor dem eigenen Leben, das seit der Magisterprüfung nur eine Untat an die andere gereiht hatte. Ein Mensch war durch ihn zu Tode gekommen, er hatte sich der Coquille in die Arme geworfen, sich zu Hehlerdiensten missbrauchen lassen. Anstatt mit aller Kraft dagegen anzugehen, auf der Leiter ins Verderben noch tiefer zu steigen, hatte er es doch getan und mit anderen einen schweren Raub verübt – und nicht nur das. Wäre es die Kasse eines jener Blutsauger gewesen – etwa eines Steuerpächters –, dann wäre es vielleicht ein Grund zu diebischer Freude gewesen – aber nein, es musste die Schatzkammer des Institutes sein, das ihm den Magisterrang zuerkannt hatte.
Villon, bisher gewohnt, jeden Tag mit Zuversicht und Freude am Leben zu beginnen – woran auch seine öde Tätigkeit im Steuerbureau nichts änderte –, ließ nun die Ohren hängen, wie ein alter Esel, der sein Gnadenbrot auf einer dürren Weide frisst und nichts mehr mit sich anzufangen weiß. Um das Maß voll zu machen, stand ihm jetzt auch noch das liebliche Bild der Catherine vor Augen. Das war die jüngste Tochter der Familie de Vaucel im Nachbarhaus. Nach ein paar Schuljahren in einem Nonnenkloster war die jetzt etwa Fünfzehnjährige im Sommer letzten Jahres nach Hause gekommen und ihre Familie machte sich auf die Suche nach einem geeigneten Bräutigam.
Villon, inzwischen durch seinen Verkehr mit liederlichen Weibern ziemlich abgebrüht, hatte die engelhafte Schönheit der Catherine so entzückt, dass er sie kaum anzusprechen wagte. Dann aber sagte er sich: Immerhin bin ich der Sohn des Nachbarn, auch wenn alle Welt glaubt, Père Guillaume habe mich nur adoptiert. Ich trage sei-

nen Namen, wohne in seinem Haus und wie es aussieht, werde ich ihn einmal beerben. Ist das nichts?

Eines Morgens passte er sie ab, als sie mit einer Dienerin auf den Markt ging. Er zog den Hut und verneigte sich tief.

»Demoiselle – darf ich mich vorstellen? Mein Name ist François de Villon, ich bin der Adoptivsohn von Père Guillaume, Eurem Nachbarn. Darf ich Euch auf dem Weg zum Markt –«

Catherines noch kindlich pausbäckiges Gesicht war rot geworden. »Ihr dürft gar nichts, Sieur de Villon, ehe ich nicht mit meiner Familie gesprochen habe.«

»Würdet Ihr es tun?«

Sie hob unentschlossen ihre schmalen lieblichen Schultern.

»Vielleicht – vielleicht auch nicht …«

Wenig später wurde Père Guillaume zusammen mit seinem Sohn von der Familie de Vaucel zu einem *diner* geladen. Dann saßen sie mit dem Ehepaar und seinen vier Kindern bei Tisch, aber Villon hatte nur Augen für Catherine, was die Mutter des Mädchens sofort bemerkte und zu der Frage veranlasste:

»Wie sind Eure weiteren Lebenspläne, Sieur de Villon? Als Gehilfe eines Steuerpächters könntet Ihr später den Weg Eures Dienstherrn einschlagen – oder zieht es Euch mehr zum Dienst an der Kirche?« Dabei blickte sie Père Guillaume fragend an, doch der lächelte nur und schwieg. Was sollte Villon darauf antworten, da er selbst noch uneins über seine Zukunft war?

»Nein, Madame, zum Priester eigne ich mich nicht und ich sage ganz offen, dass das vorbildliche Leben meines Vaters mich dazu kaum ermutigt, denn wem gelänge es schon, ihm nachzueifern? Andererseits hat die Arbeit eines Steuerpächters ihre Schattenseiten, über die ich mich nicht auslassen möchte, gerade weil ich sie so gut kenne. Da es mich dazu drängt, mein auf der Universität erworbenes und durch den Magister Artium bestätigtes Wissen weiterzugeben, werde ich mich wohl um eine Professur an einem Collège im Quartier Latin bemühen.«

Père Guillaume hob erstaunt seine Augenbrauen, Catherines Vater nickte ernst, ihre Mutter lächelte spöttisch.

Als sie wieder zu Hause waren, bemerkte sein Vater:
»Ich weiß nicht, ob und welche Absichten du mit Catherine hast, aber lasse dir eines gesagt sein: Die de Vaucels betreiben seit Generationen Handel mit Tüchern und Webereien und da kommt nur ein Bräutigam aus der gleichen oder einer ähnlichen Zunft in Frage. Der Spott im Gesicht von Madame de Vaucel hat Bände gesprochen.«
Villon gab seinem Vater im Stillen Recht, aber seine Bemühungen um Catherine gab er dennoch nicht auf. Ehe ein Tuchhändler sie freit, wird sie mein Bett wärmen, dachte er kühn und dann fiel ihm plötzlich ein, dass Pière de Vaucel, Catherines Onkel, wie sein Vater Chorherr von St. Benoît war. Er kannte ihn vom Sehen und spürte, wie aus dessen Ablehnung anerkennender Respekt wurde, nachdem Villon die Magisterprüfung bestanden hatte.

Ohne ein Blatt vor den Mund zu nehmen, bat er den Priester um Rat.
Pière de Vaucel lächelte entschuldigend.
»Ich bin sozusagen nur der Onkel, dazu einer, der in den Augen einer alten Kaufmannsfamilie den falschen Weg gegangen ist. Ich habe dich schon als Kind gekannt, François, und schätze dich als Erwachsenen, der – wie ich hörte – im Begriff ist, die Professorenlaufbahn einzuschlagen. Daher mein Rat: Lass die Finger von Catherine, denn schon zwei junge Herren aus der Kaufmannsgilde haben um ihre Hand angehalten. Einer davon wird der Sieger sein – du, mein Sohn, scheidest von vorneherein aus. Schlage dir das Mädchen aus dem Kopf, es gibt noch andere, die sich die Finger ablecken würden, die Frau eines Professors zu werden.«
Das brachte Villon auf den Boden der Tatsachen zurück, aber leider nicht zur Vernunft. Zwar gab er den Plan auf, Catherine zu verführen, ehe man sie ins Joch der Ehe zwängte, aber er schrieb ein »Lied an die treulose Geliebte« und besaß die Frechheit, es an einem warmen Spätsommerabend weithin hörbar und von seiner Laute begleitet vor ihrem Fenster hinauszuschmettern.

»Und schien mir auch so sanft und hold
Ihr Aug und ihr Gesicht zu sein,
des Süße mich so täuschen sollt,
mich schauern ließ bis ins Gebein,
die Stute zeigt die Hinterhand
und überlässt mich dem Verderben,
so pflüg ich denn ein ander Land
und haue kühn in andre Kerben.

Um solcher Fährnis zu entfliehn,
ist es am besten, rasch zu reisen.
Ade! Ich will nach Angers ziehn:
Sie will mir keine Gunst erweisen,
gibt sich nicht halb noch ganz mir hin.
Ich sterb gesunden Leibes gar,
ein Liebesmärtyrer ich bin,
ein Liebesheiliger führwahr.

Macht auch der Abschied große Pein,
was hilft es mir, ich muss von hinnen,
mein dummer Kopf sieht endlich ein,
sie lässt jetzt einen andern spinnen,
kein Hering war da je so sauer
in der Boulogner Essiglake.
Wie fühle ich so große Trauer,
o Gott, erhöre meine Klage!«

Dummerweise war an jenem Abend der nun endlich siegreiche Freier zu Gast und erfuhr dabei von dem lästigen und lästerlichen Treiben des Villon. Der junge Hitzkopf empfand das nicht nur als Beleidigung Catherines und seiner selbst, sondern als Verunglimpfung der gesamten *compagnie des marchands*, der Kaufmannsgilde. Für ihn waren diese Scholaren – auch wenn sie eine Professur anstrebten – nur elende Stubenhocker und Steißtrommler, dazu kam noch, dass dieser Villon in anrüchigen Kneipen verkehrte und sich dort als Bänkelsänger produzierte. Sich an dem die Hände schmutzig machen? Nein, dafür war er sich zu gut.

So wurde Villon eines Nachts von gedungenen Schlägern windelweich gehauen, doch seine Freunde von der Coquille rieten ihm, die Sache auf sich beruhen zu lassen.

»Dein Name steht wegen der damaligen Sache nach wie vor in den Listen des Châtelet und das festigt deinen Ruf als Unruhestifter. Beiß die Zähne zusammen und vergiss es!«

Das war leichter gesagt als getan, doch das lag nun ein halbes Jahr zurück und schmerzte kaum noch. Nun begann ihn eine andere Sorge zu beschäftigen, nämlich: Wann würde man den Einbruch im Collège entdecken?

Um diesem bald zu erwartenden Ereignis näher zu sein, besuchte er des Öfteren unter einem Vorwand seine früheren Lehrer, ließ sich für eine Professur vormerken und fragte deswegen öfter nach. Wäre der Einbruch entdeckt worden, so hätte sich das schnell herumgesprochen, doch er war die Sache bald leid und besann sich auf seinen eigentlichen Plan: die Reise nach Angers.

Da es nicht seine Art war, sich stillschweigend zu verdrücken, wollte er für seine Freunde ein Abschiedsfest geben, das er – nicht aus Kühnheit, sondern aus sorgfältiger Überlegung – im vornehmen Gasthof »Lion d'or« ganz in der Nähe des Châtelet veranstalten ließ. Wer etwas zu verbergen hatte, pflegte die Nähe dieses gefürchteten Hauses zu meiden, aber solange der Einbruch nicht entdeckt und sie alle überführt waren, blieben sie Ehrenmänner, die nichts zu verbergen hatten.

Villon hätte die hundert *ecus d'or* als seine Reisekasse wie seinen Augapfel hüten müssen, aber das Geld lag in seinem Versteck im Speicher von Porte Rouge, als gehörte es nicht ihm und brenne darauf, wieder in Umlauf zu kommen. So hatte er diesmal auch den weiteren Freundeskreis eingeladen; an die zwanzig kamen da schon zusammen, die meisten davon gehörten der Coquille an.

Die Tische bogen sich unter der üppigen Speisenfolge, dazu gab es drei verschiedene Weine und vier Musikanten spielten auf. Diesmal war seine Laute zu Hause geblieben, heute Abend wollte er einmal

sich selbst unterhalten lassen. Gegen Mitternacht stieg die Stimmung ins Ausgelassene, nur Guy de Tabarie gab sich miesepetrig und spielte den Beleidigten, ohne sich weiter darüber zu äußern.
Villon verspottete ihn gutmütig.
»Zeige uns, dass du deinen Namen nicht umsonst trägst, der ja fast *tabarin*, ein Hanswurst, bedeutet, und benimm dich auch wie ein solcher. Quält dich etwas?«
Tabarie schüttelte den Kopf, aber als sie später hinaus zu den *latrines* gingen, brach es aus ihm heraus.
»Du lädst da diese Parasiten noch ein, die nun verprassen, was wir in Mühe und Gefahr erworben haben. Wer hat die Truhe geöffnet? Cayeux und ich! Wer hat gewusst, wo sich der Schatz befand? Du! Wir drei hätten uns den Löwenanteil sichern sollen und diese elenden Aufpasser mit ein paar *ecus* abspeisen sollen. Aber hundert Goldstücke fürs Nichtstun? Das stößt mir sauer auf!«
»Vielleicht hast du Recht, aber wie sollen wir es ändern? Das Geld zurückstehlen? Das wäre lachhaft und käme bei den Oberen der Coquille schlecht an. Vergiss es einfach und denke dir etwas Neues aus!«
Das entscheidende Gespräch mit Père Guillaume über seine Abreise hatte er immer wieder hinausgeschoben, weil er davor zurückscheute, seinen Vater zu belügen, andererseits aber einen plausiblen Grund nennen musste. Da gab er sich einen Ruck.
Der Kaplan riss vor Erstaunen seine gutmütigen Augen auf.
»Aber, François – jetzt, mitten im Winter!«
»Die Sache drängt, *mon père*. Ein Buchhändler hat mir aus Angers eine Botschaft überbracht, ich solle schleunigst dorthin kommen, um an der Liedersammlung des Duc d'Anjou mitzuwirken. Mir liegt sehr viel daran, *mon père*. Vielleicht winkt mir dort am Hof sogar ein Amt, wer weiß? Hier bin ich doch langsam dabei, zu verludern – ja, ich gebe es zu. Die Freunde, die Kneipen, die Weiber. Ein Hofamt wird mich auf den rechten Weg zurückführen und wäre später auch in Paris die beste Referenz für ein Weiterkommen.«
Genau das wollte sein Vater hören und er beruhigte sich schnell.
»Lass mich stets wissen, wie es dir ergeht, und bleibe nicht zu lange

fort. Auf der Rückreise könntest du den kleinen Umweg über Sens machen, damit du dein künftiges Erbe kennen lernst.«
»Davon will ich nichts hören, *mon père*! Ihr seid so gesund wie ein Fisch im Wasser, aber wenn es sich ergibt, werde ich es mir ansehen.«

Als Villon die Rechnung im »Lion d'or« bezahlt hatte, blieben ihm von den hundert *ecus d'or* gerade noch zweiundvierzig und nach Erwerbung der notwendigen Reiseausstattung waren es noch neunzehn. Machte er sich darüber Sorgen? Nein, es hatte ihn sogar erleichtert, denn ein auf solch sträflich leichtsinnige Weise erworbenes Geld sollte leichtsinnig wieder vertan werden. Doch er machte sich keine Illusionen und wusste genau, dass ihm und den anderen die Hinrichtung drohte, sollte man sie eines Tages überführen.
Diese trüben Gedanken schwanden mit der wachsenden Entfernung von Paris; die Furcht vor dem Galgen wandelte sich in Galgenhumor und inspirierte ihn zu einer Ballade.

Ihr Brüder seht, hier werden wir gehängt,
ist keiner da, der uns sein Mitleid schenkt?
Gott wird es euch vergelten mit dem Gold
der Ewigkeit, wenn ihr uns nicht mehr grollt.
Seht her, hier baumeln wir, fünf Kameraden,
und wenn wir auch den Leib noch in der Sonne baden,
den fetten Leib genährt mit Fleisch und Weizenbrot;
bald frisst uns auf mit Haar und Haut der Tod.
Verspottet nicht dies elende Geschick,
Gott wird uns bald in Jesu Namen
Erlösen von dem Galgenstrick,
von allem Übel, Amen!

Bis die Türme der Burg von Angers in der Ferne auftauchten, kamen noch drei weitere Strophen dazu und er freute sich schon jetzt darauf, sie seinen Freunden vorzutragen.
Unterwegs hatte er nichts davon bemerkt, dass die Coquille durch die Ereignisse von Dijon hierzulande geschädigt worden wäre. Man

hatte ihn überall mit offenen Armen empfangen und sein in Paris bei den Coquillards erworbenes Rotwelsch kam ihm dabei zugute. Einmal wagte er sich sogar an ein Lied, das er in dieser Geheimsprache verfasste und in einer übel beleumdeten Schenke am Stadtrand von Le Mans vortrug. Obwohl dabei gewiss eine Anzahl von Coquillards zuhörte, verzog keiner sein Gesicht, als Villon sang:

»In Parward hier, dem Ferbemackum groß,
wo Wysulm wird vermont durch viel Molsamer,
von loen Iltissen im Schrefenboß
gebickt zu fünf und sechs, o Jammer,
da alchen Kafpims hoch die Dolmanleiter
und muffen Bläse oben und so weiter.
Verlunscht und haltet Wind vor Klems und Bley!
Risch holchen Zwicker, Dallinger herbei,
und ins Adone! Seid gescheiter!
Tut einhar vor der Prinzerey!«

Als er sich wieder gesetzt hatte, trat ein finster blickender Mann an seinen Tisch.
»Was soll dieser Unsinn, Monsieur? Da keiner Eurer Zuhörer gelacht hat, fehlt es hier wohl am Verständnis für solche Lieder.«
Villon machte sein biederstes Gesicht.
»Aber, Monsieur, das Lied soll alle Gutwilligen vor Verbrechen und Verbrechern warnen! Ich werde es für Euch wiederholen:

Hier in Le Mans, der großen schönen Stadt,
sind wieder ein paar schwarze Kerls zu sehn,
wie sie Sergeanten nach der Missetat
zu fünf, zu sechs in ihre Falle gehen,
die Diebe, die so hoch im Ansehn stehn,
sie schaukeln droben nun im frischen Wind.
Passt vor dem Kerker auf, wo sehr geschwind
die Beutelschneider mit geschlitztem Ohr

zum Schluss doch immer die Verlierer sind.
Passt auf und seht euch vor dem Hanfstrick vor!

Macht euch davon, so schnell ihr laufen könnt,
nur fort, und notfalls mitten durchs Gesträuch,
wenn unterm Fuß euch schon der Boden brennt,
die Galgenhochzeit wartet sonst auf euch,
und dann seid ihr auf einmal kreidebleich.
Vor den Sergeanten schleunigst abgezischt,
zeigt ihnen euren Hintern und entwischt,
denn das sind Leute ohne viel Humor,
ihr werdet sonst in Ketten aufgemischt:
passt auf und seht euch vor dem Hanfstrick vor!«

Da hatte er die Lacher auf seiner Seite und einige wiederholten den Refrain:
»Passt auf und seht euch vor dem Hanfstrick vor!«

Die Erinnerung an diese Reiseerlebnisse verblasste, als er den mächtigen Palastkomplex vor sich aufragen sah – einladend und bedrohlich zugleich. Einladend, weil er wusste, dass ein Fürst hinter diesen Mauern residierte, der nichts höher schätzte als Kunst und Literatur, ein Mann, der jeden politischen Ehrgeiz aufgegeben und sich auf die höheren Werte des Lebens besonnen hatte. Bedrohlich, weil der Herzog von Anjou immer noch eine gewaltige Macht in Händen hatte und die Coquille wohl genauso wenig schätzte wie seine übrigen Standesgenossen.
Auch hier wäre Villon im Haus eines Coquillards untergekommen, doch er zog einen anderen Weg vor. Zwar übernachtete er bei diesem »Bruder«, sagte aber, er wolle länger bleiben und sich irgendwo einmieten.
»Ganz nach Belieben, *mon frère*, aber Ihr erwartet doch Nachrichten aus Paris?«
Villon erstaunte inzwischen nichts mehr, was die Coquille betraf, und nickte nur.

»Die werdet Ihr dann hier vorfinden.«

Sein zweiter Weg führte ihn zu der kleinen Universität, die König Louis IX. vor etwa zweihundert Jahren gegründet hatte und die, seit Herzog René hier residierte, einigen Aufschwung erleben durfte. Villon hatte die traditionelle Magisterkleidung angelegt, trug den langen dunklen Mantel mit Pelzbesatz, darunter das gefältelte Leinenhemd mit dem hochgeschlossenen Kragen. Als er das schwarzsamtene Barett aufsetzte, musste sein Bruder von der Coquille lachen.
»Ihr seht so steif und feierlich aus wie ein Kleriker.«
»Mein Vater ist in Paris Chorherr und Kaplan …«
»So seid Ihr also –«
»Er hat mich vor Jahren adoptiert.«

Schon der Pförtner begegnete ihm mit Argwohn.
»Wollt Ihr hier um eine Professur nachsuchen? Dann kann ich Euch gleich sagen, dass wir schon überbesetzt sind, weil …«
»Euer Türstehergeschwätz interessiert mich nicht – meldet mich beim Rektor an!«
Villon nannte seinen Namen und wandte sich ab. Überraschend schnell empfing ihn der noch junge *recteur* und fragte ihn höflich nach seinen Wünschen.
»Ich hielt es für meine akademische Pflicht, *mon recteur*, mich hier vorzustellen und damit sozusagen die Grüße des Collège de Navarre zu überbringen. Offen gesagt bin ich gezwungen, hier ein wenig Geld zu verdienen – wozu würdet Ihr mir raten?«
»Professorenstelle ist keine frei«, sagte der Rektor schnell, »aber ein Mann mit Eurer Bildung wird gewiss eine angemessene Tätigkeit finden. Zwischen der Kathedrale und dem Kloster St. Aubin werdet Ihr einige *bouquinistes* finden, dort kann man Euch sicher weiterhelfen.«
Villon musste sich das Lachen verkneifen, denn die Angst des Rektors, der Magister aus Paris könnte etwas von ihm wollen, war offensichtlich. So verzichtete er auch darauf, ihn danach zu fragen, auf welche Weise man Zugang zum Hof finden könne.

Dass dies einfacher war als anderswo, sollte Villon bald erfahren. Der Rektor hatte ihm den Weg zur größten Buchhandlung beschrieben und als er sich dort vorstellte, erlebte er eine Überraschung.
»Villon? François Villon? Es ist eine große Freude, Euch in Angers zu treffen! Was führt Euch hierher?«
Villon schaute ihn erstaunt an.
»Woher kennt Ihr meinen Namen?«
Der andere lächelte stolz.
»Ich kenne ihn noch nicht lange, aber seit ein Pariser Kaufmann mir einiges von Euch gezeigt hat, glaube ich, dass Ihr schon jetzt der Poetenzunft große Ehre macht.«
Er holte einige Blätter herbei.
»Das habe ich kapiert und Ihr werdet wohl nichts dagegen haben, wenn ich Eure Dichtung und damit Euren Ruhm hier verbreite.«
»Natürlich nicht ...«
Villon sah es sich flüchtig an. Einige flotte Kneipenlieder waren darunter, auch Nachdenkliches, Spöttisches und seine vierstrophige »Ballade der Glücksgöttin«.
Villon gab die Blätter zurück.
»Ich hätte nicht gedacht, dass meine Lieder schon außerhalb von Paris erklingen. Vielleicht hilft es mir weiter, wenn ich mich bei Herzog René um ein Amt bewerbe ...«
Der *bouquiniste* zog erstaunt die Brauen hoch.
»Ein Amt? Das wird schwierig sein, denn unser Fürst hat ohnehin schon fünfmal mehr Hofbeamte, als er benötigt, und ein guter Teil davon sind Künstler und Literaten, denen das Amt nur ein Vorwand ist, um Lohn zu kassieren – die Arbeit tun dann andere ...«
»Dann soll ich es gar nicht versuchen?«
»Doch, aber auf andere Art. Ihr stellt ein paar Dutzend Eurer Lieder und Balladen zusammen und sendet sie an den Hof mit der Bitte, Euer Werk in die vom Herzog herausgegebene Gedichtesammlung aufzunehmen. Da ich für ihn schon oft Buchbestellungen ausgeführt habe, kenne ich einige Leute bei Hof. Ich schreibe Euch einen Namen auf, dorthin richtet Ihr Eure Sendung und nennt mich ruhig als Eure Referenz.«

Villon bedankte sich herzlich. Das ist doch schon ein Anfang, dachte er, und gar kein schlechter. Nun aber musste er sich ein Quartier suchen und fragte gleich den Wirt, bei dem er zu Mittag aß.
»Hier gibt es alles Mögliche zu mieten, von der Dachkammer bis zum Haus mit Garten am Stadtrand. Es kommt nur darauf an, wie viel Ihr bezahlen wollt – und könnt.«
»Zu teuer sollte es nicht sein ...«
Da schlug sich der Wirt vor die Stirn.
»Halt – da fällt mir gleich etwas ein. Maître Petit, einer meiner Stammgäste, ist vor kurzem gestorben und wisst Ihr wo? Dort drüben an dem Tisch, wo er allabendlich zwei Becher Wein trank. Zwei – und niemals mehr! Es muss Ende Januar gewesen sein, das Wetter hatte umgeschlagen auf eine ungesunde Schwüle, die nicht zur Jahreszeit passte. Kopfschüttelnd kam er herein und sagte, es gehe ihm nicht gut, er fühle so ein seltsames Sausen im Hirn und werde heute ausnahmsweise nur einen Becher trinken. Dann ließ er sich auf seinen Stuhl fallen, schaute mich an und stammelte: ›Ich weiß nicht, was – seltsam ...‹ Dann sank sein Kopf nach vorne und er war tot. ›Seltsam‹ war sein letztes Wort, dann muss ihn der Schlag gerührt haben. Irgendwie ist es aber auch schön, so, auf diese Weise – also kurz und gut: Maître Petit arbeitete seit vielen Jahren als Schreiber im *hôtel de ville*, genoss eine große Reputation, konnte es sich endlich leisten, eine Familie zu gründen und dann – er war noch kein halbes Jahr verheiratet, da machte er seine Frau – Anne Petit – schon zur kinderlosen Witwe. Für seine zu erwartende Familie hatte er sich in Schulden gestürzt und im Viertel La Doutre ein Haus gekauft. Dieser Stadtteil liegt auf der anderen Flussseite und dort ist alles billiger. Jetzt muss Anne das Haus abzahlen, arbeitet als Flickschneiderin und vermietet jeden entbehrlichen Raum. Zwei Zimmer seien noch frei, hat sie mich wissen lassen, aber dort drüben will keiner wohnen ...«
Er seufzte und schaute Villon traurig an.
»Vielleicht könntet Ihr Euch –?«
»Ich werde es mir ansehen.«

Vom Ufer in Höhe der Kathedrale führte eine wegen des Schiffsverkehrs hochgewölbte hölzerne Brücke hinunter nach La Doutre und von dort ging es weiter zur Abbaye du Ronceray. Etwas südlich davon lag das Haus der Veuve Petit, das offenbar jeder kannte. Die schmalen, anmutigen Fachwerkhäuser waren eng aneinander gebaut, doch jedes besaß – wie Villon dann sah – auf der Rückseite einen Garten, wo dicht an dicht Obstbäume und Beerensträucher wuchsen.

Anne Petit wirkte auf den ersten Blick unscheinbar – eine Frau, wie es sie häufig gab: mittelgroß, stämmig, mit einem runden, bäuerlich anmutenden Gesicht und einer vollen Brust, die das Mieder gehörig straffte. Sie trug dunkle Kleidung und hatte sich offenbar schnell den Witwenschleier aufgesetzt, der etwas schief saß und eine Strähne ihrer rötlichblonden Haare sehen ließ. Verlegen wischte sie ihre erdverkrusteten Hände an der Schürze ab, doch sie blieben schmutzig. Sie stammelte eine Entschuldigung, lief in den Garten und kam ohne Schürze und mit sauberen Händen zurück. Sie bat Villon in die Wohnstube und sie setzten sich.

Der Wirt habe ihm ihr Haus empfohlen, weil es nicht so teuer sei wie die Wohnungen in der Altstadt, die ja trotzdem nicht weit entfernt läge.

»Ja, mein seliger Mann hat diesen Weg mehrmals am Tag zurückgelegt und sagte immer, er sei froh darüber, denn ein bisschen Bewegung sei für einen sitzenden Beruf geradezu eine Notwendigkeit.«

Villon lächelte sie an.

»Ja, meiner Ausbildung nach müsste auch ich an einem Schreibpult sitzen, aber Ihr seht ja – es treibt mich um. Nun habe ich mich bei dem Herzog um ein Amt beworben und warte auf den Bescheid.«

»Um ein Amt?«

»Um kein bestimmtes, aber als Magister Artium bin ich vielseitig gebildet, habe auch schon im Steuerwesen und bei einer Klosterverwaltung gearbeitet.«

Villon wusste, wie seriös dies klang, sah, wie ihr Gesicht sich aufhellte, um dann gleich wieder ernst zu werden.

»Dann wird mein Haus für Euch doch nicht ganz das Richtige sein. Gewiss stellt Ihr höhere Ansprüche …«
»Nein, nein, Madame – aber jetzt möchte ich mir die Zimmer anschauen.«
Vor ihm ging sie die enge und steile Stiege hinauf und er bewunderte ihre drallen Waden, die rosig unter dem Rocksaum hervorschimmerten.
Beide Zimmer schauten nach Südwesten, das größere hatte zwei, das kleinere – fast winzige – ein Fenster. Dort stand eine Truhe, im anderen ein Bett und ein offener Wandschrank.
Als Villon den – verglichen mit Paris – extrem niedrigen Mietpreis hörte, nickte er.
»Ja, ich nehme die Zimmer. Da ich aber hier auch arbeiten muss, bräuchte ich noch ein Schreibpult und einen Stuhl.«
Anne Petit war sichtlich erleichtert.
»Kommt mit, Sieur de Villon.«
Sie gingen wieder hinunter in die Wohnstube, von der eine Tür in das frühere Arbeitszimmer des Verstorbenen führte.
»Ich habe seit seinem Tod nicht das Geringste verändert, aber Ihr könnt Euch nehmen, was Ihr braucht.«
Villon deutete auf einen Stuhl und das Schreibpult am Fenster. Gemeinsam schleppten sie die Möbelstücke hinauf. Danach bot sie ihm einen Becher Wein an.
»Habt Ihr schon etwas vermietet?«
»In der Dachkammer wohnt seit zwei Wochen ein bretonischer Hafenarbeiter. Habt Ihr vorhin den kleinen Flusshafen gesehen? Dort legen von Zeit zu Zeit Ladekähne an, die allerlei Waren nach Süden transportieren. Die meisten der Hafenarbeiter wohnen hier in La Doutre, sind aber nicht gerade das, was eine allein stehende Witwe sich wünscht. Mein Mieter ist ein älterer Mann, ein ruhiger Mensch, der nicht viel spricht.«
Villon holte seine Börse hervor.
»Ich werde Euch den Mietzins für drei Monate im Voraus bezahlen.«
Sie errötete und hob abwehrend eine Hand.
»Aber nein – ich vertraue Euch doch!«

Er lachte.
»Aber ich traue mir selbst nicht, weil das Geld es erfahrungsgemäß nicht lange bei mir aushält. Wenn es mit einem Amt am Herzogshof nichts wird, dann habe ich für die nächste Zeit wenigstens einen Unterschlupf.«
Sie schaute ihn nachdenklich an.
»Ich wüsste schon, wie Ihr Euch ein Zubrot verdienen könnt – wenn Euch diese Arbeit nicht zu gering ist.«
»Heraus damit!«
»Mein seliger Mann war hier im ganzen Viertel als Briefsteller bekannt. Wer etwas zu schreiben hatte, kam zu ihm und dass alle damit zufrieden waren, sehe ich bis heute, wenn mir berichtet wird, dass keiner es so gut machte wie Maître Petit. Wenn Ihr einverstanden seid, dann verweise ich die Leute an Euch.«
»Warum nicht? Es ist eine ehrliche Arbeit und das Geld kann ich gut brauchen.«

Zunächst aber machte Villon sich daran, eine Reihe von Gedichten und Balladen für den Herzog zusammenzustellen. Er fügte den Blättern ein gereimtes Bittgesuch bei:

Ihr mein erlauchter Herzog – edler Herr,
der Fürsten Zier, aus königlichem Blute,
François Villon, den bittre Not zu sehr
gezüchtigt und gequält mit harter Knute,
schreibt diesen Brief an Euch mit scheuem Mute
und bittet um ein Darlehn Eurer Huld.
Gerichtlich eingetragen sei die Schuld,
die Tilgung auch wird er Euch garantieren
und keinen Schaden bringt Euch die Geduld
und die Geduld nur sollt Euch nicht genieren.
Oh, edler Fürst, der zu den Guten hält,
versteht Ihr nun, wie es um mich bestellt?
Ihr ehrt mich, fänd ich meine Lieder
in der von Euch verfügten Sammlung wieder.

Villon opferte einen halben *ecu*, um ein Stück blauen Brokatstoffes zu erstehen, schlug die Blätter ein und schrieb den Namen des vom Buchhändler empfohlenen Hofbeamten darauf.
Am Eingang zum Schloss – er führte über eine Zugbrücke – verlangte er den Hauptmann der Wache.
»*Mon capitaine*, ich heiße Maître François Villon und möchte Euch bitten, diese Schriftstücke dem Adressaten zuzustellen.«

Villon stellte sich auf eine lange Wartezeit ein und war sehr überrascht, als er schon nach einer Woche vom herzoglichen Hof zu einer musischen Veranstaltung geladen wurde.
Es war von einem *»banquet des muses«* die Rede und Villon wusste nicht recht, was er davon halten sollte. Madame Petit hatte ihm das Schreiben gebracht und fragte neugierig:
»Nachricht vom Herzog?«
»Nicht von ihm selbst, aber von seinem *maître des cérémonies*. Zumindest seht Ihr jetzt, dass ich kein Sprücheklopfer bin …«
Sie tat erschrocken.
»Daran habe ich keinen Augenblick gedacht. Was werdet Ihr anziehen?«
Villon lächelte über diese Frauenfrage.
»Mein bestes Gewand natürlich!«
Sie selbst trug in ihren vier Wänden keine Witwenkleidung und wirkte dadurch um vieles jünger. Wie alt mochte sie sein? Gewiß nicht älter als dreißig … Er begann sie mit anderen Augen anzusehen, entdeckte verborgenen Liebreiz, etwa ihr schüchternes Lächeln, das ihr etwas derbes Gesicht auf seltsame Weise verschönerte, oder ihr anmutiger Gang, wenn sie im Garten von Strauch zu Strauch schritt, um diese Beerenlieferanten fürs Frühjahr zurechtzustutzen. Nichts an ihren Bewegungen war plump oder ungeschickt, ob sie nun Wäsche aufhängte, einen Kuchenteig ausrollte oder behutsam mit dem Schöpflöffel seinen Suppenteller füllte. Ja, sie waren übereingekommen, dass sie ihm *déjeuner* und *souper* bereitete, und als er nach den Extrakosten fragte, winkte sie schüchtern ab.
»Das Frühstück wäre ohnehin im Mietpreis enthalten gewesen und

ob ich nun beim Abendessen etwas mehr in den Topf oder die Pfanne werfe …«
Villon legte trotzdem etwas darauf und war im Übrigen froh, dass der andere Mieter schon in der Morgendämmerung aus dem Haus ging und sein Abendessen mit Arbeitskollegen in einer Kneipe einnahm.
Das mit den Briefen war kein leeres Gerede gewesen, denn schon am dritten Tag bekam er den Auftrag, an die *cour de justice* in einer Erbstreitigkeit zu appellieren. Als er Anne Petit danach den Fall kurz schilderte, begann sie plötzlich zu weinen, aber auch das tat sie mit Anmut.
»Ach, Maître Villon, da werden meine eigenen Sorgen wieder wach. Der jüngere Bruder meines verstorbenen Mannes erhebt im Namen seiner beiden Söhne Anspruch auf einen Teil des Nachlasses. Aber was hat mir Maître Petit denn hinterlassen? Schulden und nochmals Schulden!«
Villon dachte kurz über die Rechtslage nach.
»Ich müsste mich über die diesbezüglichen Gesetze im Herzogtum Anjou kundig machen, glaube aber nicht, dass solche Ansprüche gerechtfertigt sind. Ich könnte diesem Herrn schreiben, dass die Übernahme eines Erbes auch die der Schulden einschließt.«
Ohne auf den Vorschlag einzugehen, sagte sie leise:
»In meiner Not habe ich angedeutet, von Maître Petit schwanger zu sein, um meinem Schwager damit den Wind aus den Segeln zu nehmen. Das wäre dann der rechtmäßige Erbe, aber …« Wieder begann sie zu weinen.
Villon berührte ihre Schultern tröstend mit der Hand.
»Aber Ihr seid es nicht wirklich?«
»Nein – mein armer Petit war kein junger Mann mehr – Ihr versteht?«
Villon nickte und ganz wie von selbst ging ihm der Gedanke durch den Kopf, der Witwe diesen Erben zu verschaffen.
Er rechnete nach: Maître Petit war Ende Januar gestorben und wenn er kurz vor seinem Tod ein Kind gezeugt hätte, musste es Ende September, Anfang Oktober zur Welt kommen. Dann wird es eben ein Zehnmonatskind werden – wer fragte schon danach?

Anne schaute ihn auf eine Weise an, als hätte sie seine Gedanken erraten.

»Maître Petit war mittelgroß, so wie Ihr, und hatte ein feines gescheites Gesicht – so wie Ihr …«

Und ich, dachte Villon, habe seit Monaten keine Frau mehr gehabt, mein Samen staut sich schon schmerzhaft und ich könnte es jeder besorgen, ob jung oder alt, schön oder hässlich. Er schluckte mehrmals.

»Ist das Euer Ernst? Es widerstrebt mir, Eure Notlage auszunutzen, andererseits …«

»Andererseits?«

»Finde ich Euch recht reizend und wahrscheinlich hätte ich es – ich hätte später ohnehin versucht, Eure Gunst zu gewinnen.«

»Ihr habt sie bereits.«

Dieses Gespräch fand auf dem Flur statt und nachdem Anne dies gesagt hatte, lief sie in die Wohnstube und schloss die Tür hinter sich. Villon verstand den Wink und ging nach oben. Es ist schon kurios, dachte er, wie anders ich bei Anne, der sittsamen Bürgersfrau, reagiere. Wäre sie eines jener losen Weiber gewesen, mit denen ich sonst umging, so hätte ich längst versucht, in ihr Bett zu gelangen. Doch diese Damen – um sich nichts zu vergeben – wollten gebeten werden und man musste ihnen versichern, sich rettungslos in sie verliebt zu haben, obwohl beide wussten, dass es gelogen war. Jetzt aber kam Madame Petit aus schierer Not daher, verglich seine Gestalt mit der ihres verstorbenen Mannes und bot sich ihm dar, wie – nein, eben nicht wie eine Hure! Da hatte sie einen älteren, sehr angesehenen Mann geheiratet, sich ein Nest für die künftige Familie gebaut, doch Fortuna, die alte launische Vettel, konnte so etwas Rechtschaffenes anscheinend nicht ausstehen und machte einen Strich durch die schöne Rechnung. Für Menschen wie mich, dachte Villon, hat sie eher etwas übrig und kriegt es sogar fertig, dass der Einbruch in der Kollegiatskasse offenbar bis heute nicht aufgedeckt wurde. Da kam ihn ein Lachen an, das aber nicht sehr fröhlich klang.

Er schaute durch das Fenster auf den Garten. Es hatte zu regnen begonnen und Anne lief barfuß und mit über den Kopf geschlagener Schürze hinaus, um ein paar im Winter verbliebene Küchenkräuter zu pflücken. Villon schüttelte ratlos den Kopf. Mit Frauen ihrer Art kannte er sich nicht aus, doch er nahm sich vor, seine Verführungskünste behutsam und auf bieder-bürgerliche Art anzuwenden. Wieder musste er lachen. Wie geht denn so etwas, dachte er, aber dann fiel ihm ein, dass sie etwas von ihm wollte und nicht umgekehrt. Ich werde es ihr überlassen …

Zum Nachtmahl gab es geschmortes Kaninchen mit Olivenbrot und mit Honig gesüßte, in Essig eingelegte Birnen. Den Wein hatte sie heute mit Zimt gewürzt und leicht erhitzt. Villon lobte die Mahlzeit und sah dann, wie sie ganz gegen ihre Gewohnheit einen zweiten und sogar einen dritten Becher trank. Ihr Gesicht rötete sich und ihre Augen begannen zu glänzen. Als sie aufstand, um das Geschirr abzuräumen, packte er sie am Arm und zog sie auf seinen Schoß. Sie widerstrebte kaum und er küsste sie auf Hals und Wangen, schließlich auf ihren Mund, der sich willig öffnete. Ihr Haar war zu einem Knoten gebündelt, den Villon nun spielerisch löste, so dass die rötlich-blonde Flut auf ihre Schultern fiel.

»So siehst du noch jünger aus, meine Anne …«

Sie lächelte verschämt.

»Es ist schon seltsam: Wenn ich zu Hause keine Witwenkleidung trage, dann habe ich das Gefühl, niemals verheiratet gewesen zu sein. Es ist, als legte ich mit dem Trauergewand auch den Witwenstand ab, und gleich regt sich mein schlechtes Gewissen.«

»Aber Anne, darüber brauchst du dir keine Gedanken zu machen. Deine Ehe war viel zu kurz und da sie auch kinderlos geblieben ist, erscheint es dir manchmal, als hätte es sie nicht gegeben.«

Sie lächelte ihn zaghaft an.

»Sie darf nicht kinderlos gewesen sein …«

Er küsste sie wieder.

»Aber ja, das habe ich vergessen und wir werden darangehen, dies zu ändern.«

»Es ist, als machten wir ein Geschäft: Als *puceau*, als Junggeselle, seid

Ihr – bist du gewiss immer auf der Suche nach einer gefälligen Frau und die hast du nun, aber du musst ihr ein Kind machen.«
Sie sprang von seinem Schoß, griff nach seiner Hand und zog ihn nebenan in ihre Schlafkammer, doch die Lampe ließ sie draußen.
»Aber, Anne, hier ist es ja stockfinster! Wie will ich denn da –«
»Ich will es so. Zieh' dich bitte aus.«
Villon hätte ihren nackten Körper gerne gesehen, aber es ging auch so. Er spürte ihre vollen weichen Brüste, den rundlichen Bauch, die schwellenden Schenkel. Sie zuckte etwas zurück, als sein heißes, steinhartes Glied ihre Hand streifte, aber dann fanden sie schnell zueinander. Anne begann leise zu stöhnen.
»Das ist – das ist – so anders ...«
Er lachte leise.
»Zwar sind alle Männer unten gleich, aber jeder macht es doch ein wenig anders.«
Er kam sehr schnell – zu schnell und flüsterte ihr ins Ohr:
»Es ist noch lange nicht zu Ende. Wir haben die Schatztruhe erst einen Spalt geöffnet, das Schönste kommt noch ...«
So lernte die Witwe Anne Petit Freuden kennen, die ihr seliger Mann aus Altersgründen und wohl auch aus Unkenntnis des weiblichen Körpers ihr nicht hatte verschaffen können.
Während der nächsten Tage trieben sie es noch recht häufig, denn Anne hatte alle Scheu verloren und bediente sich ihres jungen Liebhabers mit Hingabe und Begeisterung. Villon aber erlebte, wie sein Körper immer matter, sein Geist dafür umso klarer wurde.
Dann kam der Tag seiner Einladung zu dem *banquet des muses.*
»Vielleicht solltest du deine Magistertracht anlegen.«
Anne musterte seine sorgfältig geschonte Galakleidung mit dem hochgeschlossenen, weinroten Wams und dem breiten, goldgepunzten Ledergürtel. War das nicht ein wenig stutzerhaft? Besser gefielen ihr die engen graugrünen Hosen und die spitzschnabeligen, der Mode entsprechenden Schuhe aus samtweichem Leder.
Er schüttelte zweifelnd den Kopf.
»Ob es das Richtige ist? Vielleicht macht das bei einem Poeten – und als solcher bin ich wohl geladen – einen falschen Eindruck?«

»Davon verstehe ich zu wenig. Mir wäre es lieber, du legtest dieses Zeug weg und gingst in meine Schlafkammer anstatt zum Herzog.«
Da musste er schallend lachen.
»Sieh mal an! Vor zwei Wochen hättest du dich solcher Worte noch geschämt – ja, sie wären dir nicht einmal in den Sinn gekommen.«
Ihre graublauen Augen blitzten ihn an.
»Was kümmert mich der Schnee von gestern?«
»Auch noch frech! Ich werde bald hier ausziehen müssen, weil du mich von der Arbeit abhältst.«
Da machte sie ein weinerliches Gesicht und sagte mit leiser, stockender Stimme:
»Ist das dein Ernst, François? Schließlich hast du noch über zwei Monate Miete gut.«
»Die schenke ich dir – aber jetzt im Ernst: Wenn es bei Hofe mit einer festen Anstellung nichts wird, dann muss ich nach Paris zurück – oder auch nicht …«
»Wie soll ich das verstehen?«
»Das hängt von gewissen Umständen ab, die mit dir nichts zu tun haben.«
»Gibt es dort andere Frauen?«
Er schmunzelte.
»Paris ist voll davon, aber wenn du meinst, ob eine von ihnen zu mir gehört: Nein!«
»Das soll ich dir glauben?«
»Du kannst es auch lassen.«
»Wenn meine Trauerzeit um ist, könntest du mich heiraten.«
Er beugte sich vor und küsste sie auf beide Wangen.
»Ehrlich gesagt: Das könnte ich mir vorstellen, aber zu viele Gründe sprechen dagegen. Man würde sofort nachrechnen und herausfinden, dass das Kind – sollte es dazu kommen – von mir stammt, und dann hat dein Schwager allen Grund, Anspruch auf dieses Haus zu erheben. Außerdem bist du eine brave, sittsame und honorige Bürgersfrau, ich aber bin nur ein unsteter Herumtreiber, ein Glücksritter, dem Fortuna leider nicht immer hold ist. Ich tauge nicht zum Ehemann, würde jede Frau nur unglücklich machen.«

»Das glaube ich nicht.«
»Das ließe sich noch endlos bereden und am Ende geriete ich doch in deine Schlafstube anstatt ins Schloss.«
Sie wandte sich mit trotzigem Gesicht ab und sagte über die Schulter: »Du brauchst eine Frau, die auf dich achtet, weil du sonst in die Irre gehst.«
»Das tun wir doch alle – so oder so.«

8

Das musische Bankett am Hof des Herzogs von Anjou war auf die Mittagszeit angesetzt und Villon hielt es für angebracht, ein wenig früher zu erscheinen.
Seit Herzog René sich hier endgültig niedergelassen hatte, wurde an dem Schloss von Angers unentwegt gebaut und auch an diesem Tag hörte Villon, als er den Innenhof betrat, aus verschiedenen Richtungen das Geräusch von Hämmern, Sägen und Bohren. Zur Linken blickte man auf Gärten mit Pavillons, Galerien und laubenartigen Durchgängen, zur Rechten erhoben sich die schmucken Häuser des Herrenhofs, überragt von den Spitzgiebeln des herzoglichen Palastes mit der angebauten Hofkapelle. Doch dieser hochfürstliche Bezirk war nur dem Herzog und seinem adeligen Hofstaat zugänglich.
Ein schweigsamer Diener geleitete ihn zum »Großen Saal«, einem Bauwerk aus alter Zeit, das der Herzog von Grund auf umgestaltet und prächtig ausgestattet hatte. Die Palastwache prüfte nochmals sein Einladungsschreiben und erstaunte Blicke trafen seine Kleidung. War sie für den Anlass zu festlich – oder zu ärmlich?
An der Stirnseite des großen Saales knisterte in einem Kamin von Häusergröße ein gewaltiges Feuer, um das sich die meisten der schon Anwesenden geschart hatten. Verglichen mit ihren überaus prächtigen Gewändern, kam Villon sich wie ein Bettler vor, aber das störte

ihn nicht, er empfand sogar etwas wie Genugtuung. Da leuchtete es von Brokat, Seide, Samt, Gold- und Silberstickereien. Einige der meist älteren Herren trugen um den Hals schwere goldene Ketten mit handtellergroßen Ehrenmedaillen; ihre Kopfbedeckung bestand aus golddurchflochtenen Pelz- oder Samtkappen, nur einige der Jüngeren trugen bizarr geformte Hüte mit wippenden Schmuckfedern. Sie huldigten auch dem etwas albernen Brauch, verschiedenfarbige Hosenbeine zu tragen.

Niemand beachtete ihn, doch aus dem Hintergrund löste sich die Gestalt eines dunkel gekleideten Mannes, der am Gürtel einen großen, fast unförmigen Beutel trug.

»Ihr seid gewiss François de Villon?«

Das Nicken schien ihm zu genügen, denn ohne auf eine Antwort zu warten, sprach er schnell weiter.

»Ich bin Maître Jean Carrel, der Hofchronist, Sekretär und oberster Schreiber Seiner Majestät. Gleich vorweg eine freudige Nachricht für Euch: Seine Majestät hat geruht, zwei Eurer Chansons in Ihr Sammelwerk aufzunehmen. Den Lohn dürft Ihr Euch beim Schatzmeister abholen.«

»Erscheint der Herzog persönlich zu diesem Bankett?«

»Gewöhnt Euch daran, unseren Fürsten bei seinem Königstitel zu nennen! Ja, Seine Majestät wird in eigener Person an diesem Fest teilnehmen.«

Ohne ihn weiter zu beachten, wandte sich der Hofchronist ab und trat zu den Herren am Kamin, die ihn lebhaft und freundlich begrüßten. Villon konnte sich denken, warum. Jeder dieser Männer brannte darauf, seiner Verdienste wegen in der Chronik genannt und gewürdigt zu werden. Plötzlich verstummten die Gespräche und die prächtig Bekleideten traten an die Wände zurück, als vier kräftige Diener einen höchst kunstvoll geschnitzten und reich vergoldeten Tisch hereintrugen. Sie rückten das prunkvolle Möbelstück genau in die Mitte des Saales und stellten einen mit Elfenbein und Edelsteinen verzierten thronartigen Sessel davor.

Nun blickte alles erwartungsvoll auf die Tür neben dem Kamin. Die Gespräche wurden flüsternd wieder aufgenommen und verstumm-

ten erneut, als die Tür sich langsam öffnete. In den vier Ecken des Saales waren Musiker platziert worden, die das Erscheinen des Landesfürsten mit Pauken und Trompeten begrüßten.
Dunkel gekleidet, schlank, mittelgroß und ohne jede Begleitung trat der Herzog in den Saal, blieb stehen, neigte begrüßend sein Haupt und trat an den Tisch, gefolgt vom Zeremonienmeister, dem er etwas zuflüsterte. Der beugte das Knie, wandte sich um und rief zwei Namen in den Saal. Diese Herren waren vom Herzog auserwählt worden, heute an seinem Tisch zu speisen. Danach ging der *maître des cérémonies* langsam im Saal herum, in der Hand eine Liste mit den Namen der Geladenen, die Seine Majestät heute persönlich begrüßen wollte. Die meisten davon kannte er, aber als er sich suchend im Saal umblickte, deutete der Hofchronist in Villons Richtung. Der Zeremonienmeister trat an ihn heran.
»Maître Villon? Seine Majestät möchte Euch persönlich begrüßen – haltet Euch bereit!«
Bereithalten? Was sollte er tun? Als Villon sah, dass sich vor dem Tisch des Herzogs eine Warteschlange bildete, stellte er sich dazu. Es ging alles sehr schnell. Mit jedem sprach der Herzog einige Worte und wurde von dem Betreffenden je nach Rang mit Handkuß und gebeugtem Knie, Handkuss im Stehen oder nur mit tiefer Verneigung und gezogenem Hut begrüßt. Villon beugte das Knie, berührte die dunkel behandschuhte Rechte des Herzogs mit den Lippen und erhob sich.
Herzog René d'Anjou, Titularkönig von Neapel und Jerusalem, Herzog von Lothringen und Graf der Provence, war jetzt achtundvierzig Jahre alt und hatte es fertig gebracht, sich jeden politischen Ehrgeiz zu versagen. Den Anspruch auf den Königsthron von Neapel hatte er nicht durchsetzen können, das Herzogtum Lothringen war auf seinen Sohn Jean übertragen worden.
Villon schaute in ein blasses Gesicht mit großen klugen Augen, einer hohen Stirn und einem empfindsamen Mund, der fast weiblich wirkte. Dieser Mund lächelte ihn jetzt an.
»Maître Villon, Ihr werdet erfahren haben, dass –«
Der Chronist flüsterte seinem Herrn ins Ohr.

»– wir gesonnen sind, zwei Eurer Lieder in Unsere poetische Sammlung aufzunehmen. Ihr habt es gewiss verdient, mit den begabtesten Dichtern unserer Sprache in einem Buch vereint zu werden. Lasst Uns auch fürderhin an Euren Arbeiten teilnehmen.«
Villon verneigte sich.
»Gewiss, Majestät, ich werde alles daransetzen –«
»Ihr seid entlassen, Sieur de Villon!«
Das sagte der Zeremonienmeister nicht sehr laut, aber doch so vernehmlich, dass der hinter ihm Wartende ihn sanft beiseite schob. Villon ging an die Wand zurück, wo die Diener jetzt schmale Tische aneinander stellten. Mit einem Amt wird es wohl nichts, dachte er, und das Geld für die beiden Chansons wird nicht lange vorhalten. Um der Bezeichnung *»banquet des muses«* auch einen Inhalt zu geben, traten Sänger und Poeten auf, die aber kaum beachtet wurden, weil die auf den Tischen feilgebotenen Speisen den prächtig gekleideten Herren wohl verlockender erschienen. Erst als aus dem kürzlich vollendeten Werk *»roman du cœur d'amour épri«* vorgelesen wurde, trat ehrfurchtsvolle Stille ein, denn der Verfasser hieß René d'Anjou.
Villon konnte ein spöttisches Grinsen kaum unterdrücken. So ein Hofleben wäre nichts für dich, da wird die Zunge wund vom Stiefellecken und wäre zu nichts anderem mehr zu gebrauchen.
Der König zog sich bald zurück und Villon tat es ihm nach einer schicklichen Wartezeit nach. Der Schatzmeister zählte ihm mit mürrischem Gesicht fünf *ecus d'or* hin und er schob sie so achtlos in die Tasche, als wären es Kupfermünzen. Da blickte der Hofkassier noch mürrischer, was Villon den Bettellohn versüßte.

Natürlich fragte ihm Anne die Seele aus dem Leib.
»Waren auch Frauen zugegen und was hatten sie an?«
»Nein, Damen waren keine geladen, dafür trugen die Herren so prächtige Kleider, dass ich daneben wie ein armes Bäuerlein aussah.«
»Mein armer François! Du hättest vielleicht doch dein Magistergewand –«
Er winkte ab.
»Nicht so wichtig! Mit einem Amt wird es jedenfalls nichts, dann

werde ich mich eben weiter als Briefsteller betätigen, bis – ja, bis ich aus Paris ... Ach was, leben wir einfach in den Tag hinein! Was gibt's heute zu Abend?«
»Ja, wurde denn bei Hof keine Mahlzeit serviert?«
»Doch, doch, aber es liegt mir nicht, im Stehen ein paar Bissen hinunterzuschlingen. Gesessen sind nur der Herzog und zwei seiner Gäste – jetzt aber Schluß damit! Zehnmal lieber als am Hof bin ich in deinem Haus, du darfst es mir glauben.«
Sie glaubte es nur zu gern und wieder wurde es eine lange Nacht, bis Villon zum Schlafen kam.
Als er sich am Morgen ankleidete, fiel ihm ein, dass er seinen Bruder von der Coquille schon lange nicht mehr aufgesucht hatte. Der schaute ihn streng und missbilligend an.
»Ich würde Euch raten, *mon frère*, zu uns doch eine engere Verbindung zu halten. Erstens könnte eine Nachricht für Euch eingetroffen sein und zweitens könnten Eure Dienste benötigt werden.«
»Verzeiht mir, dass ich inzwischen versucht habe, auf ehrliche Weise Geld zu verdienen – gibt es aus Paris etwas Neues?«
»Nein, *mon frère*, aber Eure Bemerkung gefällt mir nicht. Auf unsere Art sind auch wir von der Coquille ehrliche Leute. Wenn wir den Staat betrügen und reiche Pfeffersäcke etwas erleichtern, dann empfinde ich das als ausgleichende Gerechtigkeit – Ihr nicht?«
»Doch, doch«, beeilte sich Villon zu versichern, denn er vergaß niemals, wie sehr er in der Fremde von der Coquille abhängig war. Als er sich verabschieden wollte, drückte ihn der andere auf den Stuhl zurück.
»Ich muss Euch noch etwas sagen. Ich stehe in Verbindung zu Coquillards in ganz Frankreich und es scheint mir – wenn auch sehr langsam – eine Tendenz der Auflösung einzusetzen. Stellt man sich die Coquille als eine riesige, perfekt arbeitende Maschine vor, dann ist zu beobachten, dass da und dort ein Rädchen stehen bleibt, eine Feder bricht, eine Verbindung aussetzt. Der ganze Apparat funktioniert noch, doch wenn aus kleinen Schäden größere und aus solchen große werden, kann es sein, dass die Maschine eines Tages stehen bleibt. Vielleicht sehe ich die Entwicklung etwas zu negativ, aber

ich glaube, die große Zeit der Coquille geht zu Ende und wenn der Dauphin auf den Thron kommt, wird er ihr den Gnadenstoß geben. König Charles kränkelt vor sich hin – der Wechsel könnte schon morgen oder übermorgen eintreten.«

»Seht Ihr im Dauphin einen so mächtigen Gegner der Coquille?«

»Mächtig vielleicht noch nicht, aber sehr konsequent und wie man hört, scheint es die ersten Überläufer zu geben.«

»Wie ist das zu verstehen?«

»Ganz einfach: Coquillards, die in unseren Reihen durch die entsprechenden Umtriebe reich geworden sind, wollen sich und ihr Vermögen retten und nehmen deshalb über Mittelsmänner Verbindung zu den Behörden oder zum Dauphin auf. Habt Ihr schon von Olivier le Daim gehört?«

»Bis jetzt noch nicht …«

»Ein Bauernbursche aus Flandern, der sich vielleicht schon in Dijon zum Dauphin geschlagen hat. Als Coquillard wusste er über vieles Bescheid, beherrschte auch das Rotwelsch perfekt. Der Dauphin machte ihn zu seinem Barbier, läßt ihn aber zugleich anonym in verschiedenen Städten Erkundigungen über die Coquille einziehen. Inzwischen soll Kronprinz Louis das Rotwelsch wie ein alter Coquillard sprechen.«

»Eine bedenkliche Entwicklung …«

»Das könnt Ihr laut sagen, *mon frère*.«

»Werde ich aber nicht tun. Ihr wisst ja, wo ich wohne, und wenn es eine dringende Nachricht gibt, so lasst es mich wissen.«

»Die Witwe Petit hat Euch wohl mit Beschlag belegt?«

»Ich tue ihr so manchen Gefallen …«

»Gut, aber haltet Augen und Ohren offen. Übrigens hat man sich von unserer Seite am Hof für Euch bemüht, aber der Coquille ist es bis jetzt nicht gelungen, im Freundeskreis des Herzogs Fuß zu fassen.«

»Wie ich ihn einschätze, wird es auch niemals gelingen, denn sein Sinn ist ganz auf Höheres gerichtet.«

»Immer noch besser als der Dauphin, der gerne im Niederen herumstochert.«

Das Gespräch hatte Villon nachdenklich gemacht und wieder einmal spielte er mit dem Gedanken, sich von der Coquille zu lösen - natürlich im Guten, falls so etwas möglich war. Es gab keinen Zweifel, dass der Kassenraub früher oder später aufkommen würde, aber es schien ihm wenig wahrscheinlich, dass man ihn und seine Freunde der Tat verdächtigte, da es nicht den geringsten Hinweis gab.

So gingen die Tage hin und seine Beliebtheit als geschickter rechtskundiger Briefsteller stieg so sehr, dass er von diesen Einkünften bald hätte leben können, aber auch Langeweile und Überdruss wuchsen ins fast Unerträgliche. Seit Anne sich schwanger fühlte, trug sie den Kopf hoch und Villon hatte für sie ein Rechtsgutachten verfasst, das dem geldgierigen Schwager die Hoffnung auf ein Erbteil zunichte machte. Ihr Sinn richtete sich jetzt mehr auf ihren Körper, in dem ein Kind heranwuchs, und wenn sich Villon nach einem Schäferstündchen sehnte, so war es gar nicht mehr so sicher, ob sie auch eines gewährte.

Mit jungem Grün, Blütenpracht und Vogelsang zog der Frühling ins Land und Villon fühlte in sich eine seltsame Unruhe. Es wurde ihm zu eng im Haus der Anne Petit, an jeder Straßenecke, in jeder Kneipe vermutete er einen Spitzel und dann kam die schreckliche Nachricht: Nicht nur, dass man den Einbruch schon im März entdeckt hatte – nein, auch alle Beteiligten waren inzwischen namentlich bekannt und standen auf der Fahndungsliste. Was war da geschehen? Ein unglaubliches Zusammenspiel verschiedener Umstände ließ fast vermuten, dass dabei eine göttliche Gerechtigkeit am Werk war.

Wie jedes Jahr traf auch heuer – am 23. April 1457 – der Prior des Klosters Paray-le-Monialu in Paris ein. Seine Hochwürden Pierre Marchant stieg in dem renommierten Gasthof »Aux trois chandeliers« in der Rue de la Huchette ab. Als Vorwand zu diesen Reisen dienten Finanzangelegenheiten des Klosters sowie geistliche Besuche bei anderen Ordensbrüdern. Mag einiges davon am Rande auch mit erledigt worden sein, so war das Hauptaugenwerk des geistlichen Herrn – er befand sich im besten Alter – doch mehr auf das Vergnügen gerichtet. Dazu gehörte auch der Besuch von Studentenkneipen, wo buntes Treiben und willige Weiblichkeit zu erwarten standen.

Es mag Anfang des Wonnemonats Mai gewesen sein, als Pierre Marchant – die geistliche Kleidung hatte er abgelegt – erwartungsvoll und in der besten Laune das »Pommes de Pin« betrat. Mit Mühe fand er noch einen freien Platz gegenüber von Guy de Tabarie, der schon reichlich geladen hatte und sich vor dem fremden, freundlichen Herrn mit allerlei Gaunereien brüstete. Marchant glaubte nicht recht zu hören, als der andere ihn zum Mitmachen aufforderte und mit schwerer Zunge vorschlug:

»Habe schon lange kein Ding mehr gedreht. Wäre an der Zeit, sich umzusehen. Ihr seht auch nicht gerade aus, als ob Ihr es dicke hättet – es lohnt sich schon, dabei zu sein. Aber nur wenn ehrlich geteilt wird – verstanden! Damals im Collège de Navarre, als Cayeux und Villon in der Schatzkammer die Kasse knackten, riskierten ich und Dom Nicholas unser Leben draußen beim Wachestehen. Da mag dann dieser Cayeux daherkommen und unseren Anteil beschneiden. Wir seien nur lausige Aufpasser gewesen – ha! Aber Villon und Petit-Jehan taten da nicht mit. Die Blöden waren die anderen, weil sie nur fünfhundert *ecus* nahmen und nicht merkten, dass die Kasse ein Vielfaches enthielt. Als ich das über Umwege erfuhr, hätte ich mich am liebsten aufgehängt – könnt Ihr das verstehen, Sieur de – wie heißt Ihr doch gleich?«

Marchant grinste verschwörerisch.

»Namen sind Schall und Rauch! Aber Euer Vorschlag gefällt mir, nur kenne ich mich in Paris nicht so gut aus, da müsst schon Ihr die Ideen liefern.«

Tabarie sagte großspurig:

»Worauf Ihr Euch verlassen könnt, *mon frère*!«

Sie verabredeten sich für den übernächsten Tag im »Espé de Bois« – sicherheitshalber, da man nicht wusste, ob es hier Lauscher gegeben hatte.

Als Tabarie am nächsten Tag mit schmerzendem, aber klarem Kopf erwachte, kamen ihm Bedenken. Weiß Gott, wo dieser Kerl herkam, vielleicht war es sogar ein Spitzel – nein, er wollte sich künftig lieber an alte Freunde und Bekannte halten. So mied er die Gegend um die Studentenkneipen und nächtigte einige Tage bei einem befreundeten Coquillard außerhalb von Paris.

Als Marchant um die dritte Nachtstunde im »Espé de Bois« eintraf, ließ er seine Augen vergeblich über die sich drängenden und durcheinander schwatzenden Gäste wandern. Der Gesuchte war nicht darunter, aber vielleicht würde er ja noch kommen. Schließlich fand er einen Platz und später auch ein Mädchen, das die wertvolle Eigenschaft besaß, volle Börsen schon von weitem zu riechen.

Marchant aber schob den Gedanken an Tabarie – wie er glaubte – endgültig beiseite. Schließlich will ich in Paris meinen Spaß haben und nicht die Aufgabe der Polizei übernehmen. Aber so leicht ließ sich die Sache doch nicht wegdenken, denn kurz vor seiner Rückreise ins Kloster lief ihm Tabarie – der in einer Garküche gerade eine Wurst verzehrt hatte – buchstäblich in die Arme.

»Sieh da«, rief Marchant spöttisch, »mein künftiger Komplize hat sich als Hasenfuß erwiesen! Habt Ihr inzwischen irgendwelche Pläne entwickelt?«

Tabaries Frettchengesicht mimte Verständnislosigkeit.

»Ich kenne Euch nicht, mein Herr, Ihr müsst mich wohl verwechseln.«

Zum Narren lasse ich mich nicht halten, dachte Marchant, doch er schüttelte den Kopf.

»Kann schon sein, dass ich Euch verwechsle. Gesichter Eurer Art sind nicht selten in Paris …«

Da war ihm Tabarie schon entwischt und Marchant schlug entschlossen den Weg zum Châtelet ein. Dort nahm ein Schreiber seine Aussagen auf und Marchant, in dem unbestimmten Gefühl, die Coquille könnte sich an ihn rächen, reiste gleich am nächsten Morgen in sein sicheres Kloster zurück.

Die Stadtmiliz machte sich sofort auf die Suche nach Guy de Tabarie, der – von der Coquille gewarnt – ständig sein Quartier wechselte, aber dann Ende Juni von einem Polizeispitzel erkannt und aus einer Kneipe heraus festgenommen wurde.

Wovor selbst die abgebrühtesten Coquillards zitterten, das waren die ausgedehnten unterirdischen Folterkammern des Châtelet. Dort arbeiteten Männer, die sich selbst als Fachleute im Schmerzzufügen bezeichneten, die haargenau wussten, wo es am wehesten tat, ohne dass der Delinquent in Ohnmacht fiel oder gar starb. Paris war eine große Stadt und es verging keine Stunde, in der die Folterknechte nicht in einem der lichtlosen Keller am Werk waren. Das tierische Gebrüll der Gequälten war trotz der dicken Mauern manchmal bis auf die Straße hinaus zu vernehmen – eine Warnung für alle, die Verbrechen geplant oder schon verübt hatten, und Wohlklang für reiche, satte Bürger, die das Wirken von Recht und Ordnung über alles schätzten.

Nun war der arme Tabarie selbst in das Schlamassel geraten und als sie ihn in die Folterkammer zerrten, war sein Frettchengesicht von rasender Angst so entstellt, dass ihn selbst seine Freunde nicht mehr erkannt hätten.

Der Untersuchungsrichter saß mit zwei Beisitzern an einem niedrigen Tisch, die beiden Folterknechte warteten im Hintergrund mit verschränkten Armen in bedrohlicher Unbeweglichkeit auf ihren Einsatz.

»Aber – aber, meine Herren, ich habe doch alles gesagt, jeden Namen genannt, mehr – mehr weiß ich nicht – warum –«

»Vielleicht doch? Es könnte dir ja noch etwas einfallen«, sagte der Untersuchungsrichter mit gewollt munterer Stimme und gab den Bütteln einen Wink. Die lösten sich aus ihrer Starre und traten an Tabarie heran. Der eine packte ihn unsanft an den Schultern und stieß ihn auf einen schmalen Hocker, der andere zog seine Hände in die Höhe und steckte beide in die *poucettes*. Nach ein paar Drehungen saßen die Daumen fest und der Richter fragte:

»Guy Tabarie, wer war außer den von dir schon Genannten noch am Einbruch beteiligt?«

»Niemand sonst«, rief Tabarie mit verzweifelter Stimme, »nur Villon, Nicholas, Cayeux, Petit-Jehan und – und ich.«
Ein Wink und die Daumenschrauben pressten die beiden Finger mit gewaltiger Kraft, doch der Folterknecht hielt inne, ehe die Knochen zersplitterten. Der scharfe Schmerz fuhr Tabarie von den Daumen in die Arme – in alle Glieder, als sei der ganze Körper in die *poucettes* gezwängt.
»Fällt dir wirklich nichts ein?«
»Nein – nein«, winselte Tabarie, »bei allen Heiligen, bitte – bitte gebt meine Hände frei – bitte –«
Ein weiterer Wink und der andere Büttel schlug mit einem hölzernen Hammer auf die eisernen Schrauben, was den Schmerz ins Höllische steigerte und Tabarie laut aufschreien ließ.
»Na gut«, sagte der Richter mit versöhnlicher Stimme, »unterhalten wir uns ein wenig, während unsere Helfer den nächsten Grad vorbereiten.«
Als Tabarie seine Daumen herauszog, war die Haut geplatzt und das Blut tropfte herab. Er schaute sie entsetzt an.
»Wie soll ich da – wie soll ich da je – wieder – wieder –«
»Eine Kasse aufbrechen können? Nun, es wird eine Weile dauern, bis die Wunden abgeheilt sind, aber zu üblen Zwecken solltest du deine Finger niemals mehr missbrauchen.«
»Jawohl, Euer Gnaden, jawohl, ich verspreche es«, sagte Tabarie schnell und sah mit Entsetzen, dass die Folterknechte zwei Seile von der Decke herabließen und einen quadratischen Stein herbeischleppten, von dem Tabarie wusste, dass er ihm beim Aufziehen an die Füße gehängt wurde.
»Bitte quält mich nicht weiter, ich habe alles gesagt«, flehte er die drei Herren an.
Der Richter nickte.
»Mag sein, aber wir schlagen dir einen Handel vor. Wenn du uns hilfst, Cayeux und Petit-Jehan zu erwischen, dann schieben wir den nächsten Grad der peinlichen Befragung auf.«
»Ja, aber – aber was ist mit Villon und Dom Nicholas?«
»Villon ist nach Angers entwischt, wie du ja selbst weißt, und Dom

Nicholas ist in sein Kloster zurückgekehrt, wo er sich einem geistlichen Gericht stellen muss. Du hilfst uns also, die beiden Erstgenannten zu finden, und wirst eine Kaution in Höhe deines damaligen Anteils hinterlegen.«
»Aber woher soll ich denn –«
Der Richter unterbrach ihn grob.
»Du hast drei Tage Zeit, dir die Sache zu überlegen, und zwar hier im Kerker. Solltest du dich weigern, dann machen wir hier weiter.«
Der Richter deutete auf die herabhängenden Seile, die leise und bedrohlich hin und her schwangen, als wollten sie ihm zurufen: Wir sind da und warten auf dich!
Nun tat die Coquille zweierlei: Sie sorgte dafür, dass die Kaution hinterlegt wurde und Tabarie freikam. Aber sie verzieh ihm nicht, dass er die Namen der am Einbruch Beteiligten ausgeplaudert hatte, und bald trug die Seine seinen Leichnam aus der Stadt und schwemmte ihn in der Gegend von Poissy in eine Pferdetränke. Dort wurde er in einem namenlosen Armengrab bestattet.

Villon musste nun jeden Tag damit rechnen, dass die Justiz in Angers Bescheid erhielt und nach ihm zu fahnden begann. Er musste jetzt schnell verschwinden und dabei einige falsche Spuren legen. Am selben Tag, da er die schlimme Nachricht erhalten hatte, kam gegen Abend ein Bittsteller zu ihm und verlangte eine ausführliche Darstellung seiner Verwandtschaftsverhältnisse zu einem Cousin, der nach Nantes gezogen und kürzlich verstorben war. Als der Mann endlich gegangen war, rief Anne zum Nachtmahl. Villon begann zu klagen:
«Dass ich diese Reise auf mich nehmen soll, kommt mir jetzt gar nicht recht!«
Anne hantierte am Herd und wandte ihm ihr erhitztes und dadurch noch reizvoller gewordenes Gesicht zu. Die Veränderungen an ihrem Körper waren nicht zu übersehen – der Bauch wölbte sich etwas vor und ihre Brüste hatten sich merklich vergrößert.
»Welche Reise?«
»Der Kerl – eben ist er gegangen – will, dass ich ihn bei einer Erb-

schaftssache in Nantes vertrete. Er leidet an Gicht, kann kaum gehen und auch das Reiten fällt ihm schwer. Du wirst mich zwei bis drei Wochen entbehren müssen, meine Liebe.«

Das fiel ihr gar nicht so schwer, doch sie heuchelte Bedauern und Besorgnis.

»Pass gut auf dich auf, hörst du! In den Wäldern treibt sich so viel Gesindel herum …«

»Ich reite die Loire entlang, da gibt es zahlreiche Ortschaften, Poststationen, Herbergen, außerdem bin ich ein sehr guter Fechter.«

»Aber dir fehlt die Übung.«

»So etwas vergisst man nicht – du brauchst dir keine Sorgen zu machen.«

Er ließ ein paar wert- und nutzlose Alibigegenstände in seiner Wohnung zurück, alles andere trug er auf dem Leib oder in seinen Felleisen.

Beim Frühstück tat er ganz sorglos und stellte den Fall so hin, als sei er nur ein paar Tage außer Haus. Eine Reise nach Nantes sei nun tatsächlich keine große Sache und koste schlimmstenfalls hin und zurück eine Woche.

Der Coquillard in Angers hatte ihm zu Orléans als nächstem Fluchtpunkt geraten.

»Diese Stadt ist noch fest in unserer Hand und soviel ich weiß, sucht die Coquille dort verzweifelt nach einem rechtskundigen Schreiber.«

Villon folgte dem Rat – was hätte er sonst auch tun sollen? Er schlug den Weg nach Westen ein und rief einigen Frühaufstehern zu – er kannte sie flüchtig –, er müsse auf einige Tage nach Nantes reiten. Außerhalb der Stadt schlug er einen großen Bogen, überquerte die von flachen Flussläufen eingeschlossene Île St. Aubin, stieß bei Saint-Sylvain auf die Straße nach Osten, die über Beaugé und Vendôme geradewegs nach Orléans führte.

Das hört sich alles so einfach an, aber allein die Durchquerung der versumpften und verfilzten Flussauen um die Île St. Aubin kostete ihn zwei Tage. Zum Glück herrschte ein warmes, trockenes Frühsommerwetter und das Nächtigen im Freien war eher angenehm. Da blickte Villon hinauf zum nachtschwarzen Himmel, wo tausende Sterne unruhig flackerten, während einige Planeten ruhig und stetig auf ihn herabblickten wie die alles sehenden und alles durchschauenden Augen Gottes.

Dieser Gott, dachte er schläfrig, ruht da oben in dem von ihm geschaffenen Universum, ich aber liege hier unten, weich auf Moos gebettet, und hatte genügend Zeit, um eine Entscheidung zu treffen. Vielleicht hätte ihn das brave, arbeitsame Leben im Haus der Anne Petit langsam ins bürgerliche Dasein eines honorigen Briefstellers hinübergezogen, wäre da nicht die ferne Bedrohung aus Paris gewesen, die, näher und näher rückend, mit einem Mal alles zunichte machte. So hatte er sich wieder in die schützenden Arme der Coquille geflüchtet – sein wahres Zuhause. Auf die Dauer fühlte er sich dort wohler, das musste er zugeben. Die Vorstellung, aus Annes Liebhaber später ein Ehemann zu werden, ein braver, geachteter Schreiber, der dem angeblich von seinem Vorgänger gezeugten Kind weitere Bälger hinzufügte – dieser Gedanke machte ihn schaudern. Nein, dafür war ein Villon nicht geschaffen, das hätte seine poetische Kraft erlahmen lassen.

Auf seiner fast dreitägigen Irrfahrt durch die sumpfigen Auwälder war ihm kein Mensch begegnet, nur die unterschiedlichen Stimmen der Singvögel hatten ihn begleitet. Als Stadtkind konnte er sie kaum unterscheiden, nur der Ruf des Kuckucks fiel so deutlich aus den anderen heraus wie sein Verhalten, das diesen Außenseiter von allen Übrigen unterschied.

Als Villon daran dachte, dass auch er – im übertragenen Sinn – ein Kuckucksei gelegt hatte, musste er laut herauslachen, was ein im Dickicht verstecktes Schnepfenpaar so erschreckte, dass sie mit knatternden Flügelschlägen direkt vor ihm aufflogen. Jetzt war es an ihm, zu erschrecken, und sein schadenfrohes Lachen erstarb.

Die von Anne in Angers ausgesprochenen Bedenken bekam Villon auf dieser Reise hautnah zu spüren. Als die Straße an der Wegkreuzung bei Pont Pierre weniger frequentiert war und die Waldstücke größer wurden, schlug er eine falsche Richtung ein, sodass die rot erglühende Sonne schon in den Baumkronen versank, als noch ein Ritt von vielleicht einer Sunde bis zum nächsten Ort vor ihm lag. Da hörte er im Rücken ein Geräusch und als er sich umwandte, sah er eine Gestalt, die von hinten versuchte, sein Gepäck vom Pferd zu reißen. Er zog die Zügel an, die ihm beinahe aus der Hand gerissen wurden, weil zwei weitere Männer sich vorne gegen das Pferd drängten.

Drei gegen einen, schoss es ihm durch den Kopf, aber er sprang schnell vom Pferd und zog während des Sprungs seinen Stoßdegen, der griffbereit am Sattel hing. Die drei waren nicht sehr geschickt, denn der eine mühte sich noch immer mit dem Gepäck ab und Villon hatte dem langsameren der beiden anderen seinen Degen in die Schulter gestoßen. Der Getroffene schrie auf und sein Kumpan drang mit einem langen Dolch auf Villon ein. Dabei rief er:

»Wir sind Coquillards! Es ist besser, du gibst auf!«

»Ich bin nach Orléans zu –«, er nannte das Codewort, »unterwegs, wir sind also Brüder.«

Da keine Reaktion auf das Geheimwort erfolgte und auch die Anspielung auf »Brüder« nicht verstanden wurde, war es sicher, dass er es mit falschen Coquillards zu tun hatte. Sein Gegner ließ plötzlich von ihm ab und rannte weg – dem anderen nach, der das Felleisen endlich losgelöst hatte. Der Verletzte war zu Boden gesunken, presste eine Hand auf die Wunde und wimmerte leise. Villon zog schnell seinen Wurfdolch und traf den Gepäckräuber am Hals. Er ließ sofort seine Beute fallen und sank auf die Knie. Da wurde es dem Dritten zu gefährlich und er verschwand im Unterholz. Villon holte sich sein Bündel zurück, sprang aufs Pferd und preschte davon.

Ein wohliges Glücksgefühl durchströmte ihn. Gut gemacht, Villon, lobte er sich selbst, wenigstens als Kämpfer bist du noch etwas wert. Plötzlich spürte er in seiner linken Hand – sie hielt die Zügel – eine seltsame Taubheit, verbunden mit einem leisen schmerzhaften Pochen. Da es schon stark dämmerte, konnte er nichts erkennen, aber er hielt an und befühlte den linken Arm. Der Ärmel war aufgeschlitzt und klebrig durchfeuchtet. Anscheinend hatte ihn sein Gegner mit dem Dolch gestreift und die Haut verletzt.

Wenig später erreichte er Montoire und es traf sich gut, dass sein Bruder von der Coquille ein Bader war. Er klopfte den Mann heraus, sagte, er habe sich an einem spitzen Ast verletzt, und bat ihn, die Wunde zu versorgen.

Der Bruder war ein älterer Mann mit einem offenen, freundlichen Gesicht, aber er redete nicht viel, tat schnell und geschickt seine Arbeit. Als der Verband angelegt war, schlug er vor:

»Meine Frau wird den Ärmel reinigen und den Riss vernähen, wenn Ihr damit einverstanden seid.«

Villon nickte.

»Gerne, da ich ohnehin hier übernachten muss. Morgen geht es dann nach –«, er flocht das Geheimwort ein, »– weiter und ich kann nur hoffen, dass das schöne Wetter anhält.«

Dann streckte er wie zufällig beide Hände vor, doch der Bruder wich zurück, schüttelte den Kopf und sagte mit leiser Stimme:

»Ich weiß, wer Ihr seid, aber ich tue nicht mehr mit. Wärt Ihr nicht verletzt gewesen, hätte ich Euch gleich die Tür gewiesen, aber so seid Ihr einfach ein *malade*, der bei mir Hilfe gesucht hat. Sonst habt Ihr nichts von mir zu befürchten und das wissen auch die anderen. Ich verrate keinen, aber ich helfe auch keinem –«, er lächelte, »es sei denn, er kommt als Kunde zu mir.«

Den Silbergroschen nahm er an.

»Ich muss jetzt wieder auf legale Art Geld verdienen, da kann ich mir keine Großmut leisten.«

Im Ort gab es eine schäbige Herberge und ein mürrisch-verschlafener Wirt öffnete eine enge Kammer und wies auf einen zerknautschten Strohsack.

»Aber bezahlen müsst Ihr gleich!«

Villon tat es, ließ sich angekleidet auf das Lager fallen und schlief sofort ein.

Am nächsten Morgen spürte er am ganzen Körper, dass die Flöhe ihn nicht verschont hatten. Er schüttelte seine Kleider aus, lief nur im Lendenschurz nach draußen und rieb sich mit kaltem Wasser ab, wobei der verbundene Arm ihn zu allerlei Verrenkungen zwang. Eine junge Magd lief kreischend davon, eine ältere – gerade da-

bei, den Hof zu fegen – betrachtete ihn mit lüsternen Blicken und Villon rief ihr zu:
»Vielleicht später, *ma belle*, aber jetzt habe ich keine Zeit!«
»Einverstanden, *mon cabri*, ich werde warten!«

Von da an schien alles gut zu gehen, seine Wunde heilte schnell ab. Dann war er nur noch einen Tagesritt von Orléans entfernt und wollte in Marchenoir nächtigen, wo ein Sattler die Verbindung zur Coquille hielt. Doch es war schon stockfinster geworden und nur vor einem Wirtshaus flackerte mühsam eine Laterne, wohl dabei, ihr letztes Öl aufzubrauchen. Dort erkundigte sich Villon nach dem Sattler, sagte, sein Zaumzeug habe dringend eine Ausbesserung nötig. Der schlampig gekleidete Wirt gähnte und schaute ihn spöttisch an.
»Jetzt, mitten in der Nacht? Ja, diesen Sattler hat es gegeben und er hat sich auch um Pferdegeschirr gekümmert, aber das war nur sein Nebenerwerb. Vor einigen Wochen hat sich herausgestellt, dass er für die Coquille allerlei üble Geschäfte betrieb, und so wurde ihm das Handwerk gelegt.«
Der Wirt grinste und rieb sich zufrieden die Hände.
»Dann wurde der Kerl in Orléans gehängt!«
Villon bewahrte eine gelassene Miene.
»Recht so, aber mir hilft das nicht weiter ...«
Der Wirt hob seine Lampe und trat an das Pferd heran, das schnaubend zurückwich.
»Scheint nicht viel zu fehlen – na, mich geht's ja nichts an. Wollt Ihr bei mir nächtigen?«
Villon nickte und der Wirt winkte einem Knecht, der das Pferd in den Stall brachte. Dann zeigte er ihm das Zimmer, trat mit ein und schloss die Tür.
»Versteht mich recht, Monsieur, mir ist es einerlei, ob der Papst oder ein Herzog, ob ein Steuerrichter oder ein Coquillard bei mir nächtigt, wenn diese Herren nur volle Börsen haben. Ich kann und darf mir meine Gäste nicht aussuchen und achte nur darauf, ob sie zahlen können und keinen Ärger machen.«

»Ja, das verstehe ich.«
Er gähnte.
»Zwar bin ich todmüde, nur der Hunger hält mich noch wach.«
Der Wirt lachte erleichtert.
»Dem können wir abhelfen …«

Villons Einzug in Orléans geschah unter Blitz und Donner. Seit Stunden war er mit den von Westen heranjagenden Wolken um die Wette geritten und aus dem fernen Grollen waren laute Donnerschläge geworden, die ihn jedes Mal den Kopf einziehen ließen. Die Blitze stachen wie glühende Degen in die Wipfel der Bäume und jetzt, da die mächtige Stadt vor ihm lag, sah es aus, als stochere Neptun mit feurigem Dreizack zwischen den Türmen und Dächern nach Beute. Der Regen prasselte nur so herab und es war – trotz des späten Nachmittags – so finster geworden, als hätte schon die Nacht begonnen.
Er stellte sich bei der Torwache unter und als der Hauptmann ihn kurz musterte, winkte er ihn heran. Villon band sein Pferd an der Mauer fest und schüttelte sich.
»Bin bis auf die Haut durchnässt, darf ich mich bei Euch umkleiden?«
Er holte aus dem Gepäck ein paar trockene Sachen und folgte dem Hauptmann in einen kleinen Raum, wo ein Tisch, zwei Stühle und eine schmale Feldliege standen. Villon legte seine Papiere auf den Tisch und begann seine Kleider zu wechseln. Als er fertig war, deutete der noch junge Capitaine auf einen Stuhl.
»Setzt Euch – hier könnt Ihr das Gewitter abwarten oder müsst Ihr –?«
»Nein, nein, ich suche mir dann gleich eine Herberge.«
Er deutete auf Villons verbundenen Arm.
»Wo habt Ihr Euch verletzt?«
»Das haben mir andere zugefügt; ich bin vor einigen Tagen bei Montoire von drei Coquillards überfallen worden. Sie versuchten, mir das Gepäck zu entreißen, haben sich aber zum Glück nicht sehr

geschickt angestellt. Zwei von ihnen habe ich getötet, der andere konnte fliehen.«
»Gut gemacht, mein Herr! Seid Ihr mit dem Degen so geschickt?«
»Während meiner Studentenzeit verging kaum ein Tag, da wir uns nicht auf dem Fechtboden herumbalgten.«
»Zum Glück seid Ihr nicht der Einzige, der diesem Raubgesindel entschlossen entgegentritt. Es hat sich herumgesprochen, dass es ein Hauptanliegen des Dauphins ist, der jetzt schon alles unternimmt, um diese Gaunerzunft mit Stumpf und Stiel auszurotten. Bald wird er König sein und dann Gnade Gott der Coquille!«
»Da bin ich ganz Eurer Meinung! Wo Recht und Gesetz mit Füßen getreten werden, kann nichts Gutes gedeihen.«
»So ist es. Was hat Euch nach Orléans geführt?«
»Aus meinen Papieren habt Ihr gesehen, dass ich in Paris bei der Steuerbehörde arbeite. Dort hat man beschlossen, einen umfassenden Codex anzulegen, der alle Steuerrechtsformen in Frankreich umfasst. So werde ich morgen als Erstes die Universität aufsuchen, dort mein Anliegen vortragen und um Benutzung der Bibliothek bitten.«
»Eine schöne Aufgabe, Maître! Eigentlich gingen meine Berufswünsche in Eure Richtung, aber mein Vater meinte, es wäre sehr ehrenvoll, wenn sein zweitgeborener Sohn im Dienste der Stadt seine Pflicht erfüllt.«
»Ich verstehe den Wunsch Eures Vaters und halte viel von Eurem Beruf.«
So schieden sie im besten Einvernehmen und Villon faltete draußen seine Papiere sorgfältig zusammen. Meisterfälscher der Coquille hatten sie in Paris gefertigt und sie auf einen Allerweltsnamen ausgestellt, den tatsächlich einige Steuerbeamte trugen.
Die Coquille hatte ihm empfohlen, in Orléans eine gewisse sehr angesehene Herberge aufzusuchen und erst nach drei oder vier Tagen die Verbindung zu einem bestimmten »Bruder« aufzunehmen.
Villon legte seine Magisterkleidung an, stattete der Universität – nördlich der Kathedrale gelegen – einen Besuch ab und erhielt die Erlaubnis, sich nach Belieben der Bibliothek zu bedienen. Sie war

in einem eigenen Anbau mit reich geschmückter Fassade untergebracht. Von hier aus war durch eine schmale Gasse die mächtige Nordfassade des Domes zu sehen.

Am Morgen des vierten Tages suchte er einen Gebrauchtwarenladen in der Nähe des Rathauses auf. Der Inhaber gab sich zunftgemäß zu erkennen, sagte aber, er sei nur ein kleiner Verbindungsmann.
»Ich werde Eure Anwesenheit weitermelden. Bleibt bei Eurer Magistertracht und besucht am kommenden Sonntag die Spätmesse in der Kathedrale. Danach steckt Ihr vor der Marienkapelle zwei Kerzen an – zwei, versteht Ihr? Ein Herr wird Euch von hinten ansprechen, alles Weitere geht mich nichts an.«

So geschah es dann auch und Villon folgte dem Mann auf dessen geflüsterten Hinweis im Abstand von zwei Vaterunsern. Draußen vor der Kirche begrüßte ihn der andere laut und herzlich.
»Schön, dass Ihr uns mal wieder besucht, Herr Vetter!«
Dann fragte er nach imaginären Tanten und Onkeln und sie gingen langsam zu Villons Herberge, wo sie dem Wirt vernehmlich ihre Verwandtschaft offenbarten, um dann hinauf in die Schlafkammer zu gehen.
Sein Gast, ein älterer, würdig und gelehrt wirkender Herr, nahm seufzend Platz.
»Ich habe Eure Verwunderung schon bemerkt, denn mein Äußeres weist eher auf alles andere als auf einen Coquillard hin. Mein Fehler war nur, dass ich – es galt, eine große Familie zu ernähren – während der englischen Besatzung sozusagen im Dienst des Feindes stand, einige Male sogar dem Herzog von Bedford mit meiner Feder und meinem Wissen diente. Das sprach sich herum und wurde mir niemals verziehen. Als dann die Coquille an mich herantrat und mir ein verlockendes Angebot machte, brachte ich mein Gewissen zum Schweigen und gehorchte der Not.«
»Auf welche Weise –«
»Das werdet Ihr alles morgen erfahren. Kommt um die dritte Tages-

stunde in das *bureau de copiste* unweit des Rathauses, Ihr werdet dann eingewiesen.«

Dort erschien alles ganz harmlos. Kopisten und Briefsteller standen in zwei Reihen an ihren Schreibpulten, beaufsichtigt von einem Chef, der dann und wann aus einer Tür trat und den Schreibern über die Schulter sah. Diese Tür wurde nun für Villon geöffnet und da stand schon der Herr von gestern. Als der Chef wieder draußen war, schob der andere ein mit Schriftstücken überladenes Regal zurück und sie betraten einen langen schmalen, aber fensterlosen Raum.

»Da ist draußen das Nachbarhaus angebaut und sollte es entdeckt werden, so kann es als Materiallager durchgehen.«

Tatsächlich türmten sich an der Stirnseite Papierstapel, alte Stehpulte, schadhafte Stühle, zwei bauchige Glasflaschen mit Tinte, ganze Bündel von noch nicht geschnittenen Schreibfedern und anderes mehr. In der Mitte stand ein Tisch mit zwei Stühlen und zwei sehr hellen Lampen.

Villon deutete darauf.

»Ist das unser Arbeitsplatz?«

So war es dann auch und hier arbeitete er während der nächsten Tage und Wochen an allerlei Schriftstücken. Dabei ging es überwiegend um Fälschungen, und zwar jedweder Art. Eine Spezialität wurde hier besonders gepflegt, nämlich die Fälschung von Testamenten. Das reichte von der Hinzufügung eines Legats in der nachgeahmten Schrift des Verstorbenen bis zur Totalfälschung. Sie wurde verlangt, wenn es ein für den Kunden ungünstiges früheres Testament gab. So wurde ein zweites später datiert und damit das erste außer Kraft gesetzt. Auch Urkunden von Behörden, Kirchen, Klöstern und sogar solche des Königs wurden verfasst und mit täuschend nachgeahmten Siegeln versehen.

Villon verdrängte den Gedanken, dass allein auf die Fälschung einer königlichen Urkunde der Galgen stand.

Er begann, sich in Orléans einzurichten, hatte nahe der Kirche St. Paul – fast schon am Stadtrand – eine fidele Kneipe entdeckt, wo er einer wachsenden Anhängerschar seine Lieder vortrug. Der Wirt hatte drei Töchter, von denen die jüngste ihm schöne Augen machte – mit einem Wort: Das Leben in Orléans ließ sich so gut an, dass er sich auf die Suche nach einer Wohnung machte.

Eines schönen Morgens saß er in seiner Herberge beim Frühstück und blickte hinaus auf die nass gespritzte, in der schon recht warmen Morgensonne dampfende Straße. Nur gut, dass morgen Sonntag ist, dachte er, da werde ich meinen Kopf gehörig auslüften und meinen Bauch in der Loire abkühlen. Die Freude darauf ließ ihn eine Weile vor sich hin lächeln, als er die Stimme des Wirtes hörte:
»Ich glaube, da will Euch einer sprechen …«
Ein Mann, den er nicht kannte, beugte sich mit ausdruckslosem Gesicht über ihn, redete ihn leise mit seinem richtigen Namen an und bat ihn nach draußen. Sie gingen zum Stall, wo Villons Pferd seinen Herrn erkannte und leise wieherte.
»Ihr müsst schleunigst weg von hier! Trotz Eures falschen Namens ist man Euch auf die Spur gekommen und das Pariser Châtelet hat hier die Behörden um Amtshilfe ersucht. Zum Glück sitzen auch dort einige unserer Leute. Wir legen eine falsche Spur und Ihr lasst Euch zumindest für drei oder vier Wochen nirgends blicken. Hier ist eine Liste von kleinen abgelegenen Orten mit zuverlässigen Brüdern. Lernt sie auswendig und verbrennt sie sogleich. Dem Wirt sagt Ihr, dass Euch Amtsgeschäfte für fünf oder sechs Tage nach Le Mans führen, und bezahlt ihn im Voraus! Er darf zunächst keinen Verdacht schöpfen.«
Villon sagte dem Wirt Bescheid, bezahlte das Zimmer für die nächsten zehn Tage, packte sein Bündel und verbrannte den Zettel mit den Ortsnamen. Schade, dachte er, ich hätte mich an Orléans gwöhnen können.

9

Jeder Mann, der irgendwann in seinem Leben an einem Krieg teilgenommen, in einer Schlacht gekämpft, dem Gegner ins Auge geblickt hatte, kann diese Zeit niemals vergessen. Es war auch ohne Belang, ob dieser Mann dabei nur ein gewöhnlicher Söldner oder gar ein Feldherr gewesen war – unerheblich auch, wie lange er Waffen und Rüstung getragen hatte –, die Ereignisse waren tief in sein Gedächtnis eingegraben.

Charles d'Orléans war vierundzwanzig Jahre alt, als er im Herbst des Jahres 1415 als einer der Heerführer an der Schlacht von Azincourt teilgenommen hatte. Sie waren an die fünfzigtausend Mann gewesen, geführt von einem Dutzend Herzöge und königliche Prinzen, auf dem Marsch von Harfleur nach Calais, um dort die eindringenden Engländer zu schlagen. Nach dem Bericht zuverlässiger Spione bestand das britische Heer aus etwa fünfzehntausend Mann und im Bewusstsein einer dreifachen Übermacht waren sie alle frohgemut und zuversichtlich – des sicheren Sieges gewiss. Wie sollten sie das auch nicht sein, da die Ansprüche der Engländer auf den französischen Thron mehr als fragwürdig waren und sich so der Adel des Landes in seltener Einmütigkeit um den damaligen Dauphin scharte? Ja, hochgemut waren sie, die großen Adelsherren, prunkvoll gerüstet in goldtauschierten Harnischen und einem Schild, auf dem weithin sichtbar das jeweilige Wappen prangte, umgeben von einer Leibgarde in bunten Waffenröcken. Sie freuten sich auf den ritterlichen Kampf mit ihresgleichen, also mit Herren des englischen Adels.

Dann kam alles ganz anders, als es früher gewesen war, denn die schlauen Briten hatten kriegstechnisch weit vorausgedacht und wollten die Fehler früherer Schlachten nicht wiederholen. Deren Hauptmangel war ihre Dauer. Wenn Ritter gegen Ritter kämpfte, zog sich das über Stunden hin, sodass das Fußvolk – meist Söldner – die Lust verlor, und was blieb, war nicht selten eine halb gewonnene oder auch eine halb verlorene Schlacht.

So setzten die englischen Kriegsherren von nun an ihre Stärke auf tüchtig ausgebildete Bogenschützen und als die ungleichen Heere sich bei dem Dorf Azincourt begegneten, warteten die Franzosen vergeblich auf ihre ritterlichen Gegner. Das Land hier war flach wie ein Brett, die bunt gekleideten Adelsherren boten ein prächtiges Ziel. Ein Teil des französischen Heeres wartete noch immer auf den Beginn der Schlacht, da war sie schon verloren. Die Bogenschützen hatten Aufstellung genommen, ließen die prächtig gewappneten Ritter auf Schussweite herankommen und schossen sie ab wie auf dem Übungsplatz. Kaum einer der Brustpanzer und Kettenhemden widerstand der Wucht der stählernen Armbrustbolzen und so verbluteten Tausende der französischen Ritter – darunter sechs Herzöge und Prinzen –, ohne überhaupt einen Schwertstreich getan zu haben. Als das Ausmaß dieser Niederlage auch dem Fußvolk deutlich wurde, ergriff es die Flucht. Fünf königliche Prinzen und fünfzehnhundert Edelleute gerieten in englische Gefangenschaft, darunter auch Charles d'Orléans, schwer an Schulter und Oberschenkel verletzt.

Von diesem Tage an war aus ihm ein heimlicher Ketzer geworden. Zwar glaubte er weiterhin an die Existenz Gottes, aber nicht mehr an dessen Eingreifen in irdische Belange. Eine ganz einfache Logik sagte ihm, wenn Gott den Menschen als vernunftbegabtes Wesen geschaffen habe, so sei dieser gehalten, diese Vernunft zu gebrauchen, um sich und anderen ein Leben in Frieden und Freiheit zu ermöglichen. Dafür, dass dies nicht geschah, meinte Charles d'Orléans, könne man nicht Gott verantwortlich machen, der – und daran glaubte der Herzog weiterhin – im Jenseits jeden Menschen an seinen Taten messen und ihn danach richten werde. Fünfundzwanzig Jahre hielten ihn die Briten im Londoner Tower gefangen, bis ein ausreichendes Lösegeld und die politische Lage zu seiner Freilassung führten.

Dann kehrte er nach Blois zurück, das er auch aus der Gefangenschaft durch seine Lehensleute hatte betreuen und ausbauen lassen. In der Muße seiner Gefangenschaft war ihm die Dichtkunst zur Religion geworden und daran hielt er auch später fest. Seine Chansons,

Rondeaus und Balladen gingen schon in die Hunderte und – auch Kenner gestanden es ihm ohne höfischen Überschwang zu – zeichneten sich durch Leichtigkeit der Form und Anmut der Empfindung aus. Ohne ihm zu schmeicheln, hätte man diesen adeligen Poeten als den letzten Troubadour bezeichnen können, doch das stimmte nicht ganz, denn der Herzog war dem Nordfranzösischen verpflichtet, während sich die Troubadoure ausschließlich der provençalischen Sprache bedient hatten. Zwar sprach er es nicht laut aus, aber seinen hochadeligen Vetter, den Herzog d' Anjou, hielt er für einen poetischen Stümper, der – ständig auf der Suche nach dichterischen Begabungen – doch keinen neben sich hochkommen lasse, sondern sich aus ihren Werken so unverschämt bediene, dass es geradezu schamlos sei.

Der Herzog, im Mai sechsundsechzig Jahre alt geworden, fühlte sich keineswegs alt und bemerkte dazu manchmal spöttisch, ihm sei, als habe Gott den Strom der verfließenden Jahre seit seinem vierzigsten angehalten. Dass dies nicht nur so dahingesagt war, war schon daran zu erkennen, dass Charles in fast jugendlicher Rüstigkeit regelmäßig in seinen Wäldern jagte und nicht davor zurückschreckte, eigenhändig einen Eber zu spießen.

Danach war ihm auch heute zumute, da die herbstliche Kühle einen morgendlichen Ausritt zu einem erfrischenden Genuss machte, es aber der Sonne schon an Kraft fehlte, eine mittägliche Hatz mit ihrem heißen Atem zu lähmen.

Die Jagdgesellschaft zog gemächlich die Loire entlang, hauptsächlich um in den Uferauen Vögel zu schießen, woran sich der Herzog aber nur als Zuschauer beteiligte. Später erzählte er dann mit kaum abklingendem Erstaunen, er hätte sich nicht träumen lassen, welche Beute ihm an diesem Tag ins Netz ging.

Am frühen Nachmittag befahl der Herzog eine Pause und die Diener schlugen im Schatten von zwei Buchen das Lager auf. Klappstühle und -tische wurden herbeigeschafft. Einige der Männer schwärmten aus, um trockenes Holz zu finden, denn ein Teil der Jagdbeute sollte am Spieß gebraten werden. Plötzlich hörte man aus dem Dickicht rufen:

»Ja, wen haben wir denn da? Vielleicht einen *braconnier* auf frischer Tat ertappt?«

Sie schleppten einen sich sträubenden Mann herbei, den sie schlafend im Gebüsch gefunden hatten. Hätte nicht sein Pferd so laut geschnaubt, wäre er wohl übersehen worden. Er trug stark abgenutzte Kleidung und einen Vollbart, machte aber nicht den Eindruck eines Wegelagerers.

»Ich bin kein Wilddieb! Habe mich nur hier verirrt, bin dann müde geworden …«

Da fiel dem Herzog plötzlich ein, dass einer seiner Hundeführer – er hatte giftige Pilze gegessen – vor zwei Tagen gestorben und ein anderer wegen einer Unachtsamkeit aus Angst vor der Strafe entlaufen war.

»Kannst du mit Hunden umgehen?«

Warum nicht?, dachte Villon, das werde ich auch noch lernen. Er nickte und schon wandte sich der Herzog ab, während man Villons Pferd heranführte.

»Was ist denn das?«

Charles deutete auf die am Sattel hängende, in Leinen eingehüllte Laute.

»Zum Zeitvertreib singe ich gerne Lieder …«

»Eigene?«

»Ja, meist die eigenen, aber auch andere, wenn sie gut sind – etwa die von Herzog Charles d'Orléans.«

Er hatte vorhin gehört, wie der Herzog mit seinem Titel angeredet worden war, und schnell daraus geschlossen, dass dies im Umkreis von Blois nur Charles d'Orléans sein konnte.

Der Herzog zeigte sich überrascht und erfreut zugleich.

»Ich wusste nicht, dass meine Lieder schon bis auf die Straße gedrungen sind.«

»Am Ende setzt sich immer das Beste durch, Hoheit.«

»Das wollen wir doch hoffen! Und wer seid Ihr?«

Nun sah er keinen Grund mehr, seinen Namen zu unterschlagen.

»Maître François de Villon aus Paris.«

Der Herzog schmunzelte.

»Auch nicht ganz unbekannt, meine ich. Da werde ich mir wohl einen anderen Hundeführer suchen müssen.«
»Darf ich trotzdem in Euren Dienst treten?«
»Das entscheidet sich nach dem Essen, wenn Ihr ein paar Lieder gesungen habt.«
Villon glaubte zu träumen. Vorhin hatte er sich zum Schlafen unter einen Busch gelegt und sich dabei so sehr gewünscht, sein ruheloses Umherziehen würde bald ein Ende nehmen. Dann hatte sich im Traum erfüllt, was ihm das Leben nicht gewähren wollte. Aber es konnte doch kein Traum sein, dass man ihm einen silbernen Teller reichte, auf dem eine gebratene Wachtel lag, dass man ihm aus einem Korb duftendes Brot offerierte und einen Krug Wein neben seinen Klappstuhl stellte. Neidvolle Blicke trafen ihn, das war nicht zu übersehen, und einige tuschelten hinter vorgehaltener Hand.
Der Herzog, ein weiser, lebenserfahrener Mann, spürte die Unruhe. Er hob die Hand und die Gespräche verstummten.
»Nicht alle von euch waren vorhin Zeuge meines kurzen Gespräches mit Maître Villon. Damit ist er euch vorgestellt und nach dieser Mahlzeit wird er uns zeigen, was er kann.«
Auch während seines wochenlangen unruhigen Umherziehens hatte Villon sich dann und wann ein Lied notiert und eines davon – seine bittere Lage gab es ihm ein – wollte er jetzt vortragen.
»Es ist die Ballade vom ruhelosen Leben, das mir gewisse Umstände zurzeit aufzwingen.«
Er stand auf, zog seine Laute aus dem Futteral und stimmte sie.

»Nichts scheint mir sichrer als das nie Gewisse,
nichts sonnenklarer als die schwarze Nacht.
Nur das ist mein, was ich betrübt vermisse,
und was ich liebte, hab ich umgebracht.
Selbst wenn ich denk, dass ich schon gestern war,
bin ich erst heute Abend zugereist.
Von meinem Schädel ist das letzte Haar
zu einem blanken Mond vereist.

Ich habe kaum ein Feigenblatt, es anzuziehn …
Ich, überall verehrt und angespien.

Ich habe dennoch so viel Mut zu hoffen,
dass mir sehr bald die ganze Welt gehört,
und stehn mir wirklich alle Türen offen,
schlag ich sie wieder zu, weil es mich stört,
dass ich aus goldnen Schüsseln fressen soll.
Die Würmer sind schon toll nach meinem Bauch,
ich bin mit Unglück bis zum Halse voll
und bleibe unter dem Holunderstrauch,
auf den noch nie ein Stern herunterschien,
François Villon, verehrt und angespien.«

Der Herzog klatschte lebhaften Beifall und seine Höflinge taten es ihm nach, auch wenn es einigen sichtlich schwer fiel.
»Ihr habt gewiss noch mehr davon zu bieten, aber hier ist dafür nicht der rechte Ort.«
Der Fürst erhob sich und sofort sprangen die anderen auf. Er war ein großer, stattlicher Mann mit einem vollen, freundlichen Gesicht, das aber auch recht hochmütig erscheinen konnte. Trotz seiner einfachen Jägerkleidung strahlte er die Hoheit eines Landesfürsten aus.
Einige Tage später erkundigte er sich bei Villon:
»Gibt es einen schwer wiegenden Grund für Euer unruhiges Dasein oder geradeheraus gefragt: Warum seid Ihr nicht in Paris geblieben?«
»Weil die Polizei nach mir fahndet. Ich bin in Raufhändel geraten und habe einen Mann in Notwehr erstochen. Zwar gäbe es Zeugen dafür, aber die waren leider nicht mehr aufzufinden. So hielt ich es für besser, eine Weile unterzutauchen.«
Da Villon davor zurückscheute, den Einbruch als wahren Grund seiner Flucht zu nennen, hatte er die Rauferei erfunden.
»Hier wird man Euch gewiss nicht suchen und auch ich traue Euch nicht zu, dass Ihr einen Menschen aus Mutwillen tötet. Lassen wir den Fall auf sich beruhen …«

Das war ihm ganz recht und er tat alles, um sich als Gast angenehm zu machen. Wäre er nicht Villon, der Poet, gewesen, würde er jetzt als Hundeführer in einer Stallkammer neben seinen Schützlingen hausen und mit ihnen ihr Futter teilen. Das wusste er und war auch bereit, dafür etwas zu bieten.

Nicht anders als sein ungeliebter Vetter René d'Anjou legte auch der Herzog eine Gedichtesammlung an, die er »*La Valliere*« betitelte und seinen Ehrgeiz dareinsetzte, nur das Beste vom Besten in sie aufzunehmen. Freilich ging es dabei überwiegend um sein eigenes Werk, das sich – auch im Vergleich mit anderen – durchaus sehen lassen konnte.

Hier am Hof in Blois war das Leben so leicht und heiter, dass Villon die Bedrohung aus Paris zwar nicht vergaß, sie aber allmählich an Gewicht verlor. Im Herzogtum Orléans war die Pariser Polizei machtlos und sie hätten bestenfalls ein Gesuch an den Herzog richten können, was aber offenbar nicht geschah.

Gleich in den ersten Tagen hatte der Schneider Maß genommen und ihm eine höfische, sehr vornehme Kleidung angefertigt. Fast jeden zweiten Tag ließ sich der Herzog von ihm Chansons und Rondeaus vortragen, gab ihm auch eigene Texte zum Vertonen. Das machte Villon so geschickt, dass der klingende Lohn nicht ausblieb, doch bei einigen anderen begann es Neid und Missgunst zu erregen.

Bei Maria von Kleve, der dritten, sehr viel jüngeren Gemahlin des Herzogs, hatte Villon einen Stein im Brett. Ihr gefiel seine selbstbewusste, leichte, lockere Art, die er auch dem Herzog gegenüber – ohne die Standesunterschiede zu missachten – an den Tag legte. Damit wollte er auch ausdrücken, dass sie als Poeten durchaus gleichrangig waren – ja, Maria von Kleve glaubte sogar manchmal herauszuhören, dass sich Villon dem fürstlichen Poeten überlegen dünkte. Ihr gefiel das, doch sie war klug genug, mit ihrem Gemahl nicht darüber zu reden. Jetzt im Herbst war ihre Schwangerschaft schon sehr weit fortgeschritten und der Herzog setzte alle Hoffnung auf dieses Kind, denn keine seiner früheren Gemahlinnen hatte ihm einen männlichen Erben geboren.

Aber es gab auch andere Damen am Hof, die Villon nicht nur mit

Wohlwollen, sondern auch mit begehrlichen Augen betrachteten. Das war vor allem Blanche de Marolle, die Gemahlin des sehr viel älteren Sieur de Marolle, der in der Nähe eine kleine Herrschaft besaß. Er amtierte als *ecuyer* des Herzogs und wenn auch längst andere die Arbeit eines Stallmeisters für ihn verrichteten, so legte er doch großen Wert auf diesen Titel. Er war bemüht, in allem seinem Herrn nachzueifern und als Charles d'Orléans nach dem Tod seiner zweiten Frau – noch in englischer Gefangenschaft – die junge Maria von Kleve ehelichte, tat es ihm der damals schon langjährige Witwer Marolle nach und nahm die zwanzig Jahre jüngere Blanche zur Frau. In einem aber blieb er hinter seinem Herrn zurück, denn es gelang ihm nicht, ein Kind zu zeugen.
Blanche de Marolle aber langweilte sich und wenn Villon am Abend einige seiner Lieder vortrug, dann klatschte sie am längsten, auch am heftigsten, und machte dem Sänger so deutlich schöne Augen, dass es nicht zu übersehen war.
Sieur de Marolle aber bemerkte es nicht und da er am Hof nicht sehr beliebt war, warteten die anderen genüsslich ab, wann auf seiner Stirn die Hörner zu sprießen begännen. Besang Villon in irgendeiner Weise das weibliche Geschlecht, so fühlte Blanche sich angesprochen, war fest davon überzeugt, dass damit sie und nur sie gemeint war.
Seinem Alter entsprechend liebte der Herzog auch ruhige, besinnliche Stunden und verbrachte so manchen Abend im Kreis seiner Freunde beim Schachspiel oder mit geistreichen Gesprächen. Sieur de Marolle schlief dabei regelmäßig ein und Blanche nützte dies, um hinter seinem Rücken mit Villon zu tuscheln.
»Gesteht es mir doch ein, mein Freund, dass vorhin Eure Chansonette auf mich gemünzt war ...« Sie kniff ein Auge zu und flüsterte:

»Die Bäume standen grau und krank
als im Bach der Tag ertrank.
Du aber zogst die Kleider dir vom Leib
und hast in mir ein Sehnsuchtslicht entzündet
Du, mein ersehntes Weib ...«

Wie lange ist es wohl her, dass ich bei einer Frau gelegen habe, ging es Villon durch den Kopf, und er flüsterte zurück:
»Für wen hätte ich das Lied denn sonst schreiben sollen?«
So kam es, dass Blanche de Marolle seine Geliebte wurde, aber wie hätte sich das in einer eng zusammenlebenden Hofgesellschaft verbergen lassen? Es begann damit, dass Sieur de Marolle in einer dringenden Angelegenheit auf seine nur wenige Reitstunden entfernte Herrschaft gerufen wurde. Villon wartete ab, bis der Herzog sich zur Nachtruhe zurückzog, ließ zwei Stunden vergehen und schlich dann unbemerkt in die vom Ehepaar de Marolle bewohnten Räume.
Blanche empfing ihn im Nachtgewand und machte auch sonst nicht viel Umstände. Als ihr Ehemann drei Tage später zurückkam, fiel ihm nur auf, dass sie plötzlich nicht mehr oder nur mehr ganz sanft an ihm herummäkelte und mit ihren üblichen spitzen Bemerkungen ungewohnt sparsam umging. Es fiel ihm zwar auf, doch er zog daraus keine weiteren Schlüsse, bis ihn eine Ehrendame der Herzogin – sie hatte auf Villon vergeblich ein Auge geworfen – darauf ansprach. Die Herzogin hatte sie quasi mit einer Bemerkung dazu ermächtigt, als sie meinte, man solle jemand diskret darauf hinweisen, dass diese Liebschaft ein Ende haben müsse. Mit »jemand« hatte die Herzogin natürlich Villon gemeint und die Ehrendame wusste dies, doch in ihrer rachsüchtigen Missgunst bezog sie es auf den Ehemann.
»Sieur de Marolle, Ihr solltet mehr auf den guten Ruf Eurer Gemahlin achten. Euch werden ihre verliebten Blicke, die sie diesem – diesem Poeten schenkt, nicht entgangen sein, umso mehr, als sie sich dabei kaum zurückhält – so, als sei es ihr gutes Recht.«
Marolle als alter Höfling überlegte sorgfältig, an wen er sich zuerst wenden sollte: an den Herzog mit einer Beschwerde, an Blanche mit Vorhaltungen oder an Villon mit einer Aufforderung zum Zweikampf. Nur nichs überstürzen, redete er sich zu und stellte Blanche zur Rede. Die lachte betont sorglos.
»Aber, *mon ami*, was du dir denkst! Junge, flotte Sänger sind bei uns Frauen eben beliebt und nicht erst seit den Zeiten der Troubadoure. Ich könnte dir mindestens drei Damen nennen, die liebend gern mit

Villon ins Bett hüpfen würden, aber er als gescheiter und gebildeter Mann weiß, was er seiner Stellung bei Hof schuldig ist. Man will dich nur zum Streit mit Villon aufhetzen, um dir damit zu schaden.«

»Mir? Warum mir?«

»Aber verstehst du denn nicht? Villon wird vom Herzog als Lieblingsdichter gehätschelt und wer sich gegen ihn stellt, erregt den Zorn Seiner Hoheit. Da würde ich sehr, sehr vorsichtig sein.«

Halbwegs beruhigt glaubte Sieur de Marolle den Fall bereinigt und hätte alles auf sich beruhen lassen können, wäre Blanche bereit gewesen, auf Villon zu verzichten. Doch das tat sie nicht und ihr Geliebter war zu schwach, um ihren Forderungen zu widerstehen.

Da Sieur de Marolle seines Alters und der rauen Jahreszeit wegen längere Ausritte unterließ und Nacht für Nacht im *lit nuptial* neben Blanche schlief, gestaltete sich ein weiteres Zusammentreffen als äußerst schwierig. Da kam Blanche auf die Idee, ihrem Gemahl ein Schlafmittel in den Abendtrunk zu mischen, doch Marolle, der mit geistigen Getränken sehr behutsam verfuhr, trank nur wenige Schlucke und die Diener räumten den fast noch vollen Becher ab. So war sein Schlaf gewohnt leicht und als Blanche kurz vor Mitternacht aus dem Bett schlüpfte, erwachte er kurz, glaubte aber in seiner Einfalt, sie setze sich auf den *pot de chambre,* und drehte sich beruhigt um. Zwei Stunden später verspürte er selbst ein Bedürfnis und da war ihr Bett leer. Sein Wunsch, der Sache nachzugehen, kapitulierte vor der Kälte draußen auf den Gängen, doch seine Müdigkeit schwand und als Blanche dann zurückkehrte, fuhr er sie an:

»Wo treibst du dich eigentlich herum? Die halbe Nacht warst du nicht im Bett und ich glaube fast, dass –«

»Du träumst, *mon ami.* Ich war höchstens eine halbe Stunde weg, weil ich Durchfall habe und dich mit dem Gestank nicht belästigen wollte.«

»Dafür gibt es doch Diener, die –«

»– die auch ihren Schlaf brauchen! Jetzt beruhige dich und schlafe weiter.«

Vielleicht hätte er sich mit ihrer Ausflucht begnügt, aber eine wachsende Schar von Neidern sorgte dafür, dass ihm hinterbracht wurde, Blanche habe die Verbindung zu Villon keineswegs abgebrochen. So stellte er ihn zur Rede.

»Mir wurde von mehreren Seiten zugetragen, dass Ihr meine Gemahlin mit unsauberen Mitteln zum Ehebruch verleitet habt und dieses schändliche Treiben quasi unter meinen Augen fortzusetzen gedenkt. Was sagt Ihr dazu?«

»Nur wenig, Sieur de Marolle, denn ich kenne diese bösartigen Gerüchte, weiß aber nicht, wie ich ihnen begegnen soll. Seine Hoheit wollte ich damit verschonen, aber nun –«

»Ihr weicht mir aus, Villon! Man hat Euer offenes Zimmer gesehen und wie Ihr meine Frau hineingezerrt habt –«

»Aber ich bitte Euch! Hat Eure Gemahlin es bestätigt?«

»Nein, natürlich nicht, aber mir genügen die gut beleumundeten Zeugen. Da Ihr nicht von Adel seid, scheidet ein Zweikampf aus und ich werde eine andere Form der Bestrafung finden müssen.«

Villon fand dieses Gespräch recht vergnüglich und hielt dagegen:

»Aber da irrt Ihr Euch, Sieur de Marolle – ich bin der Sohn des hochgeborenen Guillaume de Villon und sehr wohl von Adel. Das Landgut meines Vaters nahe der Stadt Sens umfasst ein weites Gebiet und übertrifft Eure Herrschaft um ein Vielfaches. Mir scheint, Ihr habt eine Vorliebe dafür, falschen Gerüchten Glauben zu schenken.«

Das faltige und hagere Gesicht des alten Edelmanns rötete sich vor Zorn.

»Ich habe es nicht nötig, mich von Euch hergelaufenem Grünschnabel belehren zu lassen! Wenn Ihr tatsächlich von Adel seid, warum zieht Ihr dann als Bänkelsänger durch die Lande?«

Villon lächelte spöttisch.

»Darf ich Euch daran erinnern, dass einige der Troubadoure von hohem Adel waren? Oder würdet Ihr Herzog Guillaume de Poitou einen Bänkelsänger nennen?«

Marolle schien verwirrt.

»Das ist lange her und die Zeiten sind heute anders. Für mich seid

Ihr ein Landstreicher, der ein wenig dichten und singen kann, dazu aber hinter den Frauen ehrsamer Männer her ist. Gut, ich akzeptiere, dass Ihr von Adel seid, und fordere Euch zum Duell!«
»Ich glaube nicht, dass Seine Hoheit das gutheißt …«
»Wir werden es Ihr verschweigen.«
»Wie stellt Ihr Euch das vor? So etwas lässt sich auf die Dauer nicht geheim halten.«
»Wir werden den Kampf auf dem Gebiet von Marolle austragen, dann kann Seine Hoheit sich nicht betroffen fühlen. Eure Einwände zeigen mir übrigens nur, dass Ihr feige seid und zwar gut mit der Laute, aber schlecht mit dem Degen umzugehen wisst.«
»Ich dränge mich nicht danach, das gebe ich zu, aber ich stelle mich Eurer Forderung.«
Nun galt es einen *témoin* zu finden, einen neutralen Kampfzeugen, denn das war allgemein üblich, um einen Zweikampf nicht in eine rachedurstige mörderische Rauferei ausarten zu lassen. Für Marolle war das kein Problem, er bat einen jungen Advokaten, mit dessen verstorbenem Vater er befreundet gewesen war.
Villon besaß unter den Herren am Herzogshof kaum Freunde, abgesehen von Jacot, dem Obersten Stallknecht, der Marolles Arbeit tat und deshalb nicht gut auf ihn zu sprechen war. Leute im Rang eines Bediensteten durften in der Regel keine Kampfzeugen machen, aber Jacot war ein Bastard des Grafen von Vendôme, der seine Vaterschaft anerkannt und mit dem Herzog vereinbart hatte, sein Sohn würde Marolle im Amt des Stallmeisters nachfolgen.
Mit ihm verband Villon eine lockere Freundschaft, denn sie waren in vielem einer Meinung, hielten wenig von Geld und würdevollem Auftreten. Dazu war Jacot ein wahrer Meister auf der Laute, wenn er auch zu den vorgetragenen Liedern keine eigenen Texte schuf. Dass Villon das konnte, beeindruckte ihn tief und so freundeten sie sich an, ritten zusammen aus und hechelten genussvoll die ganze Hofgesellschaft durch.
Mit ihm allein duzte sich Villon und duldete es, dass Jacot ihn – als ein Zeichen von Bewunderung – Franc nannte, was ja unter anderem auch freimütig und offenherzig bedeutete.

Ihm teilte Villon als Erstem mit, dass er nicht umhinkönne, mit Sieur de Marolle einen Zweikampf auszutragen. Jacot lachte.
»Ich kann mir schon denken, warum. Es geht um die schöne Blanche und ihre Untreue.«
»Ja, aber ich konnte seiner Forderung nicht ausweichen, ohne als Hasenfuß dazustehen, und nun brauche ich einen Sekundanten. Würdest du mir den Gefallen tun?«
»Aber gerne! Ich bin zwar nur ein besserer Stallknecht, zugleich aber der Bastard des Grafen von Vendôme. Vielleicht wird sich Marolle sogar geehrt fühlen? Mir wäre es ganz recht, du würdest ihn abstechen, weil ich dann endlich in sein Amt nachrücken kann.«
Villon grinste verständnisvoll.
»Sonst gerne, aber in diesem Fall muss ich leider Rücksicht nehmen, denn der Herzog könnte dann nicht umhin, mich vom Hof und ins Elend zu jagen. Du weißt ja, was mich erwartet, wenn ich den Häschern der Pariser Polizei in die Hände falle. Nein, nein, aber ich werde eine andere Lösung finden, habe da schon etwas im Kopf. Im Übrigen glaube ich, dass du nicht mehr sehr lange warten musst, bis Mutter Natur deinen durchaus verständlichen Wunsch erfüllt.«
Jacot lachte fröhlich.
»Meinst du? Vielleicht kannst du es beschleunigen, indem du ihm weiter Hörner aufsetzt, bis ihn vor Ärger der Schlag trifft.«
Das Treffen sollte in einem von kleinen Seen umgebenen Wäldchen zwischen den Ortschaften Chaumont und Marolle stattfinden.
Zwei Tage vor dem festgesetzten Termin wurde Villon am Abend – der Herzog hatte sich nach dem Essen sofort zurückgezogen – von seltsamen Vorstellungen geplagt. Als Marolle ihn gefordert hatte, war ihm niemals der Gedanke gekommen, er könnte bei dem Zweikampf fallen. Dann fragte er Jacot nach der Waffentüchtigkeit seines Gegners, doch der winkte nur ab und meinte, damit sei es nicht sehr weit her und seit er am Hof diente, habe er diesen Herrn niemals mit einem Degen in der Hand gesehen. Dennoch, die Gedanken an den eigenen Tod klammerten sich fest und führten dazu, dass er sich seines »Reichtums« bewusst wurde. Ja, in Villons Börse war tatsächlich Geld geflossen, weil es am Hof kaum eine Möglichkeit

gab, etwas davon auszugeben. Eine Zuwendung da, ein Geschenk dort, dazu kurioserweise nach wie vor ein wenn auch karger Lohn als Hundeführer, hatten es zuwege gebracht, dass sich innerhalb von etwa sechs Monaten drei Dutzend *ecus d'or* und ein praller Beutel mit Silbergroschen angesammelt hatten. Das Glücksspiel war am Hof von Blois strengstens untersagt – Nahrung, Unterkunft, Kleidung, Pferde, dies alles stand ihm kostenlos zur Verfügung.

So wollte er doch für den Fall seines Todes so etwas wie ein Testament hinterlassen, denn – vom Geld abgesehen – es gab ja auch noch schöne Kleider, die Laute, ein Pferd und manches andere zu vererben. Aber an wen? Wirklich befreundet war er hier nur mit Jacot, dem Bastard von Vendôme, aber der brauchte nichts. Die schöne Helena? Er hatte das Mädchen niemals vergessen, sie war als ein verklärtes Traumbild zu seinem Trostgedanken geworden. Er hatte die Vorstellung noch immer nicht aufgegeben, eines Tages im Kloster Port-Royal als ihr Traumprinz zu erscheinen – wohl versehen mit Geld und Besitz. Warum nicht? Père Guillaume hatte schon öfters durchblicken lassen, dass er in ihm – abgesehen von kleineren wohltätigen Stiftungen – seinen einzigen legitimen Erben sehe. Selbst wenn er das Pariser Haus mit seinem kostbaren Inhalt der Kirche vermachte, so blieben in Sens das Landgut mit Weinbergen, Obstgärten, Wäldern und Feldern. Ein beachtlicher Besitz, den er zwar noch nicht selbst gesehen hatte, dessen jährlicher Ertrag ihm aber durchaus bekannt war. Kein Traumprinz zwar, aber immerhin der Sieur de Villon, im Besitz von ansehnlichen Gütern.

Dann erwachte er aus seinen Traumbildern in eine Wirklichkeit, die etwas anders aussah: Heimliches Mitglied der Coquille, Totschläger, Räuber und vielfacher Urkundenfälscher – gehetzt von den Pariser Behörden, sicher nur hier am Hof des Duc d'Orléans. So fand er schnell zu einem nüchternen Denken zurück und vermachte den gesamten Nachlass seinem Vater, dem guten Père Guillaume. Wenn er bei dem Zweikampf fiel, dann gab es auch keinen Traumprinzen mehr. Angst fühlte er keine, auch keine Siegesgewissheit, nur gelassenen Gleichmut.

10

König Charles von Frankreich kränkelte. Einmal litt er an diesem, dann an jenem – seine Ärzte wussten es meistens zu benennen, aber nicht immer. Mit der Verdauung stimmte es ganz und gar nicht, denn da gab es schon seit Jahren den Wechsel von steinharter Verstopfung zu ruhrartigen Diarrhoen, dazu Kopf- und Gliederschmerzen, Schwachsichtigkeit, nachlassendes Gehör. Man hätte nun sagen können, das sind eben die Altersbeschwerden, denn der König befand sich ja schon Mitte der fünfzig. Sein Vater hatte nicht einmal dieses Alter erreicht, war zudem im Wahnsinn gestorben. Auch seine Mutter lebte nicht mehr, doch Isabeau de Bavière war eine sehr tätige und kraftvolle Frau gewesen, doch wegen ihrer maßlosen Verschwendungssucht in ganz Frankreich verhasst. Gleich nach dem Tode ihres Gemahls hatte sie den damaligen Duc d'Orléans zu ihrem Liebhaber erkoren und nach dessen Ermordung den Herzog von Burgund. Als Charles sich von ihr abwandte und sie als königliche Hure bezeichnete, begann sie ihn so glühend zu hassen, dass sie mit König Henry von England Frieden schloss und damit ihrem Sohn den französischen Thron streitig machte.

Jedes Mal, wenn Charles daran dachte, konnte er ein hämisches Kichern kaum unterdrücken. Als er im Juli 1429 in Reims gekrönt wurde, war sie auf seinen Wunsch hin nicht zugegen, saß entmachtet, krank und verfettet auf einem abgelegenen Schloss in Hausarrest. Schnee von gestern ... Was Charles aber beunruhigte, war die Furcht vor geistiger Zerrüttung, die seinen Vater fast zeitlebens gequält und die zu seinem Tod beigetragen hatte.

So, wie seine Mutter ihn und er am Ende sie gehasst hatte, so war jetzt das Verhältnis zu seinem Erstgeborenen, dem Dauphin Louis. Der saß wie eine Spinne in seiner festen Burg zu Loches und zog über ganz Frankreich immer dichtere Fäden. Der König hatte nicht mehr die Kraft, dem Einhalt zu gebieten, und versuchte nun, das Wichtigste im Auge zu behalten. Das war nicht immer einfach, denn der Dauphin verließ jetzt häufig sein Spinnennetz, trieb sich ver-

kleidet in französischen Städten herum oder besuchte seine burgundischen Vettern.
Dort in Flandern war ihm auch jener Olivier le Daim zugelaufen, ein arbeitsscheuer Bauernsohn, der sich der Coquille angeschlossen, aber nach dem Strafgericht von Dijon rechtzeitig die Seiten gewechselt hatte. In kurzer Zeit war er zum engsten Vertrauten des Dauphins geworden, dem er auch äußerlich auffallend glich. Wenn sie mit ihren fleischigen, großnasigen Gesichtern und ihren gedrungenen Gestalten schäbig gekleidet in einer anrüchigen Kneipe erschienen, drehte sich niemand nach ihnen um. In Frankreich hatte Olivier die Verbindung zur Coquille wieder aufgenommen und galt als – wenn auch etwas fraglicher – Verbindungsmann zum Hof des Dauphins. Von Zeit zu Zeit erwies Louis der Coquille kleine Gefälligkeiten, damit er später – wenn er König sein würde – umso sicherer zuschlagen konnte. Darauf freute er sich schon jetzt.
Philipp der Gute – jetzt schon über sechzig – war ein wenig hinfällig geworden, saß in Bruges, von Kunst und Künstlern umgeben und kümmerte sich nur noch wenig um Regierungsgeschäfte. Anders sein Sohn Charles, Graf von Charolais, Kronprinz von Burgund. Er hielt in Dijon glanzvoll Hof und wer in Burgund etwas erreichen wollte, musste sich an ihn wenden. Der Dauphin Louis war bei beiden gerne gesehen, denn der alte Philipp hatte den Traum noch nicht aufgegeben, aus Burgund ein Königreich zu machen, und dabei sollte ihm Louis – sobald er den Thron bestieg – durch Fürsprache beim deutsch-römischen Kaiser helfen. Kronprinz Charles hingegen hoffte im künftigen französischen König einen dankbaren Verhandlungspartner zu finden, wenn es darum ging, strittige Grenzfragen zu seinem Vorteil aus der Welt zu schaffen. Warum aber sollte Louis seinem burgundischen Vetter dankbar sein? Weil sich der König von Frankreich in letzter Zeit gezwungen sah, seinem ungeratenen Sohn fast alle Finanzmittel zu entziehen. Das ohnehin nicht sehr ertragreiche Lehen, die Dauphiné, hatte er besetzen lassen, sodass Louis mit seiner Gemahlin Charlotte von Savoyen auf Kosten ihrer burgundischen Vettern lebte und diese vom französischen Thronfolger spätere Gefälligkeiten erhofften.

Wie schlecht sie den Dauphin doch kannten ... König Charles war durch seine Zuträger über all das – wie er glaubte – wohl unterrichtet, ohne zu ahnen, dass der Dauphin unter diesen Zuträgern längst seine eigenen Leute hatte.

Als einer seiner Hofärzte den Verdacht aussprach, die zahlreichen Krankheiten des Königs könnten – wenigstens zum Teil – ihre Ursache in der klimatisch ungünstigen Lage von Amboise haben, ließ Charles das etwa zehn Reitstunden entfernte Schloss in Mehun am Flüsschen Yèrre prachtvoll ausbauen, um dann – das war sein Plan – im kommenden Sommer ganz dorthin zu übersiedeln.

Von Zeit zu Zeit überzeugte er sich selbst von den Baufortschritten und als er es Ende Oktober in diesem Jahr zum letzten Mal tat, passierte er mit seiner Begleitung die Umgebung der Ortschaft Beaumont, wo sich an diesem Morgen die Herren Marolle und Villon zum Zweikampf getroffen hatten. Natürlich hatte sich die Nachricht vom königlichen Zug mit Windeseile verbreitet, was Marolle ein hämisch-zufriedenes Lachen entlockte.

»Umso besser! Da läuft alles nach Süden, um den König zu sehen, und so wird es keine Zeugen geben.«

Villon hatte nichts dazu gesagt, aber er trug einen so deutlichen Gleichmut zur Schau, dass es seinem Gegner unbehaglich wurde und er sich damit tröstete, dass es nur geschah, um ihn zu ärgern. Aber so war es nicht, Villon empfand tatsächlich eine tiefe Gelassenheit. Dabei erschien ihm dieser Zweikampf läppisch, überflüssig, nicht mehr zeitgemäß.

Ohne Villon davon zu unterrichten, hatte Marolle einen tüchtigen Barbier dazu bestellt, der in einiger Entfernung versteckt warten sollte, um dann nötigenfalls mit Verband und Arzneien verfügbar zu sein.

Dass Jacot, der Bastard von Vendôme, Villons Kampfzeuge war, empfand Marolle als freche Zumutung.

»Ihr wollt mein Nachfolger werden und stellt Euch meinem ärgsten Feind als *témoin* zur Verfügung. Das ist undankbar – ja geradezu verräterisch!«

Jacot zwang sich zu einer ernsten Miene.

»Aber, Sieur de Marolle! Das ist nicht ritterlich gedacht, und wofür soll ich Euch dankbar sein? Dafür, dass ich seit Jahren Eure Arbeit leiste und Ihr den Lohn dafür kassiert?«
Marolle zügelte sein Pferd und blickte Jacot grimmig an.
»Ah, so läuft also der Hase! Ihr beide habt Euch zusammengetan, um mich aus der Welt zu schaffen, aber da werdet ihr … «
Marolles Zeuge, der junge Advokat, hob die Hand.
»Ich bin auch noch da und werde dafür sorgen, dass sich alles in den Grenzen ritterlicher Bräuche abspielt.«
Villon lächelte fröhlich.
»Das wollen wir doch hoffen, meine Herren.«
Dann langten sie an und der Barbier verschwand mit seinem Gehilfen im Unterholz.
»Wer war denn das?«, fragte Villon.
Marolle hob gleichmütig die Achseln.
»Wie soll ich das wissen? Vermutlich Bauern, die sehen wollen, wie Seine Majestät vorbeizieht.«
Sie legten beide ihre Wämser ab und nahmen Aufstellung. Marolle bekreuzigte sich fromm und Villon lächelte spöttisch. Dann berührten sich ihre Klingen und man sah, dass sie beide die von den Fechtmeistern eingebläuten Regeln nicht vergessen hatten. Sie führten ihre Hiebe nach der Blöße, wehrten durch Deckung ab und achteten darauf, dass kein kräftiger Stoß des Gegners eine zu schwache Parade durchschlagen konnte. Beide versuchten durch Battieren und Stringieren die gegnerische Waffe zur Seite zu schlagen, was anfangs keinem von ihnen gelang.
Marolle focht kraftvoll, aber unkonzentriert und fahrig, sodass Villon bald spürte, dass es nicht schwer gewesen wäre, den Gegner entscheidend zu treffen. Aber das wollte er nicht, weil er wusste, dass er durch eine Marolle zugefügte schwere Verletzung den Hof sofort hätte verlassen müssen. Der Winter stand vor der Tür und er wusste, was es bedeutete, zu dieser Zeit auf der Straße zu liegen. Nein, aber er hatte mit Jacot einen Plan abgesprochen und den führte er jetzt aus.
So gab er jetzt von Zeit zu Zeit seinem Gegner absichtlich eine

Blöße, spielte den Verunsicherten, der sich nur noch mit halber Kraft verteidigte. Das entzündete in Marolles vertrocknetem Herzen einen belebenden Funken und in seinem hageren Gesicht zeigten sich Freude und Triumph. Villon sah es und fand es an der Zeit, dem Kampf ein Ende zu machen. So gab er sich auf der linken Brustseite eine Blöße und lockte Marolle zum Stoß in die Herzgegend, dem er sich aber durch seitliches Ausweichen so geschickt entzog, dass die Degenspitze nur seine linke Schulter traf, am Knochen abglitt und das Hemd seitlich aufschlitzte. Villon wich zurück, ließ den Degen fallen, drückte stöhnend seine rechte Hand auf die Wunde und sank in die Knie. Blitzschnell verlagerte er die blutige Hand etwas weiter nach unten, sodass es aussah, als presste er sie gegen eine Herzwunde.

Jacot beugte sich über seinen Freund, hob dann den Kopf und stieß hervor:

»Marolle, Ihr habt Villon tödlich getroffen …«

Hatte er das nicht gewollt? War sein Hass gegen den dreisten Frauenverführer nicht tödlich gewesen? Wenn dem so war, dann empfand Marolle jetzt anders. Sein Hass war verpufft und er konnte es kaum fassen, diesen Zweikampf unverletzt und als Sieger überstanden zu haben. Er ließ den Degen fallen und wandte sich um. Der Bader hatte den Kampf aus dem Verborgenen beobachtet und als er einen der Kämpfer fallen sah, eilte er herbei. Jacot rief ihm schon von weitem zu:

»Maître Villon ist ins Herz getroffen! Ich glaube nicht, dass da viel zu machen ist …«

Da gab Marolle sich einen Ruck, winkte seinem Zeugen, kletterte auf sein Pferd und preschte davon. Was immer auch geschehen war, er wollte nicht in flagranti ertappt werden.

Der Bader untersuchte die Wunde, schüttelte den Kopf und blickte Jacot an.

»Da habt Ihr Euch ein wenig verschaut. Der Degen traf den Schulterknochen, glitt ab und verursachte eine tiefe, stark blutende Wunde. Das Herz blieb völlig unversehrt.«

Jacot blickte zum Himmel und rief:

»Dank sei Gott! Das ist ja fast wie ein Wunder!«
Villon hatte alle Mühe, ein Lachen zu unterdrücken, ließ sich fachgerecht verbinden und erhob sich schwankend.
»Immerhin ist Blut geflossen und der Alte hat seine Genugtuung.«
Obwohl der Bader schon vorher von Marolle bezahlt worden war, wies er die von Jacot überreichten drei Silbergroschen nicht zurück. Er grinste.
»Den Herren immer gern zu Diensten!«
Wenn Sieur de Marolle es auch nicht zeigte, so war er doch über Villons schnelle Genesung überaus erleichtert – ja, der für ihn scheinbar siegreiche Zweikampf entlockte ihm die herablassende Bemerkung:
»Ihr seht, Villon, dass auch ein etwas angejahrter Edelmann noch durchaus imstande ist, seine Waffe erfolgreich zu führen. Mögt Ihr auch von Adel sein, so habt Ihr dabei Eure Waffenübungen etwas vernachlässigt ...«
Villon blieb ernst.
»Vielleicht habt Ihr Recht, Sieur de Marolle. Mir scheint, das Schicksal hat mich eher zum Halten einer Schreibfeder als zum Führen eines Degens bestimmt.«

Inzwischen ging es auf Weihnachten zu und der Hof von Blois stand weniger in Erwartung der Geburt des Erlösers, sondern erhoffte das Erscheinen eines Erben und Thronfolgers Seiner Hoheit.
Am 19. Dezember war es dann so weit, doch herrschte nur gedämpfte Freude, denn eine Marie d'Orléans erblickte das Licht der Welt.
Zuerst war der Herzog so verstört, dass er kaum die Kraft fand, seine junge Frau zu beglückwünschen. Dann aber führte der Rechtsberater des Hofes, ein alter abgebrühter Advokat, mit Seiner Hoheit ein ernstes Gespräch.
»Ich muss Euch nicht daran erinnern, *altesse*, wie lange wir uns kennen und wie eng unser Vertrauensverhältnis ist. So werde ich mich nicht zur Schönrednerei versteigen und Euch zweifelhafte Trostpflaster verpassen. Sehen wir die Sache ganz nüchtern: Euch ist vor

wenigen Tagen eine Tochter geboren worden, doch Ihr habt einen Sohn erhofft und seid nun geneigt, Trübsal zu blasen. Dazu besteht nicht der geringste Grund! Zum einen ist Eure Gemahlin noch jung und wird in den nächsten Jahren weitere Kinder gebären. Es wäre schon eine seltsame Laune der Natur, sollte nicht auch ein Sohn darunter sein. Wäre dies wider Erwarten nicht der Fall, so böten sich für Eure erstgeborene Tochter die glänzendsten Heiratsaussichten und ein Euch genehmer Schwiegersohn könnte der nächste Duc d'Orléans werden. So dankt lieber Gott für seine Gnade, Euch noch jenseits der sechzig eine ausreichende Manneskraft zum Kinderzeugen verliehen zu haben.«
Das Gesicht des Herzogs hatte sich aufgehellt, war jetzt sogar ein wenig ärgerlich geworden.
»Nehmt Ihr den Mund nicht ein wenig zu voll, *maître*? Darf ein Advokat so mit seinem Fürsten sprechen?«
»Nein, *altesse*, ein Advokat vielleicht nicht, aber ein Freund.«

So war die anfängliche Bestürzung einer gedämpften Freude gewichen und der Herzog versuchte ihr mit einem dichterischen Wettstreit sichtbaren Ausdruck zu verleihen. Alle am Hof und im Gebiet des Herzogtums lebenden Poeten sollten die Geburt der Marie d'Orléans mit einem Huldigungsgedicht feiern und der Herzog würde dann den Sieger mit dem Dichterlorbeer krönen. Schnell verbreitete sich die Kunde, jenes Gedicht müsse auch etwas Tröstliches darüber aussagen, dass dieses sehnlich erwartete Kind nicht männlichen Geschlechtes war.
Villon setzte sich hin, drängte Spott, Widerspruch und dichterisches Ungestüm zurück und machte sich an einen Panegyricus, mit dem er alle anderen Poeten auszustechen hoffte. Sein einziger ernsthafter Konkurrent wäre der Herzog selbst gewesen, doch der beteiligte sich verständlicherweise nicht an dem Wettbewerb. Beim Schreiben spürte er zufrieden, aus welcher Fülle er schöpfen konnte, wie leicht es ihm fiel, die richtigen Worte, den klingenden Reim zu finden.
Ja, dachte er, das kannst du wirklich, Villon, in allem anderen bist du ein Dilettant – mehr oder weniger. Als Coquillard, als Einbre-

cher, als Hofmann, da gerät es dir nicht so ganz. Als Frauenverführer magst du hingehen, bist vielleicht nicht wählerisch genug …

Anfang des neuen Jahres, zum Fest der Epiphanie, veranstaltete der Herzog ein großes Bankett, bei dem er den Sieger des Streites vorstellen wollte. Auch die noch etwas blasse Herzogin war zugegen, gerade erst dem Wochenbett entstiegen, das etwas länger als üblich gedauert hatte. Als die Gäste versammelt waren, erhob sich der Herzog von dem erhöhten Sitz und es war, als fülle seine fürstliche Gestalt den ganzen Raum.

»Mein Hofchronist wird einige der Huldigungsgedichte auszugsweise vorlesen, und zwar solche, die meinen besonderen Beifall gefunden haben.«

Sollte der Preisträger darunter sein? Alles wartete gespannt. Das waren überwiegend recht wackere Verse, deren Reime nicht klangen, sondern klingelten, in vertrauten abgedroschenen Worthülsen. Jedes Mal ertönte höflicher Beifall, dem sich der Herzog ohne Überschwang anschloss, doch seinem verschlossenen Gesicht war nichts zu entnehmen. Als der Hofchronist am Ende war, trat Charles d'Orléans mit einem Blatt in der Hand an seine Stelle und hob es hoch.

»Das ist ein längeres Gedicht, von dem ich zwei Strophen verlesen werde. Diesem Werk habe ich den Preis zuerkannt und ich werde für jene, die auch dann nicht wissen, wer dieses Kunstwerk geschaffen hat, am Ende einen Namen nennen.«

Der Herzog räusperte sich und begann mit erhobener Stimme:

»Der Reichen bist Du Friedensziel,
Den Armen bringst Du Nahrung dar.
Von Geiz und Tücke Widerspiel,
Geburt, die sehr notwendig war,
Empfangen und getragen bist
Du außerhalb ererbter Schuld,
Drum nenn ich Dich, als frommer Christ,
Fürstin aus Gottes ewiger Huld.

Wenn einer, weil ein Wahn ihn quält,
weil seinen Sinn nur Torheit nährt,
sich gegen Gottes Willen stellt,
indem er wie ein Narr erklärt,
er wünschte, dass ein Sohn Ihr wärt,
so geht es doch nach Gottes Plan,
ich weiß, dass Heil uns widerfährt.
Was Gott tut, das ist wohlgetan.«

Der Herzog ließ das Blatt sinken und wiederholte in feierlichem Ton:
»Was Gott tut, das ist wohlgetan! Ja, meine Freunde, dieses Poem ist von Geist, Inhalt, Form und Aussage her ein vollkommenes Werk. Versteht mich recht, meine Freunde, dass ich heute nicht höfisch urteile, als Herzog und Landesfürst, sondern als Poet, als Kenner der Dichtung unseres Landes. Da musste ich alle sonstigen Bedenken fallen lassen und François de Villon den Preis zuerkennen.«
Jacot, der Bastard von Vendôme, begann heftig zu klatschen, einige folgten ihm, doch die meisten rührten nur widerstrebend ihre Hände.
Villon trat vor den Herzog hin, der ihm den goldenen Dichterlorbeer aufs Haupt drückte.
»Mein lieber Villon, nun seid Ihr ein *poeta laureatus* und Ihr habt es verdient. Ansonsten aber glaube ich, dass das Leben am Hof für Euch auf die Dauer eine Beengung, ein Hindernis darstellt. Euer Werk, von dem ich einen guten Teil kenne, verlangt nicht einen warmen Platz hinter dem Ofen, sondern Abwechslung und Abenteuer. Eure Verse strömen stürmisch dahin, und zwar deshalb, weil ihr Schöpfer sturmerprobt ist, weil Ihr die Luft eines wilden Lebens geatmet habt, und so denke ich, dass die laue Hofluft Euer Talent auf die Dauer abwürgt und zum Erliegen bringt. Seid noch diesen Winter unser Gast und lasst Euch dann vom Frühlingswind davontragen.«
Für diese deutlichen Worte gab es nun stürmischen Beifall und Villon blieb nichts übrig, als eine freundliche Miene zu diesem üblen

Spiel zu machen. Dann setzte er sich mit Jacot etwas abseits. Sein Freund grinste bedauernd.
»Schade, dass du fortmusst, Franc. Diese Verabschiedung war fürstlich, höfisch, elegant und ätzend zugleich. Andererseits hat es schon schlechtere Abgänge gegeben, ohne Dichterlorbeer und ohne Geldprämie, die mit Gewissheit folgen wird. Da du es verschmäht hast, mich vom alten Marolle zu befreien, werde ich nolens volens warten müssen, bis eine gnädige Atropos seinen Lebensfaden durchschneidet.«
»Wie gebildet du bist ...«
»Nicht wahr? Ja, mein Vater hat an meiner Erziehung nicht gespart. Nicht aus Liebe zu mir, sondern zur Vorsorge, denn ein Sohn in petto könnte vielleicht von Nutzen sein. Zwar hat ihm seine legitime Gemahlin schon zwei geboren, aber einer meiner Halbbrüder ist gestorben. Folgt ihm auch der zweite, so kann der Herr Graf mich legitimieren. Scheiß darauf! Irgendwie glaube ich, dass es sich so besser lebt.«
»Lass es einfach auf dich zukommen, Jacot.«

Da nun über ihn das Urteil gefällt war, stieß Villon am herzoglichen Hof zunehmend auf Hohn, Rücksichtslosigkeit und anmaßende, weil straflose Frechheit. Über ihn liefen die wildesten Gerüchte um und es kam sogar der Verdacht auf, dass er ein heimlicher Coquillard war.
Wie Jacot vorhergesagt hatte, folgte dem Dichterlorbeer ein üppiges Geldgeschenk und als Villon es zu dem übrigen legte, ergab sich eine ansehnliche Summe. Das lockte wieder die Traumgestalt der schönen Helena herbei und den Wunsch, sie zu entführen, mit ihr in einem abgelegenen Landesteil ein neues Leben zu beginnen. Es müsste eine Gegend sein, dachte er, unerreichbar sowohl für den langen Arm der Coquille wie auch für die Pariser Behörden. Gab es das überhaupt?
Anfang April wollte er aufbrechen, aber bis dahin waren es noch gut sechs Wochen und diese Zeit nutzten seine Feinde, um seinen Namen immer tiefer in den Dreck zu ziehen. Er wehrte sich nicht

dagegen, ließ nur durchblicken, dass er ein Abschiedspoem vorbereite. Zwei Tage vor seiner Abreise trug er es – in Gegenwart des Herzogs – dem vollzählig anwesenden und von boshafter Neugier getriebenen Hof vor.

»In Kalk, noch ungelöscht, in Eisenbrei,
in Salz, Salpeter, Phosphorgluten,
in dem Urin von rossigen Eselsstuten,
in Schlangengift und in Altweiberspei,
in Rattenschiss und Wasser aus den Badewannen,
im Saft von einem Krötenbauch und Drachenblut,
in Wolfsmilch und dem sauren Rest der Rotweinkannen,
in Ochsengalle und Latrinenflut:
In diesem Saft soll man die Lästerzungen schmoren.

In eines Katers Hirn, der nicht mehr fischt,
im Geifer, der aus den Gebissen
toller Hunde träuft, mit Affenpiss vermischt,
mit Stacheln, einem Igel ausgerissen,
im Regenfass, drin schon die Würmer schwimmen,
krepierte Ratten und der grüne Schleim
von Pilzen, die des Nachts wie Feuer glimmen,
in Pferderotz und heißem Leim:
In diesem Saft soll man die Lästerzungen schmoren.«

Es gab kaum Beifall. Nur Jacot klatschte provozierend laut und Blanches dunkle Augen blitzten ihn fröhlich an. Seit dem Zweikampf hatte er ihren Umgang gemieden, aber dass sie ihm nicht zürnte, war kaum zu übersehen. Die anderen redeten und schimpften durcheinander, der Herzog erhob sich und verschwand wortlos. Zwei Stunden vor seiner Abreise sagte er Villon unter vier Augen, aber lachenden Gesichts:
»Abscheuliche Verse waren das, lieber Villon, aber wie schön habt Ihr die hässlichen Worte gefügt! Ich habe sofort eine Abschrift machen lassen, wenn ich auch noch nicht weiß, ob ich sie in mein

Buch aufnehmen soll. Ihr habt gesagt, was zu sagen ist, nun geht mit Gott und lasst Euch nicht in den Abgrund ziehen.«

Wie hatte Seine Hoheit das gemeint? Er zerbrach sich nicht lange den Kopf darüber, sondern machte sich auf den Weg nach Bourges, weil er gehört hatte, dass der König diese Stadt mit einem längeren Besuch beehren wollte. Vielleicht konnte er irgendein lockeres Hofamt ergattern, das ihn zwar einige Freiheit kostete, ihm dafür aber Sicherheit bot. Kaum war dieser Gedanke gekommen, jagte er ihn schon wieder davon. Nochmals an einen Hof? Nein! Oder vielleicht doch? Wer kennt schon die Zukunft?

Jacot hatte es sich nicht nehmen lassen, ihn bis zu dem Städtchen Vierzon zu begleiten.

»Der Herzog hat nur gelacht und gesagt, ich solle ruhig deinen Begleiter und Beschützer spielen, denn es wäre schade, wenn ein Talent deines Formats umkäme.«

»Hat er das wirklich gesagt?«

»Ich schwör's dir bei den *testicules* meines Erzeugers!«

»Dann muss ich es wohl glauben …«

Noch vor Sonnenuntergang traf Villon am nächsten Tag in Bourges ein. Er nächtigte in einer Herberge und ging anderntags zum Markt, wo ein Metzgergeselle der Verbindungsmann zur Coquille war. Ja, da saß er hinter einer kunstvoll getürmten Pyramide von Kalbs- und Schweinsköpfen, mit der rosigen Haut und den runden Backen seiner Ware nicht unähnlich. Nach Austausch der Kennwörter und des Brudergrußes sagte der Metzger halblaut:

»Haltet Euch ruhig! Morgen oder übermorgen trifft der König hier ein und es kann nur von Vorteil sein, wenn wir uns tot stellen. Sobald der König abgereist ist, reden wir weiter.«

Villon schien es nun sinnlos, vom König etwas zu erhoffen, doch er besaß ein freundliches Empfehlungsschreiben des Herzogs an seinen Vetter Jehan Duc de Bourbon, der in Moulins residierte und dort auch so etwas wie einen Musenhof führte.

Als er in seine Herberge zurückkehrte, waren dort zwei Gäste aus

Paris eingetroffen, mit denen ihn eine unliebsame Erinnerung verband – die Brüder Perdrier. Sie hatten im Marktviertel von Paris eine Garküche geführt, dafür bei der Bruderschaft um Kunden geworben, aber sie galten als schwatzhaft und wenig vertrauenswürdig und so wurden sie von den meisten Coquillards gemieden. Eines Tages hatte Villon dem älteren der Brüder eine verdorbene Wurst an den Kopf geworfen und dabei gesagt, wenn er seine Gäste vergiften wolle, dann solle er doch besser die Miliz bewirten. Das hatten sie ihm niemals verziehen und als sie kurz darauf wegen schlechter Bewirtung des Marktes verwiesen wurden, gaben sie Villon die Schuld.

So rümpften die Brüder Perdrier ihre Nasen, als sie Villon erkannten, und der Jüngere spuckte verachtungsvoll vor ihn auf den Boden. Villon wollte sich nicht provozieren lassen, schüttelte nur den Kopf und ging in sein Zimmer.

Am selben Abend erschien die Stadtmiliz und nahm ihn fest. Er vermutete, dass dies auf Ansuchen der Pariser Behörden geschah, doch ein junger, eifriger Untersuchungsrichter belehrte ihn eines Besseren.

»Wo denkt Ihr hin? Ihr werdet doch nicht glauben, wir nehmen den Herren in Paris die Arbeit ab? Nein, es geht um den Diebstahl von zwei vergoldeten Abendmahlkelchen aus der Kirche St. Pierre. Verlässliche Zeugen haben Euch als Täter genannt. Was sagt Ihr dazu?«

»Verlässliche Zeugen? Dass ich nicht lache, aber das können nur die Brüder Perdrier gewesen sein. Wann hat der Diebstahl stattgefunden?«

Da nannte der Untersuchungsrichter den Tag, als Villon in Vierzon übernachtet hatte. Laut und erleichtert lachte er auf.

»Aber da war ich ja noch unterwegs! Fragt den Herbergswirt, er wird es Euch bestatigen …«

»Ihr könnt ja zuvor schon woanders gewohnt haben – nun, unter der Folter wird man die Wahrheit schon herausfinden.«

Villons Proteste gingen ins Leere und gleich am nächsten Morgen

wurde er in die Folterkammer gebracht, wo ihn der *juge d'instruction* mit einem Beisitzer schon erwartete.
Seine verzweifelten Erklärungen, man könne ihm nicht einen Diebstahl anlasten, der geschah, als er noch weit außerhalb der Stadt war, gingen ins Leere. Er musste seine Kleider bis auf den Lendenschurz ablegen.
»Da ich gehört habe, dass Ihr – wenn Ihr nicht zu Einbrüchen unterwegs seid – vom Schreiben lebt, wollen wir Eure Daumen verschonen und gleich mit dem zweiten Grad beginnen.«
Das Seil wurde herabgelassen und während der eine Büttel den schweren Stein herbeischleppte, band der andere seine Hände an das Seil. Zuvor aber hatte er die seinen blitzschnell über Kreuz ausgestreckt und Villon, schnell von Begriff, hatte auch die seinen gekreuzt. Sie banden den Stein an seine Füße und zogen ihn langsam hoch. Als sie seinen schmerzhaft ausgestreckten Leib mit Peitschenhieben traktierten, spürte er sie kaum, da sein Bruder von der Coquille zwar weit ausholte, aber dann – für die Befrager unmerkbar – den Hieb stark abbremste.
Der junge Untersuchungsrichter hielt sich genau an die Vorschriften für eine peinliche Befragung und die besagte, dass Geständnisse unter der Folter nur gültig waren, wenn sie danach wiederholt wurden. So ließ man Villon wieder herab, warf ihm ein schmutziges Hemd über und dann kamen die Fragen.
»Ich habe den Einbruch in St. Pierre nicht begehen können, weil ich an diesem Tag noch in Vierzon war!«
»Wie wollt Ihr das beweisen?«
»Bis vor die Tore der Stadt hat mich Jacot de Vendôme begleitet. Da war es schon Abend und die Nacht des Diebstahls habe ich in einer Herberge vor der Stadtmauer verbracht, auch das wird man dort bestätigen können.«
Seine gedehnten Glieder schmerzten ihn so sehr, dass er fast gestürzt wäre, hätte ihm nicht der Bruder von der Coquille schnell einen Hocker hingeschoben. Bei dem Namen Vendôme hatte der Untersuchungsrichter aufgehorcht.
»Ihr kennt den Grafen von Vendôme?«

»Ihn selbst nicht, aber seinen Sohn Jacot, Stallmeister beim Duc d'Orléans.«
Da sah der kluge *juge d'instruction*, wie sich in der Ferne ein Unwetter zusammenzog, das sich – wenn er nicht gut aufpasste – bald über seinem Haupt entladen könnte.
»Gut, Maître Villon, wir werden Eure Angaben nachprüfen und die Befragung später fortsetzen.«

Offenbar machte man sich diese Mühe nicht, denn gleich am nächsten Tag wurde Villon freigelassen. Als er zum Markt ging, schmerzten ihn die überdehnten Gelenke noch höllisch, aber seine Wut auf die Brüder Perdrier – nur sie konnten ihn verpfiffen haben – ließ ihn nicht ruhen.
Der dicke Metzger nickte nur.
»Hat also gut geklappt?«
Villon nickte.
»Ja, ein Coquillard bei Gericht ist schon was wert, aber aufgezogen haben sie mich trotzdem und das vergeht nicht über Nacht.«
»Du bist frei und am Leben, lieber Bruder, nur das zählt.«
»Und die Gebrüder Perdrier, das Verräterpack, sollen ungeschoren davonkommen?«
Da lachte der andere gehässig.
»Die wollten sich doch tatsächlich beim König um eine Stelle als Köche bemühen. Wir haben ihnen diese Suppe gehörig versalzen! Sie können von Glück sagen, wenn sie Paris noch lebend erreichen –«

Villon war der Aufenthalt in Bourges verleidet. Einige Tage erholte er sich noch von der Folterung, dann machte er sich auf den Weg nach Moulins, der Residenz des kunstsinnigen Duc de Bourbon.
Es war ein angenehmer Ritt bei frühsommerlichem Wetter durch ein sanftes, meist bewaldetes Hügelland. Auf den sattgrünen Wiesen grasten die weithin gerühmten sahnefarbigen Rinder. Tiefer Frieden lag über einem Land, das noch vor kurzem erbitterte und blutige Schlachten hatte erleben müssen.

Villon nahm kaum etwas davon auf, weil er seine Verbitterung über die feige und tückische Anschuldigung noch nicht überwunden hatte. Hätte ich den Diebstahl gestanden, ging es ihm durch den Kopf, dann wäre ich ohne viel Federlesens aufgeknüpft worden. Beim nächsten Grad der peinlichen Befragung, wenn sie dir die spanischen Stiefel anlegen und die Waden quetschen, bis die Schienbeine splittern, da hätte ich alles bestätigt, was mir in den Mund gelegt worden wäre. Villon, Villon, in eine solche Lage darfst du dich niemals wieder bringen!

Den Gedanken, dass ihm ein weiteres Mal die Coquille herausgeholfen hatte, schob er beiseite, weil er ihm Unbehagen bereitete und weil es eines Tages auch heißen könnte: Mitgefangen – mitgehangen! Nein, lösen wollte und konnte er sich nicht von dieser Bruderschaft, aber er musste Abstand halten, so gut es ging.

Ein paar Meilen nach der Ortschaft Sancoins traf er auf den Fluss Allier, an dessen linken Uferauen er entlangritt, bis er spät am Abend Moulins erreichte. Wie in allen Städten des Landes wurde nach Ablauf der ersten Nachtstunde kein Reisender mehr eingelassen, ausgenommen freilich Adelige oder Geistliche von Rang.

Todmüde fiel er ins Bett einer schäbigen, aber weiträumigen Herberge. Am nächsten Morgen fragte ihn der Wirt:

»Bleibt Ihr noch länger?«

»Nein, ich werde bei Hof erwartet.«

Villon sagte es so geradehin, aber der Wirt wurde sofort misstrauisch und musterte die einfache Kleidung seines Gastes.

Villon schmunzelte.

»Mein Magisterrock steckt noch im Gepäck –«

Vielleicht hätte er seinen Stand verschweigen sollen, denn der Wirt forderte ein ansehnliches Nächtigungsgeld.

»Ich nehme an, das ist für die ganze Woche?«

»Wo denkt Ihr hin? Die glanzvolle Residenzstadt unseres Herzogs wird viel besucht, hat auch einiges zu bieten.«

Villon bezahlte schweigend und trat vor die Tür.

Der gewaltige, vieltürmige Komplex der herzoglichen Residenz begann an der Stadtmauer und erstreckte sich weit in den Ort hinein. Im Hintergrund war gerade noch der dolchspitze Turm der Kathedrale zu erkennen, nach Süden und Osten ballten sich die schmalbrüstigen Bürgerhäuser, darin behäbig eingebettet das geräumige Hospital St. Julien.

Mit vielen anderen schritt Villon über den knarrenden und leise schwankenden Holzsteg, der zum türmebewachten Stadttor führte. Die Torwachen musterten die Hereinströmenden mit betonter Lässigkeit, stellten keine Fragen, wiesen nur dann und wann einen abgerissenen Landstreicher zurück.

Er brauchte sich nur schieben und ziehen zu lassen, um zum Ziel fast aller, dem Marktplatz, zu gelangen. Dort erhob sich der vor einigen Jahren erbaute, gut siebzig Fuß hohe Jacquesmart – der viel gepriesene Uhrenturm.

Villon fand nichts Besonderes daran, vielleicht, weil ihn andere Gedanken beschäftigten. Seit er die Stadt betreten hatte, erwog er die Möglichkeit, hier den Verbindungsmann der Coquille aufzusuchen, doch diesmal zögerte er. Warum? Er hätte den Grund selbst nicht genau benennen können – oder läutete in der Ferne ein Warnglöckchen? Vielleicht war es auch so, dass er hier lieber den Kontakt zum Herzogshof suchte, als der Coquille zu signalisieren: Einer von euch ist in die Stadt gekommen.

Gleich hinter dem Rathaus fand er eine bessere Herberge, aß zu Mittag und legte dann sein Magisterhabit an. Zum herzoglichen Schloss waren es nur wenige Schritte, doch hineinzugelangen, brauchte seine Zeit.

An der äußeren Umfassungsmauer fragte ihn der Wachhabende:

»Seid Ihr bestellt?«

»Nein, aber –«

»Dann schreibt ein Gesuch, wen Ihr sprechen wollt und warum. Das gebt Ihr hier ab und dann werdet Ihr sehen, ob man Euch empfangen will.«

»Ich besitze einen *lettre de recommandation* des Herzogs von Orléans an seinen Vetter, den Duc de Bourbon –«

Da winkte der andere hohnlachend ab.

»Das könnt Ihr Euch sonst wohin stecken, *cher maître*! Allein beim Namen dieses Herrn läuft unser gnädiger Fürst rot an. Macht es, wie ich Euch sagte und –«

»Nein, ich möchte den Capitaine der Schlosswache sprechen!«

»Das bringt Euch auch nicht weiter ...«

Aber er holte seinen Vorgesetzten herbei, was einige Zeit dauerte, denn der Capitaine war offenbar in seinem Mittagsschlaf gestört worden. Villon streckte ihm das gesiegelte Papier hin.

»Ich möchte, dass dieses Schreiben so schnell wie möglich in die Hände Seiner Hoheit gelangt.«

Der Capitaine gähnte und Villon roch seinen sauren Weinatem, vermischt mit dem Gestank fauliger Zähne. Stirnrunzelnd betrachtete er das Siegel.

»Das Wappen des Duc d'Orléans? Ich geb's einem der Sekretäre und der soll dann entscheiden, ob er es an Seine Hoheit weiterleitet.«

»Verbindlichen Dank, *mon capitaine*.«

Der Herbergswirt war ein angenehmer, diskreter Mensch, der sich im Umgang mit vornehmen Gästen selbst eine gewisse Vornehmheit angeeignet hatte. Vorsorglich hatte ihm Villon mitgeteilt, dass er am Hof etwas zu bestellen habe, und als er zurückkam, zeigte der Wirt höfliche Neugier.

»Ist alles zu Eurer Zufriedenheit verlaufen, Maître?«

»Wie man's nimmt ... Jedenfalls gewann ich den Eindruck, dass ein Empfehlungsschreiben vom Duc d'Orléans hier nicht unbedingt eine Empfehlung bedeutet.«

»Dazu möchte ich nichts sagen ... Ihr werdet jetzt auf eine Antwort vom Hof warten – nehme ich an?«

»Ja, hier bei Euch.«

»Ich bin geehrt! Ihr seid nicht der erste meiner Gäste, der hier – nun, kurz gesagt gibt es drei Möglichkeiten: Ihr wartet vergeblich und reist nach Tagen oder Wochen wieder ab, was auch nach einem abschlägigen Bescheid geschieht. Ich hoffe mit Euch auf die dritte Möglichkeit, nämlich auf eine positive Antwort.«

»Sehr freundlich von Euch, aber leider sieht es nicht danach aus.«

Am fünften Tag kam ein Bote vom Herzog und lud Maître François de Villon zu einer Audienz am übernächsten Tag.
Der Wirt schüttelte verwundert den Kopf.
»Da müsst Ihr wohl einen Fürsprecher bei Hof haben?«
»Nicht, dass ich wüsste …«
Allerdings riet ihm der Wirt davon ab, in seiner Magistertracht bei Hof zu erscheinen.
»Soviel ich weiß, hegt Seine Hoheit eine starke Abneigung gegen trockene Gelehrsamkeit und sieht die Magisterrobe als äußeres Zeichen dieser Eigenschaft. Der Herzog selbst kleidet sich sehr einfach und verabscheut auffällige oder stark farbige Kleidung – so haben mir Leute berichtet, die bei Hof empfangen wurden.«
»Solche Ratschläge sind Goldes wert, mein Freund, weil sie helfen, Fehler zu vermeiden, die man unwissentlich macht. Kennt Ihr das Alter Seiner Hoheit?«
Der Wirt runzelte die Stirn und schaute etwas verlegen drein.
»Vor einigen Jahren wurde sein dreißigster Geburtstag gefeiert …«

Der gesamte Komplex der herzoglichen Residenz war im Laufe von vier Jahrhunderten entstanden und trug die Merkmale unterschiedlicher Bauepochen. Da gab es klobige, fast fensterlose Rundtürme aus der ältesten Zeit, während der stattliche Palast mit seiner reich geschmückten Fassade aus neuester Zeit stammte.
Nach umständlicher Prüfung seines Einladungsschreibens geleitete ihn ein Diener über eine steile schmale Wendeltreppe hinauf in die *bel etage*, wo sich um den Bankettsaal die Vorzimmer und Audienzräume gliederten.
Villons leise Hoffnung, er werde heute als Einziger zum Empfang geladen sein, schwand beim Anblick der dicht besetzten Stühle und Bänke im langen schmalen *antichambre*. Wie es an Fürstenhöfen der Brauch war, konnte man aus der Sitzordnung auf den Rang der Geladenen schließen. Die Vornehmsten saßen allein auf gepolsterten Armsesseln, dann gab es einfachere Stühle ohne Armlehnen, samtgepolstert, Bänke für drei und schließlich lange ungepolsterte für etwa zehn Besucher. Zu seiner Überraschung wurde Villon auf einen

der Stühle verwiesen, von anderen neidisch und argwöhnisch betrachtet.

Nach etwa zwei Stunden Wartezeit, die gepolsterten Armsessel und ein Teil der Stühle waren schon leer, rief man ihn auf. Während der Diener ihn zur Tür geleitete, hörte er einen anderen sagen:

»Für heute ist die Audienz beendet und wird morgen um dieselbe Zeit fortgesetzt.«

Das unwillige und enttäuschte Raunen der Abgewiesenen hörte er nicht mehr, weil sich die Tür zum Audienzzimmer bereits hinter ihm geschlossen hatte.

Herzog Jehan saß hinter einem schlichten Schreibmöbel und gab mit einer ungeduldigen Bewegung das Zeichen zum Näherkommen. Im Gesicht des Fürsten schienen zwei Züge in Widerstreit zu liegen. Was die hohe Stirn, die kleinen, klugen, Augen und die schmale, gerade Nase versprachen, machten der eng verkniffene Mund und das fliehende Kinn zunichte.

»François Villon, nicht wahr? Ja, ich kenne Euch gut, sehr gut sogar – nicht als Person, aber Euer Werk und da steckt Ihr ja mit Leib und Seele drin, oder irre ich mich?«

Villon wollte antworten, doch der Herzog ließ es nicht dazu kommen.

»Ihr werdet ja draußen noch gehört haben, dass mein Diener die Audienz für beendet erklärte, und wisst Ihr, warum? Weil ich mir den Rest der Zeit für Euch aufgespart habe. Wenn man Euch gesagt hat, ein Empfehlungsschreiben des Duc d'Orléans sei hier kaum von Nutzen, dann stimmt das nicht ganz. Offen gesagt, halte ich diesen Vetter sowohl für einen schlechten Politiker wie auch für einen mehr als dürftigen Poeten, aber – hört gut zu! – aber er ist ein Kenner von Rang. Wenn er Euch über ein halbes Jahr an seinem Hof gehalten hat, dann wusste er recht gut, warum. Nun möchte ich aber schon wissen, was Euch veranlasst hat, Blois zu verlassen?«

Diesmal war es offenbar keine rhetorische Frage mehr. Villon hatte sie erwartet und sich die Antwort zurecht gelegt.

»Es waren die ständigen Intrigen, *altesse.* Die Zuwendung des Herzogs wurde mir geneidet und man träufelte ihm Gift ins Ohr, bis es endlich seine Wirkung tat. Dann wurde mir die Hofluft zum Ersticken und ich musste hinaus ins Freie. Da ich ohnehin zurück nach Paris wollte, machte ich den Umweg über Moulins, auf gut Glück dem Ruf folgend, den Eure Hoheit in der Dichtkunst und bei Dichtern genießt.«

»Da habt Ihr das Richtige getan, Villon. Seid ein paar Wochen mein Gast, arbeitet nach Lust und Laune und lasst mich am Ergebnis teilnehmen.«

»Gerne, Hoheit, und es würde mich sehr freuen, etwas von Eurem eigenen Werk …«

»Ihr werdet in Eurem Zimmer etwas davon finden«, sagte der Herzog schnell.

Villon erhielt ein rechtes Dichterstübchen in dem zum Fluss gelegenen Turm, und zwar in der obersten, der fünften Etage. Gewiss ein mühsamer Aufstieg, dafür aber eine betörende Fernsicht weit über das sanft hügelige sonnentrunkene Bourbonnais. Es war kein großes Land, über das der Herzog gebot, doch es lag im Herzen Frankreichs, mit bestem Ackerboden, reichen Viehbeständen und üppigen Weinbergen.

Wie in Blois, empfand Villon auch hier ein zunehmendes Gefühl von Geborgenheit und hoffte nur, dass die Pariser Behörden längst seine Spur verloren und ihre Akten geschlossen hatten.

Wie der Herzog es versprochen hatte, brachte ein Diener noch am Nachmittag einen Stoß beschrifteter Papiere, die Villon sogleich durchzulesen begann. Vielleicht würde ihn der Herzog schon bei der abendlichen Hoftafel danach fragen …

Kaum hatte er diesen Gedanken zu Ende gebracht, ärgerte er sich schon darüber. Ist aus mir inzwischen eine speichelleckende Hofschranze geworden? Da hätte ich gleich in Blois bleiben und das Intrigenspiel mitmachen können! Dennoch – Herbst und Winter blieben nicht aus und nach Paris wagte er sich vorerst nicht zurück. So nahm er den Papierstoß in Angriff, aber was fand er da? Brave belehrende Gedichte, ohne Feuer, ohne Schwung, dafür weitschweifig und breit ausgewalzt. Dann die Themen! »Ballade vom treuen Rittersmann«, »Der Winzer im Herbst«, »An die Frauen am Hof«, »Die Dreistigkeit der Jugend«, »Die Jugend eines Fürsten«. Und dies alles klapperte in mühseligen Versen dahin, nicht selten in schlecht passenden Reimen oder mit schiefen Metaphern. Seltsam aber auch die dazwischengestreuten kleinen Gelegenheitsgedichte, so frisch und treffend, dass ihm Zweifel kamen, ob ein und derselbe Poet sie geschaffen hatte.

Die höfische Abendtafel im Schloss von Moulin unterschied sich von denen in Blois und Bourges durch die Art des Gebotenen. Wenn René d'Anjou andere wirken und auftreten ließ, so war es hier Seine Hoheit, die das Wort führte, und zwar mit einem solchen Eifer, dass alle anderen meist zum Schweigen verurteilt waren. Frauen waren übrigens kaum zu sehen, man fand sie nur – wie Villon später bemerkte – bei festlichen Anlässen. Der Herzog schien für das weibliche Geschlecht nicht viel übrig zu haben; seine Gemahlin zeigte sich nie, im Übrigen war die Ehe bis jetzt kinderlos.

Dann fragte ihn der Herzog so nebenher, quasi im Vorbeigehen:

»Hat mein Werk Euren Beifall gefunden?«

»Erstaunlich, ganz erstaunlich, *altesse*, ich hätte mir eine solche Fülle nicht erwartet.«

Das konnte man so oder so verstehen, doch der Herzog strahlte wie ein gelobtes Kind.

»Wenn Ihr das sagt, bedeutet es mir viel …«

Da sein Platz an der Hoftafel immer der gleiche war, kam er mit seinem Gegenüber, einem Maître Dupont, ins Gespräch. Der ältere Herr war einer von den Hofsekretären und mühte sich – wie Villon bald erfuhr – schon seit Jahren ab, in des Herzogs »Gesammelte Werke« aufgenommen zu werden.

»Ich kann mich, dabei Blut schwitzend, abrackern wie ein Galeerensklave, ich kann es mit ausgefallenen Themen versuchen, kann endlos streichen, ändern, verbessern – niemals findet es Gnade vor seinen Augen. Da heißt es dann, nicht jedem sei von den Musen ein Talent in die Wiege gelegt worden, und so hoch er mich als tüchtigen Sekretär schätze, so wenig geeignet sei meine Dichtung, um in seinem Buch verewigt zu werden.«

Villon fand den Mann sympathisch und bat um einige Proben seines Werkes, die er mit wachsendem Erstaunen durchging. Hatte er manches davon nicht wortwörtlich schon gelesen? Passagen aus den Balladen »Vom treuen Rittermann« und »Der Dreistigkeit der Jugend« erwiesen sich im Vergleich so ähnlich, dass der Herzog sie den angeblich so schlechten Gedichten des Maître Dupont entnommen haben musste. So fragte er ihn:

»Kennt Ihr die Arbeiten des Herzogs?«

»Kaum, denn Seine Hoheit macht ein großes Geheimnis daraus. Er schreibt seine Werke selbst und hat zum Kopieren einen verschwiegenen Menschen eingestellt, Maître Collain – er sitzt am Ende der Tafel und spricht mit niemandem ein Wort.«

Villon brach das Thema ab, um sich nicht schon jetzt in die Nesseln zu setzen. Er verfasste eine Reihe von Balladen und Liedern, die der Herzog gnädig entgegennahm und von Zeit zu Zeit mit einem nicht sehr üppigen Geldgeschenk honorierte. Wie er das tat, fand Villon so ärgerlich wie geschmacklos, denn es mussten dabei immer auch Höflinge zugegen sein, damit sie seine Großmut bezeugen konnten.

Auf den ersten Blick war es nicht zu merken gewesen, aber wer länger an diesem Hof lebte, spürte, dass überall gespart und geknausert wurde, offenbar nach Wunsch und Willen des Herzogs, der aber nach außen den Großzügigen spielte und sich selbst mit Maecenas verglich.

Kein Vergleich mit Bourges, dachte Villon, und erst recht nicht mit Blois, wo der Herzog von Orléans einen Dichterhof geschaffen hatte, dem er selbst alle Ehre machte. Aber hier? Das von ihm zuerst so geschätzte Dichterstübchen wurde ihm bald zu eng, die niedrige Decke erdrückte ihn und jetzt, da die ersten Herbstwinde um den Turm fauchten, wurde es zudem noch ungemütlich kalt. Seine höfliche Bitte um eine geräumigere und auch heizbare Wohnstube ließ der Herzog durch seinen Sekretär mit dürren Worten abweisen. Villon stellte daraufhin seine Arbeit ein und der Herzog fand sich veranlasst, nach dem Grund zu fragen, diesmal allerdings ohne Zeugen.

»Es sind im Wesentlichen zwei Gründe, Hoheit. Zum einen lässt es sich in einem frostigen Käfig – ich spreche von meiner Turmstube – schlecht arbeiten, zum anderen war ich bisher gewohnt, das in Liedform Geschaffene mit meiner Laute auch vorzutragen – in Blois geschah dies fast täglich. Hier ist es offenbar nicht erwünscht und das hat meine Schaffenskraft zum Erliegen gebracht.«
Der verkniffene Mund des Herzogs verzog sich verachtungsvoll.
»Ja, das passt zu meinem Vetter in Blois! Weil ihm selbst nichts Rechtes einfällt, müssen ihm andere ihre Liedchen vorsingen, um so die Leere zu füllen. Habt Ihr nicht bemerkt, wie dürftig das ist?«
»Ich empfand es nicht so.«
»Also gut, Ihr sollt ein anderes Zimmer bekommen und wenn Ihr Eure Sachen vortragen wollt, so tut es in irgendeiner Kneipe. Ich hindere Euch nicht daran.«

Das hatte Villon inzwischen schon einige Male getan, aber Moulins war eine biedere Provinzstadt und was anderswo begeisterten Beifall erweckt hätte, wurde hier als anstößig empfunden. So ließ er künftig seine Laute zu Hause, trank mit flüchtigen Bekannten einen Krug Wein und jetzt auch häufig über den Durst, um in seiner zugigen Turmstube nicht zu erfrieren.
Vier oder fünf Tage nach seinem Gespräch mit dem Herzog war noch immer kein neues Quartier in Sicht und Villon in seinem beleidigten Stolz setzte sich eine Frist von sieben Tagen, dann wollte er ohne Begründung abreisen.
Als es zu einer denkwürdigen Begegnung mit Maître Collain kam, bereute Villon, nicht schon längst die Flucht ergriffen zu haben. Der sonst so schweigsame Kopist folgte ihm nach dem Nachtmahl auf den Hof und sprach ihn mit leiser Stimme an.
»Maître Villon, ich lade Euch zu einem Krug Wein in die ›Cave du Conseil‹ – tut Ihr mir die Ehre an?«
Villon in seiner Verblüffung über diese unerwartete Einladung stammelte nur.
»Ja – ja, warum nicht …«
Sie gingen hinüber zum Rathaus, an dessen Westseite die von wohl-

habenden Bürgern und Ratsherren besuchte Weinstube angebaut war. Für diese Herren gab es einen eigenen Raum mit hohen geschnitzten Stühlen – Fremde hatten da keinen Zutritt. Sie fanden eine Nische, wo ein schmaler Tisch und zwei Stühle gerade noch hineinpassten.

Ganz unauffällig – wie nebenbei – legte Collain seine Hände über Kreuz auf den Tisch, doch Villon berührte sie nicht, sagte nur leise: »Ich weiß, was Ihr meint, aber ich habe eine Pause eingelegt – versteht Ihr?«

Collain zog die Hände zurück und nickte.

»Mir erging es nicht anders, aber in Orléans habe ich von Euch reden hören ... Nun gut, jedenfalls wissen wir jetzt beide Bescheid. In Orléans habe ich übrigens vor vier Jahren meine Magisterprüfung abgelegt –«

Villon schmunzelte.

»Bei mir ist es schon sechs Jahre her ...«

»Ja, aber was haben wir beide daraus gemacht? Bei Euch weiß ich es nicht so genau, aber ich habe trotz großer Mühe keine angemessene Stellung gefunden. Ein paar Monate als unterbezahlte Hilfskraft, als scheel angesehener Lohnschreiber, das war schon viel. Da bin ich dann der Bruderschaft wie ein reifer Apfel in den Schoß gefallen. Euch mag es ähnlich ergangen sein, aber davon wollen wir heute nicht reden. Ein vorzüglich gefälschtes Empfehlungsschreiben führte mich hierher und da dem Herzog gerade sein *cryptographe* davongelaufen war, bot er mir die entsprechende Stellung an. Er versicherte mir, dieses Amt sei nicht befristet, da er ständig einen Geheimschreiber benötige und er mich zeit seines Lebens, zumindest aber über Jahre hinaus benötigen werde. Meine recht sichtbare Freude und Dankbarkeit nutzte er dazu, um mich mit einem Hungerlohn abzuspeisen, allerdings mit der Zusage, dieser werde Jahr um Jahr ein wenig angehoben. Ich fügte mich nolens volens dieser Erpressung, denn der Winter stand vor der Tür und ich hatte nichts in Aussicht. Etwas nebelhaft erklärte mir Seine Hoheit meine Aufgabe, die vor allem darin bestand, seine eigenhändig verfassten Werke in schöner Kanzleischrift einige Male zu kopieren. Niemals dürfe ich über meine Arbeit reden, denn er plane ein umfassendes Werk mit dem Titel ›Im Garten der Poesie‹, in das er seine gesamte Dichtung aufnehmen wolle.«

Villon hob die Hand.

»Entschuldigt, Maître Collain, sagte er wirklich ›seine gesamte Dichtung‹ und nicht etwa ›die Dichter seiner Zeit‹, um auszudrücken, dass er – zusammen mit eigenen Werken – auch andere darin aufnehmen werde?«

»Ich sagte ja, es klang ein wenig nebelhaft und vieldeutig, war aber eher so zu verstehen, dass es sich um eigene Werke handelte. Als sich einige Poeten an seinem Hof zu einer losen Gruppe zusammenfanden, um einander das selbst Geschaffene vorzutragen, und ich ein paar Mal daran teilnahm, ging mir ein Licht auf. Da brauchte ich nur zwei und zwei zusammenzuzählen – kurz und gut, der Herzog erwies sich als Plagiator größten Ausmaßes. Was ihm gewidmet und zugetragen wurde, arbeitete er etwas um – manchmal tat er nicht einmal das – und fügte es in das schnell wachsende Gesamtwerk ein. Dass es Euren Liedern und Balladen nicht anders erging, ist anzunehmen, da ich beim Kopieren sofort eine Qualität und Eigenart erkannte, die dem Herzog, bei Gott, völlig fremd war. Etwa das:

›Ich weiß ein altes Wort, das heißt:
Als deinen Feind nur schaue an,
wer dich vor allen Leuten preist!
Und trotzdem seh ich dann und wann,
wie wohl ein jeder rechte Mann
voll Tapferkeit sein Haupt erhoben,
weil er mit Stolz es sagen kann:
Was lobenswert, das soll man loben.‹«

Villon konnte sich ein Lachen nicht verkneifen.

»Es ist von mir, dem Herzog hat wohl besonders die letzte Zeile gefallen – ›Was lobenswert, das soll man loben‹, weil er damit sein eigenes Werk empfahl. Ganz schön anmaßend, aber wenn es später darum geht, wer glaubhafter sei – der Duc de Bourbon oder ein fahrender Bänkelsänger namens Villon, dann könnt Ihr Euch denken, wie es ausgeht.«

Collains kluges hageres Gesicht drückte Zweifel aus.

»Da bin ich mir nicht so sicher. Euer Name ist inzwischen weithin bekannt und was der Herzog sich so dreist angeeignet hat, wird zum Teil auch in den Sammelwerken seiner angefeindeten Vettern auftauchen, es sei denn, Ihr habt ihm hier nur Neugeschaffenes übergeben.«

»Keineswegs! Nicht weniges davon habe ich schon in Blois mit der Laute vorgetragen.«

Collains Augen glänzten gehässig, als er sagte:

»Wenn in zwei oder drei Jahren dieses vor Plagiaten strotzende Machwerk erscheint, dann wird es den Herzog der Lächerlichkeit preisgeben und jedermann wird erkennen, dass er darin alles von Wert schamlos gestohlen hat. Seine eigene so genannte Dichtung richtet sich dann selbst.«

Villon hob seinen Becher.

»Möge es so kommen, Maître Collain, aber Ihr werdet verstehen, dass mir zurzeit das eigene Hemd näher ist. Wie bei Euch im Vorjahr, so steht jetzt für mich der Winter vor der Tür und ich weiß nicht, wohin.«

Maître Collain sah ihn erstaunt an.

»Ja, glaubt Ihr, mir ergeht es anders? Aber warum wollt Ihr den Hof verlassen?«

»Weil ich in meiner kalten Turmstube mit klammen Fingern kaum noch schreiben kann, auch wenn der Herzog mich angeblich demnächst umquartieren will. Die von mir gesetzte Wochenfrist ist fast um und so werde ich die Konsequenzen ziehen müssen.«

Collain schlug sich vor den Kopf.

»Doch halt, ich habe Euch noch nicht alles erzählt. Als die ersten Blätter fielen und ein eisiger Nordwest über den Fluss fegte, fing ich gerade an, mein Schicksal zu preisen, doch dann gab mir der Herzog in seiner trockenen Art zu verstehen, dass er mich nicht mehr benötige. Die Zeiten seien härter geworden, die letzte Ernte sei schlecht gewesen und deshalb die Abgaben geringer. Er müsse die Ämter an seinem Hof spürbar reduzieren und meine Aufgabe werde er auf den anderen Sekretär übertragen, der schon älter sei und eine Familie zu versorgen habe. Ich soll binnen einer Woche den Hof verlassen und so geht es mir nicht besser als Euch.«

»Ich habe mir, wie Ihr wisst, dieselbe Frist gesetzt und da ich jetzt von Euch weiß, wie man an diesem seltsamen Musenhof verfährt, werde ich mich davonmachen, auch wenn der Herzog mir eine bessere Unterkunft zuweist.«

»Setzt Ihr da nicht Stolz vor Klugheit?«

»Mag sein, aber ich habe diesen Hof bis oben hin satt. Hier herrscht eine seltsam klebrige Luft, etwas Unsauberes und Verdrießliches, auch Unfrohes durchzieht diesen Herzogspalast. Warum lässt Seine Hoheit keine Frauen zu, warum wagt sich seine eigene nicht aus ihren Gemächern hervor?«

»Könnt Ihr es Euch nicht denken? Weshalb ist seine Ehe kinderlos geblieben, obgleich der Herzog sich doch im besten Mannesalter befindet? Warum ist er von zahlreichen glatthäutigen und bartlosen Pagen umgeben, die er gleich nach dem Stimmbruch fortschickt? Er beliebt diese noch pausbäckigen Buben seine kleinen Musen zu nennen und läßt sich von ihnen zu Bett bringen. Nicht wenige wissen davon, wer nur ein Wort darüber fallen lässt, wird unter einem Vorwand davongejagt.«

»Offenbar will Seine Hoheit dem Sieur de Rais nacheifern …«

Collain schüttelte ernst seinen Kopf.

»Zum Glück nicht! Er schickt sie nur mit einem Geldgeschenk weg, sobald die Buben sich mausern. Gut, andere machen das vielleicht auch, aber hier kommt eben einiges zusammen: Gestohlene Dichtung, Knausrigkeit, Wortbruch – alles in allem eine drückende, unfrohe Atmosphäre.«

»Was habt Ihr jetzt vor?«

»Ich gehe nach Orléans zurück und frage bei der Bruderschaft nach Arbeit.«

»Das würde ich auch gerne tun, aber ich glaube, dass man dort noch immer nach mir fahndet.«

»Das wäre schnell herauszufinden. Ich mach Euch einen Vorschlag: Wir reisen zusammen als vorgebliche Pilger nach St. Benoît. Dort bleibt Ihr in der Pilgerherberge und ich reise weiter nach Orléans und ziehe dort Erkundigungen ein, deren Ergebnis ich Euch zukommen lasse.«
Villon lachte spöttisch.
»Ja, die Bruderschaft hält zusammen ...«
Collain blieb ernst.
»Der Not gehorchend, nicht dem inneren Verlangen.«

Am nächsten Tag ließ der Herzog ihn wissen, dass er für einige Tage zu einer Jagd geladen sei und sich nach seiner Rückkehr um ein neues Quartier für ihn kümmern werde.
Nein, dachte Villon, nein und nochmals nein! Mein Entschluss ist gefasst und selbst in einem geräumigen Saal mit großem Kamin würde ich mich hier nicht mehr wohl fühlen.
Er ging seine Arbeiten durch und machte dabei eine bestürzende Feststellung. Etwa ein Viertel von dem, das er dem Herzog gegeben hatte, war schon zuvor geschaffen worden und er konnte auch nach nochmaligem kritischem Nachlesen damit durchaus zufrieden sein. Aber das Übrige? Reime und Versmaß waren korrekt, doch es fehlte der Schwung, das Feuer, der kritisch-freche Ton. Das plätscherte so brav dahin, die Metaphern waren flau und abgedroschen, zudem hätte er das meiste kürzer fassen können. Woran lag es? Hatte ihm die stümperhafte Atmosphäre dieses so genannten Musenhofes Geist und Feder verdorren lassen?
Am Tag darauf sprach er mit Collain darüber, doch der winkte nur verächtlich ab.
»Mag sein, aber Eure Arbeiten übertreffen trotzdem die der anderen – besonders die des Herzogs – bei weitem. Wenn sie auch vielleicht keine Glanzstücke sind, so braucht Ihr Euch keineswegs dafür zu schämen.«
So sprach ein Freund, der Collain inzwischen geworden war, aber Villon beharrte auf seiner Meinung.
Zwei Tage später reisten sie gemeinsam ab, was aber für Villon nicht

so einfach war. Der Herzog hatte zwar Collain entlassen, doch Villon sollte ein neues Quartier bekommen und so fragte ihn der Concierge ungehalten nach dem Grund der Abreise.
»In dieser von Lug und Trug, von Geiz und Verstellung geschwängerten Luft kann ich vielleicht als braver Untertan, nicht aber als Poet von Rang weiter existieren. Das werdet Ihr doch verstehen?«
Der Mann schüttelte den Kopf und verzog sein einfältiges Gesicht zu einer ärgerlichen Grimasse.
»Ohne Erlaubnis unseres gnädigen Fürsten –«
»Bin ich ein Leibeigener – ein Vasall – ein Dienstmann? Nein, mein Freund, ich bin frei und wenn ich Eurem Herrn etwas verkauft habe, dann war es auf Papier Geschriebenes.«
Villon kümmerte sich nicht weiter um das Gezeter und reiste mit Collain noch vor Sonnenaufgang ab.
Sie zogen die Loire entlang nach Norden, genossen die milden sonnigen Herbsttage, flüchteten vor einem Gewitter aus heiterem Himmel in die Scheune eines Bauern, hatten dabei gute Gespräche, wobei ihr Wesensunterschied deutlich zutage trat. Collain war ein Mensch, der sich selbst beschränkte, seinen Wünschen und Gelüsten Zügel anlegte, sobald er glaubte, sie könnten mit ihm durchgehen. Wenn er jetzt gewillt war, wieder für die Coquille tätig zu werden, dann geschah dies unter allerlei Vorbehalten.
Villon aber lebte in den Tag hinein, gab sein in Blois und Moulins Erspartes mit vollen Händen aus und wenn es jemandem gelang, ihn übers Ohr zu hauen, so lachte er nur und bewunderte das Geschick des anderen. Collain konnte so etwas lange nicht verwinden, fraß den Ärger in sich hinein und erwog tausend Möglichkeiten, wie er es hätte verhindern können.

So erreichten sie St. Benoît-sur-Loire, die weithin bekannte, auf einem steilen Hügel gelegene Pilgerstätte. Der heilige Benedikt hatte hier in einer uralten Kirche seine letzte Ruhestätte gefunden und eine große Zahl betender Pilger drängte sich um sein Grab. Der Kirche war ein Kloster angeschlossen mit einer Herberge für Männer, die zwar kostenlos war, aber jeden verpflichtete, an den geistliche Übun-

gen teilzunehmen. Collain war dazu durchaus bereit, zwar nicht von seinem frommen Sinn, sondern eher von seiner Sparsamkeit geleitet. Villon aber wehrte lachend ab.
»Das ist nichts für mich! Die paar Silbergroschen für die Herberge bringe ich noch auf – ich lade Euch sogar dazu ein.«
Am Fuß des Hügels waren einige gut geführte Herbergen entstanden, wo der Wirt nur grinste, wenn ein »Ehepaar« – das offensichtlich keines war – ein gemeinsames Zimmer beziehen wollte. So ließ sich Maître Collain von Villon einladen, mit der Maßgabe, dafür die Kosten seiner Recherchen in Orléans wie auch für die Benachrichtigung zu übernehmen.
Am nächsten Morgen reiste er sehr früh ab, doch Villon blieb im Bett, während ihm Lieder und Balladen durch den Kopf gingen, ihn zur Niederschrift drängten.
Kaum atme ich freie Luft, dachte er zufrieden, erwacht wieder der Poet in mir, von dem ich schon glaubte, er hätte in Moulin seinen Geist aufgegeben.
Es war nicht zu übersehen, dass sich in den Herbergen auch loses Weibervolk herumtrieb, das scharfäugig nach gespickten Börsen Ausschau hielt. Und wenn so eine Börse auch noch am Gürtel eines halbwegs ansehnlichen Mannsbildes hing, dann konnte der Wirt wieder ein »Ehepaar« beherbergen.
Villon, in Moulins mit Frauen nicht verwöhnt, trennte den letzten seiner eingenähten Notgroschen aus dem Wams und hielt ihn der schönen Marion unter die Nase.
»Wie lange wird das reichen?«
Blitzschnell verschwand die Münze in ihrem Mieder. Sie lachte kokett und auch zwei fehlende Zähne konnten den Reiz ihres Lachens nicht schmälern.
»Ewig – und drei Tage!«
Villon schmunzelte.
»Von Ewigkeiten halte ich nichts, aber die drei Tage wären mir schon recht.«
Er musste es nicht bereuen, denn als Mann entsprach Villon ganz ihrem Geschmack und nach der dritten Nacht war sein Klöppel

so wund, als hätte er Tag und Nacht läuten müssen. Marion, das Luder, hielt den goldenen Ecu für abgearbeitet und verschwand spurlos. Dafür kam am fünften Tag eine Nachricht aus Orléans:
»Willkommen bei der Bruderschaft vom Heiligen Geist! Alle früheren Sünden sind Euch vergeben und am nächsten Sonntag werden wir in St. Paul gemeinsam der Abendmesse beiwohnen.«
Heute war Freitag und es genügte, wenn er sich am Samstag auf den Weg machte, denn selbst bei gemütlichem Traben dauerte der Ritt nach Orléans höchstens fünf oder sechs Stunden.

11

Villon wusste, dass auf die Coquille meistens Verlass war, aber es hätte doch auch eine Falle sein können. Wenn es eine war, so wollte er jedenfalls nicht ahnungslos hineintappen.
Die Kirche St. Paul war vor kurzem von einem Stifter erbaut worden, lag am westlichen Stadtrand und bei der Abendmesse gab es nicht viele Besucher. Villon schaute sich genau um, ob sich nicht einige Männer mit dem typischen Gebaren der Häscher herumdrückten, konnte aber nichts entdecken. Hätte jemand ihn gefragt, was dafür typisch sei, so hätte er es nicht genau definieren können. Etwa ein heimlicher Rundumblick, wenn sie zu zweit waren, ein kurzes Geflüster, ein Auseinanderstreben, um den Gejagten von beiden Seiten einzukreisen. Nichts davon war heute zu bemerken und so trat Villon kurz nach dem Kyrie in die Kirche und stellte sich vor eine Säule, um seinen Rücken zu decken. Nach dem *Ite missa est* hörte er einen Mann im Vorbeigehen flüstern:
»Draußen vor der Sakristei …«
Villon ließ etwa zehn Minuten vergehen und spähte zum Portal hinaus. Am Eingang zur Sakristei schlenderte der Mann auf und ab. Villon schritt auf ihn zu und gemeinsam gingen sie weiter, nach Osten in Richtung Innenstadt.

Wie immer, wenn schriftliche Nachrichten von der Coquille kamen, benutzte man das dreizehnte Wort als Code und als Villon flüsterte »vergeben«, blieb der andere stehen.
»Ich möchte mich für die Bruderschaft entschuldigen. Als Ihr damals Hals über Kopf abreisen musstet, klärte sich schon wenig später der Irrtum auf. Nicht einem Mann Eures Namens waren sie auf der Spur, sondern ein gewisser Villan hatte in einer Vorstadtkneipe einen Hehler erschlagen, von dem er sich betrogen glaubte. Danach wart Ihr leider nicht mehr zu erreichen, bis Bruder Collain für Euch hier nachforschte.«
»Ja, mein Freund, ich habe lange Hofluft geatmet – zuerst in Blois, dann in Moulins, doch Herzog Jehan ist auf die Dauer kein Umgang für Menschen, die etwas auf sich halten. Jetzt bin ich da und stehe zu Eurer Verfügung.«
Der andere lachte leise.
»Nicht zu meiner! Was Ihr zu tun habt, werden andere entscheiden.«

Er wurde an eine kleine saubere Herberge verwiesen, die ein verdeckter Coquillard führte. Das waren Leute, die durch irgendwelche Umstände nicht mehr für die Coquille tätig sein durften. Sie wurden dann mit der Führung eines Ladens, einer Kneipe oder einer Herberge betraut, mussten nach außen hin lautstark als Gegner der Bruderschaft auftreten, deren stilles Mitglied sie weiterhin blieben. Das wussten aber nur die Eingeweihten, während sich der Betreffende niemals dazu äußerte.
Die Fälscherwerkstatt war mittlerweile in ein anderes Stadtviertel verlegt worden und Villon nahm dort seine Arbeit wieder auf. Er hatte sein seelisches Gleichgewicht wieder gefunden, der schon verstopfte Quell der Poesie begann wieder heftig zu sprudeln und bald fand er eine Gelegenheit, seine Werke nach gewohnter Art zur Laute vorzutragen.
An der Tour Neuve hatten sich außerhalb der Stadtmauer auf dem schmalen Uferstreifen einige Kneipen und Verkaufsstände angesiedelt, die zwar keine Konzession hatten, aber von der Miliz gegen Schmiergelder und andere Dienste geduldet wurden. Da gab es auch

die Kaschemme »Ane sauvage« (der wilde Esel), die bald stärkeren Zulauf bekam, als Villon dort einige Stückchen vorgetragen hatte. Da sich mehr als die Hälfte der Gäste der Gaunersprache bediente, hatte Villon nach und nach ein Dutzend Lieder im Rotwelsch geschrieben und es war ergötzlich zu beobachten, wie ein Teil der Gäste schallend lachte, während die anderen verständnislos dreinschauten. Da es von den Letzteren immer weniger wurden, war man nach einiger Zeit im »Ane sauvage« unter sich, was aber nicht heißen soll, dass alle der Gaunersprache Mächtigen auch der Coquille angehörten.

Meist waren es Balladen, die spöttische Warnungen aussprachen, die ausmalten, was geschehen könnte, wenn man nicht ständig auf der Hut war.

»Macht euch davon, so schnell ihr laufen könnt,
nur fort, und notfalls mitten durchs Gesträuch,
wenn unterm Fuß euch schon der Boden brennt,
die Galgenhochzeit wartet sonst auf euch.
Und dann seid ihr auf einmal kreidebleich.
Vor den Sergeanten schleunigst abgezischt,
zeigt ihnen euren Hintern und entwischt,
denn das sind Leute ohne viel Humor,
ihr werdet sonst in Ketten aufgemischt;
passt auf und seht euch vor dem Hanfstrick vor!«

Da gab es tosenden Applaus und Villon setzte noch eins drauf:

»Ihr Coquillards,
ihr Gaunerschar,
gut wär's, wenn an Montjoie ihr denkt,
wo ihr gehenkt
die Hintern schwenkt,
denn damit ist's dann aus, vorbei,
mit Räuberei und Hurerei,
das fällt euch muntren Burschen schwer,

nicht raufen mehr,
nicht saufen mehr,
die Bullen machen euch kaputt,
ihr Großen Herren mit so viel Mut.«

Nach seiner meist trockenen, anstrengenden, manchmal geisttötenden Arbeit für die Coquille brauchte er eine Gegenwelt; insgeheim sehnte er sich, da er untertags stundenlang mit dem Fälschen befasst war, nach etwas Echtem, im Sinne des Wortes Unverfälschtem. Da waren seine Lieder und Balladen, sein virtuoses Spiel auf der Laute und nicht zuletzt seine etwas heisere wohlklingende Stimme, mit der er die Menschen in Bann schlug.

Mit den Frauen war es ein wenig seltsam geworden. Viele bemühten sich um ihn, hätten mit dem schlanken, anmutigen Sänger gerne mehr als eine Liebesstunde verbracht, doch die sich ihm an den Hals warfen, waren selten nach seinem Geschmack. Oder war es gerade ihr heißes Bemühen, das ihn abschreckte? In Paris hatte er solche Unterschiede nicht gemacht und zugegriffen, wo immer sich etwas darbot.

Der Wirt vom »Ane sauvage«, ein verschlossener, etwas dicklicher Mann, der leicht ins Schwitzen kam und mit seinem blassen, teigigen Gesicht kränklich wirkte, hatte eine junge, wunderschöne Gefährtin, die diesen mit den Augen verschlang und anderen kaum einen Blick gönnte. Villon, in seiner unbekümmerten Art, warb um sie, doch er konnte in ihr kein Feuer entzünden, erreichte nur, dass ihr Mann ihn leise schwitzend mit wachsendem Misstrauen betrachtete. Wenn sein Liebeswerben auf keine Gegenliebe stieß, pflegte Villon den Fall mit einem Spottlied abzuschließen.

»Es kommt der Tag, da welkt der Blume Zier,
auch du wirst bald verblühn mit grauem Haar.
Dann lach ich! Nein, das Gleiche droht auch mir,
ich wäre nur ein Tor, ein alter Narr,
ich altre, du wirst hässlich, das ist klar,
trink du, solang die Quelle strömt empor,

doch hüte dich, spott nicht der andern gar!
Verlacht nicht, helft ihm, der sein Glück verlor!«

Während er sein Lied vortrug, war es ganz still geworden, der Wirt hatte aufgehört, ein paar leere Krüge durchs Wasser zu ziehen, die Wirtin hatte besitzergreifend eine Hand auf seine Schulter gelegt und hörte unbewegten Gesichts zu. Als Villon geendet hatte, lächelte sie wider Erwarten recht freundlich.
»Da ist viel Wahrheit drin und Ihr habt Euch selbst nicht verschont. Das macht Eure Kunst so liebenswert, Villon, dass Ihr Euch nicht ausnehmt, Euch nicht als etwas Besonderes darstellen wollt. Anders wäre manches von Euch nur schwer zu ertragen ...«

Ja, alles in allem war es ein gutes Leben, aber die Zeit blieb nicht stehen und mit dem Frühling kam ein großes Aufräumen über das Land. Der Dauphin rechnete offenbar in nächster Zeit mit dem Ableben seines kränkelnden Vaters und bereitete eine Generalabrechnung mit der ihm so verhassten Coquille vor. Das ging nicht über Nacht, sondern ganz peu à peu, wobei die Städte zunächst ausgespart blieben. Zuerst sollten die Zwischenglieder, die unerlässlichen Verbindungsleute in den kleinen Orten, ausgeschaltet werden und das traf die Coquille schwer. Es musste etwas dagegen unternommen werden und so fand im »Ane sauvage« eine nächtliche Konferenz der bedeutendsten Coquillards von Orléans statt. Diese Führungsmänner wurden *escorcheurs* genannt; obwohl Villon nicht zu ihnen zählte, war er doch geladen, weil ihm eine wichtige Aufgabe übertragen werden sollte.
Sie saßen im halbdunklen Hinterzimmer des »Ane sauvage«, dessen einziges Fenster auf einen verwilderten Garten schaute, wo sich zwei Wächter verborgen hielten.
Der Wortführer war nicht wie üblich der Älteste in der Runde, sondern ein unscheinbarer mittelgroßer Mann, der einer Arglist seines Geschäftspartners zum Opfer gefallen war. Dieser hatte ihn mit Hilfe bestochener Richter um Geschäft und Besitz gebracht und so warf er sich der Coquille in die Arme, um mit deren Hilfe seinerseits den

Betrüger zugrunde zu richten. Er besaß Verbindungen nach allen Seiten, hatte insgeheim einen Teil seines Geldes im letzten Augenblick beiseite gebracht und stellte in vielen Dingen eine wertvolle Hilfe für die Bruderschaft dar.

Die Gesichter der Anwesenden waren kaum zu erkennen, denn der Raum war nur von einer einzigen Kerze erhellt, die am Fensterbrett unruhig vor sich hin flackerte.

Es fiel kein einziger Name, aber die meisten erkannten einander an der Stimme und für Villon bürgten einige Brüder, mit denen er zusammenarbeitete. Nun begann der Wortführer, mit halblauter Stimme seinen Plan darzulegen.

»Stellen wir uns einmal die Frage, warum der Zusammenhalt unserer Bruderschaft über viele Jahre kaum jemals versagt hat, dann mag es darauf verschiedene Antworten – richtige und falsche – geben, doch die Hauptursache für unseren Erfolg waren die schnell und sicher herzustellenden Verbindungen zu wichtigen Städten und Orten, vor allem nach Paris. Ähnlich wie die Stationen der königlichen Kuriere gab es in Abständen eines Reisetages unsere Verbindungsleute – zuverlässig, verschwiegen, jedem Bruder zu Diensten. Dieses über ganz Frankreich sich spannende Netz ist lückenhaft geworden, Verräter haben sich eingeschlichen, Ängstliche sind desertiert. Wir wissen aus sicherer Quelle, dass mit dem bald zu erwartenden Thronwechsel die Bruderschaft in Gefahr gerät, vollends vernichtet zu werden, was in unserem lückenhaft gewordenen Verbindungsnetz für den Gegner kaum noch eine Schwierigkeit darstellt. Wie fast alle hier wissen, bin ich kein Mann, der sich geschlagen gibt, solange noch ein Funken Hoffnung vorhanden ist. So halte ich es in der jetzigen Situation für unbedingt notwendig, vor allem unseren Verbindungsweg nach Norden, also nach Chartres, Paris und Rouen, genau und mit allem Nachdruck auf undichte Stellen zu überprüfen. Wer soll das tun und wie sollen wir vorgehen? Darüber habe ich mir ausführliche Gedanken gemacht, denn einen Fehlschlag können wir uns kaum noch leisten. Ich weiß, dass die meisten von Euch zeitlebens hier ansässig waren, die Stadt und ihre weitere Umgebung selten verlassen haben. Diesen Brüdern, und da zähle ich mich auch dazu, fehlt es an einer gewissen Weltläufigkeit, am Geschick, sich in Situationen, in denen man auf sich allein gestellt ist, zurechtzufinden. Wer dies aber zweifelsohne kann, in den vergangenen Jahren viel unterwegs war und sich glänzend bewährt hat, ist der hier anwesende Poet und Sänger. Ihn möchte ich bitten, den Weg nach Norden –«

Villon war es so unbehaglich geworden, dass er den Redefluss des Sprechers unterbrach.

»Verzeiht, verehrter Bruder, aber gerade der Weg nach Norden ist der für mich am wenigsten geeignete. Überschreite ich die *banlieue* von Paris, so werde ich mit Sicherheit in kürzester Zeit – wenn nicht sofort – in die Kerker des Châtelet gebracht. Mein Strafregister dort ist lang und die letzte Anklage lautet auf bewaffneten Einbruch, von zwei Mittätern bezeugt. Da in Paris auf mich der Galgen wartet, muss ich Euer Ansinnen aus guten Gründen ablehnen.«

»Das sind stichhaltige Gründe …«, hörte er jemanden halblaut sagen.

»Das habe ich nicht bedacht«, meldete sich der Specher zurück, »aber den Westen könntet Ihr übernehmen? Etwa die Strecke Montargis, Courtenay, Sens bis Troyes, möglicherweise bis Brienne. Dahinter beginnt ohnehin das burgundische Einflussgebiet, in dem die Bruderschaft so gut wie keine Rolle mehr spielt.«

Bei Sens hatte Villon aufgehorcht, denn dort lagen die Besitzungen seines Vaters, die er sich gerne einmal angesehen hätte. Wie es seine Art war, überlegte er nicht lange.

»Gut, ich mache es, aber allein wird es kaum gehen.«

»Daran ist auch nicht gedacht. Ihr werdet als Chef einer kleinen Gauklertruppe diesen Weg nehmen. Wo man es Euch gestattet, gebt Ihr eine Vorstellung, werdet einen Jongleur bei Euch haben, der in allem bewandert ist, was man von seiner Zunft verlangt. Dazu vielleicht eine hübsche Tänzerin und wichtig seid auch Ihr mit Euren zur Laute vorgetragenen Chansons. Jeden dieser Aufenthalte müsst Ihr dazu nutzen, um diskret Erkundigungen nach den jeweiligen Verbindungsleuten einzuziehen. Wenn Ihr Euch darüber Notizen macht, dann nach einem Code – etwa so: ›Eine Gans verzehrt‹ bedeutet, die Verbindung ist tot. ›Eine Gans gekauft‹ würde aussagen, Ihr habt einen Bruder gefunden, der diese Lücke schließt. Etwa in dieser Art …?«

Da es fragend klang, sagte Villon:

»Oder in einer anderen, je nach den Umständen. Wer stellt die Gauklertruppe zusammen? Ich nehme an, diese Leute dürfen über meine eigentlichen Auftraggeber nichts wissen?«

»Das versteht sich. Sucht sie Euch selbst zusammen; vor den Toren der Stadt treiben sich genügend davon herum. Ihr werdet dazu ausreichend mit Geldmitteln versehen.«

Im Nachhinein warf Villon sich vor, zu schnell einverstanden gewesen zu sein. Er hätte die Coquille hinhalten, Bedingungen stellen müssen. Aber er kannte sich selbst gut genug, um zu wissen, dass ihm der Auftrag gerade recht kam, denn der Frühling hatte sein Regiment angetreten. Sein unruhiges Blut sehnte sich nach Veränderung, eine unersättliche, aber auch unerklärliche Neugier trieb ihn nach draußen, vielleicht nicht, um Neues zu erleben – davon gab es für ihn nicht mehr viel –, sondern um bestimmte Erlebnisse zu erneuern. Mit Frauen und Männern, mit Menschen aller Art, um sie dann umzusetzen in freche, traurige, sehnsuchtsvolle, auch lebenshungrige und lebenssatte Lieder.

Nun aber galt es, die kleine Gauklergruppe zusammenzustellen, und wenn er das auch zuvor noch nie getan hatte, so fühlte er sich dieser Aufgabe durchaus gewachsen. Die ihm zu diesem Zweck überreichte Geldsumme war so gering, dass Villon – was sonst im Zusammenhang mit Geld kaum geschah – zornig wurde.

Sie standen in seinem Herbergszimmer, der Bote legte einen schmalen Beutel auf den Tisch, verneigte sich leicht und wollte gehen.

»Halt – lasst mich erst einmal nachsehen.«

Wären es *ecus* gewesen, so hätte er zufrieden sein können, aber da klimperte nur Silber.

»Ist das alles?«

Der Bote machte eine hilflose Geste.

»Aber ich bin doch nur der Überbringer …«

Villon warf ihm den Beutel vor die Füße und sagte mit leiser scharfer Stimme:

»Dann teilt diesen notorischen Geizhälsen mit, dass diese paar Groschen nicht einmal hinreichen, um für die Gaukler ein Handgeld zu zahlen. Ich bin dabei, eine wichtige Aufgabe zu übernehmen, doch mit einer so dürftigen Ausstattung sehe ich es von vorneherein als gescheitert an.«

Er holte sein Notizbuch, trennte einen winzigen Zettel ab und schrieb eine Zahl darauf.

»Dieses Papier steckt Ihr in die magere Börse und überreicht sie Eurem Auftraggeber. Wenn bis Mittag kein Bescheid kommt, müssen die Herren jemand anderen anwerben.«

Der Bote nickte, hob die Börse auf, steckte den Zettel hinein und verschwand.

Hatten die Herren von der Coquille erwartet, er werde die Reisekosten selbst übernehmen? Sein Zorn hatte sich gelegt und er musste lachen. Von den Höfen in Blois oder Moulins war ihm reichlich Geld geblieben, weil er keine Möglichkeit sah, es auszugeben. Hier in Orléans erging es ihm wie in Paris: Das Geld strömte herein, er bekam seinen Lohn von der Coquille und am Abend spendeten die Zuhörer reichlich. Doch ebenso schnell strömte es wieder hinaus für Wein, lose Weiber und Leute, die bei ihm borgten. Jeder, der sich im Schuldengeschäft auskannte, weiß, wie schlecht das Gedächtnis der Schnorrer ist, wenn es ums Zurückzahlen geht. Bei Villon kam noch hinzu, dass er sich auch seine Schuldner nicht merken konnte und manchmal erstaunt war, wenn ihm ein fast Unbekannter ein paar Münzen mit der Bemerkung in die Hand drückte, er zahle Geliehenes zurück.

Gegen Mittag kam der Bote wieder, mit praller Börse, die er wortlos überreichte.

»Habt Ihr etwas auszurichten?«

»Nein, mein Herr.«

Villon zählte flüchtig nach und kam ungefähr auf die von ihm geforderte Summe. Er nickte, gab reichlich Botenlohn, verließ das

Haus und spazierte zur Loire hinunter. Zwischen Kneipen, Garküchen und den Ständen der Gebrauchtwarenhändler herrschte ein munteres Treiben. Hier draußen war es ein anderes Leben als das der braven und gesetzten Bürger innerhalb der Stadtmauern. Es gab viel junges Volk, meist in abgerissenen Kleidern, aber wenn ein weiß leuchtender Frauenschenkel aus einem zerlumpten Rock hervorlugte, hatte er mehr Reiz als der von kostbaren Stoffen verhüllte schwabbelig-fette Arm einer honorigen Bürgersfrau.

In der Nähe des Stadttores trieben sich Gaukler herum, um die hinein- und herausströmenden Menschen für einige Minuten zu fesseln und ihnen ein paar Kupfermünzen zu entlocken.

Ein junger, drahtiger Kerl mit nacktem Oberkörper wirbelte geschickt verschiedene Früchte durch die Luft – so schnell, dass Apfel, Birne und Orange kaum voneinander zu unterscheiden waren. Am Eingang eines löchrigen Zeltes schrie sich ein hagerer, kränklich aussehender Anreißer die Seele aus dem Leib.

»Ist Lucille ein Mensch oder eine Schlange? Hat sie überhaupt Knochen im Leib? Ihr werdet aus dem Staunen nicht herauskommen und das alles kostet euch nichts – oder fast nichts, denn ein halber *sou* ist für euch betuchte Städter so gut wie nichts.«

In diesem Ton ging es noch eine Weile dahin. Villon zahlte und betrat das dämmrige Zelt. Es gab keine Sitzmöglichkeit, die Besucher – inzwischen auf ein Dutzend angewachsen – starrten erwartungsvoll auf die niedrige hölzerne Bühne, aber da trieb vorerst nur ein grell geschminkter *farceur* seine Possen, doch seine lahmen Hanswurstiaden erregten nur Ungeduld, kaum einer lachte.

Als das Zelt rappelvoll war, trat Lucille auf, gekleidet in ein hautenges Trikot, das jede Linie ihres Körpers getreulich nachzeichnete und in dem halbdunklen Raum die Illusion von Nacktheit vermittelte. Das Alter des Mädchens war schwer auszumachen, sie konnte sechzehn, aber auch ein Jahrzehnt älter sein. Der Anreißer hatte nicht übertrieben. Mit erstaunlicher Geschmeidigkeit verbog sie ihre Glieder und Villon fiel ein schmerzender Vergleich ein: Bei ihr hätten es die Folterknechte schwer gehabt, da sich ihre Glieder scheinbar knochenlos zu erstaunlichen Verrenkungen hergaben.

Nach dem Ende der Vorstellung wollte Lucille hinausschlüpfen, doch Villon trat an sie heran.

»Auf ein Wort, Lucille.«

Sie blieb stehen und wandte sich um.

»Mit Hurerei habe ich nichts im Sinn, mein Herr …«

»Ich auch nicht – es geht um etwas anderes. Habt Ihr ein wenig Zeit?«

Sie nickte.

»Um diese Stunde legen wir ohnehin eine Pause ein, weil da die Leute eher ans Essen als an etwas anderes denken.«

»Ich lade Euch auf eine Mahlzeit.«

»Muss zuvor Aride und Pépi Bescheid sagen.«

Sie traten hinaus und Lucille flüsterte dem Ausgemergelten etwas zu. Der hustete, nickte und hustete wieder.

»Das ist Aride. Wir nennen ihn so, weil er klapperdürr ist.«

Inzwischen war der Jongleur herangekommen.

»Wirst du belästigt, Lucille?«

»Nein, nein, dieser Herr lädt mich zum Essen und möchte mir etwas sagen.«

Pépi, klein und schlank, ein rechter Hänfling, machte ein böses Gesicht, sah aber dabei aus wie ein trotziger Junge.

»Wenn Ihr Lucille etwas – also ich meine, etwas von ihr verlangt, das – das –«

Villon lächelte beruhigend.

»Du kannst gleich mitkommen, Pépi. Da ihr offenbar befreundet seid, geht es auch dich etwas an.«

Sie holten ihre Mäntel, Pépi setzte eine bunte Kappe auf und so gingen sie zu der viel besuchten Garküche unterhalb der Holzbrücke, die zum anderen Ufer führte. Drüben standen zwar nur einige armselige Häuser, aber die Straße führte dort weiter zu den wichtigen Städten des Südens.

Sie nahmen Platz und Pépi blickte Villon neugierig an. Lucille schien ungerührt, starrte ins Wasser und lächelte verträumt. Das Mädchen war nicht schön, nicht einmal anmutig zu nennen. Ihr ovales Gesicht mit der kleinen Nase, dem etwas zu großen Mund und den graublauen Augen war ein Dutzendgesicht, das man gleich wieder vergaß, weil es in dieser Art Tausende gab.

Pépi wartete offenbar auf Villons Erklärung, doch der wiegelte ab.

»Gut Ding braucht Weile! Zuerst wollen wir essen und trinken, dann kommt mein Vorschlag, von dem ich nur andeuten möchte, dass es um euch beide geht, während dieser Aride schlecht zu meinen Plänen passt.«

Da wurde Pépi ganz eifrig.

»Das muss er auch nicht! Er hat's schwer auf der Lunge und will nicht mehr mit uns weiterziehen. Übermorgen müssen wir hier weg, aber er hat sich in ein Armenspital eingekauft und dort will er bleiben – bis – bis …«

» …er tot ist«, ergänzte Lucille unbewegten Gesichts.

Dann kam das Essen und die beiden hieben ein, als hätten sie zuvor tagelang hungern müssen. Danach tranken sie den Krug leer und Villon bestellte einen neuen.

»Jetzt hört einmal genau zu, ihr beiden. Ich bin ein nicht unbekannter Liederdichter und habe – außer in Pariser Kneipen – an den Höfen von Bourges, Blois und Moulins gesungen. Nicht wenige meiner Lieder und Balladen haben die Herzöge von Anjou, Orléans und Bourbon in ihre Sammelwerke aufgenommen.«

Er lehnte sich zurück und versuchte hochnäsig dreinzuschauen.

»Ich hätte das alles nicht nötig, weil ich der Sohn eines reichen Landadeligen bin – der ungeratene Sohn, wie ich leider sagen muss. Mein armer Vater hat viel mit mir aushalten müssen, aber nun will ich ihm den Gefallen tun, seinen Besitz – den allein ich erben werde – zu inspizieren. Unser Landgut liegt bei Sens und dahin – vielleicht sogar weiter – sollt ihr mit mir reisen, als meine Gauklertruppe, vielleicht als mein letzter Tribut an ein freies ungebundenes Leben.«

Ihren verständnislosen Gesichtern war anzusehen, dass sie keine Ahnung hatten, wovon er sprach. Er musste eine schlüssigere Erklärung finden.

»Das klingt euch seltsam in den Ohren, nicht wahr? Dann werde ich mich einfacher ausdrücken. Ich bin in der Lage eines Junggesellen, der mit Freunden eins draufmacht, um den Abschied von seiner

Freiheit zu feiern. So will ich es mit euch auf dem Weg nach Sens tun: Wir treten zusammen auf, ich trage meine frechen Lieder vor, bis ich in Sens zwar nicht heirate, aber als braver Gutsverwalter vom Leben eines fahrenden Sängers Abschied nehme. Da es mein bis jetzt nie erfüllter Wunsch gewesen ist, mit einer Gauklertruppe durchs Land zu ziehen, will ich ihn mir jetzt erfüllen.«
Würden sie ihm dieses Märchen abnehmen? Da sie niemals erfahren durften, dass sie der Coquille nur als Vorwand dienten, war diese Lüge so gut oder schlecht wie eine andere.
Pépis Misstrauen war geblieben, Lucille aber lächelte ihn verträumt an und sagte:
»Es ist reizend von Euch, dass Ihr es mit uns tun wollt.«
Pépi schüttelte störrisch den Kopf.
»Halt – halt! Was springt für uns dabei heraus?«
»Sicherheit«, sagte Villon schnell. »Bis jetzt habt ihr am Anfang eines Tages niemals gewusst, wie hoch am Abend eure Einnahmen sein werden. Wir werden eine angemessene Summe festsetzen und wenn sie nicht erreicht wird, zahle ich die Differenz drauf.«
»Seid Ihr so reich, wenn –«
»Dazu braucht es nicht so viel. Im Übrigen biete ich für jeden ein Handgeld von zwölf *gros d'argent*. Das könnt ihr sofort haben und es muss auch nicht verrechnet werden.«
Das gab schließlich den Ausschlag und er drückte Pépis kleine feste Hand und hauchte einen Kuss auf Lucilles zierliche Finger.

Villon freute sich über diesen guten Auftakt, freute sich auf die Reise nach Westen und ganz in der Ferne schwebte der Traum von einer Wiederbegegnung mit Helena. Warum dem Vater nicht anbieten, das Gut in Sens zu verwalten, um dann Helena als Ehefrau ins Haus zu holen – als begüterter und adeliger Traumprinz? Seltsam nur, der Traum wollte sich aus dem Nebel nicht lösen, weigerte sich, eine deutlichere Gestalt anzunehmen.
In einer Stimmung freudiger Erwartung band Villon am Tag der Abreise sein Gepäck am Pferd fest, steckte den Degen griffbereit in die Halterung am Sattel, als er im Rücken eine leise Stimme vernahm.

»*Mon frère?*«
»Ja, was wollt Ihr?«
»Mein Name ist Robert, ich werde im Auftrag der Bruderschaft Eure Truppe begleiten.«
Villon wandte sich um und musterte den einfach gekleideten Mann, der sein verschlossenes, hartes Gesicht zu einem freundlichen Lächeln zwang, das aber verkrampft und aufgesetzt wirkte.
Villon brauste auf.
»Davon war nicht die Rede! Mir allein wurde der Auftrag erteilt und ich werde ...«
»Sprecht nicht so laut! Man hat es sich anders überlegt und Ihr solltet Euch freuen, denn die heikelsten Aufgaben werde ich übernehmen. Während Ihr Eure Liedchen trällert, mache ich mich auf den gefährlichen Weg zu unseren Verbindungsleuten. Vor den anderen bin ich ein lustiger Vogel, der in Geschäften nach Burgund reist, dies aber nicht allein tun will.«
»Und die Kosten?«
»Trage ich selbst.«
»Ein lustiger Vogel«, versuchte Villon zu spotten, »so seht Ihr aber gar nicht aus. Ich hoffe, Ihr könnt diese Rolle den anderen glaubhaft machen.«
»Es dient dem Wohl der Bruderschaft«, sagte Robert steif.

Als sie zum Fluss hinuntergingen, hörte Villon schon von weitem den rauen bellenden Husten von Aride, der gerade Abschied nahm. Er stellte Robert vor, sagte, dies sei ein alter Bekannter, der in dieselbe Richtung ziehe, aber nicht allein reisen wolle.
Lucille nickte nur ein paar Mal verträumt, aber Pépi zeigte Misstrauen und Ablehnung.
»Das war nicht abgesprochen! Ein Esser mehr, mit dem wir womöglich unseren Gewinn teilen sollen? Da muss ich –«
Robert fiel ihm ins Wort.
»Nein, nein – ganz im Gegenteil! Was mich betrifft, so komme ich für alles selbst auf und werde vor jeder Vorstellung herumerzählen, dass ich euch in Orléans gesehen habe und wie gut ihr seid.«

Aride lachte, hustete schwer und lachte wieder.
»Ein neuer Anreißer! Ich sehe schon, das Glück ist auf eurer Seite. Jedenfalls habt ihr ein paar Zeugen, dass der Kerl es umsonst machen will.«
Robert legte pathetisch die Hand auf sein Herz.
»Bei meiner Seele Seligkeit!«
Villon schlug dann vor, dass sie von nun an untereinander das vertrauliche Du gebrauchen sollten, und alle waren einverstanden.

Schon bald stellte sich heraus, dass Robert wirklich alles tat, um der Gauklertruppe Gehör zu verschaffen. Wenn er auf Stunden verschwand, so immer unter dem Vorwand, alte Geschäftsfreunde aufsuchen zu wollen.
»Welche Art von Geschäften betreibt dein Freund?«, wollte Pépi wissen.
Villon hob gleichmütig die Schultern.
»Ach, nichts Bestimmtes. Er kauft und verkauft, wo ein Gewinn zu erwarten ist. Er macht das ganz geschickt und hält sich eisern an die Regel, niemanden zu betrügen.«
Pépi blickte skeptisch drein.
»Leider ist es so, dass gerade die Betrüger es am weitesten bringen. Ich glaube, es war in Tours, als wir nach zehn oder zwölf erfolgreichen Auftritten mit voller Kasse weiterziehen wollten. Da kam ein Gauner vom Magistrat, nannte sich *avocat consultant* der Stadt und forderte eine hohe Summe dafür, dass wir innerhalb der *banlieue* aufgetreten waren. Aride verwaltete damals unsere Kasse und wollte verhandeln, aber da kam er dem gerade recht. Der Geldeintreiber winkte der Miliz, ließ uns alle festnehmen und den Inhalt der Kasse beschlagnahmen. Dann setzten sie uns im Kerker fest und ließen uns anderntags wissen, dass wir nach Bezahlung einer Geldstrafe die Stadt wieder verlassen dürften.«
Villon tätschelte Pépi beruhigend die Schulter.
»Und die Höhe der Geldstrafe entsprach genau euren Einnahmen …«
»Ja, so war es. Das ist der Betrug von oben nach unten. Wer am län-

geren Hebel sitzt, wird immer der Sieger bleiben, immer Recht behalten.«

»Ein wenig kann man sich schon dagegen wehren. Nimm dir ein Beispiel an den Coquillards, die sorgen nicht selten für einen gerechten Ausgleich.«

Pépis Gesicht flammte vor Zorn.

»Hör mir mit denen auf! Schon viermal wurden wir in den letzten Jahren unterwegs von diesen Gaunern überfallen, aber meistens gab es wenig zu holen.«

»Woher weißt du, dass es Leute von der Coquille waren?«

»Weil sie es uns stolz ins Gesicht geschrien haben!«

»Das muss nicht immer stimmen, denn gewöhnliche Gauner geben sich damit den Anstrich einer Bruderschaft, der sie nicht angehören.«

»Die gehören alle an den Galgen – alle!«

Als Villon später mit Robert allein war, berichtete er ihm über das Gespräch.

»Ja, leider ist es so. Früher hatten wir die kleinen Leute auf unserer Seite, weil sie wussten, dass wir nur die Pfeffersäcke erleichterten. Jetzt werfen sie uns mit all den anderen in einen Topf, nach dem Motto: Gauner ist Gauner!«

»Die goldenen Zeiten der Bruderschaft sind vorbei«, sagte Villon, »und es wäre vielleicht auch für uns beide besser, die Finger von ihr zu lassen.«

»Das sagst ausgerechnet du! Ich weiß von anderen, dass du nicht nur einmal von der Coquille aus dem Dreck gezogen wurdest, und Ähnliches könnte ich von mir berichten. Ich habe noch nicht davon gesprochen, aber von bisher vierzehn von mir überprüften Verbindungsleuten endeten drei am Galgen und fünf weitere haben sich davongemacht. Bei den übrigen sechs habe ich Zweifel, ob sie noch alle zuverlässig sind. Nach Lage der Dinge habe ich darauf verzichtet, neue Leute anzuwerben. Wie auch? Keiner traut dir mehr über den Weg und wenn uns noch vor einem Jahr die Bewerber zugelaufen sind wie die Hungrigen der Armenküche, so ist jetzt das Gegenteil der Fall. Ich kann und mag mich von der Bruderschaft nicht lösen, aber wie es weitergehen soll, weiß ich auch nicht.«

Damit hatte der bisher so Schweigsame sein Inneres nach außen gekehrt und so wollte auch Villon trotz gewisser Vorbehalte offen sein.
»Ich danke dir für dein Vertrauen, Robert. Zwar habe auch ich schon Zeiten durchlebt, da ich fest entschlossen war, der Coquille den Rücken zu kehren, aber an einen Verrat habe ich niemals gedacht. Andererseits – wenn sie dich in der Folterkammer hochziehen, deine Gelenke knirschend aus den Pfannen springen und sie womöglich noch die Peitsche auf deinem Rücken tanzen lassen, dann kann keiner für das einstehen, was sie aus ihm herauspressen.«
Robert schaute ihn fragend an.
»Ich habe das zum Glück noch nicht durchmachen müssen, aber mir scheint, dass du –?«
»Ja, aber davon möchte ich nicht reden. Wäre nicht einer der Folterknechte ein Bruder gewesen, so hätte ich die Galgenleiter besteigen müssen.«
»Da empfindet man doch so etwas wie – wie Dankbarkeit …«
Villon nickte.
»Etwas zwingt dich dazu. Wenn du in einen Sumpf gerätst und einer zieht dich im letzten Augenblick heraus, dann wird es dir gleich sein, ob der Mann ein Raubmörder oder ein frommer Mönch ist. Er hat dir das Leben gerettet und du bist ihm dankbar.«
Jedenfalls sah Villon diesen Robert allmählich in einem anderen Licht, wusste, dass für diesen Mann der künftige Lebensweg nicht einfach sein würde, und den anderen in der Gruppe erging es ähnlich. Von Pépi kam widerwilliges Lob.
»Robert legt sich für uns ins Zeug, da kann man nichts sagen. Aber etwas mit ihm stimmt nicht, wenn ich auch nicht sagen kann, was es ist. Mich geht's ja nichts an …«
Wie stark sich Lucille und Pépi einander verbunden fühlten, war nicht so leicht auszumachen. Sie turtelten nicht vor aller Welt, doch sie gingen liebevoll miteinander um und Pépi hatte ständig ein Auge auf sie, drängte sich auch dazwischen, wenn ein Mann ihr zu nahe kam. Der zartgliedrige Hänfling wog vielleicht keine hundertzwanzig *livres*, aber er schlug einen doppelt so schweren und gut einen Kopf größeren Mann zu Boden, der Lucille grob an die Brüste ge-

fasst hatte. Als der Gegner sich ächzend erhob und auf Pépi losgehen wollte, trat ihm der so heftig zwischen die Beine, dass er sich heulend davonmachte. Lucille hatte den Kampf mit verträumten Augen und leicht gerunzelter Stirn verfolgt. Nachdem sich der Zudringliche davongemacht hatte, umarmte sie Pépi und hauchte ihm einen Kuss auf die Wange.

Wenn Villon auf dieser Fahrt nach Westen im Zelt oder in einer Kneipe auftrat, dann vermied er in seinen Liedern jede Anspielung auf die Coquille, benutzte auch niemals die Gaunersprache. Er gab Heiteres, Nachdenkliches und auf fröhliche Art Belehrendes zum Besten, auch seine frommen Lieder – er besaß einen kleinen Vorrat davon – kamen bei Alt und Jung gut an, besonders das Gebet einer armen Sünderin an die Jungfrau Maria.

O Himmelsherrin, Königin auf Erden,
des Höllenpfuhles hohe Herrscherin,
ich armes Christenweib will deine werden,
nimm mich zu den von dir Erwählten hin,
auch wenn ich dessen niemals würdig bin.
Doch deine Gnaden, Herrin überall,
sind größer noch als meiner Sünden Zahl,
die Seele kann den Himmel nur erwerben,
wenn du auch eingehst. Da bleibt keine Wahl:
Dran glaube ich im Leben und im Sterben.

Ein paar Meilen vor Sens begann burgundisches Gebiet und Robert hielt es für besser, das Land nicht zu betreten.
»Wir wissen, wie es der Coquille dort ergangen ist, und so möchte ich nichts riskieren. Was die anderen vorhaben, weiß ich nicht, vielleicht werden sie ihr Glück in Burgund versuchen, Pépi hat so etwas verlauten lassen. Die werden sich schon durchschlagen … Ich jedenfalls werde nach etwa einer Woche wieder hier in St. Valérien sein und mit dir – wenn es sich ergibt – nach Orléans zurückreisen, um Bericht zu erstatten.«

Die von Robert erwähnte Ortschaft lag an der Grenze zu Burgund, aber Villon fühlte sich mit dieser einen Woche erpresst. Vielleicht blieb er einige Monate in Sens? Vielleicht für immer … Nein, so weit war es noch nicht.
»Gut, Robert. Sollte ich länger festgehalten werden, lasse ich es dich wissen.«
Robert lächelte auf eine seltsame, fast hinterhältige Art.
»Ich glaube, die Bruderschaft in Orléans würde auf deine Rückkehr schon einigen Wert legen.«
Villon wandte sein Pferd und rief über die Schulter:
»Wir werden sehen …«

12

Zunächst stieg er in einer Herberge im Schatten der mächtigen Kathedrale St. Etienne ab. Als der Wirt ihn zu seinem Zimmer führte, begann er halblaut zu schimpfen.
»Ich will den Burgundern nichts Böses nachsagen; auch zahlen wir denen keine höheren Steuern, aber dass unsere Stadt nicht mehr zu Frankreich gehört, ist eine Schande! Seht hinüber in die Kathedrale und schaut Euch den Altar an, vor dem Ludwig der Heilige mit Marguerite de Provence getraut wurde. Das, mein Herr, ist französische Geschichte, nicht wahr? Was haben die Burgunder damit zu tun?«
Villon hob die Schultern.
»Die Zeiten ändern sich und was heute burgundisch heißt, kann morgen wieder französisch sein.«
Der Wirt grinste.
»Solange uns die Engländer vom Hals bleiben …«
»Die haben ausgespielt – ein für alle Mal!«
»Na, na – in Calais sitzt diese Teufelsbrut noch immer fest.«
»Dafür haben sie Rouen aufgeben müssen …«

»Wo sie die Jungfrau von Orléans verbrannt haben! Jeder Brite müsste dafür ein höllisches Schandmal im Gesicht tragen.«
Villon nicke ernst.
»Wie Ihr wisst, wurde das Urteil vor vier Jahren revidiert und die Anklage als falsch, trügerisch, listig und bösartig bezeichnet. Freilich, die Jungfrau hat nichts mehr davon, aber der Makel ist von ihrem Namen genommen und niemand darf mehr behaupten, unser König habe seine Krönung einer Hexe zu verdanken.«
»Ja, ja«, sagte der Wirt zufrieden, »am Ende kommt doch immer die Wahrheit ans Licht.«
Beim Nachtmahl fragte ihn Villon, ob er das Landgut der Familie Villon kenne.
»Familie? Da gibt es keine Familie mehr, die ist damals bis auf Père Guillaume der Pest zum Opfer gefallen.«
»Kennt Ihr Père Guillaume?«
»Nur flüchtig, aber wie man hört, ist das ein nobler Herr – soll sogar ein armes Waisenkind adoptiert haben. Heuer im Frühjahr hat er wieder sein Landgut besucht.«
Plötzlich kam Misstrauen in das Gesicht des Wirtes.
»Was habt Ihr damit zu tun?«
»Äh – nichts ... Das heißt, ich bin einige Jahre im Kloster St. Benoît zur Schule gegangen, war mit François de Villon befreundet.«
»Und den wollt Ihr jetzt besuchen?«
»Ihr habt es erraten.«
Der Wirt trat zurück, um der Bedienung Platz zu machen.
»Da werdet Ihr kein Glück haben, denn François ist ein Tunichtgut, der sich in Frankreich herumtreibt, auf der Flucht vor der Pariser Polizei.«
Das hat sich also bis hierher herumgesprochen, dachte Villon.
»Schade, dabei war dieser Junge ein so netter Mensch.«
»Als Mann scheint er es nicht mehr zu sein.«
Villon tauchte schweigend seinen Löffel in die dicke Bohnensuppe.
»Wohl bekomm's!«
Der Wirt ging in die Küche zurück. Nach diesem Gespräch hegte

Villon ernstliche Zweifel, ob er auf dem Landgut – seinem künftigen Erbe – willkommen sei.
Er ließ zwei Tage verstreichen und machte sich dann am frühen Morgen auf den Weg. Dazu hatte er seine Magistertracht angelegt, ließ aber sein gesamtes Gepäck in der Herberge zurück. Dann versuchte er sich das Gespräch ins Gedächtnis zu rufen, das er kurz vor seiner Flucht aus Paris mit seinem Vater geführt hatte. War da nicht auch von Sens die Rede gewesen? Hatte Père Guillaume nicht den Wunsch geäußert, er solle sich das Landgut einmal ansehen? Das lag kaum zwei Jahre zurück und war doch so fern – so fern … Plötzlich empfand er eine tiefe Reue darüber, dass er so selten nach Paris an seinen Vater geschrieben hatte. Einen Brief aus Blois, einen aus Moulins … Du bist das Urbild des undankbaren Sohnes, Villon, trittst das vierte Gebot mit Füßen. Und nicht nur das vierte …

Draußen vor der Stadt umfing ihn eine köstliche Stille. Das Korn ging seiner Reife entgegen und so breiteten sich die Getreidefelder wie goldene Teppiche zwischen das dunkle Grün der Wälder und das helle Graugrün der Weinberge. Er hatte am Stadttor die ungefähre Richtung erfragt und da war die Rede von zwei knappen Reitstunden nach Südwesten gewesen.
Gehörten die Wälder und Felder ringsum schon zum Gut? Plötzlich kam Verschüttetes aus dem Lateinunterricht zutage und es zogen ihm die Verse der Georgica des Vergilius durch den Kopf, die sie damals – zum Ärger der Lehrer – mit Vorliebe zitiert hatten:

Et te, Bacche, vocant per carmine …
Rufen sie dich, Bacchus, an mit fröhlichen Liedern,
und sie hängen dein schaukelndes Bild in die Zweige der Fichte.
Darum schwillt von reichem Ertrag das Rebengelände …

Aber fast alle waren sie eingefleischte Städter und wenn Vergilius die Arbeit der Winzer schilderte, dann langweilte sie das und sie machten alberne Scherze. Wer dann am Abend in der Kneipe den Becher

schwang, pries die Freuden des Weingenusses und dachte nicht an die Mühe der Lese und des Kelterns.
So wohlgefällig sein Auge die anrührende Schönheit des sanften Hügellandes aufnahm, so friedlich diese Landschaft ihn stimmte – er wusste nur zu gut, dass ein gnädiger Abstand ihn davon trennte und dass die Nähe zu diesen Dingen, das tätige Befassen mit Weinstock und Ackerbau, ihm fremd war, ihn geradezu abstieß.
Da tauchte aus einer Talsenke eine Gruppe kleinerer Häuser auf, die sich um ein großes quadratisches Gebäude scharte.
Das Landgut! Père Guillaumes Landgut. Sein – nein, es verbot sich, weiterzudenken.
Auf der *terre* der Familie Villon war es seit langem der Brauch gewesen, Dienstleute, die alt oder aus anderen Gründen arbeitsunfähig geworden waren, als Pförtner zu beschäftigen. Da gab es nicht sehr viel zu tun und wenn dann ein Fremder erschien, wurde er gründlich auf Herz und Nieren geprüft. Derzeit versah eine ältere Frau diesen Posten; früher war sie eine der fähigsten Melkerinnen gewesen, nach der die Kühe freudig ihre Köpfe wandten, wenn sie den Stall betrat. Dann war die *chiragre* über sie gekommen, die Handgicht, und sie hatte ihren Beruf, auf den sie so stolz war, aufgeben müssen.
Villon stieg vom Pferd und lüpfte seine Magisterkappe.
»Madame, ich möchte dem Verwalter dieses Gutes einen Besuch abstatten.«
»Ich bin keine Madame, heiße Ninette und war früher Melkerin.«
»Aha – und jetzt verseht Ihr Pförtnerdienste?«
»Das seht Ihr ja, Sieur –?«
»François de Villon.«
Sie riss vor Schreck ihre mürrisch verkniffenen Augen auf und öffnete – wie zu einem Schrei – weit ihren fast zahnlosen Mund.
»Wa– wa– was? Dann seid Ihr der – der Adoptivsohn unseres Herrn?«
Villon wusste nicht, wie weit die Leute hier über seine tatsächliche Verwandtschaft aufgeklärt waren, und so sagte er nur:
»Ja, Père Guillaume hat mich an Sohnes statt angenommen.«
»Aber warum habt Ihr Euch – ich meine, eine Nachricht –? Und

seltsam ist es schon: Im Mai war Père Guillaume hier – wie auch die Jahre zuvor – und er hat nichts davon gesagt –«

»Das konnte er nicht, Ninette. Ich bin seit längerem in – in Geschäften unterwegs, hatte aber mit meinem Vater abgesprochen, wenn ich hier in die Nähe komme –«

Sie wurde ganz eifrig.

»Ja, ja, natürlich. Ich werde Euch zu Monsieur Brunel begleiten, unserem *économe*.«

Nichts Feines war an diesem Herrn, vierschrötig stand er da, mit einem kantigen Schädel mit rotbrauner Gesichtsfarbe. Er ließ sich keine Überraschung anmerken.

»Ja, der Seigneur hat letztlich davon gesprochen, dass Ihr einmal hier auftauchen werdet. Seid willkommen!«

Das klang nicht sehr freundlich und Villon erkannte, dass er hier ein Störenfried war. Da kam der Stolz in ihm hoch und im Bewusstsein, früher oder später hier der Dienstherr zu sein, meinte er von oben herab:

»Ich hoffe, das bin ich wirklich, nämlich willkommen.«

»Aber ja doch«, brummte der Verwalter und bat Villon ins Haus. Dort wusch er sich die Hände und während er sie sorgsam trockenrieb, kam er gleich zur Sache.

»Père Guillaume hat mir bei seinem letzten Besuch vertraulich mitgeteilt, dass Ihr in Schwierigkeiten seid und vorerst nicht nach Paris zurückkönnt.«

Er machte eine beredte Pause, um von Villon Näheres zu erfahren, doch der sagte nur:

»Und weiter?«

»Nichts weiter. Welche Schwierigkeiten es sind, hat er nicht gesagt, es geht mich auch nichts an.«

»So ist es, Sieur Brunel.«

»Père Guillaume hat für Euch einen Brief hinterlassen.«

Er kramte umständlich in einer Truhe, die am Fenster stand und von deren Deckel er allerlei Utensilien hatte nehmen müssen. Knallend schlug er sie wieder zu, räumte Krug, Becher, ein halbes Brot, ein Messer und anderes umständlich wieder zurück. Dann streckte er Villon das gesiegelte Schreiben hin und wies auf einen Stuhl.

»Hier könnt Ihr es in Ruhe lesen. Ich bin draußen im Stall bei den Pferden.«

Wieder war deutlich die Abneigung herauszuhören.

Schon beim Betrachten des Siegels – das ja auch sein eigenes war – überkam ihn eine gerührte Stimmung, wenn er sich vorstellte, wie sein Vater sich über das Papier gebeugt und seinem Sorgenkind einen Brief geschrieben hatte.

»Lieber Sohn, Gruß und Gottes Segen zuvor. Inzwischen habe ich erfahren, was man dir in Paris vorwirft, und werde versuchen, den Fall gütlich zu bereinigen. Das wird freilich einige Zeit in Anspruch nehmen und ich halte es für besser, dass du dich bis zu einer Entscheidung von Paris fern hältst. Vertraue auf Gottes Fürsorge und versuche, den rechten Weg zu gehen. Dein dich liebender Vater Guillaume de Villon.

Nachschrift: Solltest du weitere Nachrichten auf unserem Gut abwarten wollen, so wird Sieur Brunel dir im Herrenhaus die sonst von mir bewohnten Räume überlassen.«

Villon faltete das Schreiben zusammen und steckte es in sein Wams.

Warum nicht? Hier auf burgundischem Boden war er vor jeder Verfolgung sicher, brauchte für Tisch und Bett nichts aufzuwenden. Da würde dieser Brunel Augen machen …

Er fand den Verwalter bei den Ställen und las ihm die Nachschrift vor.

Brunel zeigte keine Regung, nickte nur gleichgültig.

»Dann bleibt doch gleich hier …«

»Nein, das geht nicht, mein Gepäck ist noch in der Herberge und übermorgen sucht mich dort ein Freund auf. Ich werde spätestens in drei Tagen hierher übersiedeln.«

»Die Erlaubnis habt Ihr dazu.«

»Ihr hättet sie mir wohl nicht gegeben?«

In das rotbraune bäuerliche Gesicht kam ein spöttisches Lächeln.

»Woher wollt Ihr das wissen? Im Übrigen hat über solche Dinge nur Père Guillaume zu entscheiden.«

Zurück in der Herberge erwog Villon den Gedanken, nicht zu dem Treffen mit Robert zu erscheinen. Was konnte der schon tun? Hier in Burgund war die Coquille machtlos geworden und für ihn wäre es die beste Möglichkeit, sich von ihr zu lösen. Aber eines Tages musste er zurück nach Paris und da war er der Bruderschaft ausgeliefert. So wartete er den entsprechenden Tag ab und ritt gemächlich nach St. Valérien. Er hatte sich vom Wirt verabschiedet und führte sein gesamtes Gepäck mit sich, um gleich danach auf das Gut überzusiedeln.

Am späten Nachmittag erschien Robert, wie verabredet, in der kleinen Schankstube und zeigte sich sehr zufrieden.

»Es wird nicht dein Schaden sein, dass du einsichtig genug bist, mit mir nach Orléans zu reisen.«

»Das werde ich nicht tun – ich habe es mir anders überlegt.«

Roberts immer so beherrschtes Gesicht verriet Überraschung und kaum verhohlenen Ärger.

»Das geht nicht! Wir beide sind in Orléans angekündigt und nicht nur das. Die *escorcheurs* dort erwarten von uns Ergebnisse. Da wir vom Netz der Coquille nur berichten können, es sei sehr löchrig geworden und nahezu unmöglich, diese Löcher zu flicken, wird erwartet, dass wir mit vollen Taschen zurückkehren. Vielleicht weißt du nicht, dass ich auch beauftragt war, von für die Bruderschaft tätigen Händlern und Handwerkern Tribute einzuziehen, doch das Ergebnis war sehr mager. Also müssen wir den Rückweg nutzen, um die Kasse etwas aufzubessern.«

Villon fröstelte es, obwohl sie in einer sonnigen Ecke der kleinen Kneipe saßen.

»Ich – ich habe hier verwandtschaftliche Verpflichtungen, bin auf dem Gut meines Vaters angemeldet und man wird dort –«

»Gar nichts wird man! Du richtest ein kurzes Schreiben dorthin, dass dich dringende Verpflichtungen dazu zwingen, deinen Aufenthalt zu verschieben.«

»Das werde ich nicht tun! Und denen in Orléans kannst du sagen, dass ich zwar niemals gegen die Coquille arbeiten werde, aber auch nicht mehr für sie.«

»Das wirst du den betreffenden Herren dort selbst sagen. Schade, dass wir uns nicht im Guten einigen konnten.«

Robert fuhr sich mit einer raschen Bewegung über das Haar und auf dieses Zeichen hin lösten sich drei Männer aus den Schatten von Bäumen und Häusern. Robert zahlte für beide und erhob sich.

»Draußen warten einige Herren, die dich kennen lernen möchten.«

Die drei – unterschiedlich groß, einer schon älter – machten einen sehr entschlossenen Eindruck. Der Jüngste von ihnen mit einem glatten, verschlagenen Gaunergesicht hatte Villons Pferd losgebunden. Dann holten sie die eigenen Pferde und zwangen ihn, mit der Hand am Degengriff, zum Aufsitzen. Was sollte er tun? Sie flankierten ihn zu beiden Seiten; der zur Linken hatte Villons Zügel ergriffen und ließ sie erst los, als das Dorf etwa eine Reitstunde hinter ihnen lag. Da gab Villon seinen Widerstand auf – auch aus Gründen der Vernunft. Es konnte verhängnisvoll sein, die in Orléans noch so vorzüglich funktionierende Coquille gegen sich aufzubringen. Sie hätten ihn für vogelfrei erklärt, ihre schützenden Hände von ihm gezogen und er wäre dann von zwei Seiten verfolgt worden. Immerhin hatte ihn die Coquille schon zweimal aus einer bedrohlichen Lage gerettet und es graute ihm davor, sich mit der immer noch sehr mächtigen Bruderschaft zu verfeinden.

Als sie dann in den Wäldern zwischen Courtenay und Montagis einen schlecht bewachten Kaufmannszug überfielen, stand er seinen Mann, und er tat es nicht einmal ungern.

Die beiden Kaufleute reisten mit drei Dienern und einigen schwer bepackten Maultieren und hätten – wie es der Brauch war – von einer mindestens fünfköpfigen Wachmannschaft begleitet werden müssen. Robert aber gelang es, zwei von ihnen abzuwerben, als sie in Courtenay übernachteten. Aus Geiz verzichteten die Kaufleute darauf, zwei neue Männer einzustellen, und als die drei übrigen bei dem Überfall erkannten, dass sie es mit geübten Fechtern zu tun hatten, schlugen sie sich in die Büsche. Einer rief noch höhnisch zurück:

»Ich werde mich doch für die feisten Pfeffersäcke nicht abschlachten lassen!«

Da sie alle vermummt waren, ließen sie die Kaufleute am Leben, entluden Pferde wie Maultiere und jagten sie davon.

Die Geldbeute war nicht gewaltig, aber die schönen Waren, Brokatstoffe, teure Gewürze, einen Stapel silberner Teller und drei Dutzend gläserne, mit gravierten Lilien geschmückte Trinkbecher nahm ihnen ein Hehler in Montargis ab.

Der nächste Überfall missglückte, weil sich herausstellte, dass die Wachmannschaft der Coquille angehörte. Es kam häufig vor, dass Reisende bewaffnete Coquillards anheuerten, die zwar um die Hälfte mehr verlangten, aber auch die größere Sicherheit boten.

Dann lief ihnen eine Pilgergruppe in die Hände, die auf dem Weg nach St. Benoît war und kaum Widerstand leistete. Die meisten waren arme Schlucker, aber einige gut gespickte Börsen fanden sich doch. Robert bemerkte später dazu:

»Diese Leute hätten ihr Geld ja doch nur der Kirche in den Arsch gesteckt!«

Ein anderer lästerte:

»Die Pfaffen sind ohnehin schon reich genug. Ob Krieg oder Frieden, es wird immer Dumme geben, die sich mit Gold die ewige Seligkeit erkaufen wollen.«

Villon dachte an seinen Vater und sagte nichts.

Ob es nun Gottes zorniger Wille oder der Zufall war – diese beraubte Pilgertruppe traf einen Tag später auf den Bischof von Orléans, der mit großer Gefolgschaft von seinem festen Schloss Sully auf dem Rückweg in seine Residenzstadt war. Sofort schickte der geistliche Herr ein gutes Dutzend Bewaffneter aus, die nicht lange suchen mussten und die fünf Coquillards bei dem Dorf Chatenoy festnahmen. Sie wurden den Pilgern gegenübergestellt, die sich zwar nicht ihrer vermummten Gesichter erinnerten, aber ihre Börsen wieder erkannten.

Bischof Thibauld d'Aussigny – ein leicht verfetteter Mann um die fünfzig – ließ es sich nicht nehmen, die Räuberbande näher zu betrachten. Gefesselt wurde sie ihm vorgeführt. Er saß unter einem Sonnendach, flankiert von einigen Bewaffneten, während sich hinter seinem Sessel das Gefolge drängte. Wie es für einen solchen Fall abgesprochen war, nannten sie alle falsche Namen, was sich mit gefälschten Papieren belegen ließ.

Der Bischof lachte behaglich.

»Da ist uns ja ein ganzer Schwarm Galgenvögel ins Netz geflogen! Für die Henker in Orléans wird es wieder viel Arbeit geben. Aber zuvor, meine Herren, wird man Euch peinlich befragen müssen, ob Ihr noch anderes auf dem Kerbholz habt, und ich bin sicher, dass dies der Fall sein wird.«

Hinter dem Sessel des Bischofs stand eine jüngere, etwas nachlässig gekleidete Frau, die wie besitzergreifend mit ihrer rechten Hand den Knauf der Lehne umfasste. Sie schenkte Villon ein mitleidiges Lächeln und er spürte ihr Bedauern. Obwohl ihm nicht danach zumute war, lächelte er vergnügt zurück. Sie nickte leicht, beugte sich nieder und flüsterte dem Bischof etwas ins Ohr, doch der schüttelte nur unwillig den Kopf.

Man hatte die Räuberbande sofort getrennt, um sie an gemeinsamen Absprachen zu hindern, und getrennt wurde sie auch im Kerker des Châtelet untergebracht.

Villons Gepäck war eingezogen worden und seine erste Sorge galt den schriftlichen Aufzeichnungen, aber jetzt, angekettet in einem dumpfen Kellerloch, musste er sich sagen, dass er das Niedergeschriebene vollständig im Gedächtnis hatte, und sein Kopf war es, um den er bangen musste. Auf Bandendiebstahl stand der Galgen und sollte sich die Mitgliedschaft bei der Coquille erweisen, dann winkte das Rad. Wenn Villon sich diese Strafe ausmalte, brach ihm der kalte Schweiß aus und er konnte nur hoffen, dass der sorglich im After versteckte *ecu d'or* hinreichte, um einen Büttel Gift besorgen zu lassen. Dann verscheuchte er diese trüben Gedanken, zwang sich zum methodischen Denken und entwickelte einen Plan.

Dass der Untersuchungsrichter mit ihm etwa gleichaltrig war, hielt

Villon für einen Vorteil; der Beisitzer, ein älterer Herr, dem Überdruss und Habgier ins Raubvogelgesicht geschrieben standen, saß mit halb geschlossenen Augen da und sagte kein Wort.

Villon hatte sich vorgenommen, dem alten Volksspruch »Frechheit siegt« zur Geltung zu verhelfen, wohl wissend, dass es dabei auch Verlierer gab.

»Drei Fragen sollt Ihr mir fürs Erste beantworten: Seid Ihr ein Coquillard, habt Ihr an den Raubzügen der anderen teilgenommen, ist der Name, den Ihr nanntet, Euer richtiger?«

Villon zwang sich zu einem unbekümmerten Lächeln.

»Ihr wollt die Wahrheit hören? Gut, ich bin kein Coquillard, habe an zwei Raubzügen teilgenommen und der angegebene Name ist falsch.«

Das erregte solche Verblüffung, dass sogar der gelangweilte Beisitzer seinen Kopf hob.

»Ihr wisst, dass Euch dieses Geständnis an den Galgen bringen kann? Zuvor wird man Euch mit Sicherheit noch peinlich befragen.«

»Wenn Ihr mir eine Bitte erfüllt, wird mir weder die Folter noch der Galgen drohen.«

Da machte der Richter ein strenges Gesicht, was sich bei seinen jugendlich-glatten Zügen ein wenig lächerlich ausnahm.

»Wir richten uns in der Regel nicht nach den Wünschen der Gefangenen, noch dazu, wenn sie überführt sind. Da fällt mir noch etwas ein. In Eurem Gepäck wurde eine vollständige Magisterbekleidung gefunden – vermutlich gestohlen?«

Wieder zwang sich Villon zu einem unbekümmerten Lachen.

»Nein, *reverendissime*, ich habe den Magistergrad vor acht Jahren an der Pariser Universität erworben. Ein Schneider aus dem Quartier Latin hat mir diese Kleidung nach Maß gefertigt. Soll ich sie anlegen?«

»Nein, wir verzichten. Nun zu Eurer Bitte?«

»Könntet Ihr ein gesiegeltes Schreiben an den Duc d'Orléans nach Blois weiterleiten? Aus der Antwort werdet Ihr ersehen, dass ich François de Villon heiße und die Ehre hatte, dem Herzog über ein halbes Jahr als Hofpoet zu dienen. Zum anderen – das müsstet Ihr eigentlich wissen – sind sehr hohe Herren dabei, dem Übel der Coquille ernsthaft zu Leibe zu rücken. Das geht aber nur, wenn sich Vertrauensleute in die Bruderschaft einschleichen. Dass diese, um sich nicht zu verraten, als Spießgesellen an Verbrechen mitzuwirken haben, liegt auf der Hand.«

»Alle anderen haben bestätigt, dass Ihr – nun, das geht Euch nichts an.«

Was diesen Herren vielleicht unter der Folter herausgepresst wurde, soll mich nicht kümmern, dachte Villon, doch dem Richter war anzusehen, dass er nicht bereit war, diese Lügen zu schlucken.

»Ihr wollt nur Zeit gewinnen, das ist mir schon klar. Sollte ich mich bereit erklären, den besagten Brief an Seine Hoheit weiterzuleiten, so kann dies nicht ohne Wissen des Bischofs geschehen, der in Orléans die Gerichtsbarkeit innehat.«

»Der Bischof ist auch nur ein Lehensmann des Herzogs von Orléans – bitte vergesst das nicht!«

Der Richter erhob sich.

»Spätestens unter der Folter wird Euch die freche Anmaßung vergehen, da ist noch jeder klein und bescheiden geworden.«

»Verzeiht, aber ich glaube, Ihr habt noch immer nicht begriffen, um was es geht. Ich habe den Herzogshof in Frieden und Freundschaft verlassen – von Seiner Hoheit reich beschenkt, mit der Zusicherung Ihrer Gewogenheit. Ihr seid jung, *reverendissime*, und wollt gewiss in Eurem Metier weiterkommen. Es könnte aber durchaus sein, dass es Euren Fortgang hemmt, wenn Ihr mir weiterhin mit Folter und Galgen droht.«

Der Richter wandte sich zum Gehen.

»Wir werden sehen …«

Der Beisitzer hatte das Zwiegespräch sehr aufmerksam verfolgt und zwinkerte Villon aufmunternd zu, ehe er dem Richter folgte. Was dies zu bedeuten hatte, erfuhr Villon wenig später, als der Mann in seine Zelle kam und den Wärter barsch anwies, die Tür zu schließen. Dann begann er flüsternd zu sprechen.

»Ich bin ein Maître wie Ihr, aber in meinem Handwerk als Tuchwe-

ber. Seit ich zum Zunftmeister gewählt bin, sitze ich im Stadtrat und muss mich von Zeit zu Zeit ehrenamtlich als Beisitzer für das Gericht zur Verfügung stellen. Wisst Ihr, was das bedeutet? Da muss ich meinen Handwerksbetrieb für viele Stunden den Gesellen und Lehrbuben überlassen. Wie sehr die Arbeit darunter leidet, könnt Ihr Euch denken. So habe ich mich entschlossen, Eure gewiss berechtigte Forderung zu erfüllen und den Brief nach Blois weiterzuleiten. Dafür will ich einen *ecu d'or* – habt Ihr das Geld?«
Aha, dachte Villon, daher der habgierige Zug in seinem Gesicht.
»Sobald die Antwort hier eintrifft, lasse ich Euch das Geld zukommen.«
Das Gesicht des Habgierigen begann zu strahlen.
»Schwört Ihr es?«
»Ja, bei Gott und allen Heiligen.«
»Gut, ich habe Schreibzeug mitgebracht, aber beeilt Euch!«

Villon schilderte dem Herzog in kurzen Worten seine Lage und schloss mit dem Vers:

Nun steh ich armer Dichter
bald schuldlos vor dem Richter.
Nur Ihr könnt die Not mindern,
ein Fehlurteil verhindern …

Als der Beisitzer verschwunden war, dachte Villon mit bitterer Genugtuung: Was ich in den vergangenen Stunden zusammengelogen habe, ist mir bisher in den letzten Jahren nicht gelungen. Aber was soll's – schließlich geht es um meinen Kopf!
Der Beisitzer hatte versprochen, er werde noch heute seinen jüngsten Gesellen auf den Weg nach Blois schicken, dann könne er in frühestens drei Tagen mit der Antwort zurück sein.
Drei Tage! Falls es dem Untersuchungsrichter einfiele, inzwischen mit der peinlichen Befragung zu beginnen, würde alles vergeblich sein. Doch Fortuna, die so oft gescholtene, war diesmal auf Villons Seite.

Die Antwort kam schon am Abend des nächsten Tages, weil der Bote unterwegs dem Reisezug des Herzogs begegnet war, der sich überraschend zu einem Besuch von Orléans entschlossen hatte.
Wer aber brachte ihm die so unerwartet schnelle Antwort in den Kerker? Nicht der Beisitzer war es, sondern Jacot, der Bastard von Vendôme, der als Reisemarschall den Herzog begleitete.
Der Vorsteher des Gefängnisses führte ihn unter vielen Verbeugungen zu Villons Kerker. Sofort wurden ihm die Ketten abgenommen und Jacot umarmte den Freund so heftig, dass er ihm fast die Luft abdrückte.
»Alter Gauner! Endlich bist du da gelandet, wo du längst hingehört hättest! Aber der Herzog hat nun einmal einen Narren an dir gefressen. Als er deine Nachricht erhielt, hörte man ihn rufen:
›Villon im Kerker‹! Das kann ich nicht zulassen! Holt ihn da sofort heraus! Nun, mein Freund, so komme ich hier dem Befehl meines Landesherrn nach und du wirst morgen Vormittag bei seinem feierlichen Empfang zugegen sein.«
»Ich kann's nicht glauben! Es war eine so fatale Lage und ich musste mit der Folter rechnen …«
Jacot musterte den Freund neugierig.
»Ist an den Vorwürfen etwas dran?«
»Na ja, ich bin da in etwas hineingeschlittert … Wurde von vier Gaunern quasi festgenommen und gezwungen, an ihren Räubereien teilzunehmen. Bin froh, dass es vorbei ist, und werde wohl schnell verschwinden müssen.«
Jacot drohte ihm mit dem Finger.
»Lass dich nie mehr auf so etwas ein! Früher oder später gerätst du dann wieder in eine solche Lage und keiner wird dir heraushelfen.«
Dann stiegen sie hinauf ans Tageslicht und Villon atmete tief die klare Sommerbrise ein. Es schauderte ihn bei dem Gedanken, er hätte wieder in die dumpfe Moderluft des Kerkers zurückkehren müssen.
Aus seinen Amtsräumen kam der Untersuchungsrichter herbei und schüttelte missbilligend den Kopf.
»Es ist nicht recht, dass man Euch freilässt, Maître Villon! Ich fürchte, da muss ich Einspruch erheben, denn –«

»Was?« Jacot unterbrach ihn mit donnernder Stimme. »Ihr wollt eine Verfügung Eures obersten Herrn anzweifeln und damit missbilligen?«
»Mein Herr ist Thibault d'Aussigny, der Bischof von Orléans, und er –«
»Ist ein Lehensmann des Herzogs von Orléans! Es kostet ihn ein Wort und Ihr findet Euch hier als Gefängniswärter wieder.«
Mit Vergnügen konnte Villon beobachten, wie der junge, ehrgeizige Richter sich unter den Worten Jacots duckte.
»Wenn Ihr meint, Seigneur de Vendôme ...«
»Es ist nur ein freundlicher Ratschlag – Ihr müsst ihn nicht befolgen.«
Schon im Begriff wegzugehen, fragte Villon:
»Was ist aus den anderen geworden?«
Da setzte der Richter ein hämisches Grinsen auf.
»Die sind auf Befehl des Bischofs verlegt worden. Wer weiß, wie weit die Milde des Herzogs noch gehen wird ...«
Jacot winkte ungeduldig ab.
»Kümmere dich nicht um diese Mordbuben, das sind Leute ganz anderer Art.«
Er schwieg und dachte beschämt daran, dass er auf dem besten Weg gewesen war, wie sie zu werden.
Villon erhielt sein Gepäck zurück – alles, auch das Schriftliche, aber die Beute aus den Raubzügen fehlte. Dennoch musste er lachen.
»Jetzt bin ich Villon mit den leeren Taschen; sie haben mir nicht die kleinste Kupfermünze gelassen.«
Jacot grinste und löste einen Beutel von seinem Gürtel.
»Das hätte ich beinahe vergessen: Der Herzog läßt dir zwölf *ecus d'or* überreichen, in der Hoffnung auf neue Arbeiten, die er sich dringend von dir wünscht.«
»Daran soll es nicht fehlen.«

Auf dem Weg zu seiner früheren Herberge trat ihm der Beisitzer in den Weg.
»Sieh da, sieh da – man ist wieder frei. Dass Ihr dies mir zu verdanken habt, ist Euch doch bewusst?«

»Was wir abgemacht haben, gilt.«
Er wandte sich ab, fischte einen *ecu* aus der Börse, den ihm der andere fast aus der Hand riss.
»Immer zu Diensten, mein Herr!«

Es war noch derselbe Wirt wie vordem, aber er hob abwehrend die Hand.
»Leider ist alles besetzt wegen des Besuchs unseres Landesherrn.«
Villon trat nahe an ihn heran.
»Ich glaube nicht, dass Ihr mich abweisen dürft ...«
Da ging dem Wirt ein Licht auf und Villon wurde in eine stickige Dachkammer verfrachtet, wo sich gleich ein halbes Dutzend Mäuse unter dem staubigen Gerümpel verkroch, das in einer Ecke vor sich hin moderte. Villon sagte nichts, ließ sich im Keller für teures Geld ein Bad bereiten, um dann nicht weniger teuer opulent zu speisen. Wie geschwind das Schicksalsrad sich dreht, dachte er. Schnell bist du ganz unten, was bei dieser Kerkergruft wörtlich zu nehmen ist, doch das Rad bleibt nicht stehen und trägt dich wieder empor. Aber es wird sich weiterdrehen und wer oben ist, muss nach etwas Festem greifen, um sich dort länger zu halten. Aber wo ist in meinem Leben der feste Halt? Morgen werde ich mit den anderen unserem Herzog zujubeln, kann aber kaum erwarten, dass er mich wieder an seinen Hof zieht. Das hat er mit den zwölf *ecus* abgegolten ...
Und dann?
Seufzend nagte er den Flügel seines gebratenen Hähnchens ab und wischte mit der letzten Brotkrume den Zinnteller sauber. Anstatt sich nun satt und zufrieden zurückzulehnen, spürte er plötzlich ein unbändiges Verlangen nach der Heimat – nach Porte Rouge mit seinen behaglichen Zimmern, nach Père Guillaume mit seiner sanften, unaufdringlichen Fürsorge, nach den Pariser Kneipen und den vielen Freunden ... Doch halt, diese Münze besaß eine hässliche Kehrseite. Selbst wenn er gefahrlos zurückkehren konnte, so würde er doch wieder in die Fänge der Coquille geraten. Was mochte aus Cayeux, aus Tabarie und den anderen geworden sein? Waren sie auf

der Flucht wie er? Zumindest für Tabarie, diesem losen Vogel mit dem pfiffigen Frettchengesicht, konnte er sich ein Leben außerhalb von Paris nicht vorstellen. Das ist, als würde man eine städtische Kellerratte auf einem einsamen Bauernhof aussetzen.
Ja, wie sollte es weitergehen? Nun hatte er seine Freiheit wieder und konnte nichts mit ihr anfangen. Diese Vorstellung jagte ihm eine Angst ein, die nur schwer zu verdrängen war.

Für Charles d'Orléans waren zwei Empfänge vorgesehen. Der eine – fürs Volk – sollte auf offener Straße stattfinden, in Form einer Huldigung mit anschließender Bewirtung. Dafür loderte schon an allen Straßenecken unter gewaltigen Spießen das Feuer und auf laut rumpelnden Ochsenkarren wurde der Wein herbeigeschafft. Der Landesherr war beim Volk beliebt, sein Lehensmann, der Bischof, war es nicht.
Ein kleinerer Empfang war im Königssaal des Rathauses geplant, wo der Herzog seine jetzt fast dreijährige Tochter vorstellen und die Honoratioren der Stadt einzeln begrüßen würde. Dazu war auch Villon geladen und an der Stirnseite des Saales waren zwei Sessel aufgestellt, in denen der Bischof und sein Gast Platz nahmen. Die zierlich aufgeputzte Marie d'Orléans presste sich an die Knie ihres Vaters und blickte mit großen Augen auf die vielen Menschen. Hinter den beiden Sitzen drängte sich das Gefolge der hohen Herren und wieder erkannte Villon die junge hübsche Frau in unmittelbarer Nähe des Bischofs. Ihre graugrünen Augen glitten suchend über die Menge, fanden ihn schnell und abermals kam dieses vertrauliche Zwinkern.
Nun bildeten die Gäste eine Reihe, angeführt vom Bürgermeister mit seinen Stadträten, dann die Herren vom Gericht, zuletzt die Zunftmeister und die Vorsteher der Kaufmannsgilden.
Villon stand bei den wenigen, die weder Amt noch Titel aufzuweisen hatten, wurde aber vom Herzog durch ein kurzes Gespräch ausgezeichnet.
»Ah – Villon! Wieder obenauf? Wir Poeten sind nicht nur den Schwankungen in unserer Schaffenskraft ausgesetzt, manchmal

schlägt auch das äußere Leben zu. Da muss man sich beugen, darf aber nicht brechen. Sollte Euch der Weg einmal wieder nach Blois führen, dann kommt mir nicht ohne neue Arbeiten unter die Augen – hört Ihr?«

»Jawohl, Eure Hoheit, ich werde es beherzigen.«

Der Bischof sagte nichts, schaute nur grimmig drein und zog seine Hand mit dem Amethystring nach Villons flüchtigem Kuss so schnell zurück, dass er ihm die Lippen anritzte. Villon richtete sich auf und blickte in die großen graugrünen Augen der jungen Frau, die ihm fast unmerklich zunickte. Die etwas struppigen, kastanienfarbigen Haare, die sich unter ihrer schmucklosen Haube hervorringelten, und die schmale, schön geformte Nase ließen keinen Zweifel, dass es sich um die gleiche Frau handelte, die bei seiner Festnahme hinter dem Sessel des Bischofs gestanden hatte.

Als die wenigen wichtigen Gäste fast unwirsch hinausgedrängt wurden, spürte Villon plötzlich ein Stück Papier, das jemand in seine Hand gesteckt hatte. Kaum war er draußen, hielt er sich den winzigen Zettel vor Augen.

»Verlasst die Stadt so schnell wie möglich; der Bischof will Euch später wieder festnehmen lassen. Wenn Ihr nicht wisst, wohin, so stattet einen Besuch ab der Euch gewogenen Hélaine d'Estienne.«

Kopfschüttelnd steckte er das Papier weg und wandte sich in der Herberge an den Wirt. Der nickte nur gleichmütig.

»Sie gilt als entfernte Verwandte des Bischofs, aber die Leute sagen etwas anderes. Sie ist seit einem halben Jahr Witwe und soll bei Châteauneuf ein kleines Schloss bewohnen.«

»Wo liegt das genau?«

»Ein Stück nach Westen ...«

»Und was sagen die Leute über sie?«

Der Wirt wandte sich ab. »Das müsst Ihr schon selbst herausfinden.«

13

Was Hélaine d'Estienne in ihrem erst fünfundzwanzigjährigen Dasein erlebt hatte, war in den Zeiten des Hundertjährigen Krieges nicht ungewöhnlich, doch diese Ereignisse hatten sie weder biegen noch brechen können.

Sie entstammte einer adeligen, in der Provence angesiedelten Familie, doch seltsamerweise war dieser Sippe alles Kriegerische so fern wie der Mond. Diesem Stamm entsprossen Gelehrte der verschiedensten Richtungen: Ärzte, Buchhändler, Professoren – einer befasste sich in Straßburg sogar mit der neuen Kunst des Buchdruckens, die dort seit einigen Jahren nach dem Vorbild von Johannes Gutenberg betrieben wurde.

War es schon seltsam genug, dass eine Adelsfamilie ausschließlich Männer des Geistes hervorbrachte, so schien es zudem verwunderlich, dass es in dieser Sippe – mit ganz wenigen Ausnahmen – fast nur männliche Nachkommen gab. So erregte Hélaines Geburt eine allgemeine Verwunderung – bei ihren Eltern auch Freude, denn zuvor waren ihnen schon drei Söhne geboren worden.

Sie wuchs in der uralten Stadt Arles heran, beschützt und behütet von stolzen Eltern und drei Brüdern, aber – seltsam genug – als sie mit fünfzehn in ein heiratsfähiges Alter kam, wusste man nicht viel mit ihr anzufangen. An eine Mitgift war kaum zu denken, da das ganze Familienvermögen zur Ausbildung der Söhne und zum Aufbau einer Bibliothek verwendet worden war. Zwar hatte die Mutter immer wieder nachdrücklich daran erinnert, dass Hélaine eines Tages unter die Haube müsse und dafür etwas Geld zurückzulegen sei. Das wurde dann auch pflichteifrig getan, aber wenn dann Rechnungen für Bücher und Schulen zu bezahlen waren, ging das Geld immer wieder einen anderen Weg.

Als Hélaine achtzehn geworden war, starben die Eltern kurz nacheinander an den Blattern, ebenso ihr jüngster Bruder, der noch im Haus war. Sie selbst steckte sich zwar an, doch die Krankheit nahm einen sehr leichten Verlauf und hinterließ außer einigen nicht sehr

tiefen Narben auf Brust, Schultern und Gesicht keine weiteren Spuren. Ja, es schien sogar, als habe die Krankheit Hélaine schmücken wollen, denn die Gesichtsnarben saßen auf beiden Wangen an einer Stelle, dass man sie für reizende Lachgrübchen halten konnte. Ihre Mutter konnte allerdings nicht verhindern, dass Hélaine viel vom Verhalten ihrer Brüder annahm, sodass alles andere als eine Zierpuppe aus ihr wurde. Sie hielt nicht allzu sehr auf ihre Kleidung, auch die Haarpflege wurde vernachlässigt, während ihre Kenntnisse in Schreiben und Lesen, Latein, Geografie und Geschichte denen ihrer Brüder in nichts nachstanden.
Ihre Mutter schüttelte in hilfloser Verzweiflung den Kopf.
»Wie sollen wir ein schlampig gekleidetes, dafür sehr gelehrtes Mädchen ohne namhafte Mitgift jemals an den Mann bringen?«
Der Tod der Eltern und ihres jüngeren Bruders schuf eine völlig neue Lage. Die beiden älteren Brüder waren als Professoren an die Universitäten von Toulouse und Orléans gegangen und sahen sich nun veranlasst, das verwaiste Nesthäkchen irgendwo unterzubringen. Dabei wurde – allerdings sehr flüchtig – an einen Klosteraufenthalt gedacht, aber auch das hätte eine Mitgift erfordert und im Übrigen spielte die Religion in der Estienne-Sippe eine sehr untergeordnete Rolle. So hatte es in dieser männerreichen Familie – was sehr ungewöhnlich war – niemals einen Geistlichen gegeben.
Hélaines ältester, in Orléans lehrender Bruder wandte sich schließlich an den Bischof, der dann vorschlug, mit der Familie der Herren von Châteauneuf Verbindung aufzunehmen.
»Dabei muss ich mich korrigieren«, fügte der Bischof hinzu, »denn es gibt nur noch einen einzigen dieser Herren, das ist Henri de Châteauneuf, der – so hört man – jetzt versuchen will, durch eine Ehe seinen Stamm fortzusetzen.«

Als Hélaines Bruder ihn aufsuchte, fand er über einem armseligen Dorf eine verwahrloste Burg, bei der ein Vorfahr sich vergeblich bemüht hatte, sie durch aufgesetzten Zierrat in eine Art Schloss zu verwandeln. Das schönste an diesem alten Gemäuer war seine Lage am Hochufer der Loire.

Der Seigneur erwies sich als ein Mann um die vierzig mit schütterem Haar, einem leicht verfetteten, doch wohl gebauten Körper. Seine Züge verrieten auf den ersten Blick etwas wie männliche Anmut, wäre da nicht der schmachtende Blick seiner dunklen Glupschaugen gewesen. Seine Stimme klang melodisch-süß und es schien, als wolle er jeden seiner Sätze wie ein Liedchen vortragen.
»Eigentlich wollte ich ja ehelos bleiben, aber nun stellt sich heraus, dass ein Vetter, den ich um alle Welt nicht ausstehen kann, mich beerben würde, und so habe ich mich entschlossen –« Er schloss, wie von Schmerzen gepeinigt, seine plüschigen Augen, seufzte tief und fuhr fort: »Mich entschlossen, in den Stand der Ehe zu treten. Ich gebe es zu, dass dieser Plan hier in meiner Gegend auf wenig Gegenliebe stößt. So muss ich mich anderswo umtun und da Ihr für Eure Schwester auf der Suche nach einem Mann seid …«

Kurz und gut, die Sache ging wider Erwarten schnell voran und so fand Hélaine sich vier Monate später als Herrin auf Châteauneuf. Sehr bald erkannte sie, dass es schwierig, wenn nicht unmöglich sein würde, ihrem Eheherrn einen Erben zu schenken. Nicht, dass es dem Seigneur an Manneskraft fehlte – o nein, aber er schien weder geneigt noch fähig, sie an eine Frau zu verschwenden. Das hatte sich schon in der Hochzeitsnacht gezeigt, die einer kurzen formlosen Trauung durch den Dorfpfarrer folgte.
Hélaine, noch Jungfrau, machte sich keine großen Gedanken, denn sie war ihrem Wesen nach kühn und furchtlos und so konnte sie etwas nicht ängstigen, das Tausende von Frauen auf der Welt schon durchgestanden hatten.
Zur Hochzeitsfeier erschien keiner der adeligen Nachbarn; im Grunde nahmen nur ein paar Leute aus dem Schloss und den vier zur Herrschaft gehörigen Dörfern teil.
Henri de Châteauneuf trank an diesem Abend unmäßig viel, hatte kaum noch Blicke für seine frisch angetraute Frau, beschäftigte sich dafür umso mehr mit einer Clique von sehr jungen Leibdienern, die – so sah es wenigstens Hélaine – ihn auf eine Weise anschmachteten, die ihr ungehörig, ja abstoßend erschien.

Kurz nach Mitternacht stand der Schlossherr schwankend auf, sorglich gestützt von zwei seiner Knaben, küsste Hélaine flüchtig auf die Wange, ginste und stammelte – von einem Schluckauf unterbrochen: »Auf bald, meine Liebe …«

Dann verschwand er, wer weiß wohin, jedenfalls blieb er dem gemeinsamen Schlafzimmer fern. In der folgenden Zeit schien er mit Hélaine nur eines im Sinn zu haben, nämlich ihr tunlichst auszuweichen. Es brauchte nicht viel, um zu erkennen, dass eine Gruppe von vier Halbwüchsigen, zusammen mit dem verschlagenen Schlossvogt, hier das Regiment führte, während Hélaine von jeder Einflussnahme ausgeschlossen war. Doch es war nicht ihre Art, einen solch ärgerlichen Zustand auf die Dauer hinzunehmen, und so nutzte sie die Gelegenheit eines Ausrittes – es galt, die Sturmschäden in einem der Dörfer zu inspizieren – zu einer gründlichen Aussprache. Dies ergab sich, weil Henris Pferd zu lahmen begann und sie darauf bestand, dass der knabenhafte Leibdiener sein Ross zur Verfügung stellte und das lahme zurückführte. Es war deutlich zu erkennen, welch Unbehagen es Henri bereitete, mit seiner Frau allein zu sein, und um diesen Zustand abzukürzen, wollte er sich schnell auf sein Pferd schwingen. Hélaine riss ihm die Zügel aus der Hand.

»Nein, Henri, so geht es nicht! Wir sind nun über drei Monate verheiratet und alles, was Ihr bisher an ehelichen Pflichten geleistet habt, war, mich zu ernähren. Doch das genügt nicht, denn in einer richtigen Ehe ist die Gemeinsamkeit von Tisch und Bett vorgesehen. Nun möchte ich in aller Deutlichkeit von Euch wissen, warum sich unser Eheleben bisher nur auf den Tisch bezogen hat und wie Ihr es Euch vorstellt, auf diese Weise zu einem Erben zu kommen? Das war doch, so sagte mir mein Bruder, der alleinige Sinn und Zweck Eurer Heirat.«

Er seufzte, setzte sich ins Gras und seine schmachtenden Augen mieden ihren Blick.

»Ach, Hélaine, wenn das alles so einfach wäre! Ich habe mich jahrzehntelang an diese Männerwirtschaft gewöhnt und so fällt es mir außerordentlich schwer –«

»Halt, *mon ami*! Was Ihr Männerwirtschaft nennt, ist eine Gruppe von bartlosen Rotznasen, die auf unziemliche Weise das Regiment führen und über Euch bestimmen. So hört denn meinen Vorschlag zur Güte: Ich gebe Euch noch einen Monat Zeit, diesen unsäglichen Zustand zu ändern, und werde, wenn dies nicht geschieht, beim Bischof Anklage wegen Verweigerung der Ehepflichten gegen Euch erheben. Als Beweis wird mir die Untersuchung einer *sage-femme* dienen, die meine Jungfräulichkeit bezeugen kann.«

Dieser Schlag traf. Seine Augen verloren ihren schmachtenden Glanz, blickten stumpf, verzweifelt, hilflos. Hélaine unterdrückte ihr aufsteigendes Mitleid, weil es ihr unerträglich schien, noch länger die Rolle der ungeliebten, überflüssigen Frau in einem Päderastenhaushalt zu spielen.

»Ich werd's versuchen«, ächzte Henri gequält, »ich werd's versuchen …«

Zwar hielt er Wort, doch es kam nicht mehr dabei heraus, als dass ein zitterndes, verstörtes Mannsbild in ihr Bett kroch, um dann vor dem Frauenkörper zurückzuscheuen wie ein Ross vor einem unüberwindbaren Hindernis. Tags darauf erfolgte die Aussprache.

»Ich habe es versucht, Hélaine, nach besten Kräften, aber meine Natur scheut vor allem Weiblichen zurück. Um Euch und mir jeden weiteren Kummer zu ersparen, mache ich den folgenden Vorschlag: Ihr wählt Euch aus unserer Umgebung einen Liebhaber nach Eurem Geschmack. Es muss ja nicht ein Stallbursche oder ein Bauernknecht sein, aber irgendeinen gestandenen jungen Mann werdet Ihr doch finden. Zeugt er dabei Nachwuchs, so ist es unser Kind, und das gilt auch für alle weiteren, ob Jungen oder Mädchen. Ich gebe Euch jede Freiheit, aber Ihr müsst darauf achten, dass Euer Verhältnis nicht zu auffällig wird.«

Hélaine konnte nicht anders, sie musste laut lachen.

»Das habt Ihr Euch ja fein ausgedacht, Seigneur. Freilich, so ganz von der Hand zu weisen ist dieser Vorschlag nicht und ich werde ihn genau erwägen. Nur eines vorweg: Sollten wir den Plan verwirklichen, so müsst Ihr Eure Bubenwirtschaft aufgeben oder Euch zumindest auf einen Favoriten beschränken. Damit werdet Ihr schon

jetzt beginnen und Euren *morveux* klar machen, dass von nun an ich innerhalb des Hauses die Herrschaft übernehme. Sollte Euch dies nicht gelingen, dann könnt Ihr Euren doch recht dreisten Plan auf den Müll werfen.«
Hélaine wusste, dass ihr im Grunde keine Wahl blieb, es sei denn, sie ginge in ein Kloster. Dass letztlich doch alles anders kam, war nicht ihre Schuld.

Henri de Châteauneuf raffte sich tatsächlich auf und schickte seine Leibdiener mit einer kleinen Abfindung zu ihren Eltern zurück, sodass Hélaine sich jetzt im Schloss wirklich als Herrin des Hauses fühlen konnte. Er hatte sich selbst die Buße auferlegt, auch nicht – wie Hélaine vorgeschlagen hatte – einen Favoriten zurückzubehalten. Er wollte quasi klösterlich leben, vielleicht in der Hoffnung, die sexuelle Abstinenz würde ihm eines Tages einen Frauenkörper wenn auch nicht verlockend, so doch zumindest erträglich machen. Das waren gewiss die besten Vorsätze, aber ein Lügengebäude, das man um sich selbst errichtet, ist in der Regel brüchig und es braucht nicht viel, um es einstürzen zu lassen.

Um die Zeit, da François Villon mit seiner Gauklertruppe durch die Lande zog, gab es viele ähnliche Gruppen, die eine Hand voll Menschen zur Unterhaltung der Sesshaften von Ort zu Ort, von Landgut zu Landgut führte. Eine solche tauchte an einem schönen Frühsommertag auch in Châteauneuf auf und erhielt von Seigneur Henri die Erlaubnis, im Schlosshof aufzutreten. Es waren an die sechs oder sieben Frauen und Männer verschiedenen Alters, die in meist recht albernen Stegreifstücken versuchten, ihr Bestes zu geben. Es ist die Sache nicht wert, näher darauf einzugehen, aber jeder weiß, dass diese meist improvisierten Possenspiele fast ausschließlich aus dem spannungsgeladenen Gegenüber von Mann und Frau entstehen, in seinen endlosen Varianten von Kampf, Zuwendung, Leidenschaft, Betrug, Verlust, Triumph und was es da sonst noch geben mag.
Die jetzt im Schlosshof auftretende Truppe aber litt sichtlich unter Frauenmangel. Zwar gab es zwei ältere Damen, deren eine aber

nicht auftrat, sondern für das leibliche Wohl aller anderen sorgte, Kleidung zusammenflickte und auch bei allerlei Wehwehchen Abhilfe wusste. Die andere konnte beim bestem Willen nur noch Mutterrollen spielen und so hatte man sich mit dem elf- oder zwölfjährigen Pierrot beholfen, der mit seinem runden, glatten und bartlosen Gesicht bei entsprechender Verkleidung und Kopfbedeckung ohne weiteres als hübsches Mädchen auftreten konnte. Sie hatten seine Haare lang wachsen lassen, denn eine Perücke wäre für diese Leute unerschwinglich gewesen.

Das Unglück aber wollte es, dass Pierrot sich vor einigen Tagen ein Fieber zugezogen hatte, das ihn eigentlich aufs Krankenlager und nicht auf die Bühne hätte bringen müssen. Das noch halbe Kind wusste freilich, was von seinen Auftritten als Mädchen abhing, aber jetzt ging es nicht mehr. Als ihn während einer Liebesszene ein feuriger Liebhaber anschmachtete, brach der Junge bewusstlos zusammen. Er wurde ins Schloss getragen und in die seit langem verwaiste Krankenstube gebracht.

Der Chef der Truppe – er nannte sich hochtrabend *directeur* – bat um eine vertrauliche Unterredung und gestand dem Schlossherrn, dass es sich bei dem Mädchen um einen Jungen handelte. Seigneur Henri erschrak zuerst, war aber – wie konnte es anders sein – entzückt und gerührt.

»Ich appelliere an Euer christliches Mitgefühl, Seigneur, denn ein Kranker, vielleicht sogar Todkranker ist eine Last, die sich unsere Gruppe nicht leisten kann. Würden wir hier seine Genesung abwarten, fielen wir wiederum Euch zur Last. So wäre mein Vorschlag, dass Pierrot hier bleiben darf, bis er – bis er – so Gott will – wieder gesund ist und wir ihn dann abholen. Tritt das Gegenteil ein, so bitten wir für den Jungen um ein christliches Begräbnis.«

Dass der Seigneur mit nur schlecht verhohlener Freude auf alles einging, veranlasste den *directeur*, in theatralischer Pose niederzuknien und dem Seigneur feucht schmatzend mehrere Küsse auf die Hände zu drücken.

Als Hélaine von der Anwesenheit des Kranken erfuhr, beschlich sie ein ungutes Gefühl – fast eine Ahnung kommenden Unheils.

Am dritten Tag seines Krankenlagers – die Gruppe war schon weitergezogen – schien sich das Fieber seinem Höhepunkt zu nähern und der Dorfbader, ein durchaus erfahrener Mann, tat sein Bestes, um den Feuersturm im Körper des Jungen einzudämmen. Er wandte eiskalte Wadenwickel gleichzeitig mit starken fiebersenkenden Arzneien an und schließlich half auch die Jugend des Kranken mit, ihn gegen Morgen in einen erschöpften, fast fieberfreien Heilschlaf fallen zu lassen.

Da der Seigneur mehrmals täglich den Kranken besucht und auch die vom Bader vorgenommenen Körperabreibungen mit Branntwein verfolgt hatte, war er schnell in eine Art stummes Entzücken verfallen. Pierrot erschien ihm als Inbild knabenhafter Schönheit. Da waren die langen goldgelockten Haare, das liebliche Oval des noch halb kindlichen Gesichts, die vom schnellen Fieberatem leicht geöffneten Lippen, die großen, feucht glänzenden graublauen Augen. Dann der Körper! Die noch rührend schmalen, aber schon kräftiger werdenden Schultern, der etwas rundliche Bauch und die schwellenden, doch keineswegs schwammigen Schenkel, die – wie auch die festen Waden – ein kaum wahrnehmbarer goldener Haarflaum bedeckte.

Pierrot kam schnell wieder auf die Beine und schien von Tag zu Tag ungeduldiger auf die Rückkehr seiner Truppe zu warten, während der Seigneur heiße Stoßgebete zum Himmel sandte, dieses Ereignis sich verzögern, vielleicht sogar niemals eintreten zu lassen.

Bei Pierrot war es nun so, dass sein jahrelanges fahrendes Leben ihn keineswegs abgebrüht gemacht oder ihm böse Erfahrungen eingebracht hätte. Er war mit sechs Jahren einem Waisenhaus entlaufen, wo die Kinder jeden Morgen zu schwerer Arbeit geprügelt wurden. Die Theatergruppe hatte ihn aufgenommen und dort war er zum behüteten *bébé* geworden, gehätschelt, umsorgt und bewacht von lebenserfahrenen Frauen und Männern, die ihn als ihr gemeinsames Kind betrachteten. Seine Auftritte in leidenschaftlichen, manchmal auch schlüpfrigen Szenen als Mädchen bedeuteten ihm nichts als – eben Theater.

Der Seigneur erkannte bald, dass sich Pierrots Denken in sehr einfältigen Bahnen bewegte, und es fiel ihm, dem erfahrenen Päderas-

ten, nicht schwer, dieses schlichte Gemüt schnell für sich zu gewinnen. Das Körperliche ergab sich dann beinahe von selbst und da dem Seigneur – im Gegensatz zu Gilles de Rais – jeder Trieb zur Grausamkeit fehlte, stieß er schnell auf etwas, das er für Gegenliebe hielt, das vielleicht aber nur eine Form gesteigerter Dankbarkeit war.
Natürlich entging diese Entwicklung keinem der Schlossbewohner und Hélaine nahm sie sogar mit Erleichterung zur Kenntnis. Ein Favorit war dem Seigneur gestattet, so hatten sie es abgesprochen. Doch dabei blieb es nicht und so nahm der Fall eine Wendung, die sich auch der erfahrenste Bühnenschreiber nicht hätte ausmalen können.
Der Seigneur war zum ersten Mal in seinem Leben nicht nur zu verliebter Tändelei aufgelegt, sondern er liebte Pierrot mit aller verfügbaren Leidenschaft, die aber nicht wahrnahm, dass die Gegenliebe nur eine Form innig empfundener Dankbarkeit war.
Wer liebt, genießt die Gegenwart und lebt dem Augenblick, wer sich aber in diesem Zustand nach Dauer sehnt, schaut ein wenig in die Zukunft und da sah Seigneur de Châteauneuf dunkle Wolken aufziehen. Es war nämlich nicht zu übersehen, dass Pierrot sich an der Grenze zur Mannwerdung befand. Freilich – noch war seine Stimme hell und kindlich, noch seine Wangen glatt und seine Muskeln wenig ausgebildet. Aber sein Glied, das allerliebst aus einem dünnen goldbraunen Busch von Schamhaaren hervorlugte, hatte doch schon eine beachtliche Größe erreicht.
Nun begann der Seigneur zu grübeln, wie dieser schöne Entwicklungszustand zu bewahren, die ungute Wandlung zum Mann aufzuhalten war. Der christliche Westen besaß zwar – im Gegensatz zum Orient – wenig Erfahrung in der Produktion von Eunuchen, aber jeder Gebildete kannte die Folgen eines im Kindesalter Verschnittenen. Die helle Stimme blieb erhalten, der Bartwuchs blieb aus und der Körper entwickelte sich eher zu weiblichen als zu den Päderasten abstoßenden männlichen Formen.
Da erdachte der Seigneur einen kühnen Plan, den er aber nicht in der ihm gebotenen Heimlichkeit, sondern zumindest mit dem Wissen seiner Gemahlin durchführen wollte.

Zuerst hatte er eine lange Unterredung mit dem Dorfbader. Der machte große Augen, als er merkte, worauf der Seigneur hinauswollte.

»Ich weiß nicht, ich weiß nicht … Da begeben wir uns auf einen gefährlichen Boden …«

Henri de Châteauneuf hatte nämlich den Bader – der wie üblich auch als Chirurg tätig war – gebeten, Pierrot zu kastrieren.

»Aber es geschieht nicht unter Zwang, ich werde seine Zustimmung erreichen. Es ist zu seinem Besten, ein wenig auch zu meinem Besten und sogar meine Gemahlin wird einsehen, dass dadurch der Frieden bewahrt bleibt.«

Dem Bader stand deutlich der Zweifel im Gesicht.

»Wenn Ihr gestattet, hätte ich dazu noch einige Fragen …«

»Aber gewiss – fragt nur!«

»Was hat Euch letztlich bewogen, diesen Plan auszuführen? Warum soll Pierrots natürliche Entwicklung aufgehalten werden?«

»Aber versteht Ihr denn nicht? Ich liebe den Burschen, ich liebe ihn nicht weniger, als anders geartete Männer eine Frau lieben. Und so mag ich gar nicht daran denken, dass mein Pierrot schon bald zum Pierre wird, mit Stachelbart, straffen Muskeln und tiefer Stimme. Das ist, als wäre er für mich gestorben! Als mein Gefährte fürs Leben muss er bleiben, wie er ist –«

Der Bader konnte dem folgen, aber sollte er es gutheißen? Er war ein freier Mann, doch er lebte nun einmal im Herrschaftsbereich des Seigneur Henri und so war es nicht einfach, da eine Entscheidung zu treffen. Vor allem hielt er sich eines vor Augen: Misslang die Operation und führte zum Tod des Jungen, dann stand in Orléans der Galgen für ihn bereit, während sein Herr vor einem Adelsgericht vermutlich mit einer Geldbuße davonkam. Doch hielt er es für wenig klug, die Forderung seines Herrn glatt abzulehnen, und so schlug er vor:

»Es steht mir sonst nicht zu, Euch Bedingungen zu stellen, Seigneur, aber bei einer so heiklen Sache muss ich es dennoch tun. Zum einen habe ich eine solche Operation noch nie vorgenommen und muss mich bei Leuten kundig machen, die Böcke, Schweine und

Rösser kastriert haben. Zum anderen aber muss ich darauf bestehen, von Pierrot in einem persönlichen Gespräch sein Einverständnis mündlich und am besten auch schriftlich zu verlangen.«

Dem Seigneur war alles recht, denn er sah seine und Pierrots Zukunft in einem goldenen Licht.

Aber, wie schon gesagt, wollte Henri de Châteauneuf kein Geheimnis daraus machen und so sollte seine engere Umgebung nach und nach davon erfahren. Das Wichtigste aber war, Pierrot von den Vorteilen dieser Maßnahme zu überzeugen, und zu seiner nicht geringen Überraschung stieß er dabei kaum auf Widerstände. Pierrot nämlich liebte sein gehätscheltes Leben und es schien ihm erfreulicher, dieses sorglose Dasein fortzusetzen, als in einen Zustand zu gelangen, den ihm der Seigneur beredt vor Augen führte.

»Bald wirst du kein Kind mehr sein, Pierrot, und dann kommen Pflichten auf dich zu, die wenig erfreulich sind. Du bist dann ein Mann und wir müssen unseren liebevollen Umgang miteinander abbrechen, weil weltliche wie geistliche Gesetze dafür schwere Strafen androhen. Du musst dann wieder zu einer Theatergruppe gehen, oder – falls du hier bleiben willst – eine der anfallenden Arbeiten als Stallbursche, Küchenjunge oder Landarbeiter übernehmen. Keine angenehmen Arbeiten, aber einem Mann durchaus zuzumuten. Der von mir angedeutete kleine Eingriff aber wird deine Kindlichkeit bewirken und ich werde dich als eine Art Pflegesohn und Leibdiener ansehen und – das Einverständnis meiner Gemahlin vorausgesetzt – auch in meinem Testament bedenken. In diesem Fall liegt ein glückliches, sorgloses Leben vor dir, das – so Gott will – noch viele Jahre andauern wird.«

Was man mit ihm anstellen würde, wollte Pierrot nicht so genau wissen. Ihm werde nur genommen, was man auch einem Kapaun, einem Ochsen oder einem Wallach entfernt habe, und er müsse zugeben, dass diese Tiere offenbar nichts vermissten und so gesund wie fröhlich weiterlebten.

Wäre Hélaine in dieser Zeit nicht durch anderes abgelenkt gewesen, so hätte sie wohl eher von dem Gerücht erfahren. Das unverhohlene Angebot ihres Gemahls, sie solle sich einen Liebhaber nehmen, hatte zuerst ihren Stolz verletzt und Widerstände erweckt. Nach einiger Zeit aber gewann sie ihr nüchternes Denken zurück und sie musste sich fragen, warum sie an der Seite dieses eingefleischten und unverbesserlichen Päderasten zur alten Jungfer vertrocknen solle. Das hätte zwar noch nicht hingereicht, um sich nun fieberhaft nach einem angemessenen Liebhaber umzusehen, doch die Umstände kamen ihr entgegen.

Der Vater des Schlossherrn war mit einer kränklichen Adelstochter verheiratet gewesen, die nach Henris Geburt noch eine Weile dahinsiechte und dann starb. Anstatt sich wieder zu verheiraten, zog der Herr von Châteauneuf es vor, seine geliebten Jagden auf weibliches Wild auszudehnen, und ein Gerücht besagte, er habe in den zwanzig Jahren, die er nach dem Tod seiner Frau noch lebte, mit Mägden, Hirtinnen, Ehefrauen und Witwen etwa fünfzehn bis zwanzig Kinder gezeugt.

Er selbst bekannte sich zu einigen davon, aber der etwa zehn Jahre nach dem legitimen Henri mit einer jungen Witwe gezeugte Michel war sein erklärter Liebling und solange er lebte, behielt er ihn sorglich im Auge. Michel durfte schreiben und lesen lernen und kam mit zwölf Jahren als Gehilfe in der vom Bischof unterhaltenen Jägerei unter. Er stellte sich so geschickt an, dass er nach angemessener Zeit zum bischöflichen Jagdmeister aufstieg. Da es bei der Jagdausübung gewisse Schonzeiten gab, nutzte Michel diese Zeit, um bei seinem zehn Jahre älteren Halbbruder Henri de Châteauneuf – der sich keine eigenen Jäger leisten konnte oder wollte – in den Wäldern und Auen nach dem Rechten zu sehen.

Michel, der *maître de la vénerie*, war in vieler Beziehung nach seinem Vater geraten und es kostete ihn viel Kraft, den Widerwillen gegen die seltsamen Vorlieben seines Bruders zu unterdrücken. Umso neugieriger machte ihn jetzt dessen überraschend erfolgte Ehe, die – so vermutete er – weniger aus Neigung, sondern mehr aus Familienrücksichten geschlossen worden war.

Obwohl Henri de Châteauneuf der legitime Sohn und einzige Erbe seines Vaters war, fühlte er sich bei jedem Treffen mit seinem Halbbruder auf eine Weise vom Schicksal betrogen, die er nicht genau hätte definieren können. War es das freie, ungebundene Leben, das sein Bruder führte, mit fröhlicher Pirsch auf Frauen und Wild, in einem geachteten und angesehenen Beruf? Neidete er dem Bruder sein heiteres, gewinnendes Wesen, das ihn gleichermaßen bei Frauen wie Männern beliebt machte? Befanden sie beide sich in einem Raum und kamen andere hinzu, so waren auf Michel nur lachende, zufriedene Gesichter gerichtet, während man ihn, den Schlossherrn, fast übersah.

Michels Erfolgsgeheimnis, was den Umgang mit Frauen betraf, bestand wohl hauptsächlich darin, dass er zu ihnen weder auf- noch herabsah. Der Stallmagd wie der Gutsherrenwitwe begegnete er mit Aufmerksamkeit, Respekt und unbedingter Hinwendung, sodass er jeder zu dem Bewusstsein verhalf, nur für sie – für sie allein da zu sein. Genau besehen war es tatsächlich so, weil er sich davor hütete, zur gleichen Zeit zwei Liebesverhältnisse zu unterhalten.

Als Michel an einem windigen Frühlingstag gegen Abend im Schloss eintraf, war sein Halbbruder schon so tief in seinen fatalen Plan verstrickt, dass er zerstreut und abwesend wirkte. Michel merkte es gleich und fragte in seiner offenen Art:

»Habt Ihr Sorgen, Henri?«

»Sorgen? Nein, keine unmittelbaren, aber doch Probleme besonderer Art, über die ich erst später mit Euch sprechen möchte.«

Sah Michel eine Frau zum ersten Mal – unabhängig von den Umständen der Begegnung –, so beschaute er genau ihr Gesicht, um zu prüfen, ob da ein Funke übersprang. War dies nicht der Fall, so blieb auch ihr Körper für ihn ohne Interesse. Meistens aber sprang der Funke und dann galt seine Aufmerksamkeit ihrem ganzen Wesen, das er umfassend zu erforschen begann. Natürlich lag er meist schon in ihrem Bett, ehe er damit am Ende war, und seltsam genug: Von ganz wenigen Fällen abgesehen, verlief die Trennung stets im Guten, ging aber keineswegs immer von ihm aus. Die meist mit einem feinen Gespür für Herzensangelegenheiten ausgestatteten Frauen erkannten in diesem Mann einen Menschen, der nicht zu halten war – ja, nicht gehalten werden durfte. So gaben sie ihn unter Tränen lächelnd frei und blieben ihm zeitlebens in Freundschaft verbunden.

Als Hélaine diesen Michel kennen lernte, war sie allein von seinem Äußeren sofort eingenommen. Aus dem von Wind und Wetter gebräunten Gesicht ragte – wie der Schnabel eines Raubvogels – eine schmale, leicht gebogene Nase. Oberlippe und Kinn bedeckte ein schwarzer, sorgfältig gestutzter Bart. Aus den großen dunklen Augen leuchtete eine angeborene unbeirrbare Heiterkeit, die auch anhielt, wenn er eine ernste Miene aufsetzte.

Michel kannte von vielen Begegnungen die Wirkung, die er auf Frauen ausübte; auch Hélaine, gebildet und wortgewandt, gab ihm durch die Blume zu erkennen, wie sehr er ihr gefiel.

»Sieur Michel, bei Eurem Anblick möchte man kaum glauben, dass ein und derselbe Vater auch meinen Gemahl gezeugt hat.«

Er nahm es als Kompliment, während Henri mit seinen Gedanken offenbar woanders war.

»Wie lange könnt Ihr bleiben?«

»Ich habe dem Bischof sechs Wochen abgerungen – Zeit genug, um Euer Gebiet gründlich durchstreifen zu können.«

Henri nickte zerstreut.

»Ihr wisst ja, was zu tun ist. Die Bauern sprechen von einer Kaninchenplage, weil das Wetter im Sommer zu trocken gewesen sei, auch der Verbiss durch Hochwild nehme zu – na ja, Ihr werdet es ja sehen. Sucht Euch ein paar Gehilfen und –«

Henri machte eine vage Bewegung und sprach nicht weiter.

»Zuerst werde ich es mir alleine anschauen.«

»Könnt Ihr mich mitnehmen?«

Das kam wie ein plötzlicher Pfeilschuss und löste bei den Brüdern die unterschiedlichsten Reaktionen aus. Henri war zwar überrascht, schien aber hoch erfreut.

»Aber ja, meine Liebe, wenn Michel es gestattet …«

»Könnt Ihr gut reiten, Madame?«

»Wir hatten zu Hause immer Pferde, auch wenn die Jagd für meine Familie etwas sehr – sehr Fernliegendes war.«

»Ich würde mich geehrt fühlen.«

Dann war Henri plötzlich verschwunden, nachdem er etwas Undeutliches gemurmelt hatte. Michel blickte verwirrt.
»Er wird doch nicht beleidigt sein?«
»Keineswegs – ich nehme an, er wird Euch seinen derzeitigen Favoriten vorstellen wollen.«
Da öffnete sich schon die Tür und Henri führte den verlegen blickenden Pierrot herein.
»Ein hübscher Junge«, sagte Michel und schaute dabei seinen Bruder spöttisch an.
Henri strahlte vor Stolz.
»Ja, und ich habe allerhand mit ihm vor, aber jetzt ist noch nicht die Zeit, darüber zu reden.«

Beim Nachtmahl trank Henri wie immer schnell und viel und musste, von Dienern gestützt, zu Bett gebracht werden. Nach und nach verschwanden die anderen Tischgäste – das Verwalter-Ehepaar, eine uralte, hier das Gnadenbrot verzehrende Tante und der ältere Schlosskaplan, ein gelehrt und zerstreut wirkender Mann, der kaum redete. Hélaine eröffnete das Gespräch.
»Nun sind wir allein, mein lieber *beau-frère*, da möchte ich ganz offen sein und etwas gleich vorweg klären. Da ich mit Eurem Bruder verheiratet bin, dürft Ihr mich mit Fug und Recht Schwägerin nennen. Das setzt aber meines Erachtens voraus, dass sich diese Verwandtschaftsbezeichnung auf Tatsachen gründet, nämlich auf eine vom Priester gesegnete Ehe und das gemeinsame Leben in einem Haus unter Teilung von Tisch und Bett. Bis auf Letzteres hat alles seine Richtigkeit, aber wir schlafen nicht nur getrennt, Sieur Michel, ich bin als Jungfrau in diese Ehe gegangen und eine *virgo* bin ich heute noch.«
Michel zeigte sich weniger überrascht, als sie es erwartet hatte.
»Ich habe mich schon gefragt, ob sich in meinem Bruder eine Wandlung vollzogen hat, aber die Existenz von Pierrot und jetzt Eure Worte zeigen deutlich, dass alles beim Alten geblieben ist. Wollt Ihr so weiterleben?«
Sie spielte die Hilflose, Unentschlossene.

»Ich weiß nicht … Was soll ich tun …«
Noch ehe er etwas sagen konnte, neigte sie leicht ihren Kopf, wünschte eine gute Nacht und ging schnell hinaus. Michel starrte noch eine Weile ins Kaminfeuer und ihm war, als schauten ihn ihre klugen graugrünen Augen noch immer spöttisch an. Dabei hatte ihn nicht ihr ansprechendes Äußeres so gefangen genommen, sondern ihre freie, offene Art, die sich schon an Gang und Gestik zeigte, noch ehe ein Wort gefallen war.

Am nächsten Tag äußerte Hélaine den Wunsch, auch in das Wesen der Jagdwaffen eingeführt zu werden, denn als seine künftige Begleiterin könne es ja gut sein, dass sie sich mit der Waffe gegen einen Angriff verteidigen müsse.
Er schaute sie erheitert an.
»Einen Angriff? Wie soll ich das verstehen?«
»Vielleicht gegen wilde Tiere – Ihr könntet verletzt sein … oder bei einem räuberischen Überfall, da sind zwei schließlich stärker als einer.«
»Zwar teile ich nicht Eure Bedenken, dennoch will ich Euch wenigstens die Grundbegriffe des Bogenschießens beibringen.«
Henri hatte nichts dagegen, wie ihm überhaupt alles recht war, das seine Frau ablenkte und beschäftigte.
Michel war natürlich mit allen einschlägigen Jagdwaffen ausgerüstet und vertraut. Er hielt es aber für wenig sinnvoll, Hélaine in den Gebrauch einer Saufeder oder eines Hirschfängers einzuführen. Auch den bis zu sechs Fuß langen englischen Bogen hielt er für kaum geeignet für eine Frau, denn er war sehr schwer zu spannen. Der elegant geschwungene »zusammengesetzte Bogen« maß zwar nur etwa vier Fuß, bestand aus verschiedenen Hölzern unter Verwendung von Horn und Leder, erforderte aber eine sehr lange Übung, um damit zielgenau zu treffen. Doch er führte eine kleine, vorzüglich gearbeitete Armbrust mit sich, die er selbst kaum verwendete, die aber leicht und ohne viel Kraftaufwand zu handhaben war. Um die Bogensehne zu spannen, bediente man sich einer Kurbel, wozu schon die Kraft eines Zehnjährigen ausgereicht hätte.

Natürlich erregte es einiges Aufsehen, als Michel mit der Schlossherrin jenseits des Burggrabens – der schon lange kein Wasser mehr führte – auf Kürbisse schoss, die an den fast waagrechten Ästen einer jungen Eiche aufgehängt waren. Ein paar Buben vom Schlossgesinde waren angestellt, die danebengegangenen Pfeile – Michel hatte sie hellrot anstreichen lassen – aus dem Unterholz aufzusammeln. Als *maître de la vénerie* hatte er schon oft Gehilfen ausbilden müssen und dabei die Erfahrung gemacht, dass sich die Lernenden etwa in zwei Gruppen einteilen ließen. Da gab es solche, die sich mühsam von Fehlschuss zu Fehlschuss zu einer immer genaueren Treffsicherheit emporarbeiteten, aber auch andere, bei denen manchmal schon der erste Schuss ins Ziel traf, der zweite weit danebenging, ebenso der dritte, der vierte aber wieder ein Meisterschuss war. Zu diesen gehörte Hélaine, die nicht nach Frauenart beim Anblick einer Waffe entsetzt die Hände spreizte, sondern beherzt zugriff und die kleine Armbrust neugierig auf Einzelheiten untersuchte.
Am dritten Übungstag bemerkte Michel, dass es für ihre Zwecke genüge, etwa jeden dritten Schuss ins Ziel zu bringen.
»Bei unseren Erkundigungsgängen wird die Jagd nicht im Vordergrund stehen, weil um diese Zeit viele Tiergattungen mit der Brutpflege befasst sind. Alte, kranke oder ausgestoßene Tiere werde ich von Fall zu Fall erlegen und Ihr könnt dann und wann einen männlichen Wasservogel abschießen, weil für das Fortkommen der Küken das Weibchen ausreicht.«

In dem Gebiet zwischen den Flüssen Cher und Loire gab es Dutzende von kleinen Seen und es herrschte an Wild zu Wasser wie zu Land kein Mangel. Natürlich gab es auch genügend Wilddiebe, die das Desinteresse ihres Grundherrn weidlich ausnutzten, sodass Michel und Hélaine bei ihren Erkundungsritten immer wieder auf Schlingen und Fallen stießen. Dazu bemerkte Michel:
»Es ist jedes Jahr das Gleiche: Mein Bruder unternimmt nichts gegen den hier ausufernden Wildfrevel. Es geht nicht um die paar Kaninchen oder Enten, von denen es ohnehin genug gibt. Aber es ist schlimm, wenn eine säugende Ricke mit einer selbst gebastelten

schlechten Waffe angeschossen wird und dann im Unterholz nach Tagen verendet, während ihr Junges verhungert.«
Hélaine sagte dazu spitz: »Weil die Väter, wie meist, alles den Müttern überlassen.«
»Im Tierreich herrschen eben andere Gesetze. Jetzt im Frühling sind den Böcken neue Hörner gewachsen und man findet überall den Bast, den sie davon abstreifen. Vermutlich freuen sie sich schon auf die Brunft zwischen Juli und August, wenn sie ihre Ricken beschlagen dürfen.«
Hélaine hatte zu diesen Ausflügen eine bequeme Reisekleidung angelegt und wäre nicht ihr etwas struppiges kastanienfarbiges Haar gewesen, so hätte man sie für einen jungen Mann halten können. Mit Absicht gebrauchte Michel die Jägersprache, weil er wusste, dass es nicht ihre Art war, etwas für sie Unverständliches hinzunehmen. Sie saßen an der Südwand einer verfallenen Scheune im Gras, während am Himmel ein steifer Frühlingswind weiße Wolkenballen vor sich hertrieb wie ein Schäferhund ein paar ungebärdige Lämmer. Doch Michel hatte sich verrechnet. Sie lächelte nachsichtig.
»Wenn Ihr nun glaubt, ich verstünde Euer Jägerlatein nicht, so muss ich Euch enttäuschen. Eine Ricke ist ein weibliches Reh und beschlagen heißt, was unsere Bauern decken nennen; auch gibt es dafür Worte wie beschälen oder begatten und beim Hahn heißt es treten.«
»Gut herausgegeben, Madame. Ob Ihr auch wisst, dass es für den Liebesverkehr zwischen den Menschen an die hundert Wörter gibt?«
»Was hilft es, wenn ich sie alle kenne, mir ihre Anwendung aber fremd ist?«
Michel war solch freimütige Rede von einer Frau nicht gewöhnt und sein spontaner Wunsch, Hélaine bei einem dieser Ausritte zu verführen, rückte nun zu seinem Erstaunen in weite Ferne. Dabei war an ihr gewiss nichts Abstoßendes – ein anziehendes Gesicht, ein schön geformter Körper, jung an Jahren, und wenn sie auch mit seinem Bruder verheiratet war, so hatte dies bei Henris Veranlagung wenig Bedeutung. Michel hatte sogar den Eindruck gewonnen, dass es dem notorischen Knabenfreund ganz recht war, wenn sich jemand

seiner Frau annahm. Doch Hélaines freimütige Sprache wirkte auf ihn wie ein kalter Wasserguss, der das erhitzte Blut abkühlte, sein Begehren lähmte. Aber er durfte sich keine Blöße geben und so sagte er galant:
»Das lässt sich ändern, Madame – zu gegebener Zeit.«
Dabei gingen ihm so törichte Gedanken durch den Kopf, etwa wie es wäre, wenn jetzt ein starker Sturm aufkäme mit tosendem Gewitter und Regenfluten. Sie müssten dann in die verfallene Scheune dort drüben flüchten, würden die patschnassen Kleider abstreifen und einander wie von selbst in die Arme fallen. Da musste er gleich lachen, während sie jetzt auf ihre Pferde stiegen, um den vor ihnen liegenden kleinen, stark versumpften See zu umrunden. Darauf folgten einige sehr betriebsame Tage, an denen sie weite Strecken zurücklegten und es Hélaine gelang, zwei Wasserhühner und einen Erpel zu schießen.

An einem regnerischen Morgen überlegte Michel lange, ob sie nicht besser zu Hause blieben, aber der Regen ließ nach und sie brachen auf. Es sollte für beide ein sehr bewegter Tag werden. Wieder fanden sie Leimruten und Schlingen für die Vogeljagd, aber auch einfache Vorrichtungen zum Fang von Kaninchen, Hasen oder jungen Rehen. Ein Fallensteller hielt den regnerischen Tag für sicher, um seine unter Laub und Gras verborgenen Fangschlingen zu überprüfen. Michel sah ihn schon von weitem und flüsterte Hélaine zu, ihn von beiden Seiten einzukreisen, wobei er wortlos auf ihre Armbrust deutete. Sie verstand, spannte die Waffe und legte den Pfeil ein.
Als der Mann das Pferd auf sich zukommen sah, ließ er ein totes Kaninchen fallen und wandte sich zur Flucht, doch da kam ihm Hélaine entgegen und noch ehe er sich in die Büsche schlagen konnte, traf ihn ihr Schuss ins Bein. Der noch junge Mann brach mit einem Wehlaut zusammen und starrte entsetzt auf den aus seinem Oberschenkel ragenden Pfeil.
Schon während sie abdrückte, hätte sie das Geschoss gerne zurückgeholt, aber nun war es zu spät.
Michel nickte anerkennend.

»Ein Fangschuss, Madame, aber was machen wir mit der Beute?«
»Der Mann muss jedenfalls versorgt werden.«
Michel nickte ernst.
»Auch das, aber danach winkt ihm der Galgen.«
Der Verletzte unterbrach sein Stöhnen und blickte entsetzt auf.
»Ich soll gehängt werden?«
»Ja, auf Wilddiebstahl steht der Galgen, das musstest du doch wissen.«
Da begann er zu greinen.
»Im Dorf leben meine alten Eltern – ich bin ihr einziger Sohn – werd's auch nie wieder tun – Erbarmen, hoher Herr – Erbarmen –«
»Ich bin nicht befugt, über dich zu richten. Du wirst nach Orléans gebracht und kommst vor ein bischöfliches Gericht. Dort wird man dich freilich noch fragen, wer außer dir Wilddieberei betreibt, und dich so lange foltern, bis alles aufgeklärt ist.«
Diese Aussichten brachten den Mann auf die Beine. Er schien vergessen zu haben, dass ihm noch der Pfeil im Schenkel steckte, und wollte offenbar fliehen. Michel holte ihn nach ein paar Schritten ein, packte ihn am Kragen und schüttelte ihn wie ein Bündel Lumpen.
»Setz dich hin!« Und zu Hélaine gewandt:
»Haltet ihn an den Schultern fest.«
Noch ehe der Mann wusste, wie ihm geschah, hatte Michel mit einer kurzen drehenden Bewegung den Pfeil herausgezogen. Dann kramte er aus seinem Gepäck ein Pechpflaster hervor.
»Zuerst muss das Blut weg.«
Er riss aus dem löchrigen Hemd des Verletzten ein Stück Stoff.
»Spuck da drauf!«
Dann wischte er die Wunde sauber und klebte das Pflaster darauf.
»So – für diesmal ist es Strafe genug. Nimm das Kaninchen und geh gleich zum Dorfbader, der soll sich die Wunde anschauen. Jetzt verschwinde, ehe ich es mir anders überlege!«
Hélaine drohte mit dem Finger.
»Ihr habt dem Mann einen unnötigen Schrecken eingejagt. Es kann doch nicht sein, dass so ein armseliger Kaninchendieb dafür an den Galgen muss.«

»Natürlich nicht – beim ersten Mal hätte man ihn ausgepeitscht, beim zweiten Mal beide Ohren abgeschnitten, aber beim dritten Mal hätte er seinen Hals riskiert. Doch unser gnädiger Herr Bischof wandelt die meisten Todesurteile in Galeerenstrafen um, weil ihm die Agenten aus Bordeaux noch etwas für diese armen Kerle bezahlen. Mir allerdings wäre der Galgen lieber, als mich auf einer Galeere zu Tode schuften zu müssen.«

»Mir auch«, sagte Hélaine, »obwohl Frauen in eine solche Lage nicht kommen.«

Michel schwang sich auf sein Pferd.

»Nein, aber ein Matrosenpuff ist auch nicht viel schöner …«

Sie sagte nichts dazu und blickte besorgt zum Himmel.

»Der Regen wird stärker, ich glaube, es ist besser, wir reiten zurück.«

Seine Milde dem Wilddieb gegenüber hatte sie seltsam angerührt. Dass er dem Mann zuletzt noch das Kaninchen schenkte, hatte sie – so seltsam dies klingen mag – am stärksten beeindruckt. Wenn alle Welt es für recht und richtig hielt, dem Wilderer seine Beute abzunehmen, so hatte Michel sich souverän darüber hinweggesetzt, einfach weil er es für schäbig hielt, einem Verletzten auch noch die Nahrung wegzunehmen.

Einige Stunden später sprangen sie im Schlosshof triefend nass von ihren Pferden. Lachend blickten sie einander an und plötzlich wusste Hélaine, dass es heute geschehen musste. Der Schlossherr ließ sich nicht blicken und es dauerte geraume Zeit, bis ein mürrischer Stallknecht laut gähnend die Pferde versorgte.

Hélaine begann zu frösteln.

»Ich glaube, wir brauchen ein heißes Bad.«

Michel lachte.

»Gerade wollte ich denselben Vorschlag machen.«

Der Seigneur, erfuhren sie im Schloss, sei mit Pierrot zum Dorfbader geritten. Niemand kannte den Grund, niemand wusste, warum der Bader nicht hierher gekommen war.

Es dauerte eine gute Stunde, bis das Wasser im Kellergewölbe heiß war. Sie stiegen hinab und eine Magd legte die Handtücher bereit.

»Will Madame zuerst –?«
Hélaine schüttelte belustigt den Kopf.
»Wir baden gemeinsam, der Zuber ist ja groß genug.«
Die Magd ließ vor Schreck die Bürste fallen.
»Wa– was? Aber – aber, das geht doch – das gehört sich nicht –«
»Beruhige dich nur, schließlich sind wir ja verschwägert.«
»Ah so – ja – ja, dann ...«
»Verschwinde jetzt! Und dass niemand uns stört!«
Michel legte den Riegel vor und begann sofort, sich auszukleiden. Hélaine sah ihm dabei zu.
»Wohl neugierig, wie ein Mann nackt aussieht?«
Ihr helles Lachen füllte den Raum.
»Kaum, schließlich bin ich mit drei Brüdern aufgewachsen, da bleibt einem nichts Männliches fremd.«
»Bis auf eines ...«
Sie nickte fröhlich und schälte sich aus ihren Kleidern. Beide waren nun nackt, aber sie spürten nicht die kalte, feucht-dumpfe Kellerluft, weil das Verlangen ihren Pulsschlag beschleunigte und heißes Blut in ihre Lenden jagte. Eng umschlungen fielen sie auf den Kleiderhaufen und Hélaine fühlte kaum einen Schmerz, als Michel behutsam, aber kraftvoll die *virgo* in eine Frau verwandelte.
So hatte Hélaine das Glück, ihre Jungfernschaft an einen sehr erfahrenen Mann zu verlieren, der alles tat, um ihr keine Enttäuschung zu bereiten.
Dann bestiegen sie Hand in Hand den Badezuber und Hélaine rieb sich lachend den mit Blut vermischten Samen von Bauch und Schenkeln.
»Können wir es wiederholen?«
Er schmunzelte.
»Gut Ding braucht Weile, aber es wird nicht lange dauern.«

14

Henri de Châteauneuf hatte lange auf ein Zeichen des Baders gewartet, denn es war abgesprochen gewesen, dass er sich melden würde, sobald er das nötige Wissen zur bevorstehenden Operation gesammelt hatte. Schließlich verlor der Seigneur die Geduld und machte sich zusammen mit Pierrot selbst auf den Weg ins Dorf. Er tat es, um im Schloss kein unnötiges Aufsehen zu erregen; er hatte übrigens inzwischen beschlossen, seinen Bruder von dem Plan nichts wissen zu lassen. Der Kerl gehörte zum Hof des Bischofs und da schien es besser, sich vorerst bedeckt zu halten.

Der *étuviste* legte sich flugs eine Ausrede zurecht, als er die beiden kommen sah. Leute seines Berufes sind mit dem Mund nicht weniger geschickt als mit den Händen und so gab er einen wortreichen Bericht. Pierrot wurde zuvor in die Küche geschickt, um dort ein Glas Milch zu trinken. Es sei besser, gab der Bader zu verstehen, der Junge höre diesem Gespräch nicht zu. Der Seigneur nickte und stellte den Bader wegen der Verzögerung zur Rede.

»Verzeiht, gnädiger Herr, aber ich wollte noch zwei wichtige Nachrichten abwarten und hätte Euch dann sofort aufgesucht. So nehmt jetzt mit Verlaub meinen Zwischenbericht entgegen. Ich habe in Orléans mit Chirurgen gesprochen, die bei Knaben und Männern – durch Verletzungen oder Geschwüre bedingt – das *scrotum* entfernen mussten. Sie waren sich darin einig, dass diese Operation nicht nur ein großes Geschick verlangt, sondern auch zum richtigen Zeitpunkt durchgeführt werden muss. Die schlechteste Zeit dafür ist der Hochsommer, weil sich wegen der Hitze die Wunde leicht entzündet und die Gefahr besteht, dass der Brand auf den ganzen Unterleib übergeht. Es gilt also, eine kühlere Jahreszeit abzuwarten.«

»Aber wenn er – wenn er bis dahin seine Stimme verliert, der Bart zu sprießen beginnt …«

»Keine Angst, das bildet sich alles zurück – die Stimme wird wieder hell, der Bart fällt aus.«

»Seid Ihr sicher?«

»Diese Erfahrungen wurden von anderen gemacht.«

»Das mit der Zeitverzögerung trifft sich gut, denn mir wäre es lieber, mein Bruder ist nicht mehr im Schloss, wenn – wenn, nun ja, die Sache geschieht.«

»Das kann ich gut verstehen.«

Zum Nachtmahl waren sie zurück und sogar dem Seigneur fiel es auf, dass Hélaine und Michel verliebte Blicke wechselten und kaum darauf achteten, was um sie herum geschah.

»Ihr hattet wohl einen schönen Tag?«, fragte er und es war der Argwohn herauszuhören.

Michel grinste.

»Schön? Wie man's nimmt. Madame hat einen Wilddieb angeschossen und dann hat uns der Regen zurückgetrieben.«

Hélaine konnte es nicht lassen hinzuzufügen:

»Aber ein heißes Bad hat alles wieder ins Lot gebracht.«

»Ins Lot? Wieso?«

»Wir waren völlig durchgefroren, nass bis auf die Knochen ...«

Henri nickte.

»Ah – ich verstehe.«

Nichts verstehst du, dachte Hélaine, und wirst in alle Ewigkeit nichts verstehen.

Ohne besondere Rücksichtnahme nutzten die Liebesleute von nun an jede Gelegenheit, ihrem Verlangen nachzugeben. Das ganze Schloss nahm daran teil, aber es gab niemanden, der dem Seigneur die Hörner nicht gönnte, die ihm sein Bruder unentwegt aufsetzte. Dank Michel, dem überaus geschickten Verführer, wurde aus Helaine binnen weniger Wochen eine liebeserfahrene Frau, die es gelernt hatte, auch eigene Forderungen zu stellen, denn Michel verabscheute demütig-ergebene Geliebte, die es nicht wagten, irgendwelche Wünsche zu äußern.

Doch bald gingen die schönen Tage zu Ende, denn bei Herbstbeginn veranstaltete der Bischof Jagden für seine Lehensleute und da musste sein *maître de la vénerie* unbedingt zur Stelle sein.

Am vorletzten Tag seines Aufenthaltes fragte ihn Hélaine:
»Es wäre schon seltsam, wenn Eure heftigen Bemühungen über einige Wochen keine Spuren hinterlassen hätten.«
Michel hob grinsend die Schultern.
»Und wenn schon! Dann kommt es wenigstens aus dem gleichen Stamm und mein Bruder hat einen Erben. So war es ja schließlich gedacht ...«
Hélaine tat empört.
»Haben wir uns deshalb geliebt? Ich dachte, es geschah allein um unseretwegen.«
Er schaute sie zärtlich an.
»Habt Ihr je daran gezweifelt?«
Das »du« hatten sie übrigens nur in intimen Stunden gebraucht, vor den anderen blieben sie bei der Höflichkeitsform.
Zum Abschied fragte sie ihn:
»Werden wir uns wieder sehen?«
»Wenn Fortuna es will ...«
»Ihr müsst es wollen, Michel!«
»Ich will es ja, aber noch keinem Menschen ist es jemals gelungen, dem Schicksal in den Arm zu fallen.«

Henri de Châteauneuf atmete befreit auf, als sein Bruder das Schloss verließ. Jetzt endlich konnte er seinen Plan in die Tat umsetzen, aber es musste noch eine letzte Hürde genommen werden, nämlich seine Gemahlin darüber in Kenntnis zu setzen. Er grübelte lange darüber, welche Zeit dafür am geeignetsten sei, und so schied der Morgen aus, weil sie ihm dann den ganzen Tag über hätte Fragen stellen können. Beim Nachtmahl musste es sein! Oder am besten danach, wenn sie vor der Nachtruhe noch ein Glas Wein tranken. Seltsam war nur, dass ihm selbst sein Vorhaben so vernünftig und nahe liegend erschien, denn nichts geschah unter Zwang, die Hauptperson hatte schon seit geraumer Zeit ihr Einverständnis erklärt und sich bis heute daran gehalten. Für den Bader war es eine neue berufliche Erfahrung, die er vielleicht schon bald anderweitig verwenden konnte. Da fiel dem Seigneur gleich ein Ereignis aus seiner Jugend ein.

Der Vater hatte an einen Schiffbauer ein Stück Wald verkauft und während die Holzfäller am Werk waren, geschah – wie so oft beim Fällen von Bäumen – ein Unglück. Eine der Buchen war falsch gefallen und ein Ast hatte einem der Männer den Unterleib aufgerissen. Der Hodensack war halb abgetrennt, aber es fand sich kein Wundarzt, der es gewagt hätte, das Messer anzusetzen. Der Mann war am Wundfieber gestorben, und – tröstete sich Henri de Châteauneuf – hätte vielleicht durch einen kühnen Schnitt gerettet werden können. Wie sehr er sich bei solchen Überlegungen in abwegige Ausflüchte verstieg, kam ihm nicht zu Bewusstsein. Dennoch zögerte er das Gespräch mit Hélaine immer wieder hinaus, wohl weil er ahnte, dass sie seinen Argumenten nicht folgen, sich vielleicht sogar gegen ihn stellen würde. Aber da war auch für ihn noch eine Rechnung offen! Hatte er nicht beide Augen geschlossen, wenn sie mit seinem Bruder in dessen Stube verschwand, angeblich um die Route für den nächsten Tag zu besprechen? War ihm nicht von treuen Dienern hinterbracht worden, dass die beiden mehrmals gemeinsam gebadet hatten? Er lachte zufrieden in sich hinein und dachte: Hélaine, auch du hast einiges auf dem Kerbholz! Diese Gedanken stärkten ihm das Rückgrat und so fand er endlich den Mut zu diesem immer wieder aufgeschobenen Gespräch. Seit Michel das Schloss verlassen hatte, zeigte sich Hélaine wortkarg und schien geistig abwesend. Sie trauert ihm nach, vermutete Henri, und das ist ganz recht so, weil dann die Hoffnung besteht, dass sie auch für meinen Plan mehr Verständnis aufbringt.

Hélaine, gerade dabei, sich in ihre Schlafkammer zurückzuziehen, war schon aufgestanden, doch nach Henris Aufforderung setzte sie sich wieder hin.

»Bleibt noch ein wenig, meine Liebe, ich habe mit Euch etwas Wichtiges zu besprechen.«

»Hat das nicht bis morgen Zeit?«

»Nein, ich habe es lange genug aufgeschoben. Es geht um Pierrot, der übrigens mit allem einverstanden ist.«

»Einverstanden womit? Wenn Ihr wieder das alte Tuntenregiment einführen wollt, sind wir geschiedene Leute!«

»Mäßigt Euch, Madame! Gerade weil ich das nicht will und in Pierrot so etwas wie einen Partner fürs Leben gefunden habe, soll der Plan verwirklicht werden –«
Gereizt unterbrach sie ihn.
»Einen Partner fürs Leben? Merkt Ihr nicht, dass der Bursche zu kieksen beginnt, weil sein Stimmwechsel sich ankündigt? Im Übrigen sprießt ihm schon der Bart, aber da er blond ist, kann man es kaum erkennen. Mit einem Mann wollt Ihr ja nicht ins Bett gehen …«
Henri atmete auf.
»Besten Dank, Madame, nun habt Ihr das Problem selbst angesprochen. Dass aus Pierrot ein Mann wird, lässt sich mit einem kleinen Eingriff verhindern. Der Dorfbader ist dazu bereit und hat sich seit längerem kundig gemacht. Aber das Wichtigste ist: Pierrot hat sich damit einverstanden erklärt.«
Seit ihrer Verbindung zu Michel wusste Hélaine einiges über das andere Geschlecht, aber sie hatte keine Vorstellung davon, wie man einen Jungen zum Eunuchen macht.
»Ich kann Euch nicht ganz folgen …«
»Gut, dann erkläre ich es Euch wissenschaftlich. Die Anlage zur Männlichkeit liegt in den Keimdrüsen begründet, die den Phallus mit Samen versorgen. Sobald sie entfernt sind, bleibt der Junge geschlechtslos wie ein Zehnjähriger; es wächst ihm kein Bart, die Stimme mutiert nicht, sein Körperbau bleibt weich und zart …«
Da warf Hélaine mit schneidender Stimme ein:
»Dann muss bei Euch wohl auch das *scrotum* oder ein Teil davon entfernt worden sein, denn als Mann kann ich Euch nun wirklich nicht bezeichnen.«
Henris Gesicht lief rot an.
»Ihr nehmt Euch sehr viel heraus, Madame! Nur weil ich eher dem eigenen Geschlecht zuneige, lasse ich mir von Euch nicht die Männlichkeit absprechen!«
Hélaine winkte verächtlich ab.
»Wie dem auch sei – ich kann nicht glauben, dass Pierrot sich so einfach verstümmeln lässt.«

»Fragt ihn doch selbst!«
»Das werde ich auch tun!«

Als Hélaine in ihrem Bett lag und nochmals Henris Vorhaben durchdachte, schien ihr dieser Plan so ungeheuerlich, dass sie nicht einschlafen konnte. Dass der dumme, gutmütige Junge, um hier im warmen Nest bleiben zu können, sich damit einverstanden erklärte, war noch am ehesten zu verstehen. Aber Henris rücksichtslose Eigensucht und seine feste Absicht, dieses schwule Lotterleben bis ans Ende seiner Tage fortzuführen, brachte sie so auf, dass sie alles daransetzen wollte, ihm die Suppe zu versalzen. Mit diesem Vorhaben schlief sie ein und damit wachte sie auf.

Anscheinend hatte Henri seinen Schützling schon vorbereitet, denn Pierrot erschien – was er sonst nie tat – zum Morgenmahl und lächelte Hélaine liebenswürdig an. Jetzt, aus nächster Nähe, war es gut zu erkennen: Auf seiner Oberlippe spross sichtbar ein blonder Flaum und sein Adamsapfel wölbte sich deutlich hervor.
»Ihr wolltet mich sprechen, Madame?«
Hélaine sah Henris Gestalt an der offenen Tür stehen, eine Magd räumte das Geschirr ab.
»Ja, Pierrot, aber allein!«
Henri verschwand und sie befahl der Magd:
»Schließ die Tür und mach später weiter.« Dann wandte sie sich zu Pierrot:
»Setz dich, mein Kleiner. Ich kann ja verstehen, dass du an dem bequemen Leben hier hängst, auch dass Henri dir nahe steht. Aber was er mit dir vorhat, kann ich nicht gutheißen, denn letztlich hat er dabei nur sein Vergnügen im Auge, aber nicht dein Wohl.«
Pierrots arglose blaue Augen begannen zu zwinkern.
»Aber – aber ich verstehe nicht ... Mir geht es doch hier gut und wenn der Seigneur verspricht, dass es so bleiben wird ...«
»Dann spricht er nur die halbe Wahrheit. Ist dir denn nicht klar geworden, dass man dich zur ewigen Kindheit verdammen will? Aber das geht nicht, Pierrot, denn du wirst weiterwachsen, selbst wenn

deine Stimme hell bleibt und dir kein Bart wächst. Auch musst du bedenken, was du verlierst! Du wirst niemals eine Frau lieben, wirst keine Kinder zeugen können, wirst als fetter Eunuch zur lächerlichen Figur und da der Seigneur um so viel älter ist, wird er vor dir sterben. Was dann mit dir geschieht, kannst du dir selbst ausmalen: Man wird dich auf die Straße jagen und ob ein Geschöpf, das weder Mann noch Frau ist, jemals eine anständige Arbeit finden wird, ist zu bezweifeln. Das ist ein hoher, ein sehr hoher Peis für ein paar bequeme Jahre.«

Pierrot verfiel in nachdenkliches Schweigen.

»Ja, denke nur in Ruhe darüber nach. Hast du dir auch genau überlegt, was der Bader mit dir anstellt? Er legt dich nackt auf ein Bett, zerrt deine *bourses* hervor und schneidet sie ab. Keine Kleinigkeit, mein Lieber! Vielleicht solltest du dir einmal ansehen, wie es ist, wenn der Sauschneider einen Eber kastriert. Manche sterben auch daran ... Lass dir das alles durch den Kopf gehen – genau und gründlich.«

Pierrot sagte nichts mehr, trottete mit gesenktem Kopf hinaus.

Er wird weiter auf den Jungen einreden und ich werde nicht ruhen, bis sein Plan gescheitert ist. Vielleicht hätte Hélaine mit ihren Ermahnungen und Bedenken keinen Erfolg gehabt, wäre nicht ein Zufall zu Hilfe gekommen, mit dem nicht zu rechnen war.

Wie sie es vorhergesehen hatte, versuchte der Seigneur Hélaines Einwände zu verharmlosen. Pierrot hatte ihm von ihren eindringlichen Warnungen berichtet, die er nun Stück um Stück zu entkräften suchte.

»Natürlich wächst dein Körper weiter und du erreichst eine Art des Erwachsenseins, aber ohne die von der Natur dem Mann bereiteten Mühen. Dein Gesicht bleibt faltenlos und glatt, deine Stimme hell und wohltönend und niemand wird sich unterstehen, dir eine schwere und mühevolle Arbeit zuzumuten. Was nun ihren Einwand betrifft, ich könne vor dir sterben und man wird dich dann auf die Straße jagen, so gebe ich zu, dass er berechtigt ist. Aber ich werde dem in meinem Testament entgegenwirken und dir eines meiner vier

Dörfer vermachen. Dann bist du unabhängig und musst dich nur um die Verwaltung deiner Ländereien kümmern. Noch ehe der Bader die Operation an dir vornimmt, lasse ich einen Notar kommen, der diese Verfügung aufsetzt.«
So waren Pierrots aufkommende Zweifel besänftigt, aber dann traten verschiedene Ereignisse ein, die den Lauf der Dinge von Grund auf änderten.

Die trüben Herbsttage waren gekommen und der Seigneur schickte sich gerade an, den Bader ins Schloss zu bitten, als ein abgehetzter Bote eines sechs Reitstunden entfernten adeligen Nachbarn eintraf. Henri wunderte sich, denn er hatte wenig Kontakt zu seinen Standesgenossen, aber dann erfuhr er, dass der Nachbar auf einer Jagd schwer verletzt worden war und den Tod nahen fühlte. Der am nächsten zu erreichende Notar war in Geschäften nach Orléans gereist und so wollte der Verunglückte seine letzten Verfügungen – wie das Gesetz es ersatzweise vorsah – vor zwei adeligen Standesgenossen bezeugen lassen.
So musste Henri de Châteauneuf überstürzt aufbrechen, hatte aber beschlossen, auf dem Rückweg gleich den Bader mitzunehmen.
Hélaine, die ihre Sache schon verloren sah, witterte Morgenluft und fasste einen spontanen Plan. Von ihrem Umgang mit Michel wusste sie, dass die Männer nach einer erholsamen Nacht das größte Liebesverlangen verspürten, und so bat sie gleich am nächsten Morgen Pierrot, ihr beim Morgenmahl Gesellschaft zu leisten. Sie ließ ihm ein Kräuteromelette aus vier Eiern zubereiten und es scharf mit Pfeffer würzen. Arglos verspeiste Pierrot das Aphrodisiakum und spülte auf Hélaines Rat mit verdünntem Würzwein nach.
Sie reckte sich und gähnte herzhaft.
»Es ist ein so trüber Morgen und mir fehlt die Lust, schon jetzt etwas zu unternehmen. Ich glaube, ich werde mich noch ein wenig hinlegen. Begleitest du mich?«
Pierrot nickte verwundert und sein Erstaunen wuchs, als sie ihn in ihr Zimmer bat.

»Du kannst mir ja noch ein wenig aus der Chronique des Jean Froissart vorlesen, das sind höchst interessante Geschichten.«
»Aber – aber ich lese nicht besonders gut …«
Hélaine schloss die Tür und schob den Riegel vor.
»Das macht nichts, Pierrot, dann sollst du als werdender Mann wenigstens einmal den Anblick einer nackten Frau genießen, denn als Eunuch wird es dir nicht mehr viel bedeuten.«
Sie warf ihren Morgenmantel ab und zog sich das Nachthemd über den Kopf. Pierrot verfolgte diesen Vorgang mit rotem Kopf.
Hélaine lachte leise.
»Du musst einmal meine Haut befühlen, sie ist noch weicher und zarter als die deine, denn aus dir – so scheint mir – ist fast schon ein Mann geworden.«
Sie half dem kaum Widerstrebenden aus seinen Kleidern und zog ihn auf ihr Bett. Dann deutete sie auf seinen größer und größer werdenden Phallus.
»Ja, schau einmal an! Und der Seigneur hat immer geglaubt, du seist noch ein Kind.«
Sie nahm seine beiden Hände und legte sie auf ihre kleinen festen Brüste.
»Fühlt sich das gut an?«
Pierrot nickte nur schwach und sie schob ihn wie spielerisch in die richtige Lage und ließ sein Glied in ihren Schoß gleiten. Pierrot entlud sich wie ein lange verstopfter Brunnen, stöhnte dabei leise und auf seinem Gesicht war die Verblüffung zu lesen, dass es so etwas gab und dass er es zustande gebracht hatte.
Hélaine richtete sich auf.
»Hat der Seigneur niemals versucht, auch dir Lust zu verschaffen?«
»Nein, das wollte er nicht. Ich sollte immer nur für ihn da sein. Er nannte mich sein Gefäß, das immer für ihn geöffnet sein müsse …«
»Nun siehst du, dass es auch anders geht. Heute bin ich dein Gefäß, aber ich bin kein toter Gegenstand, sondern eine Frau, die es genießt, wenn ein Mann ihr Lust bereitet.«
»Ich – ich habe Euch Lust bereitet, Madame?«
»Aber ja, dazu sind Männer und Frauen da, um einander Lust zu

bereiten. Allerdings hat es eine Frau etwas leichter, denn sie muss das steife Schwänzchen nur willig in sich aufnehmen, während der Mann nach zwei oder drei Liebeskämpfen einige Stunden Erholung braucht.«

Sie zog den noch kindlichen, aber doch schon männlich-festen Körper Pierrots an sich und es dauerte nicht lange, dass er schneller zu atmen begann und – von ihr ausdrücklich ermuntert – das vorher sehr kurze Spiel fortsetzte. Nun dauerte es länger und seine Lust war so groß, dass er laut zu stöhnen begann und am Höhepunkt einen Schrei ausstieß, als habe ihn ein Peitschenhieb getroffen.

Sie setzten ihr Liebesspiel am Abend und in der Nacht fort. Pierrot schlief in Hélaines Bett und als er sie am Morgen feurig küsste und danach wie ein Verrückter ihren Schoß durchpflügte, wusste sie, dass Henri verloren hatte. Freilich, ganz sicher konnte sie nicht sein, wenn Pierrot sich etwa sagte: Nun habe ich auch das genossen – jetzt sollen sie mich ruhig in ein Kind zurückverwandeln. Aber da hatte sie den Jungen falsch eingeschätzt. Nun, da die Männlichkeit in ihm erwacht war, sah er den Seigneur in einem anderen Licht. Der Ältere hatte ihn stets als Lustobjekt gebraucht und darauf geachtet, dass Pierrot solche Freuden versagt blieben. Nun hatte er sie selbst kennen gelernt, und zwar so, wie es sich gehörte. Als Mann mit einer Frau. Dass der Seigneur ihm diese Möglichkeit nehmen wollte, empörte ihn jetzt, umso mehr, als Hélaine ihm genau erklärt hatte, wie tief greifend dieser von seinem Liebhaber als harmlos dargestellte Eingriff in Wirklichkeit war.

Hélaine hatte mit scharfer Stimme gesagt:

»Dir die *bourses* abschneiden, Pierrot, heißt, dich zeitlebens in ein geschlechtsloses Wesen zu verwandeln, und es gibt auf dieser Welt wohl keinen erwachsenen Mann, der seine Männlichkeit nicht mit der Waffe in der Hand verteidigen würde.«

Nach zwei Liebesnächten mit Hélaine und zahlreichen lustvollen Zwischenspielen sah er das ohne weiteres ein. Freilich hatte der Seigneur es immer vermieden, seinen zarten Liebling mit Waffen in Berührung zu bingen, aber da gab es auch andere Möglichkeiten.

Am späten Nachmittag näherte sich Henri de Châteauneuf seinem Schloss, gefolgt vom *étuviste* auf einem Maultier. Dem Bader war anzusehen, wie schwer ihm dieser Gang fiel, aber seine Ausflüchte waren erschöpft und das von ihm geforderte, außerordentlich hohe Honorar hatte ihm der Seigneur ohne zu zögern zugesagt.

Von ihrer ergebenen Leibmagd rechtzeitig gewarnt, kleidete Hélaine sich korrekt, aber gewohnt nachlässig an und setzte sich mit Pierrot zu einem Mühlespiel auf die Fensterbank.

»Was wirst du ihm sagen, Pierrot?«

»Das Richtige, Madame, darauf könnt Ihr Euch verlassen.«

»Und wenn er dich zwingen will?«

»Nein, so weit kann er nicht gehen. Da müsste er mich schon fesseln lassen. Er wird nachgeben müssen, aber wie soll es dann weitergehen?«

»Du bleibst als sein Page im Schloss, lernst den Waffengebrauch, übst dich im Reiten und bleibst mein *amant*. Der Seigneur wird sich einen neuen Bubi nehmen müssen und wenn ich schwanger werde, dann ist es vor aller Welt sein Kind.«

Das sagte Hélaine, um Pierrot den Rücken zu stärken, denn sie dachte nicht daran, diesen grünen Jungen auf Dauer zu ihrem Liebhaber zu machen. Dass sie von Michel schwanger war, wusste sie bereits seit einigen Wochen.

Als Henri de Châteauneuf eintrat, blickten die angeblich in ihr Mühlespiel Vertieften unwillig auf. Pierrot erhob sich, murmelte *»Bonsoir, Seigneur«* und sein Körper straffte sich, als hinter dem Schlossherrn der Bader eintrat. Seine bisher so verträumten Kinderaugen schauten jetzt wach und gespannt, seine Hände waren zu Fäusten geballt.

Der Seigneur spielte krampfhaft den Unbekümmerten, doch seine Fistelstimme zitterte und die fahrigen Bewegungen verrieten seine Aufregung. Pierrot hatte seinen Liebhaber immer als schönen Mann empfunden, jetzt aber stießen ihn die schütteren, strähnigen Haare und der unruhig flackernde Blick ab und die eng stehenden Augen wurden für ihn zum Inbegriff einer schmählichen Falschheit.

Henri schob den nach allen Seiten buckelnden Bader in den Raum.

»Ich habe den Maître gleich mitgebracht, um mit ihm und euch alles Notwendige zu besprechen.«
»Es gibt nichts zu besprechen«, sagte Pierrot mit lauter fester Stimme und Hélaine schien es, als sei sie schon um einiges dunkler geworden.
Der Seigneur stutzte.
»Aber, Pierrot! Wir waren uns doch in allem einig und nun, da auch unser *étuviste* die kühle Zeit für günstig hält ...«
»Ja, Seigneur, wir waren uns einig um den Preis meines Nichtwissens. Madame hat mich wissend gemacht und so habe ich erkannt ...«
Mit ausgestrecktem Arm wies der Seigneur auf Hélaine.
»*Gourgandine*! Elende Hure! Nicht nur, dass Ihr mit meinem Bruder schamlos Ehebruch getrieben habt – nein, Ihr musstet auch noch dieses unschuldige Kind verderben! Doch ich werde mir zu helfen wissen – ich werde ...«
Er hielt inne, packte Pierrot an der Hand und zerrte ihn zur Treppe.
»Wir werden das in aller Ruhe und von Mann zu Mann besprechen – oben!«
Da lachte Hélaine laut heraus.
»Nun habt Ihr selbst gesagt, wie es ist: Von Mann zu Mann ...«
Der Bader hatte sich in eine Ecke des Wohnsaales verzogen.
»Kommt nur wieder hervor, Maître, aber wie Ihr seht, wird es für Euch nichts mehr zu tun geben. Sollte der Fall vor Gericht kommen, so kann ich Euch leider den Vorwurf nicht ersparen, dass Ihr Euch dazu bereit erklärt habt, Pierrot zu verstümmeln. Das ist in allen christlichen Ländern des Westens ein Verbrechen.«
Da begann der Bader zu winseln.
»Aber Madame – Madame, ich wurde dazu gezwungen! Habe mir alle Ausreden der Welt einfallen lassen, um die Sache hinauszuschieben. Zuletzt ging es nicht mehr und da der Seigneur mir ein allgemeines Einverständnis vorgaukelte ...«
»Das es offenbar nicht gibt, wie Ihr gesehen habt«, fuhr Hélaine ihn scharf an.
»Ihr dürft mir glauben, Madame, dass ich es sehr bitter bereut habe, mich auf so etwas –«

»Gut, Maître, ich will sehen, was zu machen ist.«
Hélaine ging in ihre Schlafstube, zog unter dem Bett die Armbrust hervor und legte einen Pfeil auf. Sie verbarg die Waffe unter ihrem Hauskleid und stieg die Treppe zu dem Raum empor, der dem Seigneur und seinem Lustknaben zum Hauptaufenthalt diente. Schon von draußen waren erregte Stimmen zu vernehmen, aber die massive Holztür dämpfte sie ab, sodass Hélaine keine Einzelheiten wahrnahm. Leise öffnete sie die Tür, sah Pierrot mit dem Rücken zu sich stehen, während der Seigneur auf dem Bett saß und erregt auf ihn einredete.
»Sie zerstören dein Leben, Pierrot! Das bisschen Weiberfleisch wirst du bald satt haben und dich dann fragen, ob es der kleine Kitzel wert war. Denke doch an die Jahre, die vor dir liegen! Gib dir einen Ruck und wir bringen es hinter uns! Noch ist der Bader im Haus und bei ihm bist du in den besten Händen.«
Pierrot schüttelte so heftig seinen Kopf, dass die blonden Locken flogen.
»Ihr habt mich belogen und betrogen! Ihr habt einen ›kleinen Eingriff‹ genannt, was in Wahrheit eine blutige, lebensgefährliche Operation ist. Es fällt mir nicht ein, Eurer Geilheit meine Gesundheit, vielleicht sogar mein Leben zu opfern. Außerdem ist es ein strafwürdiges Verbrechen, wie Madame aus einem Rechtsbuch herausgefunden hat. Sie hat mir von Gilles de Rais erzählt, der in einem ähnlichen Fall als Sodomit und Ketzer hingerichtet wurde.«
Der Seigneur lachte verächtlich.
»Du kannst doch einen notorischen Massenmörder nicht mit mir vergleichen! Was fällt dir ein, du mieses kleines Früchtchen? Ich werde dich im Schlosshof vor aller Augen auspeitschen lassen und dich dann davonjagen. Da wirst du sehr schnell bereuen, deine *bourses* gegen ein jämmerliches Wanderleben eingetauscht zu haben.«
»Ich kenne ein solches Leben und es war nicht so jämmerlich …«
Der Seigneur erhob sich und verpasste dem Jungen zwei gewaltige Maulschellen. Dann zog er seinen Stoßdegen und richtete ihn auf Pierrots Brust.
»Ich hole jetzt den Maître herauf und du wirst tun, was ich dir sage!«

Hélaine stieß die Tür auf, zog die Armbrust hervor, stieß Pierrot beiseite und schoss ihrem Gemahl aus nächster Nähe einen Pfeil in den Hals. Der Seigneur riss entsetzt seine Augen auf, fasste sich an die Kehle, taumelte zurück und fiel auf das Bett. Nach einem kurzen gurgelnden Stöhnen streckte er sich, hielt auch noch im Tod den um Handbreite hervorragenden Pfeil umklammert.

»Das wollte ich nicht …«, stammelte Pierrot.

»Niemand wollte es, aber er hat es selbst heraufbeschworen.«

Hélaine steckte den Stoßdegen in seine Scheide zurück, legte ihm ihre Waffe auf die Brust und presste seine Hände dagegen, sodass es aussah, als umklammere er die Armbrust.

»Er wollte dir zeigen, wie man eine Armbrust lädt, und hat sich dabei vertan. Setz dich neben ihn und presse ein paar Tränen hervor – ich hole inzwischen den Bader.«

Der begann gleich zu zittern, als Hélaine ihn grob am Arm fasste.

»Nun könnt Ihr Euch in des Seigneurs Diensten doch noch etwas verdienen.«

»Der – der Seigneur wollte mich mit dem Waffenhandwerk vertraut machen und mir eine Armbrust vorführen. Als er sie lud – da – da –«

Wieder begann Pierrot heftig und stoßweise zu schluchzen.

Der Bader setzte sich aufs Bett und hielt einen kleinen Spiegel vor den Mund des Toten. Er wandte sich um.

»Nichts – da ist kein Leben mehr …«

Der Schlosskaplan erteilte die letzte Ölung, fragte aber nicht nach den Umständen dieses Todes, betrachtete nur kopfschüttelnd den im Hals steckenden Pfeil.

Hélaine erklärte mit zitternder Stimme:

»Der Seigneur hielt es für richtig, Pierrot allmählich in den Gebrauch verschiedener Waffen einzuführen. Mit der Armbrust war er wohl selbst nicht so vertraut – der Unfall geschah beim Einlegen des Pfeiles.«

Der Kaplan nickte ergeben.

»Dann muss es wohl Gottes Wille gewesen sein.«

Empfand Hélaine d'Estienne Reue, Schuldgefühle, Trauer? Nein, denn sie hatte nur getan, was sie mit einem Blick auf die Zukunft für nötig hielt. Der Seigneur hätte den widerspenstigen Pierrot aus dem Schloss gejagt und stolz sein Haupt erhoben, wenn er von ihrer Schwangerschaft erfahren hätte. Da wäre sein Ansehen gestiegen, aber Hélaine glaubte nicht, dass er seine pädophile Leidenschaft aufgegeben hätte. Es wäre ein ewiger Kampf geworden und am Ende hätte Henri von ihr verlangt, sich künftig von allen Männern fern zu halten.

Sorgfältig schob sie den Riegel vor.

»Ich werde jetzt ein Schreiben an den Bischof aufsetzen, das den Hergang schildert, und alle hier Anwesenden werden als Zeugen unterschreiben.«

Der Schlosskaplan, ein stiller, sonderlicher Mann, der schon seit Jahren an einem Buch rätselhaften Inhalts arbeitete, blickte Hélaine abweisend an.

»Ich war kein Zeuge, ich habe hier nur einen Toten angetroffen.«

»Gut, *mon père*, ich werde es so formulieren, dass alle mit gutem Gewissen ihren Namen darunter setzen können.«

Schon während sie zu ihren Räumen ging, entwarf sie im Kopf einen Brief, den sie dann sofort niederschrieb.

»Hochwürdigster Herr Bischof, gelobt sei Jesus Christus. Leider bin ich gezwungen, Euch die traurige Nachricht vom plötzlichen Tod meines Gemahls, des Ritters Henri de Châteauneuf, zu übersenden. Vier Tage nach dem Kirchweihfest kehrte mein Gemahl von einer angeforderten Zeugenschaft zurück, in Begleitung des Dorfbaders von Châteauneuf zum Beistand für einige Erkrankte aus dem Gesinde. Später erinnerte ihn der bei uns lebende Page Pierrot an sein Versprechen, ihn im Waffengebrauch auszubilden, und mein Gemahl beschloss, mit der am einfachsten zu handhabenden Waffe, der Armbrust, zu beginnen. Beim Laden unterlief ihm ein Fehlgriff, der Pfeil löste sich vorzeitig und traf meinen Gemahl in den Hals. Die in der Folge aufgeführten Personen können dies bezeugen. Gottes Segen über Eure Eminenz. Es grüßt Euch in Trauer und Demut Eure ergebene Tochter Hélaine d'Estienne.«

Nach ihr setzten der Kaplan – sehr zögerlich –, der Bader – vor Eifer zitternd – und Pierrot – in ungelenker Kinderschrift – ihre Namen unter das Dokument.

Tags darauf führte sie mit Pierrot ein sehr ernstes Gespräch. Sie hatten auf der Fensterbank Platz genommen, wo das niemals beendete Mühlespiel noch aufgestellt war.

»Nach langem, gründlichem Nachdenken bin ich zu einigen Entschlüssen gelangt. So gerne ich es täte, Pierrot, aber nun spricht alles dagegen, dass wir unser Verhältnis fortsetzen. Das Gesinde käme schnell dahinter und dann wäre der Gedanke nahe liegend, dass wir beide den Tod meines Gemahls gewollt haben, damit er unserer Liebschaft nicht im Wege steht. Zudem ist es Henri nach zahlreichen vergeblichen Versuchen doch noch gelungen, ein Kind zu zeugen. Ich möchte dann Mutter und nur noch Mutter sein, um diesem Nachkommen sein Erbe zu bewahren.«

Während sie sprach, war Pierrots Gesicht länger und länger geworden; die großen blauen Augen schwammen in Tränen.

»Ein Mann sollte nicht weinen, Pierre.«

»Auch wenn Ihr mich jetzt Pierre nennt, so bin ich doch vor einigen Tagen noch als Kind behandelt worden – und sollte es bleiben. Nun, da alles anders ist, bin ich überflüssig geworden und Ihr jagt mich davon. Ich lasse mir das aber nicht gefallen und werde –«

»Pierrot – Pierre, wer spricht von davonjagen? Du liegst mir am Herzen und ich habe lange überlegt, was für dich am besten wäre. Hier mein Vorschlag: Nach der Bestattung meines Gemahls reiten wir gemeinsam nach Orléans, wo ich – im Namen meines ungeborenen Kindes – vor dem Bischof den Lehenseid bestätige. Mein Schwager Michel übt dort im Dienst Seiner Eminenz das Amt eines Jagdmeisters aus und ich werde darum bitten, dich dort als Gehilfe anzustellen. Das ist ein richtiger Männerberuf und wenn du ausgelernt hast, kannst du etwas vorweisen.«

Pierrot erkannte schnell, dass es kaum einen anderen Weg gab, und erklärte sich, wenn auch schmollend, damit einverstanden.

In den ersten Oktobertagen ritten sie nach Orléans, wo sie noch vor Einbruch der Nacht eintrafen und im Gästetrakt des bischöflichen Palastes untergebracht wurden. Bei der Audienz am nächsten Morgen zeigte sich der Bischof verständnisvoll und hilfsbereit, doch als die Sprache auf das Unglück kam, schüttelte er ratlos den Kopf.
»Gut, Madame, Ihr habt mir in Eurem Brief den Hergang geschildert, aber ich kann nicht glauben, dass Ihr selbst, der Kaplan und der Dorfbader zugegen wart. Es wäre schon seltsam, dass alle diese Personen dem Seigneur und seinem Pagen dabei zugesehen haben.«
Thibault d'Aussigny, etwa im Alter ihres verstorbenen Gemahls, war eine angenehme, sehr gepflegte Erscheinung. Sein hohes Amt übte er gewissenhaft und nicht ohne Strenge aus, doch gab es auch Gerüchte, dass er auf seinem Landschloss Sully ein lockeres Leben führte, bei dem Frauen und feuchtfröhliche Symposien eine gewisse Rolle spielten.
Hélaine hatte mit solchen Fragen gerechnet.
»Aber, Eminenz, wo ist in meinem Schreiben die Rede davon, dass die genannten Personen unmittelbare Zeugen waren? Davon gibt es nur zwei – mich und Pierrot. Ich hörte einen seltsamen Schrei, lief hinauf und fand meinen Gemahl sterbend auf seinem Bett, die Armbrust hielt er noch fest umklammert. Pierrot, er ist schließlich kaum vierzehn, war wie gelähmt und stand nur zitternd da. Der Bader kam als Nächster, kurz darauf unser Kaplan, der meinem Gemahl die Sterbesakramente erteilte.«
»Möge er ruhen in Frieden! Auch erstaunt es mich, dass Henri de Châteauneuf, weithin als Knabenfreund bekannt, sich dennoch zum Zeugen eines Kindes aufgerafft hat. Seid Ihr sicher, dass er der Vater ist?«
Hélaine tat empört.
»Aber, Eminenz! Unsere Ehe wurde nicht zuletzt deshalb arrangiert, um meinem Gemahl einen Erben zu verschaffen.«
Der Bischof lächelte wissend.
»Ich kenne aber auch meinen Jagdmeister Michel und seinen nie erlahmenden Eifer, möglichst viele Frauen zu beglücken. Könnte es sein, dass er –?«

»Unter den Augen meines Gemahls? Das ist undenkbar, denn seine Neigung zu Knaben hinderte ihn nicht daran, rasend eifersüchtig zu sein.«
Der Bischof winkte gnädig ab.
»Warum Vergangenes aufwühlen – blicken wir doch nach vorne. Entsprechend Eurem Wunsch werde ich Euch als Verwalterin des Lehens bestätigen, aber wenn Ihr ein Mädchen zur Welt bringt, müssen wir einen anderen Weg finden. In Frankreich gilt die *lex salica*, die so genannte Weiberlehen ausschließt. Ihr müsstet dann einen Mann heiraten, der das Lehen übernimmt und mit Euch vielleicht Söhne zeugt.«
Hélaines betörend graugrüne Augen drangen dem Bischof tief ins Herz. Welch eine Frau! Und welche Verschwendung, sie diesem Päderasten zu überlassen! Der Bischof war fest entschlossen, ihr in allem hilfreich zur Seite zu stehen. Dabei war die Mühe, dem kleinen Pierrot die Stelle eines Jagdgehilfen zu verschaffen, kaum der Rede wert.
Am Ende ihres Gesprächs war der Bischof von Hélaine so bezaubert, dass ihn eigensüchtige Gedanken heimsuchten. Gewiss, er würde alles Denkbare für sie tun, aber warum sollte es umsonst sein? Die Verbindung mit einer schwangeren Frau hatte schon ihre Vorteile, da es keine Gefahr gab, mit ihr einen Bastard zu zeugen.
»Ich werde Mitte Oktober in Sully eine Herbstjagd veranstalten und Ihr seid herzlich dazu eingeladen, allerdings unter einer Bedingung: Ihr müsst Euch von Michel fern halten, denn er führt die Jagd an und darf nicht gestört werden.«
Hélaine schenkte ihm ein bezauberndes Lächeln.
»Aber ja, Eminenz, schließlich bin ich Euer Gast und weiß, was sich gehört.«
Hélaine wusste aber auch, wie wichtig die Fürsprache des Bischofs war, und so fand sie sich nach einigem schicklichen Zögern bereit, seine Geliebte zu werden. So übel war das nicht, denn Seine Eminenz wusste mit Frauen umzugehen. Zudem blieb diese Verbindung auf Distanz, denn Thibault d'Aussigny unterhielt auf seinem

Schloss Sully ein festes Verhältnis zu einer Frau, die ihm schon zwei Kinder geboren hatte und mit einem dritten schwanger war.
So wurde Hélaine d'Estienne nur dann und wann zu Festen nach Orléans oder zu Jagdausflügen geladen, doch das hörte auf, als ihre Schwangerschaft sichtbar wurde. Im Frühjahr kam dann ein gesundes Mädchen zur Welt, doch der Bischof fügte dem Lehensvertrag eine Klausel an, dass Hélaine d'Estienne für die nächsten zehn Jahre die Herrschaft verwalten dürfe, sich aber in dieser Zeit um einen Gatten bemühen müsse. Natürlich hatte Seine Gnaden dabei vor allem das eigene Wohl im Auge, denn er wollte die schöne und geistvolle Geliebte nicht so schnell verlieren.
Das Kind war in den letzten Märztagen geboren worden. Hélaine erholte sich schnell, fand eine kundige Amme und da meldete sich auch ihr geistlicher Liebhaber wieder.
Thibault d'Aussigny hatte diese Frau nicht vergessen können und während der Zeit ihrer hohen Schwangerschaft ständig davon geträumt, was sie im neuen Jahr alles gemeinsam unternehmen würden. Ja, er empfand Hélaine als geistig ebenbürtig und dachte nicht nur an die Freuden der körperlichen Vereinigung.

Der alte, etwas abgedroschene Volksspruch »Alles neu macht der Mai« schien in diesem Jahr für eine Reihe von Menschen nicht nur zuzutreffen, sondern wirkte weit über diesen Monat hinaus, bei einigen sogar über Jahre.
Anfang Mai jedenfalls veranstaltete der Bischof von Orléans seine berühmte Wasservogeljagd in den seenreichen Gefilden um sein Schloss Sully. Auf dem Rückweg nach Orléans geschah dann – was wir schon geschildert haben – Villons Gefangennahme und seine erste stumme Zwiesprache Auge in Auge mit Hélaine d'Estienne. Es traf sie wie ein Schlag, als sie die starke Ähnlichkeit mit Michel erkannte, den sie noch immer im Herzen trug, der aber vom Bischof sorgsam von ihr fern gehalten wurde.
Das braun gebrannte Gesicht voll männlicher Anmut, die schlanke Gestalt, die klugen fröhlichen Augen – nicht, dass Villon ihrem früheren Liebhaber wie ein Ei dem anderen geglichen hätte, aber

äußerlich waren sie doch Männer von der gleichen Art. Die drei anderen hatten abgebrühte Gaunergesichter und Hélaine konnte sich nur schwer vorstellen, dass dieser eine, der ihr gleich so sehr gefiel, gleichen Schlages war. Die Erleichterung, ihn wenige Tage später wieder in Freiheit zu sehen, versetzte sie in ein rauschhaftes Glücksgefühl, als hätte sie starken Wein getrunken.

Noch während des Empfangs im Rathaus hörte sie den Bischof leise zum Hauptmann der Wache sagen:

»Diesen Kerl kaufen wir uns noch! Lass nur den Herzog aus der Stadt sein ...«

Das veranlasste Hélaine, schnell die *latrines* aufzusuchen und auf einem Zettel die Warnung zu schreiben: »Verlasst die Stadt so schnell wie möglich; der Bischof will Euch später wieder festnehmen lassen.« Schon dabei, den Zettel ganz klein zu falten, strich sie ihn wieder glatt und fügte hinzu: »Wenn Ihr nicht wisst, wohin, so stattet einen Besuch ab der Euch gewogenen Hélaine d'Estienne.«

15

Die schnelle Freilassung hatte Villon zwar übermütig, aber nicht unvorsichtig werden lassen. Sosehr es ihn verlockte, der Aufforderung dieser Hélaine gleich zu folgen, so bedenklich schien ihm das Wagnis, unmittelbar nach seiner vom Bischof nicht gutgeheißenen Freilassung auf dessen Territorium zu reisen. Aber wo sollte er hin, wo war er sicher? Sofort fiel ihm das Landgut bei Sens ein, das auf burgundischem Gebiet lag und wo er jetzt hätte sein müssen, wäre er nicht von Robert und seinen Kumpanen gewaltsam entführt worden. Ja, Villon sah diese Ereignisse jetzt in einem anderen Licht, hatte ganz vergessen oder auch nur verdrängt, dass er schon bald an den Raubzügen der Coquillards Gefallen gefunden und dabei durchaus seinen Mann gestanden hatte.

Das Geldgeschenk des Duc d'Orléans machte es möglich, dass er sich – im Austausch gegen sein altes Pferd – einen kräftigen, noch jugendfrischen Wallach hatte anschaffen können, dem es offenbar nichts ausmachte, sechs bis acht Stunden in einem Stück dahinzupreschen, nur von kurzen Atempausen unterbrochen.

So erreichte er Sens schon nach wenigen Tagen und die gichtige Pförtnerin Ninette überhäufte ihn gleich mit Vorwürfen.

»Ah – sieh da! Sieur de Villon erweist uns doch noch die Ehre, wenn auch um einige Wochen später.«

Villon, von ihrer zänkischen Art erheitert, zog tief seinen Hut.

»Madame, Ihr habt gewiss Recht – eine solche Verspätung ist ungehörig und soll auch nicht wieder vorkommen. So möche ich Euch in geziemender Form um Verzeihung bitten.«

Damit hatte die Alte nicht gerechnet, das nahm ihr allen Wind aus den Segeln. Vor Verlegenheit begann sie zu stottern.

»Aber – aber, Monsieur – Ihr braucht doch nicht – will sagen, es gehört sich nicht –«

»Nein, nein, auch der Sohn des Gutsbesitzers hat sich an gewisse Regeln zu halten.«

So hatte er in der gichtgeplagten Ninette eine Freundin gefunden, während Sieur Brunel, der Gutsverwalter, keine Miene verzog. Ja, nichts Feines war an ihm, als er vierschrötig und mit stampfenden Schritten aus dem Haus trat. Die grauen wässrigen Augen in dem rötlichbraunen Gesicht waren bemüht, keine Regung zu zeigen, aber Villon glaubte, Misstrauen und Ablehnung herauszulesen.

»Gibt es Botschaft von meinem Vater?«

»Nein, Seigneur de Villon.«

»Gut, ich möchte – mein Vater hat es mir ja angeboten – für eine Weile in Sens bleiben, bis – bis aus Paris die entsprechenden Nachrichten eintreffen.«

»Wie Ihr wünscht, Seigneur.«

Villon stieg vom Pferd.

»Nennt mich nicht Seigneur, so ein großer Herr bin ich nicht.«

»Wie Ihr wünscht, Monsieur.«

Gleich zu Anfang hatte Villon beschlossen, sich möglichst wenig in den Gutsbetrieb einzumischen. Die Menschen hier hatten ihre langjährigen Erfahrungen und wussten, was zu tun war. Er nutzte die Zeit, um seine Lieder, Gedichte und Balladen zu ordnen, verwarf manches, änderte einiges, war aber im Großen und Ganzen damit zufrieden.

In den letzten Monaten hatte er kaum Zeit gehabt, etwas Längeres zu verfassen, aber jetzt, in der Geborgenheit seines abgelegenen »Musenhofes«, reizte es ihn, die Perlenreihe seiner Poesie schaffensfroh auszudehnen. Nun, da er wusste, dass nicht Abend für Abend ein wenig verwöhntes Publikum auf scharf gepfefferte Lieder wartete, schrieb er Nachdenkliches, Bedächtiges, Seele und Leib Erforschendes. Eines dieser Gedichte nannte er: »Der Streit zwischen Villons Herz und Leib«.

Wen hör ich da? – Ich bin es! – Wer? – Dein Herz,
das nur an einem dünnen Faden hängt,
Kraft, Mark und Saft auch schwanden niederwärts,
seh ich dich in dein eigen Selbst gezwängt,
wie einen Hund man an die Ecke drängt.
– Warum? – Dein ewiges der Lust Nachjagen.
Was geht's dich an? – Ich muss die Folgen tragen.
Hör auf damit! – Weshalb? – Ich denk schon dran.
Und wann? – Nicht jetzt in meinen Jugendtagen.
Mehr sag ich nicht. – Ich pack es auch alleine an!

Was hast du vor? – Ein braver Mann zu sein.
Du bist schon dreißig! – Eselsalter! Sei's!
Du bist kein Kind mehr? – Nein. – Doch Narretein
dich würgen? – Wo? Am Hals ist mir nicht heiß.
Nichts weißt du. – Doch. – Und was? – Die Milch ist weiß,
die Fliege drin ist schwarz, leicht zu verstehen.
Und ist das alles? – Mehr ist nicht zu sehen,
begreifst du's nicht, ich dir es zeigen kann.
Du gehst zugrund! – So weit muss ich nicht gehen.
Mehr sag ich nicht. – Ich pack es auch alleine an!

Im September bat Sieur Brunel ihn um eine kurze Unterredung.
»Da bis jetzt keine gegenteilige Nachricht eingetroffen ist, werden wir Père Guillaume in etwa einer Woche zu seinem alljährlichen Herbstbesuch erwarten dürfen.«
»Ich freue mich – ja, ich freue mich sehr, wir haben uns seit über drei Jahren nicht mehr gesehen.«
Brunels wässrige Augen verhärteten sich.
»Das wird schon seine Gründe haben.«
»Ja, Monsieur, aber die gehen Euch nichts an.«
Der Verwalter wandte sich wortlos ab.

An einem kühlen windigen Nachmittag – zuvor hatte es einige Stunden geregnet – traf Père Guillaume mit Sack und Pack sowie zwei Lohndienern ein. Villon fand seinen Vater unverändert: das runde, gutmütige Gesicht strahlte vor unverstellter Freude. Sie umarmten sich lange, während der Verwalter unbewegten Gesichts die Pferde in den Stall führte.
»Du wirst es mir nicht glauben, François, aber in der Nacht vor meiner Abreise habe ich geträumt, du seist vor mir auf dem Gut eingetroffen. Dank sei Gott, dass es nun so ist!«
»Ihr habt Euch so wenig verändert, *mon père*, dass es mir scheint, als habe ich erst gestern Paris verlassen.«
Père Guillaume schüttelte besorgt seinen Kopf.
»Von dir kann ich das nicht sagen – leider. Du scheinst mir etwas abgemagert, schaust blass und müde aus.«
Villon winkte fröhlich ab.
»Das wird schon wieder! Allerdings habe ich auch Verschiedenes erlebt. Einiges davon habe ich Euch geschrieben, anderes schien mir nicht geeignet, es einem Boten anzuvertrauen.«
Villon schlug sein Bett in dem kleinen Ankleidezimmer auf, denn die große, auch mit einem Schreibtisch ausgestattete Schlafkammer war Père Guillaumes angestammter Wohnraum, wenn er sich auf seinem Gut aufhielt. Als sie an diesem Abend zur Ruhe gingen, schlug Villon vor:
»Ihr seid von der Reise erschöpft und müsst Euch gründlich aus-

ruhen. Wenn Ihr einverstanden seid, werde ich Euch morgen einen ausführlichen Bericht erstatten.«

Das tat er dann auch, aber es war ein geschönter Bericht, der manches unterschlug, was seinen empfindsamen Vater hätte stören oder kränken können. Seinen Kerkeraufenthalt in Orléans erklärte er damit, dass ihn eine Bande von Coquillards habe berauben wollen, doch als sie sahen, wie wenig bei ihm zu holen war, schleppten sie ihn quasi als Packesel auf ihren Raubzügen mit.

»Zum Glück klärte sich das schnell auf und der Duc d'Orléans erwirkte persönlich meine Freilassung – ja, er ließ mir sogar eine Art Sühnegeld auszahlen.«

Villon sah, wie sich das besorgte Gesicht seines Vaters wieder aufklärte.

»Ja, mein Sohn, manchmal setzt Gott uns Prüfungen aus, die man in frommer Demut hinnehmen und standhaft bestehen muss.«

Dann warf er ihm einen Rettungsanker hin, verbunden mit einer Frage, auf die Villon schon mit Bangen gewartet hatte.

»Bei – bei dem Einbruch im Collège de Navarre wird es dir wohl ähnlich ergangen sein …?«

Nein, in diesem Fall wollte er seinem guten Vater keine Lüge auftischen und stellte als sorglosen Übermut hin, was damals die Gier nach leichter Beute war.

»Nein, *mon père*, gezwungen hat man mich dabei nicht, aber maßlos betrunken gemacht und mir eine wirre Geschichte erzählt. Der Schatzmeister des Kollegs hatte angeblich bei Cayeux eine Schuld zu begleichen, die er jedoch ableugnete. Cayeux sagte, er wolle sich nur das holen, was ihm zustünde. Erst später habe ich erfahren, dass er sich weit mehr holte, aber dann –«

»War es zu spät, ich weiß. Für dich ist der Fall noch immer nicht ausgestanden, aber für die anderen …«

Père Guillaume seufzte und wollte nicht weiterreden.

»Was ist mit den anderen?«

»Soll ich es dir wirklich sagen? Es waren doch deine Freunde …«

»Nicht alle, *mon père*, und wie sich bald herausstellte, waren es die falschen.«

»Nun gut, ich habe so nach und nach die Wahrheit erfahren. Guy de Tabarie ist seit Jahren verschwunden, sodass wir von seinem Tod ausgehen müssen. Colin de Cayeux – Tabarie hatte ihn unter der Folter schwer belastet – wurde im Vorjahr gehängt. Dom Nicholas soll in ein bretonisches Kloster geflohen sein und Petit Jehan kam bei einer Kneipenrauferei um – so wenigstens ging das Gerücht. Jetzt scheint der Pariser Châtelet nur darauf zu warten, dass er an dir ein Exempel statuieren kann. Ich habe einfach noch nicht den richtigen Weg zu einer wirklichen Einflussnahme gefunden. In einem solchen Fall rächt es sich, dass die Universität auf einer eigenen Gerichtsbarkeit besteht und der Châtelet eifrig jeden Fall aufgreift, den er nach Recht und Gesetz selbst übernehmen kann. Mord und Raub gehören leider dazu …«
»Vielleicht ist das ganz gut so, denn unter Standesgenossen ist man eher zur Nachsicht bereit.«
»Dieses Denken ehrt dich, aber es bringt dir nur Nachteile.«
»Was wollt Ihr als Nächstes tun?«
»Eine Bittschift an den König macht wenig Sinn, denn Charles ist schwer krank und verlässt sein Schloss Mehun nicht mehr. Mit dem Dauphin ist er so schwer zerstritten, dass Louis um sein Leben fürchtete und sich jetzt bei Herzog Philipp von Burgund aufhält. Da nur Gott über die Zukunft der Herrscher bestimmt, stehen mir irgendwelche Vorhersagen nicht zu; aber ich glaube, du weißt, was ich meine.«
Villon nickte.
»Jedenfalls danke ich Euch, *mon père.*«

Guillaume de Villon blieb noch bis Ende Oktober auf seinem Gut und versicherte seinem Sohn vor der Abreise:
»Ich behalte deinen Fall im Auge, vertraue mir.«
Wem sonst sollte er vertrauen? Ohne die Langmut und die väterliche Nachsicht des Père Guillaume hätte ihn das besonders mit den Habenichtsen mitleidlose Gesetz längst verschlungen. Mit Geld und Einfluss konnte man sich dem Arm der Gerechtigkeit lange, manchmal für immer entziehen. Anderenfalls aber erging es einem wie

seinen Freunden Cayeux, Tabarie und anderen. Auf seine Art wollte Villon ihrer gedenken und so verfasste er die »Galgenballade für meine toten Freunde«.

Ach, Brüder, lasst uns hier nur ruhig schweben
am langen Strick. Wir haben von diesem Hundeleben
den Hals bis oben längst schon voll gehabt.
Wir haben nie, wie ihr, in einem weißen Bett gelegen,
wir lagen Nacht für Nacht im schwarzen Regen,
vom Wind zerfressen und vom Wurm zerschabt.
Wenn erst im Wald die Eule dreimal schreit,
ist auch der Teufel nicht mehr weit.

Da strecken wir so durstig schon die großen Zungen
und von dem milden Mondlicht eingesungen,
schwimmt eine weiße Wolke um den Wald.
So viele Sommerjahre haben wir den Magen
mit Erde nur und Laub uns voll geschlagen,
da wurde auch die Liebe kalt und alt.
Wenn erst im Wald die Eule dreimal schreit,
ist auch der Teufel nicht mehr weit.

Aus unseren abgewürgten Hälsen manchmal pfeifen
die bösen Träume noch und wollen nicht begreifen,
dass auch die runde Welt ein Ende hat.
Es grünen Disteln schon und Nesseln in den Eingeweiden,
die mögen wohl den Wurm gut leiden,
weil er so weiß ist und so glatt.
Wenn erst im Wald die Eule dreimal schreit,
ist auch der Teufel nicht mehr weit.

Als die Weihnachtszeit kam, legte er in Sens eine Generalbeichte ab und nahm andachtsvoll die Kommunion. Später war ihm, als hätte er einen inneren Zwang gefühlt, seine Schuld vor Gott zu bekennen, um ihm nach seinem Ableben sündenfrei gegenübertreten zu können. Danach war ihm wohler und plötzlich verspürte er das Bedürfnis, seine Lieder und Balladen wieder vor einem Publikum vorzutragen. In Sens? Nein, er wollte kein Aufsehen erregen, besonders hier nicht, wo sein Vater ein angesehener Gutsbesitzer war. So ließ er im Gut eine Aufforderung umgehen, wer Zeit und Lust habe, könne einige Lieder des François Villon im Speisesaal des Gesindes hören. Um Brunel nicht zu verärgern, hatte er eine Zeit angesetzt, zu der in der Regel alle Arbeiten abgeschlossen waren. Zunächst äußerte sich der Verwalter nicht dazu, erschien sogar zur angegebenen Zeit um die dritte Abendstunde.

Um seinem Vortrag den Anstrich des Bänkelsängers zu nehmen, gab Villon bekannt, dass er die folgenden drei Balladen am Hof des Herzogs von Orléans in Blois unter dem Beifall Seiner Hoheit vorgetragen habe. Als er dann in die erwartungsvoll glotzenden Bauerngesichter sah, zweifelte er daran, diesen Menschen mit seinen Liedern Freude machen zu können.

»Nichts will ich mehr, indes ich nur begehre
nach Geld und Gut, worauf ich pfeif vergnügt,
es schmeichelt mir der Schänder meiner Ehre,
und ehrlich meint's mit mir, wer mich belügt,
mein Freund ist, wer am meisten mich betrügt
und mir als Schwan ein Rabenvieh andreht,
und wer mir schadet, mir zur Seite steht,
ob falsch, ob wahr, was liegt an alledem,
ich sehe hier, was dorten schon vergeht,
ich, gern gesehn und allen unbequem.«

Danach schauten sich die meisten verständnislos an; Villon trug ein zweites Lied vor und erntete nur verlegene Blicke. Brunels Gesicht hingegen zeigte einen hämischen Zug tiefer Zufriedenheit.

Nein, dachte er, ich bin dabei, Perlen vor die Säue zu werfen. Jeder kleine Pariser Gauner, jeder Student, alle – ob Frau oder Mann, hätten mir dafür Beifall gespendet. So gab er es auf und dachte wehmütig an die bewegten Pariser Zeiten.

Mit dem neuen Jahr 1461 kam François Villon dem Tod sehr nahe. Er hatte sich in der eiskalten überfüllten Kirche etwas zugezogen, das die Ärzte als Verkühlung bezeichneten und das in der Regel nach sieben bis zehn Tagen – von Fieber, Husten und Schnupfen begleitet – wieder verschwunden war. So dachte auch Villon, der sich mit Halswickeln und heißem Holundertee zu kurieren versuchte. Anstatt nach einer Woche abzuflauen, stieg das Fieber aber bis Epiphanie noch an, begleitet von starken Kopf- und Gliederschmerzen.

Sieur Brunel, gewiss nicht aus Sympathie, aber aus der Besorgnis, für den Sohn des Gutsherrn nicht alles getan zu haben, schickte nach Marie, der alten *herbière*. Dabei war sie gar nicht so alt und vor einigen Jahren hatte man sie ungestraft als *sorcière*, als Hexe, bezeichnen dürfen. Der Bischof von Sens war schon mehrmals aufgefordert worden, ihr ein wenig auf den Zahn zu fühlen, weil einige Landleute glaubten, Hagel, Dürre, Getreidefäule, Hühnerpest und andere Plagen müssten ihrem bösen Einfluss zugeschrieben werden. Der Bischof war schon nahe daran, eine Untersuchung einzuleiten, als er sich während einer Inspektionsreise ein schweres Lungenfieber zuzog und sein Koadjutor schon dabei war, die Totenmesse anzusetzen. Freilich, der Mann machte sich Hoffnung auf eine Nachfolge, doch die Haushälterin des Bischofs, seine ältere verwitwete Schwester, wollte ihre einflussreiche Stellung nicht so ohne weiteres in den Wind schreiben. So ließ sie nachts die heilkundige Marie herbeiholen, die sich intensiv des Kranken annahm und später spöttisch bemerkte, seine Ärzte hätten zwar die Krankheit richtig erkannt, aber falsch behandelt. Im Gegensatz zu den gelehrten *medici* verbot sie das Schließen der Fenster bis auf die kalten Nachtstunden und anstatt den ohnehin schon Geschwächten mit Aderlässen zu quälen, verordnete sie ihm – in kleinen Dosen über den Tag verteilt – schwere Rotweine, die sie noch zusätzlich mit Eisenrost versetzte. Nach seiner Gesundung sorgte der dankbare Bischof dafür, dass sie das amtliche Patent eines Baders erhielt und so ihren Heilberuf unbehelligt ausüben konnte.

Auch bei Villon gelang es Marie, die Krankheit zurückzudrängen und eine wenn auch sehr langsame Genesung einzuleiten.

In den Tagen des hohen Fiebers hatten ihn seltsame Bilder heimgesucht. Wie schon so oft in seinen Tagträumen, gaukelte ihm nun das Fieber die schöne Helena vor Augen, zuerst in ihrem Nonnenhabit mit dem blutroten Kreuz, dann in paradiesischer Nacktheit. Das vollkommene Oval ihres lieblichen Gesichts schien von einem rosafarbenen Nebel verhüllt, doch spürte er trotzdem ihren Blick, der ihn zärtlich umfing.

»Ist mein Traumprinz gekommen …?«, hauchte ihre süße Stimme. »Holt er mich endlich fort von hier?«

Villon wollte antworten, doch seine Stimme versagte, seine Zunge war wie gelähmt.

»Ich höre dich nicht …«

Mehrmals wiederholte sie den Satz, doch ihre Stimme wurde von Mal zu Mal leiser, bis sie verklang. Nun aber lichtete sich der rosafarbene Nebel und ein Gesicht wurde deutlich, doch es war nicht das ihre, sondern das kecke Antlitz der Hélaine d'Estienne mit den leuchtend graugrünen Augen, der schmalen Nase und den kastanienfarbenen Haaren, die etwas zerzaust unter einer roten, schief aufgesetzten Kappe hervorlugten.

»Hélaine – Helena – Hélaine – Helena –«, stammelte er verwirrt, doch er schwebte wohlig auf den heißen Wogen des Fiebers, fühlte sich leicht und frei, dem Irdischen entrückt. Ist das der Tod?, ging es ihm durch den Kopf und er glaubte, ein leises Pochen an der Tür zu vernehmen. Sank das Fieber, dann kehrte er auf sein Krankenlager zurück, gequält von Husten, Kopfschmerzen und einem brennenden Durst.

»Wasser –«, krächzte er, »Wasser –«

In dieser Zeit war Marie, die *herbière*, ständig um ihn und nützte seine Bereitschaft zum Trinken, um ihm mit Wein vermischte Auszüge von Melisse, Rosmarin und Weidenrinde einzuflößen.

Als sich ihr herbes, altersloses Gesicht über ihn beugte, flüsterte er, als er den metallisch blitzenden Löffel in ihrer Hand sah:

»Du bist Atropos, die den Lebensfaden durchschneidet, das Dasein der Menschen beendet?«

Marie, nicht klassisch gebildet, schaute ihn beruhigend an.

»Ich bin Marie, die Heilkundige, die Kräuterfrau. Ihr seid auf dem Weg der Besserung, Monsieur, das Fieber sinkt von Tag zu Tag.«
»Es war so schön, über den Wolken zu schweben …«
»Das darf kein Dauerzustand sein«, sagte sie streng, »denn dann kann es sein, dass man nicht mehr auf die Erde zurückkehren will – und das wollt Ihr doch?«
»Ich weiß nicht …«

Doch er kehrte zurück, was Sieur Brunel mit mürrischer Genugtuung erfüllte. Er hatte seine Pflicht getan, hatte alles versucht, den Sohn des *seigneur terrien* zu retten. Mehr konnte niemand von ihm verlangen!
Villon, abgemagert bis auf die Knochen, aß und trank wie ein Scheunendrescher und als der April ins Land zog, fühlte er sich so wohl wie nie zuvor. Er barst vor Unternehmungslust, doch seinen zaghaften Versuchen, irgendeine Arbeit auf dem Gut zu übernehmen, begegnete der Verwalter mit strikter Ablehnung.
»Nein, Monsieur, das gehört sich nicht.«
Immerhin durfte er seine Kenntnisse als Magister und Rechtskundiger bei einigen kleineren Streitereien mit Nachbarn anwenden, aber selbst damit stieß er auf Misstrauen. Er hatte sein Diplom in Paris erworben und in Burgund legte man nicht selten andere Rechtsmaßstäbe an.
So wartete Villon ungeduldig auf eine Nachricht aus Paris, denn dahin zog es ihn mit Macht – er hatte das Herumstreunen endgültig satt. Und, seltsam genug: Jetzt, da sein Geist wieder wach und sein Körper kräftig geworden war, verblassten die Traumbilder zu Schemen – lösten sich auf. Lange nicht mehr hatte er an seinen weiblichen Umgang in Paris gedacht, an die dicke, gutmütige Margot, die kokette und launische Ysabeau, die geheimnisvolle Leyla, von der niemand wusste, wo sie wohnte und was sie trieb. Hure war sie keine, das fanden die Männer bald heraus. Wie Schneeflocken waren diese Mädchen durch sein Pariser Leben gewirbelt, schwerelos, ohne große Bedeutung, und dennoch fielen ihm jetzt plötzlich ihre Namen ein, standen ihm ihre Gestalten und Gesichter vor Augen.

Werde nicht wehmütig, Villon! Er versuchte die Erinnerung zu verdrängen und daran zu denken, wie gefährlich ihm Paris geworden war.

Mit dem Frühjahr setzten sich die Wandervögel wieder in Bewegung, doch Sieur Brunel verabscheute die herumziehenden Gaukler- und Schaustellergruppen. Wer für dergleichen Bedarf habe, so ließ er verkünden, sollte in seiner Freizeit nach Sens gehen und dort sein sauer erworbenes Geld in die Mützen dieser schamlosen Possenreißer werfen. Nicht wenige taten das, aber als Anfang Mai eine Theatergruppe ans Tor klopfte, sorgte Villon dafür, dass sie eingelassen wurden. Zu seiner Freude befanden sich darunter Lucille, die Schlangenfrau, und Pépi, der Jongleur, der jetzt nur noch ein Auge hatte. Alle anderen – es waren etwa ein Dutzend – kannte er nicht, aber er bestand darauf, dass sie einige Tage vor dem Gut ihre Zelte aufschlagen konnten.

Sieur Brunel bemerkte dazu steif:

»Da Ihr als Sohn des Gutsbesitzers einige Autorität besitzt, soll es nach Eurem Willen gehen – gegen meine ausdrückliche Weisung!«

»Wenn ich wieder fort bin, mögt Ihr nach Eurem Belieben verfahren«, sagte Villon.

Am Abend vor dem Auftritt erschien Villon nach dem Nachtmahl im Gesindesaal.

»Jeder kann heute Abend an den Darbietungen teilnehmen und niemand muss dafür bezahlen. Ich habe mich mit dem Theaterleiter auf eine Gage geeinigt, die für drei Auftritte gilt, und es soll ein Geschenk an Euch sein.«

Da auch Brunel an dem Mahl teilgenommen hatte und mit steinernem Gesicht Villons kleine Rede verfolgte, gab es keinen lauten Jubel, aber doch ein deutlich vernehmbares beifälliges Gemurmel.

Zuvor aber ging Villon zu Lucille und Pépi ins Zelt.

»Ein Unfall?«

»Nein«, sagten sie beide wie aus einem Mund, dann fuhr Lucille fort: »Als mir in Troyes einer an die Wäsche ging und dann trotz meiner

Weigerung handgreiflich wurde, wies Pépi ihn zurecht. Aber der Kerl war betrunken und zog das Messer …«

»… das ich ihm zwar aus der Hand schlagen konnte, aber dann hat er mir mit seiner anderen das Auge ausgedrückt.«

Pépi grinste, als sei es nicht so wichtig, ein Auge zu verlieren.

»Ich hab's gern getan …«

»Er ist ein Schatz …«, sagte Lucille und sah ihn dabei mit zärtlichem Stolz an.

Die Gruppe gab ihr Bestes und da Brunel den Aufführungen verachtungsvoll fern blieb, ließen die Leute ihrer Stimmung freien Lauf. Was da über die Bühne ging, entsprach – im Gegensatz zu Villons vieldeutigen Liedern – ganz ihrem Geschmack. Die Stegreifstücke über Liebe und Treue, Mord und Totschlag, Weiberlist und männliche Torheit verstanden sie gut, weil sie Ähnliches – wenn auch nicht in so drastischer Form – selbst erlebt hatten und sich damit bestätigt fanden.

Hatten die Darsteller sich abgeschminkt und bequeme Kleider angelegt, trug Villon ihnen freche und schlüpfrige Lieder vor und dann gab es nicht nur dankbaren Beifall für einen Wohltäter – er spürte ihre ehrliche Begeisterung.

Nach der letzten Aufführung erinnerte ihn der Verwalter:

»Dreimal! So war es abgesprochen und morgen früh müssen die Zelte verschwunden sein!«

Dann war es aber so, dass der *directeur* mit den Stadtvätern von Sens verhandelt und die Erlaubnis zu mehreren Auftritten erwirkt hatte, doch nicht für den nächsten Tag, weil da die Stadt eine lokale Trauerfeier beging.

Villon zuckte unbekümmert die Schultern.

»Dann bleibt noch eine Nacht – ich werde das schon richten.«

Monsieur Brunel aber blieb störrisch.

»Absprachen gelten bei Euch wohl nichts? Wer freilich jahrelang unstet durch die Lande zieht, hat davon eine andere Auffassung. Hier aber leben sesshafte Menschen und da gilt das gegebene Wort.«

»Leute wie Euch nennt man einen *jocrisse*, Sieur Brunel. Unfähig zum beweglichen Denken, einfältig und stur. Gäbe es mehr von Eurer Art, so würde die Welt erstarren und bald absterben.«

»Es gibt viele von meiner Art«, gab er stolz zurück.

Villon lachte verächtlich.

»Glücklicherweise nicht zu viele. Jedenfalls darf die Truppe noch eine Nacht bleiben.«

»Gut, aber wenn Ihr hier das Leben so unerträglich findet, dann zieht doch gleich mit ihnen weiter.«

»Keine schlechte Idee! Wenn dann mein Vater Ende Mai hierher kommt, könnt Ihr ihm melden, mich davongejagt zu haben.«

Etwas wie Besorgnis trat in sein starres, unbewegtes Gesicht.

»Davon war nicht die Rede! Es war nur ein Vorschlag.«

»Als Gutsverwalter mögt Ihr sehr tüchtig sein, als Mensch seid Ihr widerlich. Dass Ihr keine Frau gefunden habt, wundert mich nicht.«

Hatten diese Worte den Panzer aufgebrochen, der Brunels Wesen umgab? Er schaute Villon gekränkt und wehleidig an.

»Was wisst denn Ihr schon?«

Dann stapfte er davon und ließ sich an diesem Tag nicht mehr blicken.

Auch ohne Brunels Aufforderung hatte Villon schon länger erwogen, das Gut für einige Zeit zu verlassen. Père Guillaume hatte ihm als Neujahrsgeschenk einen grünen Samtbeutel mit fünfzehn *ecus d'or* hinterlassen und im März war eine Nachricht von ihm gekommen, dass der Fall in Paris hoffnungsvoll voranschreite, aber leider noch längst nicht abgeschlossen sei. Villon kannte seines Vaters höflich-behutsame Art und las aus diesen Worten, dass im Grunde nichts geschehen war.

Was hielt ihn dann noch? Er war des ewigen Zanks mit Brunel überdrüssig. Wenn es wenigstens ein handfester Streit mit anschließender klärender Aussprache gewesen wäre, aber gegen diesen sturen Brocken anzurennen kostete nur Kraft und führte zu keinem Ergebnis.

So teilte er dem *directeur* noch am Abend mit, er werde mit der Truppe weiterziehen und unterwegs für alles selbst aufkommen.

»Wenn ich meine Lieder vortrage und etwas zugesteckt bekomme, geht die Hälfte an Euch.«
Damit war der Mann zufrieden und er teilte auch gleich die geplante Route mit.
»Wir gehen zuerst nach Süden über Auxerre bis Clamecy, wenden uns dann nach Westen und ziehen über Bourges und Vierzon nach Orléans.«
»Spätestens an der *banlieue* von Orléans werde ich Euch verlassen müssen – vielleicht schon früher ...«
»Wie Ihr wollt, Monsieur, ganz nach Eurem Belieben.«

Als der Verwalter am nächsten Morgen sah, dass Villon sein Pferd sattelte und bepackte, trat er zögernd heran.
»So war es nicht gemeint, Sieur de Villon, das wisst Ihr ganz genau. Vermutlich werdet Ihr Eurem Vater schreiben, ich hätte Euch vom Gut getrieben.«
Trotz seiner betont gleichmütigen Miene war Brunel anzusehen, dass er sich Sorgen machte. Villon dachte nicht daran, den Fall friedlich beizulegen – der Kerl hatte ihm zu viel Ärger bereitet.
»Was ich meinem Vater schreibe, werde ich Euch kaum auf die Nase binden. Aber warum sollte ich ihn belügen? Sehr zuvorkommend habt Ihr mich nicht behandelt ...«
»Vergesst nicht, dass ich während Eurer schweren Krankheit alles getan habe, um ...«
»Ja, ja, ich werde es nicht vergessen! Lebt jetzt wohl und bemüht Euch beim nächsten Mal um einen freundlicheren Empfang.«
Brunel murmelte etwas, doch Villon achtete nicht mehr darauf und führte sein Pferd zur Pforte.
Ninette humpelte herbei.
»Sieur de Villon verlässt uns wieder?«
»Ja, Madame, jedes Ding hat seine Zeit. So lehrt es uns die Bibel und sie steht für Gottes Wort.«
»Aber Ihr kommt bald wieder?«
»Solange Ihr mich hier begrüßt ...«
»Ihr seid ein Charmeur, Monsieur.«

Villon reichte ihr einige Silbergroschen.
»Denkt ein wenig an mich, Ninette.«
Sie nickte unter Tränen.
»Gewiss, Monsieur.«

Wenn Menschen Pläne machen, geschieht es höchst selten, dass diese in der gedachten Art verwirklicht werden. Selbst der große Alexander, dem anscheinend alles gelang, musste an der indischen Küste seine Welteroberungspläne aufgeben, da seine Truppen sich weigerten, ihm zu folgen.
Freilich, die vorgesehene Reiseroute einer Gauklertruppe bedeutet für das Weltgeschehen nichts, aber für die beteiligten Menschen viel. Nun war es so, dass in Auxerre das Gerücht umging, ein halbes Dutzend größerer und kleinerer Schaustellertruppen sei bereits vor ihnen nach Süden gezogen. Da brach ein Streit darüber aus, ob man auf der geplanten Route bleiben oder nicht doch besser gleich von hier den Weg nach Westen bis zur Loire nehmen sollte. Zog man weiter den Fluss entlang bis Angers, berührte man eine Reihe der wichtigsten französischen Städte.
Villon hielt sich aus dem Streit heraus und als die Truppe sich teilte, schloss er sich denen an, die zur Loire weiterreisten.
Warum aber wählte er den für ihn gefährlicheren Weg, der ihn geradewegs nach Orléans führte? – Er sollte sich nicht noch weiter von Paris entfernen, wenn die erlösende Nachricht in Sens eintraf. Auch wusste dann niemand, wo er zu finden war. Das mag vielleicht eine Rolle gespielt haben, aber eines trat jetzt mehr und mehr in den Vordergrund:
Etwa einen Tagesritt von Orléans entfernt lag das Städtchen Châteauneuf sur Loire mit einer Burg, wo Hélaine d'Estienne ihn vielleicht willkommen hieß – oder auch nicht? Immerhin lag ihre Einladung fast ein Jahr zurück, aber sie war kein Traum, keine Einbildung, kein Wunschdenken – nein, der Zettel steckte in seinem Wams und war vom häufigen Auseinander- und Zusammenfalten schon ziemlich brüchig geworden. Im Übrigen hätte es des Lesens nicht mehr bedurft, denn Villon konnte die beiden Zeilen längst auswendig: »Ver-

lasst die Stadt so schnell wie möglich; der Bischof will Euch später wieder festnehmen lassen. Wenn Ihr nicht wisst, wohin, so stattet einen Besuch ab der Euch gewogenen Hélaine d'Estienne.«
Das wollte er jetzt tun und sollte er nicht willkommen sein, so konnte er nach Sens zurückkehren, um etwa gleichzeitig mit seinem Vater dort einzutreffen. Dass er damit riskierte, den Truppen des Bischofs in die Arme zu laufen, nahm er in Kauf. Schließlich hatte der Herzog von Orléans ihn vor aller Augen eines Gesprächs gewürdigt, ihn durch ein Machtwort aus den Fängen des Bischofs befreit. Zählte das nichts?
Um nicht aufzufallen, hatte Villon eine Art Pilgergewand angelegt und sich nach frommer Art mit einem Rosenkranz gegürtet, dessen Holzperlen die Größe von Taubeneiern aufwiesen. In der Gegend von St. Benoît hatte er sich von den Schaustellern verabschiedet und Pépi scherzhaft angeraten, auf sein verbliebenes Auge zu achten, denn ein blinder Jongleur hätte es doch ziemlich schwer. Pépi versprach es mit einem sorglosen Lachen und Lucille schaute ihn dabei verliebt an.
Durch Erkundungen hatte Villon herausgefunden, dass sich der Bischof derzeit nicht in seinem Sommerschloss Sully aufhielt, und so ritt Villon hoch erhobenen Hauptes daran vorbei, überquerte an einer Furt die Loire und sah in der Ferne das graue Gemäuer von Châteauneuf aufragen. Als er näher kam, sah er, wie dringend die Burg einer Erneuerung bedurft hätte, und zweifelte schon daran, ob das heruntergekommene Bauwerk noch bewohnt sei.

16

Das Jahr nach dem Tod ihres Gatten war für Hélaine d'Estienne eine Zeit heiterer Sorglosigkeit. Der Geburt ihres Kindes hatte sie furchtlos und mit freudiger Neugier entgegengesehen. Wäre auch ein Knabe für sie zum Vorteil gewesen, so hoffte sie doch insge-

heim auf ein Mädchen, schon um ihrer Familientradition zu trotzen.
So kam es dann auch und der in sie von neuem verliebte Bischof – woran auch der Frühling seinen Anteil hatte – hielt das gegebene Wort und bestätigte Hélaine als Lehensverwalterin für die nächsten zehn Jahre. Während dieser Zeit musste sie entweder eine standesgemäße Ehe eingehen oder für ihre Tochter einen Verlobten finden, der dann bei späterer Heirat als Mann den Besitz übernehmen konnte. Das war eine sehr großzügige Regelung und Hélaine dankte es dem Bischof mit für ihn unvergesslichen Liebesstunden, während sie selbst den Vergleich mit Michel zog, wobei der verliebte Thibault d'Aussigny allerdings weniger gut abschnitt.
Mit Michel war das so eine Sache. Der Bischof schätzte seinen Jagdmeister nicht nur als Heger und Pfleger des Wildbestandes, sondern auch als Reisemarschall, der souverän die Begleitmannschaft befehligte. Da ließ es sich freilich nicht vermeiden, dass er und Hélaine einander sahen, was Michel – der längst andere Verbindungen eingegangen war – weniger berührte als Hélaine, die jene Liebesstunden mit ihm so wenig vergessen konnte wie die Tatsache, dass er der Vater ihres Kindes war.
Sie hatte lange über den Namen nachgedacht, fand aber keinen geeigneten und kam zu dem Entschluss, das Kind Hélaine zu nennen. Sie überlegte: Recht besehen, hat es keinen Vater, denn Henri – als dessen Tochter sie registriert ist – war nicht ihr Erzeuger und Michel, der sie gezeugt hat, darf sich nicht dazu bekennen. Natürlich nahm Michel seine Tochter in Augenschein, küsste der Halbjährigen in scherzhafter Ritterlichkeit die Hand und äußerte die Hoffnung, sie würde eines Tages die Schönheit ihrer Mutter erlangen, was er aber – mit einer Verbeugung vor Hélaine – zugleich in Frage stellte.
»Sie wird« – so sagte er – »vielleicht Eurer Anmut und Grazie nacheifern wollen, aber ich zweifle daran, ob sie Euch jemals erreichen wird.«
Nicht nur, dass der Bischof bei solchen Treffen ein scharfes Auge auf beide richtete, meist war er auch in der Nähe oder ließ sie durch

Vertraute genau beobachten. Was Michel betraf, so hätte es dieses Aufwands nicht bedurft, denn er hatte sein Herz längst an eine andere verschenkt und blieb ihr treu, solange die Verbindung andauerte. So hatte er es immer gehalten und – es sei nochmals gesagt – mit wenigen Ausnahmen schied er von allen in Freundschaft. Das galt auch in Bezug auf Hélaine, aber sie empfand eine süße Wehmut, wenn sie ihn schlank und aufrecht zu Pferde sah, wenn seine dunklen, fröhlichen Augen sie mit feuriger Verheißung musterten, ohne dass es jemals wieder zu einer Erfüllung kam. Michel konnte nichts für diesen nur den Frauen vorbehaltenen verheißungsvollen Blick – er war ihm zur zweiten Natur geworden.

Nun stellt sich die Frage, ob Hélaine d'Estienne ihre damlaige Aufforderung an Villon schon vergessen hatte. War es nur ein spontaner Einfall gewesen, weil dieser herumziehende Dichter und Sänger sie so lebhaft an Michel erinnerte? Rechnete sie überhaupt noch mit seinem Erscheinen?

Kurz gesagt war es so, dass Hélaine solche Überlegungen gar nicht anstellte. Zwar hatte sie Villon nicht vergessen, sein Bild aber so weit von sich geschoben wie einen Gegenstand, von dem man annimmt, ihn länger nicht mehr zu benötigen. Allmählich war es in diesem Frühsommer dahin gekommen, dass Hélaine sich zunehmend der Vogeljagd widmete und ihr Geschick im Umgang mit der Armbrust auf eine Weise vervollkommnete, die allgemeines Erstaunen erregte. Den Armbrustbolzen, der Henri de Châteauneuf zu Tode brachte, hütete sie als eine Art Glücksbringer. Sie hatte ihn eigens gekennzeichnet und verwandte ihn nur bei Zielen, die sie mit Sicherheit nicht verfehlen konnte. Mit der Zeit wurde sie dabei kühner und es war, als unterwerfe sie ihre eigene Geschicklichkeit immer härteren Proben. Einmal legte sie auf einen fetten Erpel an, doch der Vogel flog auf und der Pfeil durchbbohrte seinen rechten Flügel. Er geriet ins Taumeln, stürzte wild flatternd ins Wasser, wobei der Bolzen sich löste und versank. Von diesem Gewicht befreit, nahm der Erpel einen neuen Anlauf, erhob sich in die Lüfte und konnte entkommen. Hélaine ließ sich von ihrem Jagdgehilfen Paulot eilig an die Stelle rudern, wo noch einige blutige Federn herumschwammen.

Der flinke gefällige Bursche sprang in das nur brusttiefe Wasser und konnte den Bolzen nach einigem Suchen herausfischen. Hélaine, schon fast versucht, dem Kerl eine Liebesstunde zu schenken, besann sich gerade noch rechtzeitig und dankte ihm mit blanker Münze, nicht ohne dabei die Überlegung anzustellen, was ihm wohl lieber gewesen wäre.

Anfang Juni kamen so ergiebige Regenfälle, dass die Loire – was lange nicht geschehen war – Hochwasser führte und den Schiffsverkehr zu einem gefährlichen Unternehmen werden ließ.

Ein junger Kaufmann, kühn und sorglos, wagte es dennoch, weil er in Nevers dringend benötigte Waren mit sich führte und hoffte, damit anderen, weniger Mutigen, zuvorzukommen. Doch sein voll beladenes Schiff verfing sich unterhalb von Châteauneuf in angeschwemmten Zweigen und Ästen zwischen Baumkronen, deren obere Hälften gerade noch aus dem Wasser ragten. Er ließ sein Schiff notdürftig vertäuen und machte sich auf den Weg zum Schloss, um dort einige Knechte auszuleihen.

Als der junge Mann sich vorstellte, erinnerte er Hélaine flüchtig an den von ihr zum Mann gemachten Pierrot. Ein Hauch von Kindlichkeit lag über dem rundlichen Gesicht, doch aus seinen hellen Augen blitzte etwas Draufgängerisches und sie strahlten eine furchtlose Munterkeit aus, die – so vermutete Hélaine – sich nicht nur auf das Geschäftliche bezog.

So war es dann auch. Ohne zu zögern, verschob der junge Mann die Rettungsaktion für sein Schiff und folgte der kaum verhohlenen Aufforderung seiner Gastgeberin. Als einziger Sohn in einer sehr wohlhabenden Familie aufgewachsen, hatte es ihm nie an gefälliger Weiblichkeit gefehlt und was erfahrene Frauen ihn gelehrt hatten, gab er kraftvoll und kundig an Hélaine weiter.

Er blieb noch eine weitere Nacht und musste am Ende zur Weiterreise gedrängt werden, denn Hélaine erwartete mit dem Rückgang des Hochwassers einen längst überfälligen Besuch des Bischofs. Davon erzählte sie freilich nichts, sondern redete sich auf die bevorstehende Ankunft eines Verwandten ihres Gatten hinaus, der nichts Besseres zu tun habe, als sie argwöhnisch zu überwachen.

»Und Ihr lasst es Euch so ohne weiteres gefallen?«
Hélaines graugrüne Augen blitzten vor Übermut.
»Was soll ich tun? Bin nur eine schwache Frau …«
Da lachte der junge Kaufmann laut heraus.
»Mir scheint, Ihr seid alles andere als schwach und hilflos.«
Leichten Herzens zog er ab – leichten Herzens ließ sie ihn gehen.
Ein paar Tage später erreichte sie eine Nachricht des Bischofs.
»Bin auf dem Weg nach Mehun, der König soll im Sterben liegen. Ich bitte Euch, die Verzögerung zu entschuldigen, ich werde Euch aus Mehun weiteren Bescheid zukommen lassen.«
Es wäre nun falsch zu sagen, Hélaine hätte erleichtert aufgeatmet, weil ihr lästiger Liebhaber verhindert war. Sie sah in Thibault d' Aussigny eher eine Vaterfigur, fühlte sich in seiner Nähe sicher und geborgen. Als Liebhaber war er zärtlich und rücksichtsvoll, verlangte weniger, als Hélaine zu geben bereit war. Sie hörte auf, ihn mit Michel zu vergleichen, und fand sich damit ab, dass dieser Mann nicht dazu geschaffen war, sich zeitlebens mit einer Frau zu begnügen.

Das Hochwasser der Loire ging sichtlich zurück, eine heiße Frühlingssonne begann die Uferauen auszutrocknen und die Wasservögel kehrten in ihre Reviere zurück.
Ohne großen Ehrgeiz, an diesem Tag Beute zu machen, beschaute Hélaine die Spuren der Überschwemmung, erlegte zwei Wasserhühner, die turtelnd und kosend das Nahen der Jägerin zu spät bemerkt hatten.
Gegen Abend kehrte sie zum Schloss zurück, dessen Eingang an der dem Fluss abgewandten Nordseite lag. An der Pforte stand ein Mann, hielt sein Pferd am Zügel und verhandelte erregt mit dem alten Portier, von dem niemand genau wusste, ob er tatsächlich taub war oder sich nur zu passenden Gelegenheiten taub stellte.
Sie stieg vom Pferd und trat neugierig näher. Villon wandte sich um und Hélaine glaubte für einen Augenblick, Michel sei gekommen. Doch dann erkannte sie ihn und zog eine spöttische Miene.

»Ah, Sieur de Villon! Ihr habt Euch ja lange Zeit gelassen, meiner Einladung zu folgen – wart wohl anderweitig beschäftigt?«
Sie trug Hosen, einen grünen Wams und die Armbrust baumelte an ihrer Seite. Das etwas struppige kastanienfarbene Haar hing ihr in die Stirn. Sie blies eine Strähne zurück und schaute ihn neugierig an.
»Ja, beschäftigt vor allem damit, an Euch zu denken. Dass ich damals nicht gleich Eurer Aufforderung gefolgt bin, geschah aus Vorsicht, nicht zuletzt deshalb, weil Ihr mir ja selbst eine deutliche Warnung habt zukommen lassen. Unterwegs habe ich erfahren, dass Seine Exzellenz jetzt mit dringlicheren Dingen beschäftigt ist, als Jagd auf einen fahrenden Sänger zu machen.«
Hélaine lachte.
»Ja, Ihr könnt in der nächsten Zeit unbesorgt mein Gast sein – wenn Ihr wollt?«
Villon verbeugte sich galant.
»Wozu wäre ich sonst gekommen?«
Der Pförtner hatte misstrauisch diese Unterhaltung verfolgt und als er hörte – so taub war er doch nicht – dass dieser seltsame Mensch seiner Herrin willkommen war, entspannte sich seine misstrauische Miene.
Hélaine ließ ihrem Gast ein Bad bereiten und spielte schon mit dem Gedanken – wie damals bei Michel –, zu ihm in den Zuber zu steigen, aber dann siegte ihre Vernunft. Damals hatte ihr Gatte noch gelebt und sie war noch nicht die Geliebte des Bischofs gewesen. Jetzt aber musste sie damit rechnen, dass Seine Exzellenz – dabei verdächtigte sie ihren eifrigen Jagdgehilfen Paulot – durch bezahlte Spitzel von jeder ihrer Handlungen unterrichtet wurde. Wenn sie Villon – das war ihre feste Absicht – zum Geliebten nahm, dann musste es mit gebotener Heimlichkeit geschehen, auch wenn es ihr widerstrebte.
Sie ließ ihre Vogelbeute zum Nachtmahl auftischen und dazu den besten Wein reichen, von dem noch ein Rest im Keller war. Leider war es nämlich so, dass in diesem halb verfallenen Schloss vieles zur Neige ging. Henri de Châteauneuf, ungeachtet seiner Buben-

wirtschaft, hatte streng darauf geachtet, dass die Bauern und Handwerker ihre Pacht entrichteten, und sich von dem ewigen Gerede über Missernten, Hagelschläge, Wildverbiss und andere Misshelligkeiten kaum beeindrucken lassen. Ein tüchtiger Verwalter hatte ihn dabei unterstützt, aber der Mann war durch Erbschaft plötzlich zu Wohlstand gekommen und hatte kurz nach des Schlossherrn Tod den Dienst aufgekündigt.

Hélaine hielt es nicht für nötig, einen Nachfolger einzustellen, und die Pächter spürten sofort, dass sie die Zügel schleifen ließ. So waren ihre Einnahmen auf weniger als die Hälfte geschrumpft und sie musste erleben, dass Bestellungen nur ausgeführt wurden, wenn eine Bezahlung erfolgte. Die Händler ließen sie anfangs einige Schulden machen, aber als das Bargeld ausblieb, hielten sie Tür und Tor verschlossen. Die Folge war, dass Hélaine nach und nach einen Teil ihres Personals verlor, denn vor allem die Jüngeren fühlten sich an die Herrschaft nur durch den klingenden Lohn gebunden und als der ausblieb, verschwanden sie quasi über Nacht.

Hélaine d'Estienne war alles andere als eine Plaudertasche, aber zu Villon fasste sie gleich Vertrauen, auch weil sie sofort die geistige Verwandtschaft spürte. Mochte er äußerlich ihrem früheren Liebhaber Michel in vielem verblüffend ähnlich sein, so waren sie im innerlichen Wesen doch sehr verschieden. Michel war mit Leib und Seele ein – wenn auch stolzer – Fürstendiener, auf den der Bischof in jeder Lage bauen konnte. Villon hingegen war niemandes Diener und sobald er spürte, man wolle ihn zum Höfling machen, riss er aus.

Am dritten Tag seines Aufenthalts hatten weder er noch sie den Versuch einer körperlichen Annäherung unternommen, doch über ihre Vergangenheit hatten sie beide vorbehaltslos gesprochen und Villon genoss es geradezu, einmal die ungeschminkte Wahrheit sagen zu dürfen. So saßen sie bei ihrem vierten Nachtmahl und tranken den Rest des guten Weines, denn das Fässchen im Keller war leer. Hélaine erwähnte es so nebenbei, doch Villon lachte nur.

»Dem lässt sich abhelfen! Mein Vater hat mich reichlich mit Geld ausgestattet und ich habe nie eingesehen, dass die schön geprägten

Münzen im Beutel Schimmel ansetzen sollen. Das Geld muss unter die Leute kommen, muss etwas bewirken und bewegen, weil die Welt sonst erstarrt und das Leben erstirbt. Also, verehrte Hélaine, bestellt ein neues Fass und lasst es mich Euch zum Geschenk machen.« Sie nickte zustimmend.

»Geschenke nehme ich jederzeit gern. Allmählich kann ich verstehen, dass Ihr trotz Eurer mehrfachen Fürstendienste kein reicher Mann geworden seid. Wie gewonnen, so zerronnen, dieses alte Sprichwort passt genau auf Euch.«

Als Hélaine ihm gestern erzählt hatte, dass sie – um Pierrot zu retten – gezwungen gewesen war, ihren Gemahl zu erschießen, zeigte er sich weder erstaunt noch empört.

»Nach dem, was Ihr mir über ihn erzählt habt, war dies wohl sein vorgegebenes Schicksal. Wer so lebt wie er, sammelt mit der Zeit glühende Kohlen auf seinem Haupt und muss gewärtig sein, daran zugrunde zu gehen. Dass Ihr aus Pierrot einen Pierre gemacht und ihm damit auch das Leben gerettet habt, wiegt Eure Tat auf. Weniger schön finde ich es vom Bischof, dass er Eure Lage so schamlos ausgenutzt hat.«

Sie winkte gleichmütig ab.

»Ach was! Im Leben versucht jeder, sich einen guten Happen vom Braten abzuschneiden, und es ist ja nicht so, dass ich es umsonst tun müsste. Ich glaube, d'Aussigny hat von Anfang an nicht an das Märchen von einer Waffenübung geglaubt. Er muss geahnt haben, was wirklich geschah, aber aus gewiss auch eigensüchtigen Gründen hat er davor beide Augen verschlossen.«

In seinem ganzen Leben war er noch keinem Menschen begegnet, dem er sich so vorbehaltlos geöffnet hatte, und für Hélaine galt das Gleiche. Beide waren sie nicht kirchengläubig und auch eine Generalbeichte hätte nicht das bewirken können, was diese offenen Gespräche auslösten.

Für den nächsten Morgen hatten sie einen gemeinsamen Jagdausflug beschlossen und als sie zu Bett gingen, machten beide sich ihre Gedanken.

Hélaine kleidete sich langsam aus und versuchte einen Grund dafür zu finden, dass Villon bisher nicht den geringsten Versuch unternommen hatte, ihre Gunst zu gewinnen. Gefalle ich ihm nicht? Sie hob die Lampe, nahm den Handspiegel und blickte hinein. Morgen werde ich ihm sagen, dass sich unsere Augenfarbe aufs Haar gleicht. Hat ihn vielleicht meine männlich wirkende Jägerkleidung abgestoßen? Aber im Haus kleide ich mich doch um … Ich bin nicht putzsüchtig, halte Kleidung für weniger wichtig, aber inzwischen weiß ich, wie er denkt, und er ist ein Mann, der den Frauen ins Gesicht und nicht auf den Hintern schaut. Sie schlüpfte ins Nachtgewand und plötzlich glaubte sie eine Erklärung zu finden.

Es ist mein Verhalten, das ihn zaudern lässt. Die Männer wollen durch Gesten, Blicke, Worte ermuntert werden und wir haben bisher nichts anderes getan, als einander unsere Lebensläufe zu erzählen. Vielleicht mag er Frauen nicht und ist geartet wie der selige Henri? Nein, das konnte und mochte sie nicht glauben, denn er hatte ihr offen von seinen Liebesabenteuern in Bourges, Blois und anderswo berichtet. Warum sollte er diese Frauengeschichten erfinden? Sie grub ihren Kopf in das Kissen, gähnte und da fiel ihr ein, dass sie heute vergessen hatte, vor dem Schlafengehen ihr Töchterchen zu küssen. Morgen werde ich es nachholen …

Villon saß während der Nacht auf seinem Bett, machte sich ähnliche Gedanken und kam zu einem ähnlichen Schluss.

Es liegt an mir! Ich habe nichts getan, sie zu ermuntern, habe keinen Versuch unternommen, ihre Gunst zu gewinnen. Wir haben uns gegenseitig unsere Lebensläufe um die Ohren gehauen – fast um die Wette, wer noch Haarsträubenderes zu erzählen hat. Da fiel ihm plötzlich ein Grund für seine Zurückhaltung ein: Es ist der Name! Ich kann nicht eine Helena lieben und mit einer anderen ins Bett hüpfen. Kaum hatte er es zu Ende gedacht, erschien es ihm schon lachhaft. Die eine Helena ist ein ferner Traum aus längst vergangener Zeit, die andere aber schläft nebenan und wundert sich, dass ihr Gast sie behandelt wie ein kostbares Juwel, das um keinen Preis berührt werden darf. Bei allen Heiligen – wir beide sind jung und unser Blut sollte kochen, wenn wir einander nur anblicken.

Hätte ein kluger, lebenserfahrener Mensch über die beiden ein Urteil sprechen müssen, so wäre er vielleicht zu der Erkenntnis gelangt, dass Hélaine und Villon zwar noch jung an Jahren, aber reich an Erlebnissen waren. Als kluge Menschen wollten sie einem Misslingen ihrer Beziehung vorbeugen und zuerst ein geistiges Vertrauensverhältnis schaffen, ehe sie einander in die Arme fielen. Bei dem Versuch, eine Liebesverbindung zwischen tausend Frauen und tausend Männern schlüssig zu erklären, wird man auf tausend Unterschiede stoßen und am Ende hinter jedem einzelnen Fall ein großes Fragezeichen setzen müssen.

Während des Morgenmahls blickte Hélaine besorgt zum Fenster.
»Der Südwestwind gefällt mir nicht! Der Himmel zieht sich langsam ein graues Tuch über sein blaues Kleid, außerdem ist die Luft schwül.«
»Aber, Hélaine, wir können doch unseren Jagdausflug verschieben, es sei denn, Ihr wollt mich bald verabschieden …«
Sie erschrak.
»Aber, Villon, wo denkt Ihr hin? Ihr habt Euch aus einem Gast in einen Freund verwandelt und bei Freunden wartet man, bis sie selbst zum Aufbruch drängen.«
Den Ausflug jetzt noch zu verschieben hätte manches durcheinander gebracht, denn gleich nach dem Aufwachen hatte sie einen Plan entworfen.
Draußen wurden schon die Pferde vorgeführt und der junge Paulot wollte – wie immer – seine Herrin begleiten. Doch sie trat mit einem Brief in der Hand auf ihn zu.
»Maître Villon wird mich heute auf die Jagd begleiten – für dich habe ich eine andere Aufgabe. Du übergibst diesen Brief dem Bischof in Mehun und wartest auf Antwort. Ich möchte, dass du einen Begleiter mitnimmst, damit du notfalls mit seinem Pferd weiterreiten kannst.«
Paulot, sonst schnell von Begriff, runzelte die Stirn.
»Aber wenn Euch, Madame, ich meine – ein Unfall oder – oder so etwas –«

Sie lächelte ihn beruhigend an.
»Maître Villon und ein Diener begleiten mich.«
In dem Brief hatte sie den Bischof um Fürsprache beim König wegen ihrer etwas außergewöhnlichen Lehensvereinbarung gebeten, zudem sollte er sie über den Zustand Seiner Majestät unterrichten. Genau besehen waren das überflüssige Fragen, denn der Lehensvertrag ging nur sie und den Bischof etwas an und wenn der König starb, würde es sich in kürzester Zeit herumsprechen. Aber sie musste sich den mutmaßlichen Spitzel vom Hals schaffen – das war der eigentliche Grund.
Villon hielt ihr den Steigbügel, sie ergriff die Zügel und rückte die Armbrust zurecht. In ihrer kecken rotbraunen Kappe steckte eine Habichtfeder, die etwas zerzausten kastanienfarbenen Haare ringelten sich über Stirn und Wangen.
Villon bestieg sein Pferd, beugte sich zu ihr hin und sagte leise:
»Alles passt zu Euch, Madame, nur der Name nicht, den es ohnehin zweimal gibt. Darf ich Euch künftig Diane nennen?«
Sie lächelte kurz.
»Die Göttin der Jagd, nicht wahr? Ja, warum nicht, es ist ein schöner Name …«
Das mit dem Diener war freilich nur Gerede gewesen, um Paulot zu beruhigen, und so ritten die beiden in den schwülen, verhangenen Tag hinein.
Ihr war heute nicht nach Jagd zumute und die zwei toten Kaninchen hatten sie den Fallen entommen. Hélaine hob gleichmütig die Schultern.
»Wilderei wird hart bestraft, aber die Leute versuchen es trotzdem immer wieder.«
Schon fast daran, von ihrem Erlebnis mit Michel zu berichten, ließ sie es bleiben. Ihr damaliger Geliebter sollte sich nicht zwischen sie und Villon drängen können, auch wenn sie ihm nicht verschwiegen hatte, dass Michel der Vater ihres Kindes war.
»Der Fall ist vorbei und abgetan und nicht nur ich habe erfahren müssen, dass Michel allen Frauen gehört. Wie ist das bei Euch, Villon?«

Doch ihm, dem Wortgewandten, fiel nichts Rechtes dazu ein.

»Nicht allen, nein, gewiss nicht. Verglichen mit diesem Michel, scheine ich fast wie ein Mönch zu leben.«

Dabei beließen sie es und von beider vergangener Liebschaften war künftig nie mehr die Rede.

Eines aber war schon seltsam: Bei ihrem damaligen Jagdausflug hatte sich Michel – das gestand er ihr später – ein Gewitter und eine verfallene Scheune herbeigewünscht, doch dieser wie einem Rührstück entnommene Wunsch schien sich heute zu erfüllen.

Hélaine hatte ihrem Gast die sumpfige, wildreiche Landschaft um das Dorf Vannes gezeigt, wo sich ein kleiner See an den anderen reihte. Der am Morgen noch steife Südwestwind war inzwischen abgeflaut, frischte aber plötzlich wieder auf. Die fahle, einem abgegriffenen Silbergroschen gleichende Sonne verhüllte ihr Gesicht mit einem schwarzen Wolkenvorhang und schon begann in der Ferne ein dumpfes Rumpeln, als rückte Gott seine himmlischen Möbel zurecht.

Sie waren stehen geblieben und blickten zum Himmel.

»Gleich wird es zu regnen beginnen«, gab Hélaine zu bedenken.

»Auch wenn es noch etwas dauert, werden wir patschnass im Schloss ankommen.«

»Was tun?«

»Eine Unterkunft suchen – Vannes läge am nächsten.«

Doch dazu sollte es nicht kommen, denn wenig später begann es zu schütten, als würden Fässer auf sie herab geleert. So ritten sie auf einen der kleinen Stadel zu, in denen die Bauern das dürre Schilf unterbrachten, um es über das Jahr für Dächer, Viehschütten und Flechtarbeiten zu gebrauchen. Die Pferde ließen sie draußen, denn die Tiere schienen den kühlen Guss von oben zu genießen.

Hélaine riss sich die triefende Kappe vom Kopf, legte Wams und Hosen ab. Villon blickte ihr dabei zu.

»Auch eine nasse Diane verliert nichts von ihrer göttlichen Schönheit.«

Schnell legte er eine der feuchten Satteldecken über das stachelige, laut knisternde Schilf und sie liebten sich auf eine schamlos-spiele-

rische Weise, taten es ein zweites und später noch ein drittes Mal, bis ihre Körper vor Schweiß glänzten. Dann liefen sie hinaus in den Regen, der etwas nachgelassen hatte, aber stetig und reichlich strömte. Da es schon dämmerte, zwängten sie sich in ihre feuchten Kleider und ritten zum Schloss zurück.
Beim Nachtmahl blicke Hélaine ihn zärtlich an.
»Ich wollte es schon ein paar Mal sagen, aber jetzt muss es heraus: Wisst Ihr, dass wir genau dieselbe Augenfarbe haben?«
»Dass Eure graugrün sind, habe ich längst bemerkt, aber wann schaut ein Mann schon in den Spiegel?«
»Jetzt bin ich Euer Spiegel und werde Euch getreulich berichten, was mir an Euch gefällt –«
»– und was nicht.«
Sie lachte hell auf.
»Das sind jetzt Eure Worte!«
»Einiges gefällt mir ja selbst nicht, aber das ist Vergangenheit und daran lässt sich nichts mehr ändern – im Guten wie im Bösen.«
»Haben wir etwas zu bereuen?«
Er schüttelte den Kopf.
»Ich bereue nichts, würde aber aus heutiger Sicht manches anders machen.«
Sie nickte ernst.
»So redet und denkt ein Mann. Aber eine Frau wird von Vätern, Brüdern, Vettern – von Männern jedenfalls – hierhin und dorthin geschoben und kommt höchst selten in die Lage, ihr Schicksal selbst gestalten zu dürfen.«
»Das mag schon stimmen, Diane, aber kluge Frauen bedienen sich der Männer zu ihren Zwecken und Ihr seid dafür ein gutes Beispiel.«
Sie lachte leise.
»Ersparen wir uns die Einzelheiten, aber eines freut mich bis heute ganz besonders: Ich habe Pierrot ein Leben als Eunuch erspart, und zwar auf eine Weise, die Henri zutiefst getroffen hat.«
Obwohl sie alleine beim Nachtmahl saßen, flüsterte Villon mit einem Blick auf die Tür:

»Ja, Diane, getroffen habt Ihr ihn auch auf andere Weise – einmal ins Herz, einmal –«
Er wies grinsend auf seinen Hals.
»Und – was ist so übel daran?«
»Nichts, Diane, nichts – im Gegenteil, ich bewundere Euch dafür.«
Sie schaute ihn nachsichtig an.
»Dafür, mein Lieber, möchte ich nicht bewundert werden ...«
»Wofür dann?«
»Das muss ein Mann nicht mit Worten ausdrücken, aber seid beruhigt, Ihr habt es bereits auf andere Weise getan.«
Ehe Villon über diese kryptische Rede nachdenken konnte, fuhr sie fort:
»Eines noch: In den nächsten Tagen wird Paulot – mein Jagdgehilfe – vom Bischof zurückkehren und ich habe ja schon angedeutet, dass ich dem Kerl nicht traue. Nehmen wir ihn künftig auf die Pirsch mit, ist es aus mit der Zuflucht in den Scheunen, lassen wir ihn zu Hause, wird er misstrauisch und erstattet – so vermute ich – dem Bischof Bericht.«
»Was bringt Euch zu dieser Annahme?«
»Paulot tauchte vor einigen Monaten hier auf, mit einer Empfehlung von Michel, dem Jagdmeister des Bischofs. Er könne den Burschen nicht selbst beschäftigen, sei mit Hilfskräften eingedeckt. So empfehle er mir Paulot – er habe ihn selbst ausgebildet – als Jagdgehilfen. Als ich aber Ende April einige Worte mit Michel wechseln konnte, wusste er nichts von dieser Empfehlung, bestätigte aber, ihn ein halbes Jahr ausgebildet zu haben. Nun, ich stellte damals Paulot ein und was für solche Kerle immer das Wichtigste ist, nämlich die Höhe ihres Lohnes, schien für ihn belanglos. So muss ich annehmen, dass ihn der Bischof als Spitzel bezahlt. Da ist guter Rat teuer ...«
Villon dachte eine Weile nach.
»Wir müssen ihn uns vom Hals schaffen ...«
»Wie meint Ihr das? Ihr werdet ihn doch nicht –«
»Aber nein, Diane! Besser wir schärfen unseren Verstand als unsere Klingen. Wenn Paulot aus Mehun zurückkehrt, ziehe ich mich in

eine Schreibstube zurück und versuche, Licht in Eure wirren Pachtverträge zu bringen. Dann geht Ihr mit Paulot wie immer auf die Jagd, doch nach einigen Tagen schickt Ihr ihn mit einem dringenden Auftrag nach Orléans. Vielleicht zu einem Waffenschmied, der Eurer Armbrust einen Zwilling anfertigen soll? Oder wieder eine dringende Anfrage an den Bischof? Im Übrigen hat er ja meine Ankunft beobachtet und Seine Exzellenz wird ohnehin Bescheid wissen.«

»Nein, Villon, so war es nicht. Während wir am Tor miteinander redeten, führte er mein Pferd in den Stall und von Euch habe ich nur als Maître François, einem Advokaten aus Paris, gesprochen – aber das wisst Ihr doch selbst.«

Villon blickte sie versonnen an.

»Wie ist er denn so, Euer Bischof? Ihr als seine Nichte werdet ihn ja näher kennen …«

Sie lachte leise.

»Das mit der Nichte glaubt ohnehin keiner. Im übrigen ist es ja nicht so, dass man einen Menschen besser kennen lernt, wenn man mit ihm ins Bett steigt. Schaut doch nur uns beide an! Wir wussten so gut wie alles voneinander, ehe wir – in der Scheune …«

Sie lächelte erinnerungsselig, doch Villon beharrte auf seiner Frage.

»Ihr wolltet über den Bischof reden, Diane.«

»So – wollte ich das? Dann werde ich mich kurz fassen: Thibault ist eitel, machtbewusst, Frauen gegenüber nachgiebig, in Bezug auf Männer aber misstrauisch und rachsüchtig. Wer seine Kreise stören will, zieht schnell den Kürzeren und so war es auch damals, als der Herzog von Orléans Euch begnadigte. Um ein Haar hätte er Euch von Orléans auf eine seiner Burgen geschafft, aber Ihr wart eben schneller. Nach meinem Verständnis muss er sich in diesem Fall als Verlierer fühlen und das wird er Euch niemals vergessen. Wenn er wüsste, welche gewaltigen Hörner Ihr ihm heute aufgesetzt habt …«

Da wurde Villon ärgerlich.

»Hörner kann man nur einem Ehemann aufsetzen! Thibault d'Aussigny ist Priester und die Sünde der Unzucht wiegt für ihn offenbar sehr leicht. Wir aber lieben uns, Diane, und wenn auch kein Priester unseren Bund gesegnet hat, so sind wir doch vor Gott ein Paar. Ihr solltet von hier fort, Diane. Von Spitzeln umgeben, Geliebte eines von mir gehörnten Bischofs – das wird zu einem schlimmen Ende führen.«

»Für wen?«

»Für uns alle.«

»Wovor habt Ihr Angst?«

»Euch zu verlieren ...«

»Das – das ehrt mich ...«

»Um diesen Fall nicht eintreten zu lassen, sollten wir uns vorsehen.«

»Woran denkt Ihr?«

»Es fehlt Euch eine zuverlässige Schlosswache von Leuten, die zu Euch stehen, die ihr Auge auf die Umgebung des Schlosses richten. Wäre etwa der Bischof schon morgen hierher unterwegs, so würde Euch das vor unliebsamen Überraschungen bewahren.«

Sie seufzte, aber es klang nicht sehr echt.

»Seit Henris Tod sind mir die Dinge aus der Hand geglitten. Es fehlt eben ein Mann, der die Übersicht behält und sich durchsetzen kann.«

Sie waren schon beim zweiten Krug Wein – ein neues Fass war am Vormittag eingetroffen – und Hélaines Augen begannen zu glänzen. Villon gähnte, aber er fühlte keine Müdigkeit.

»Wir werden eine Lösung finden«, sagte er zuversichtlich.

»Eine Frau hat eben andere Dinge im Kopf.«

»So – meint Ihr? Ich glaube, dass wir im Augenblick beide an dasselbe denken.«

Sie stand auf und streckte sich.

Da steckte die Amme ihren Kopf herein.

»Madame, wollt Ihr heute nicht die Kleine –?«

»Aber ja – ich weiß, es ist spät geworden. Kommt Ihr mit, Maître François?«

»Wenn Ihr es wünscht, Madame.«

Das kleine Mädchen schlief so tief, dass es nicht bemerkte, wie die drei Erwachsenen etwas geräuschvoll seine Kammer betraten. Hé-

laine beugte sich nieder und küsste es auf beide Wangen. Die junge, schwerbrüstige Amme blickte ihre Herrin fragend an.
»Nein, nein, das mache ich schon selbst.«
Draußen sagte sie zu Villon:
»Sie will mir beim Auskleiden helfen, um meine *soubrette* zu ersetzen. Ich konnte ihr keinen Lohn mehr zahlen …«
»Ich werde dafür sorgen, dass etwas Geld ins Haus kommt.«
Sie schaute ihn verlangend an.
»Ganz einfach – für die nächste Zeit werde ich Euch zu meiner Zofe ernennen.«
»Warum nicht? Ich würde auch das für dich tun, göttliche Diane.«

Es hatte sich so ergeben, dass sie untertags und bei Tisch immer die Höflichkeitsform benutzten, aber vor ihrer Schlafkammer zum »du« übergingen und dabei bis zum Morgen blieben.
Es wurde eine sehr bewegte Nacht und schon im Halbschlaf flüsterte Villon ihr ins Ohr:
»Eigentlich wird uns Diana als jungfräuliche Göttin geschildert. Vielleicht eignet sich dieser Name doch nicht so recht für dich.«
Hélaine, die Villon an klassischer Bildung in nichts nachstand, gab zurück:
»Es gibt Ausnahmen, mein Liebster. Bei den alten Griechen hieß die Jagdgöttin Artemis, doch in ihrem Hauptheiligtum zu Ephesos wurde sie auch als Patronin der Liebesleute und der Fruchtbarkeit verehrt.«
Villon gähnte, küsste Hélaine auf beide Brüste, schloss die Augen und murmelte:
»Ausnahmen gibt es immer …«

Zunächst war das Glück den Liebenden treu. Als Paulot einige Tage später zurückkam, konnte er von einer leichten Besserung im Befinden des Königs berichten und übergab ein Schreiben des Bischofs. Es klang sehr förmlich, denn d'Aussigny musste ständig damit rechnen, dass etwas Schriftliches in die Hände seiner Gegner fiel, und so hielt er sich bedeckt.

»Madame, Gottes Segen über Euch und Euer Haus. Obwohl die Genesung Seiner Majestät mit Gottes Hilfe langsam fortschreitet, so halte ich es doch für angebracht, noch länger in Mehun zu verweilen. Der mit Euch abgeschlossene Lehensvertrag entspricht den Landesgesetzen und so gibt es keinen Grund zur Sorge. Ich werde Euch wissen lassen, wenn ich nach Orléans zurückkehre, und würde mich freuen, den Weg in Châteauneuf als Euer Gast unterbrechen zu dürfen.«

Hélaine hatte das Schreiben Villon beim Nachtmahl vorgelesen. Er nickte zufrieden.

»Für uns eine gute Nachricht, aber da ist noch Paulot. Soll ich versuchen, ihn mit Geld auf unsere Seite zu ziehen?«

Hélaine winkte verdrossen ab.

»Er wird das Geld nehmen und zu gegebener Zeit trotzdem den Bischof unterrichten. Nein, ich werde ihn nach Orléans zu einem Waffenschmied schicken, meine Armbrust kopieren zu lassen.«

»Er wird sich nach dem Grund fragen ...«

Hélaines Gesicht hellte sich auf.

»Ganz einfach. Ich werde ihm die Waffe schenken und sagen, dass er als mein ständiger Jagdbegleiter besser ausgestattet sein muss.«

»Eine gute Idee ...«

»Das klingt recht zweifelnd, Villon. Haltet Ihr nichts von diesem Plan?«

»Mir fällt auch nichts Besseres ein.«

Paulot aber zeigte sich begeistert.

»Eine Armbrust für mich allein? Dafür danke ich Euch von Herzen, Madame, und ich werde schon dafür sorgen, dass der *armurier* sein Bestes tut.«

»Wenn du schon in Orléans bist, dann sprich auch bei meinem Bruder, dem Professor, vor. Frage nach seinem Befinden und übergib ihm einen Brief.«

Hélaine fielen noch einige Besorgungen ein, die Paulot in Orléans

zu erledigen hatte. Sie schärfte ihm ein, er solle sich in jedem Fall Zeit lassen und nichts überstürzen.
Zu Villon sagte sie später:
»Für höchstens drei Wochen sind wir ihn los, aber was dann?«
»Dann sehen wir weiter.«

Solange Paulot noch im Schloss blieb, ließ Villon sich nicht blicken und tat in einer abgelegenen Kammer, was er versprochen hatte: Er ging sorgfältig die Pachtverträge durch, verglich die Einkünfte mit den Ausgaben, wobei er herausfand, dass rund zwanzig *ecus d'or* noch einzufordern waren.
Nach Paulots Abreise informierte er Hélaine über das Ergebnis und gemeinsam ritten sie die zu Châteauneuf gehörigen Dörfer ab, um den Pachtzins einzutreiben. Bei den Bauern war das schwer, denn sie redeten sich – wie immer – auf schwer nachprüfbare Missstände hinaus, aber bei den Handwerkern und Händlern – ihnen konnte man mit Gewerbeverbot drohen – kam doch einiges Geld herein.
Als der »Advokat aus Paris« wurde Villon im ganzen Gebiet schnell bekannt und da es nicht beider Art entsprach, besonders vorsichtig zu sein, wurde es offen ausgesprochen:
Madame hat sich einen Liebhaber zugelegt.
Mit dem eingegangenen Geld warb Villon in den Dörfern ein Dutzend junger waffenkundiger Männer an, die auf sein Geheiß das Gebiet um Châteauneuf zu überwachen und besonders auf das Nahen des bischöflichen Zuges zu achten hatten.
Vorerst aber geschah nichts und die Liebesleute wurden immer leichtsinniger. Anfang Juli setzte eine lang andauernde Schönwetterperiode ein und da konnte es geschehen, dass Hélaine und Villon am Ufer eines der kleinen Seen die Kleider abwarfen, sich heftig liebten, um sich dann gemeinsam unter viel Gelächter im See abzukühlen.
Eines Abends gestand Villon:
»So gut ist es mir schon lange nicht mehr gegangen. Es ist, als hielte Gott seine Hand über uns ...«
Die nicht sehr gläubige Hélaine meinte:

»Vielleicht haben wir nur Glück, zum Ausgleich dafür, dass wir bisher von Fortuna ziemlich vernachlässigt wurden.«
Fortuna aber ist launisch und gewährt niemals einem Menschen sehr lange ihre Gunst. Jeder Vernünftige weiß das und hofft dennoch, ja erwartet es geradezu, dass die Glücksgöttin bei ihm eine Ausnahme macht. Vielleicht erwählt sie sich tatsächlich einmal in hundert Jahren einen Liebling, doch es gibt keine Gewissheit, dass sie es tatsächlich tut.

17

Der Dauphin glaubte nicht an Fortuna und der chronisch Misstrauische hoffte auch nicht auf Gottes Hilfe. Er vertrat die feste Meinung, dass man alles selbst bewirken muss und dass nichts von alleine geschieht. Da hatte ihm sein Vater, König Charles VII. – schwer erkrankt – vor einiger Zeit die Nachricht zukommen lassen, ihm sei alles verziehen und er möge sich doch zur endgültigen Versöhnung an seinem Krankenbett einfinden.
Der Dauphin aber dachte nicht daran, dies zu tun, sondern blieb in seinem Exil auf dem Schloss Genappe in Brabant. Lieber wäre ihm allerdings ein Exil beim burgundischen Kronprinzen Charles in Dijon gewesen, denn dieser würde bald der Landesherr sein und es hätte Gelegenheit zu Vorgesprächen gegeben. Jetzt in Brabant unterhielt Louis mit ihm eine rege Korrespondenz und hatte in einem seiner letzten Schreiben eine Stelle gefunden, die ihm so bemerkenswert schien, dass er sie seiner Gemahlin Charlotte vorlas.
»Das müsst Ihr Euch unbedingt anhören, Madame! Wie immer erwähnt Charles seinen Vater und da heißt es:
›Da nun im Juli das fünfundsechzigste Wiegenfest meines Vaters naht, möchte ich Euch, Herr Vetter, versichern, dass ich Gott täglich anflehe, er möge ihm noch viele Jahre schenken, weil ich noch nicht bereit bin, die Last einer Herzogskrone zu tragen.‹«

Der Dauphin legte das Schreiben auf den Tisch.
»Und ob er bereit ist – ja, er fiebert schon danach und anstatt Gott für ihn um ein langes Leben anzuflehen, ist es sein Herzenswunsch, der Alte möge endlich abtreten.«
Charlotte nickte.
»Mag sein, aber der Eure ist es doch auch? Schließlich sitzen wir hier in Brabant wie auf Kohlen, um endlich die erlösende Nachricht zu erhalten.«
»Ja, aber ich habe niemals ein Hehl daraus gemacht, außerdem weiß alle Welt, dass wir bis aufs Blut verfeindet sind.«
»Umso besser müsst Ihr Euch mit dem Herzog stellen.«
»Wir stehen im besten Einvernehmen.«

Philipp der Gute von Burgund hütete sein hohes Pfand nicht ohne Absicht, denn vom künftigen französischen König erhoffte er sich einiges. Als Politiker bemühten sich beide darum, miteinander auszukommen, als Menschen jedoch hätte es zwischen ihnen keine größeren Unterschiede geben können. Philipp von Burgund, kunstsinnig, verschwenderisch und noch mit seinen fast fünfundsechzig Jahren ein Mann von großer Anmut und Eleganz, wirkte neben dem Dauphin, als stünde ein Fürst neben einem Pferdeknecht. Louis besaß weder Anmut noch Eleganz, war hässlich wie ein Gnom, kleidete sich bäurisch und verkehrte am liebsten mit Kreaturen wie diesem Olivier le Daim, der als Barbier und Kammerherr immer um ihn war.
Seine zweite Gemahlin, die erst zwanzigjährige Charlotte von Savoyen, lebte mehr neben als mit ihm. Sein Interesse an Frauen schien gering, es gab keine Mätressen und bei der Königin zeichnete sich kein Nachwuchs ab. Sie schrieb sein Verhalten der Erbitterung zu, die er über seinen Vater empfand, der ganz von seinen Ratgebern beherrscht war und seinen Sohn wie einen Feind behandelte.

An einem der letzten Julitage platzte der Dauphin in die Morgentoilette seiner Gemahlin.
Er ist und bleibt ein Rüpel, dachte sie und zwang sich ein Lächeln

ab. Mit einer herrischen Geste winkte er die Zofen hinaus. Seine wulstigen Lippen kräuselten sich zu einem hämischen Lächeln.

»Das Warten hat ein Ende, Madame, ab jetzt dürft Ihr Euch Königin von Frankreich nennen.«

Die junge Frau starrte ihren Gemahl an wie einen Geist. Aber da er sonst nicht zu Späßen neigte, beugte sie das Knie und flüsterte:

»Sire – meinen Glückwunsch ...«

»Wurde aber auch Zeit«, raunzte der neue König und ging stampfenden Schrittes hinaus.

Wie ein Bauer, dachte Charlotte, er lernt es einfach nicht, sich fürstlich zu bewegen.

Brabant, im äußersten Nordosten von Burgund, lag viele Tagesreisen vom Krönungsort Reims entfernt, und so musste Herzog Philipp tief in die Tasche greifen, um den zurzeit noch völlig mittellosen neuen König – der auch sein Lehensherr war – für die weite Reise angemessen auszustatten. Philipp tat es gern, denn er hatte seinen alten Traum noch immer nicht begraben, sich eines Tages König von Burgund nennen zu dürfen. Der Dauphin wusste das und hatte sich immer gehütet, diesen Traum zu zerstören. Jetzt aber, als König von Frankreich, war er entschlossener denn je, den deutsch-römischen Kaiser Friedrich III. niemals um diesen Gefallen zu bitten. Dabei wäre er ohnehin auf taube Ohren gestoßen, denn dieser Habsburger – von berüchtigter Trägheit – schien sich nur um das Wohl seines Stammhauses zu kümmern. Der Burgunder konnte sich noch an den Papst wenden, aber da wurden Könige nur ernannt, wenn sie ihr Land als Lehen dem Heiligen Stuhl übergaben. Pius II., hoffnungslos in seine längst unzeitgemäße Kreuzzugsidee verrannt, im Übrigen hochgelehrt und tieffromm, hätte auf solche Wünsche nur mit Unverständnis reagiert.

Nein, dachte der Dauphin, von Papst und Kaiser droht keine Gefahr. Im Übrigen war er fest von der geschichtlichen Notwendigkeit überzeugt: Seine Lehensmänner, die Herzöge von Burgund, Orléans, Bourbon, Berry, Bretagne und wer auch immer mussten im Rang unter ihm stehen.

Aber das behielt er für sich, wie er zeit seines Lebens seine Absichten und Entschlüsse niemals verriet, um sie dann – zur oft schmerzlichen Überraschung vieler – plötzlich zu verwirklichen. Wenn überhaupt, dann ließ er nur seine engsten Vertrauten etwas davon wissen. So auch jetzt, im Gespräch mit seinem Kammerherrn Olivier le Daim, dem früheren Coquillard. Die Ähnlichkeit zwischen dem früheren Bauernsohn und dem jetzigen König war verblüffend. Eine dicke Nase, Wulstlippen und kleine misstrauische Augen ließen sie wie Brüder erscheinen, wobei Olivier der noch besser Gekleidete war, denn Louis XI. trug ein altes verschossenes Wams und dazu schlecht sitzende, ausgebeulte Hosen.

»Ich habe versucht, es ihm auszureden, aber Philipp will mich mit viertausend Mann seiner Leibtruppen nach Reims begleiten. Ich, sein Lehensherr, werde dabei aussehen wie einer seiner Stallknechte …«

Olivier nicke zufrieden.

»Was schadet das Euch, Sire? Nichts! Jeder weiß, der König seid Ihr und bei der Krönung in Reims wird Philipp tun müssen, was ihm so sehr widerstrebt, nämlich Euch den Treueeid leisten. Später könnt Ihr Euch dann in aller Ruhe überlegen, wie die von Eurem Vater an Burgund verschleuderten Gebiete wieder zurückzugewinnen sind. Sein Land wird dann schrumpfen und keinen Herzog, geschweige denn einen König mehr brauchen. Dafür genügt ein Graf …«

Der König schmunzelte. Dieser Olivier war Goldes wert und witterte schon im Voraus, was verändert werden musste.

»Dich hätte mein Vater zum Rat nehmen müssen, dann wäre wohl einiges anders gelaufen.«

»Ich wäre ihm zu gering gewesen und so hat er sich mehr an seine Verwandten gehalten, allen voran diesen Graf Dunois.«

Olivier wusste, dass dieser Name seinen Herrn zur Weißglut reizte. Diesmal aber blieb Louis gelassen.

»Der Bastard von Orléans – ja, ihn werde ich mir als Ersten vornehmen.«

»Was werdet Ihr tun?«

Das werde ich gerade dir auf die Nase binden, dachte Louis gut gelaunt.

»Bei ihm und den anderen wird das von ihrem Verhalten abhängen.«

Beim Quellgebiet der Oise erreichten sie französischen Boden und eine Abordnung der umliegenden Städte und Dörfer empfing den neuen, noch ungekrönten König. Den Adel, hatte Louis zu verstehen gegeben, wolle er erst in Reims bei der Krönung empfangen und so waren es Zunft- und Bürgermeister, Pfarrer und ein paar kleine Landedelleute. Im Gespräch mit ihnen blühte der König auf, da fand er die richtigen Worte, stellte die richtigen Fragen. Von diesen Leuten hatte noch keiner jemals einen französischen König gesehen, denn Charles VII. lebte in hochmütiger Abgeschlossenheit, hätte es für unter seiner Würde gehalten, mit Dorfbürgermeistern und Handwerkern zu sprechen.

So erwarb sich Louis gleich zu Anfang beim einfachen Volk eine Popularität, die später in immer schrofferem Gegensatz zum Anshen beim hohen Adel stehen sollte. Natürlich trug auch sein Aussehen dazu bei, den Abstand zwischen König und Volk zu verringern. Der sieht ja aus wie unsereins, dachten die Menschen, und so kleidet er sich auch …

Louis, seiner ganzen Anlage nach zu Heuchelei, Heimtücke und grausamer Strenge neigend, gebrauchte auch später diese schlechten Eigenschaften fast ausnahmslos bei Zwisten mit dem hohen Adel, vor allem mit Burgund und Bretagne. Den einfachen Leuten aber, den Handwerkern und Händlern, den Bauern und Bergleuten gehörte seine ungeteilte Sympathie und er hat in der Zeit seiner Regierung alles getan, diese Menschen zu unterstützen, ihnen Freiheiten und Privilegien zu gewähren.

Nach dieser kleinen, aber doch notwendigen Abschweifung in die Zukunft zurück zur Gegenwart und zu einem Gespräch, das der Dauphin kurz vor seiner Abreise mit Herzog Philipp von Burgund führte. Der greise Herzog – ihm waren noch vier Jahre Lebenszeit beschieden – tat alles, um sich mit dem künftigen König von Frankreich gut zu stellen. So grübelte er lange über ein geeignetes Abschiedsgeschenk, aber bei dessen einfacher Lebensweise erwies es sich als schwierig. Im Gegensatz zu Philipp hatte Louis kaum eine Vorliebe für dic bildende Kunst. Den Werken der Maler und Bildhauer – auch wenn sie von den Besten stammten brachte er, seinem Gast-

geber zuliebe, ein höfliches Interesse entgegen, doch die berühmte, überaus reich ausgestattete Bibliothek des Herzogs nahm er gerne und häufig in Anspruch. Hier stieß er auf die in vorläufiger Abschrift gesammelten Lieder und Balladen des François Villon. Die klare, bildhafte Sprache nahm ihn nicht weniger gefangen als die Vertrautheit mit dem einfachen Volk, dessen Freud und Leid der Dichter so einfühlsam darstellte. Er schaute dem Volk aufs Maul und es gelang ihm dabei, einfachen, oft groben und zynischen Worten poetischen Glanz zu verleihen.
So befreite Louis den Gastgeber aus seiner Verlegenheit und erbat sich eine Abschrift der Werke des François Villon. Das schöne, kluge und von fürstlicher Hoheit geprägte Gesicht des Herzogs leuchtete auf.
»Mit dem größten Vergnügen werde ich Euch diesen doch wahrhaft bescheidenen Wunsch erfüllen. Meine Kopisten und Illustratoren werden für Eure künftige königliche Bibliothek eine Abschrift herstellen, die Euer würdig ist.«
Wäre der Dauphin in seinem Exil nicht zufällig auf Villons Werke gestoßen, so hätte dessen Zukunft wohl einen anderen Verlauf genommen.

Die Nachricht vom Tod des Königs löste in Hélaine d' Estienne keine besonderen Gefühle aus. Obwohl der französische Monarch auf seinem Schloss Mehun nur wenige Reisetage von Châteauneuf entfernt lebte und dort jetzt gestorben war, hatte sie kaum Anteil an dieser fremden und entrückten Welt. Das lag wohl hauptsächlich an ihrer Erziehung, denn in ihrem Elternhaus war eher von einer geo- oder heliozentrischen Weltsicht, von den Dichtern, Ärzten und Gelehrten der Antike oder vom römischen Recht die Rede gewesen als vom Hundertjährigen Krieg, der die Provence weitgehend verschont hatte. Ihr Vater und die Brüder sprachen davon mit unverhohlener Verachtung und taten diesen lang anhaltenden Zwist als unnötiges und sie selbst nicht betreffendes Ereignis ab.
Nun aber musste Hélaine jeden Tag mit dem Erscheinen des Bischofs rechnen und es war mit Villon abgesprochen, dass er – sobald seine

Späher es meldeten – sich für die Zeit der Anwesenheit Seiner Eminenz unsichtbar zu machen hatte.

Villon lachte schallend, als er den Vorschlag hörte.

»Unsichtbar? Das wird nicht einfach sein ... Dichter vermögen zwar viel und so mancher hat sich eine Art Tarnkleid übergeworfen, aber unsichtbar – nun, ich werde es versuchen.«

Sie lagen im Bett und Hélaine nagte mit spitzen Zähnen an seinen Brustwarzen. Sanft drängte er ihren Kopf beiseite.

»Willst du mich auffressen?«

»Am liebsten täte ich es ...«

Am nächsten Tag rächte es sich bitter, dass Villon einfache Bauernburschen als bewaffnete Späher angeworben hatte. Sie empfingen die Vorhut des bischöflichen Zugs, als wären es Straßenräuber, hielten die Behauptung, der Wachmannschaft Seiner Eminenz anzugehören, für eine dreiste Lüge und ließen sich auf einen Kampf ein. Natürlich zogen sie dabei den Kürzeren, flüchteten zum Schloss, gefolgt von den Leuten des Bischofs.

Villon eilte hinaus, wollte seine in alle Richtungen fliehenden Späher befragen, als ihn schon die Wachmannschaft umringte und ihn im Namen Seiner Eminenz festnahm. Hélaines lautstarker Protest verhallte, der Hauptmann wollte keine Entscheidung treffen, ehe nicht der Bischof im Schloss eingetroffen war. So konnte Villon mit Hélaine keine Absprache treffen, musste gefesselt in der Wachstube des Schlosses auf das Erscheinen des Bischofs warten. Der kam einige Stunden später und wurde von Hélaine mit Vorwürfen empfangen.

»Das ist mein Rechtsberater, Maître François! Er ist seit Tagen dabei, meine Pachtverträge durchzuarbeiten, hat mir sehr geholfen und ich empfinde es als rücksichtslos ...«

Der Bischof hob die Hand.

»Das mag alles sein, aber hat Euch der Bursche seinen wahren Namen genannt?«

»Was tut der zur Sache? Der Maître hat an der Pariser Universität studiert, ist Magister Artium ...«

»Das kann schon sein, aber ein ausgemachter Gauner ist er auch.

Schon einmal saß dieser Galgenvogel bei mir im Gefängnis, aus dem er sich durch eine List wieder befreit hat. Ein zweites Mal wird ihm das nicht gelingen! Und Ihr, Madame, seid künftig etwas vorsichtiger bei der Wahl Eurer Gäste.«

Was hätte Hélaine da noch sagen sollen? Vorerst hielt sie es für besser, sich bedeckt zu halten und mit allen Mitteln auf Villons Befreiung hinzuwirken.

Der Bischof ließ den Gefangenen zappeln, nahm ein Bad, aß genüsslich zu Abend, trank drei Becher Wein und hatte angeordnet, Villon vorerst weder Wasser noch Brot zu reichen.

Das Nachtmahl verlief in einer gespannten Atmosphäre. Hélaine schwieg sich aus und der Bischof stellte Fragen, die sie kaum oder mit Ausflüchten beantwortete.

»Ich müsste mich schon sehr wundern, wenn dieser so genannte Maître hier nur als Euer Rechtsberater gewirkt hat. Er ist jung, tritt frech und anmaßend auf und wird – so nehme ich an – ungehindert den Weg in Eure Schlafkammer gefunden haben.«

»Und wenn schon! Für Euch bin ich ja nur eine Buhlschaft unter vielen … Glaubt Ihr, eine Frau kann damit leben?«

Über das strenge, etwas hochmütige Gesicht des Bischofs flog ein kurzes Lächeln.

»Aber, Hélaine, da reimt Ihr Euch etwas zusammen, das es nie gegeben hat. Die Mutter meiner Kinder führt auf Sully den Haushalt – eine würdige Matrone, eine mir sehr vertraute Person, aber längst keine Geliebte mehr. Das seid Ihr, Hélaine, nur Ihr! Ihr hattet Euren Michel, Ihr hattet diesen – diesen – ich mag seinen Namen gar nicht nennen, er ist Euer nicht würdig. Ziehen wir einen Schlussstrich und blicken nach vorn. Der neue König ist ein Feind des hohen Adels, auch sagt man von ihm, er sei dabei, die Coquille auszurotten. Ich verstehe das so: König Louis will keinen Mächtigen neben sich haben – sei es eine Gaunerzunft, seien es Herzöge, die ihm dreinreden wollen. Wir müssen uns auf eine neue Zeit einrichten, müssen schauen, dass wir nicht unter die Räder kommen. Da heißt es zusammenstehen …«

Der Bischof sagte noch mehr in dieser Art, aber Hélaine nahm es nur mit halbem Ohr wahr, denn sie grübelte unablässig, wie Villon am besten zu helfen sei.

Es war schon dämmrig geworden, als Thibault d'Aussigny sich einen bequemen Sessel in die Wachstube bringen ließ, wo Villon, an die Wand gekettet, auf einem niedrigen Hocker kauerte.

»Ja, mein Freund, so sehen wir uns wieder, aber diesmal – das kann ich Euch in die Hand versprechen – wird kein Herzog zu Eurer Befreiung erscheinen. Ich werde Euch zunächst im tiefsten Kerker auf der festesten meiner Burgen versenken und Ihr werdet das Tageslicht erst auf dem Weg zum Galgen wieder sehen.«

»Darf ich fragen, wessen Ihr mich anklagt, Exzellenz?«

Der Bischof lächelte freundlich.

»Ach Gott, da wird sich allerlei finden. Ich glaube sogar, wir werden eine Auswahl treffen müssen, weil Euer Kerbholz so voll ist.«

»Der Herzog von Orléans hat eine Amnestie ausgesprochen ...«

»Richtig – aber nur für Eure damalige Straßenräuberei. Inzwischen ist ein Jahr vergangen und da werdet Ihr kaum von Eurer Hände Arbeit gelebt haben. Man wird Euch auf der Folter so lange befragen, bis alles aufgedeckt ist.«

»Ich habe meinen Magister Artium auf einer kirchlichen Universität erworben und kann demnach nur von einem geistlichen Gericht abgeurteilt werden.«

»Darüber ließe sich streiten, aber ich werde Euch, dem Straßenräuber, Fälscher und Totschläger, aufgrund Eures verbrecherischen Lebens diese Würde aberkennen lassen. Dann seid Ihr nur noch ein einfacher Gauner und der Galgenstrick ist noch zu schade für Euch. Da wird der Henker schon zum Rad greifen müssen, um die Fülle Eurer Verbrechen zu sühnen.«

Villon trat der Schweiß auf die Stirn. Er spürte, dass dieser Mann nicht nur so daherredete, sondern dass es ihm bitterernst war und er alles tun würde, ihn diesmal zur Strecke zu bringen. Seine Rettung konnte nur wieder der Herzog von Orléans sein, aber der war vermutlich in Reims bei der Krönung des neuen Königs und würde ihn – vielleicht – auf dem späteren Umritt begleiten. Eine höchst unsichere Sache, denn Louis verabscheute die Großen seines Landes und auf seinem Krönungszug konnte er nur einen Teil der Städte seines Reiches besuchen. Da gab es dann Amnestien, aber der Bischof hatte von seiner festesten Burg gesprochen und das würde vermutlich Sully sein.

»Exzellenz, da Ihr schon vom vergangenen Jahr gesprochen habt, sollt Ihr wissen, dass ich während dieser Zeit auf dem Landgut meines Vaters bei Sens gelebt und gearbeitet habe. Ihr könnt das jederzeit nachprüfen ...«

»Warum sollte ich? Sens liegt bekanntlich im Burgundischen und es wird in Zukunft nicht sehr einfach sein, dort etwas auszuforschen. Nein, nein, Villon, Ihr seid der geborene Lügner und Betrüger und werdet Euch kaum jemals ändern. Wenn ich Euch vorhin einen Fälscher nannte, dann deshalb, weil bei der Aufdeckung einer großen Fälscherwerkstatt in Orléans auch Euer Name gefallen ist. Alles, was wir von Eurem schändlichen Vorleben wissen, ist – so glaube ich – nur ein winziger Teil dessen, was Ihr an Verbrechen begangen habt. Aber wir werden es herausfinden, da könnt Ihr gewiss sein.«

Villon hielt es für ratsam, diesen Disput zu beenden, um den Bischof nicht noch mehr gegen sich aufzubringen.

»Ich hätte noch eine Bitte, Exzellenz. Da Ihr meine Arbeit für Madame d'Estienne so plötzlich unterbrochen habt, blieben einige wichtige Fragen offen. Es wäre sehr zum Schaden für Madame, wenn dies unerledigt bliebe.«

Der Bischof dachte nach.

»Gut, eine halbe Stunde, und zwar in Anwesenheit meines Sekretärs, der Euer Gespräch genau verfolgen wird.«

Villon atmete auf. Auch wenn ein Zeuge mithörte, so konnte er Hélaine vielleicht doch einen verschlüsselten Wink geben.

Zum Morgenmahl ließ der Bischof seinem Gefangenen gnädig ein Stück Brot und eine Schale Milch reichen. Danach wurde er mit gefesselten Beinen in die Schreibstube gebracht und auf einen Stuhl gesetzt. Der Sekretär des Bischofs, ein junger eifriger Schreiber, setzte sich daneben. Dann kam Hélaine und Villon bat den Schreiber, aus dem Wandregal verschiedene Schriftstücke hervorzuholen.

Kaum hatte der Mann ihnen den Rücken gekehrt, als Hélaine sich niederbeugte und Villon ihr ins Ohr zischte:
»Der Herzog von Orléans! Er muss Bescheid wissen!«
Mehr konnte er nicht sagen, denn der Schreiber drehte sich um und maulte.
»Wie soll ich mich hier zurechtfinden? Ihr habt ein rechtes Chaos hinterlassen und ich bezweifle sehr –«
Da fuhr Hélaine ärgerlich dazwischen.
»Es interessiert hier keinen, was ein armseliger kleiner Schreiberling bezweifelt! Ich werde es selbst hervorsuchen!«
Sie griff wahllos nach verschiedenen Schriftstücken, führte dann mit Villon sinnlose Gespräche darüber, aber das Wichtigste war ja bereits gesagt und Hélaine überlegte schon jetzt, wo der Duc d'Orléans am besten zu erreichen war. Ihre Befürchtung aber war, dass der Bischof sie mit nach Orléans nehmen wollte, wie meist um diese Zeit, doch sie erfuhr am nächsten Tag, dass er zu seinem sichtlichen Bedauern gezwungen war, diesmal darauf zu verzichten.
»Ich muss in Orléans abwarten, ob man mich nach Reims zur Krönung ruft. Da wäre es unpassend, wenn –«
Hélaine lachte.
»Aber ein Bischof darf doch in Begleitung seiner Nichte reisen …«
»Ja, spottet nur, aber in der jetzigen Situation darf mir kein Fehler unterlaufen. Wenn alles wieder im Lot ist, werden wir uns schöne Tage machen, das verspreche ich Euch.«
»König Louis soll sehr tugendhaft und gegen jede Maitressenwirtschaft sein.«
»Söhne tun meist das Gegenteil von ihren Vätern.«
So ganz nebenher fragte Hélaine ihn vor der Abreise nach seinem nächsten Ziel und der Bischof sah keinen Grund, es nicht zu nennen.
»Meung-sur-Loire! Dort gibt es einen Kerker, aus dem selbst der heilige Petrus nicht hätte entfliehen können.«
»Und der hatte damals immerhin einen Engel als Helfer.«
»Er war ein Heiliger und Villon ist ein Gauner – da bleiben die Engel fern.«

Kaum war der Bischof abgereist, entwarf Hélaine einen dringenden Hilferuf an den Duc d'Orléans, aber nun stellte sich die Frage, wer das Schreiben sicher nach Blois bringen konnte. Paulot schied aus, der würde damit sofort zum Bischof laufen. Da fiel ihr der Bader ein, dem sie ja damals aus einer großen Verlegenheit geholfen hatte und der als überaus geldgierig bekannt war. Sie ließ den Mann kommen.
»Wieder ein Krankheitsfall?«
»Nein, Maître, auch soll diesmal niemand kastriert werden.«
Er wehrte verlegen ab.
»Aber, Madame, rührt doch nicht an diese alten Geschichten ...«
»So lange ist es nicht her und Ihr wart nahe daran, mit des Seilers Tochter Hochzeit zu halten.«
»Dafür bin ich Euch ewig dankbar ...«
»Das müsst Ihr nicht sein, aber jetzt könnt Ihr mir – als Gegenleistung – einen Gefallen tun.«
Der Bader wurde sofort misstrauisch und sein feistes Gesicht verschloss sich.
»Wenn ich es kann ...«
»Nichts einfacher als das – Ihr bringt ein Schreiben an den Duc d' Orléans nach Blois und wenn Ihr zurück seid, ist mir das einen *ecu d'or* wert.«
Da begannen seine Augen zu glänzen.
»Wird erledigt, Madame – pünktlich und genau!«
»Ganz so einfach ist das nicht. Eure offizielle Eigenschaft ist die Überbringung einiger Balladen von François Villon an den Herzog. Ihr werdet erleben, wie willkommen ihm das sein wird. Mir aber kommt es auf ein Schreiben an, das an den Herzog persönlich gerichtet ist. Ich habe es in eine Reliquienkapsel eingeschlossen, die Ihr um den Hals tragen werdet. Sollte sich nun der Herzog nicht in Blois, sondern auf dem Weg nach Reims befinden, so reitet ihm nach. Ihr seid im Umgang mit Menschen gewandt und es wird Euch nicht schwer fallen, in seinem verbliebenen Hofstaat jemanden zu finden, der Euch weiterhilft.«
Hélaine schlug sich klatschend an die Stirn, sodass der Bader erschrocken zurückwich.

»Natürlich! Villon hat mir von seinem Freund Jacot de Vendôme erzählt, dem Stallmeister des Herzogs – er wird Euch in jedem Fall weiterhelfen.«

Ganz so einfach war es aber nicht, denn als der Bader in Blois eintraf, war der Stallmeister mit seinem Herrn schon seit Tagen nach Reims unterwegs. Es gab einen Stellvertreter, der sich zum Glück von der Beredsamkeit des Baders betören ließ und ihm ein schnelles Pferd zur Verfügung stellte.

Erst in der Gegend von Fontainebleau – dort gab es ein königliches Jagdschloss – holte der Bader den langsameren Zug des Herzogs ein. Er konnte sich ausrechnen, dass man ihn nicht so ohne weiteres zu einem der großen Landesfürsten vorlassen wollte, und so verlangte er nach Jacot.

»Für den Herzog persönlich, sagt Ihr? Zeigt einmal her!«

Der Bader reichte ihm die gerollten Blätter mit den Balladen von Villon.

Jacot lachte aus vollem Hals.

»Unser guter Villon! Nur wegen dieser paar Lieder seid Ihr uns nachgereist?«

»Nein, es gibt noch etwas, aber das soll ich nur dem Herzog persönlich –«

»Gut, ich mache das. Heute Abend werden wir in Melun anhalten und dort nächtigen. Ich werde Euch dann Bescheid geben.«

Der Herzog, mit anderen Dingen beschäftigt, hörte nur mit halbem Ohr hin, aber als der Name Villon fiel, wurde er aufmerksam.

»Aber warum einen Boten und so eilig?«

»Es scheint sich nicht nur um die Gedichte zu handeln …«

So kam es, dass der Bader aus Châteauneuf bei der Abendtafel dem Herzog seine Botschaft überreichen durfte.

»Vier Balladen von Villon? Das ist Uns sehr willkommen! Und dies hier?«

Er fasste nach dem vielfach gefalteten winzigen Zettel. Der hinter ihm stehende Schreiber streckte schon die Hand aus, aber der Her-

zog schüttelte unwillig den Kopf und beugte sich über das Schreiben.
»*Altesse*, untertänigsten Gruß von Hélaine d'Estienne, Herrin auf Châteauneuf. Eure damalige Amnestie missachtend, hat der Bischof von Orléans den Dichter François Villon unter einem Vorwand erneut festgenommen und auf seine Burg Meung-sur-Loire gebracht. Da es offenbar sein Ziel ist, Villon an den Galgen zu bringen, möchte ich Euch um dringende Hilfe bitten.«
Dass Villon wieder einmal in Lebensgefahr war, berührte den Herzog weniger als die Tatsache, dass der Bischof seine damalige Amnestie außer Kraft gesetzt hatte. Er nickte dem Bader aufmunternd zu.
»Teilt Eurer Herrin mit, dass ich mich um – um den Betreffenden bemühen werde.«

Für Villon wäre diese Hilfe wohl zu spät gekommen, hätte nicht auch Thibault d'Aussigny zum König nach Reims reisen müssen. Zuvor aber hatte er eine Eingabe an das Collège de Navarre in Paris verfasst, mit der Bitte, dem Magister Artium François Villon wegen unwürdigen und häufig auch verbrecherischen Verhaltens die akademischen Würden abzuerkennen. Ehe dies nicht geschah, wäre es ungesetzlich gewesen, gegen den Dichter etwas zu unternehmen. Was man Thibault d'Aussigny auch vorhalten mochte: Er hatte sich immer bemüht, nach den geistlichen und weltlichen Gesetzen seines Landes zu verfahren.
Dem Burghauptmann von Meung hatte er die Weisung hinterlassen, diesen Gefangenen in besonders strenger Haft zu halten, und Villon bekam schnell zu spüren, was das bedeutete.
Als man ihn – es war schon gegen Abend – vom Pferd zerrte und die Füße in Ketten schloss, sah er die finstere, von drei gewaltigen Rundtürmen bewachte Burg vor sich aufragen. Gleich daneben, mit einer hohen Wehrmauer verbunden, kauerte die Kirche wie ein grauer Koloss über der Loire, eher einer Festung als einem Gotteshaus gleichend. Der Burghauptmann trat heran und musterte den Gefangenen mit grimmiger Miene.

»Ist das Sully?«

»Sully? Nein, mein Freund, Sully ist ein Lustschloss, aber Meung ist eher ein Ort des Schreckens, das wirst du bald zu spüren bekommen. Wir haben hier den tiefsten Kerker auf dem Gebiet des Bischofs und solange ich hier die Aufsicht führe, ist noch keiner daraus entkommen – keiner!«

Er lachte hämisch und weidete sich an dem Schrecken, den Villon empfand, als ihn zwei Männer an einem Strick in den lichtlosen Kerker hinabließen. Ehe sie aber das Loch oben verschlossen, rief der Hauptmann hinab:

»So sparen wir uns für euch Gesindel die teuren Fesseln und du hast die Hände frei, um dich gegen die Ratten zu wehren.«

Sein krächzendes Lachen war noch durch die steinerne Verschlussplatte zu hören. In ihrer Mitte war eine etwa faustgroße Öffnung angebracht, sodass Villon – als seine Augen sich daran gewöhnt hatten – wenigstens die Umrisse seines Verlieses erkennen konnte. Langsam schritt er den kleinen Raum ab, schreckte aus der Strohschütte in der Ecke eine empört pfeifende Ratte auf, fand den hölzernen Kübel für die Notdurft, trat dabei auf verstreute Scherben eines zerbrochenen Kruges.

Solange er oben am Licht gewesen war, auch in Fesseln, hatte in ihm eine unsinnige Hoffnung gekeimt, bald wieder freizukommen, wie er es schon einige Male erlebt hatte. Aber jetzt war er nicht nur in den Schlund eines fast dunklen Kerkers hinabgetaucht, sondern auch in die Tiefen einer Verzweiflung, die kein Hoffnungsschimmer erhellte. Er musste daran denken, was ihm der Bischof angedroht hatte: Ihr werdet das Tageslicht erst auf dem Weg zum Galgen wiedersehen. Zweimal war er dem Strick entronnen und es wäre anmaßend gewesen, dies vom Schicksal ein drittes Mal zu verlangen. Auch wenn er diesmal tatsächlich unschuldig war und seine schlimme Lage der Eifersucht des Bischofs zu verdanken hatte. Ja, der geistliche Herr hatte es übel vermerkt, dass ein anderer in seinen Liebesgarten eingedrungen war, und wenn Villon an Diane dachte, so fand er anfangs den Preis gar nicht so hoch. Je mehr er sich aber in diesen Gedanken vertiefte, desto unsinniger erschien ihm eine solche Vorstellung. Graugrüne Augen, das liebliche Oval des Gesichts, die ständig in die Stirn fallenden, struppigen, rotbraunen Haare, ihr schlanker, sehniger und doch so weiblicher Körper – die wilden Ritte, untertags hoch zu Ross, des nachts auf ihren kreisenden Hüften. Unermüdlich, unermüdlich – sie wollte alles bis zur Neige auskosten. Und jetzt? Folter und Galgen vor Augen, in eine dunkle Höhle gesperrt, umtanzt von quiekenden Ratten, verfolgt vom hämischen Gelächter des Schlosshauptmanns, der gestern – oder war es schon vorgestern? – heruntergerufen hatte:

»Ein echter Magister? So etwas Rares ist uns hier noch nicht begegnet und so wollen wir hoffen, dass du möglichst lange da unten schmorst.«

Die Zeitbegriffe schwanden, wenn auch an der Öffnung über ihm so etwas wie ein Tageslauf abzulesen gewesen wäre: Untertags fiel ein Strahl trüben grauen Lichts herab, nach Einbruch der Dämmerung, wenn die Wächter ihre Laternen entzündeten, wurde aus dem trüben Grau ein trübes Gelb, das bald erlosch. Anfangs noch hatte Villon versucht, diesen Wechsel zu verfolgen, es aber dann schnell aufgegeben. So wusste er bald nicht mehr, wie viel Zeit vergangen war: Drei Tage oder schon vier – vielleicht sogar fünf? Manchmal beschlich ihn das Gefühl, nicht allein in diesen Tiefen zu wohnen; schon mehrmals hatte er entfernte Klopfzeichen vernommen, sie aber in kein System bringen können. Zur Grundausstattung eines Coquillards gehörten die Kenntnisse einer Klopfzeichensprache, um im Gefängnis schnell herauszufinden, ob es noch einen Zunftbruder hierher verschlagen hatte. Irgendwelche Fragen an die da oben zu richten war sinnlos und wurde nur mit höhnischem Gelächter beantwortet.

Plötzlich, eines Morgens – war es ein Morgen? – fiel der Strick herab, den Villon hastig um seine Hüften gürtete. Oben wurden ihm Fesseln angelegt – die Hände am Rücken zusammengebunden, an den Füßen Ketten, die nur ein langsames Gehen mit kleinen Schritten erlaubten. Er wurde vor den Hauptmann geführt.

»Nun, Maître, zufrieden mit der Herberge?«

»Nicht ganz, Ihr spart Euch die Kerzen ...«, versuchte er mühsam zu scherzen, was ihm zwei heftige Maulschellen eintrug.
»Jeder Satz, und sei er noch so kurz, hat mit *mon capitaine* zu enden – verstanden?«
»Jawohl, *mon capitaine.*«
»Wieder etwas dazugelernt, nicht wahr? Einmal in der Woche unterbrechen wir die Grabesruhe dort unten, um unsere Gäste zu unterhalten. Hast du schon einmal eine *chambre de torture* gesehen?«
Villon schüttelte den Kopf.
»Nein, *mon capitaine.*«
Er hielt es für besser, sein Wissen darüber nicht preiszugeben.
Der Hauptmann schüttelte ungläubig den Kopf.
»Und das soll ich dir glauben? Nach den Hinweisen Seiner Eminenz bist du ein ganz abgebrühter Gauner – na, vielleicht hast du bisher einfach Glück gehabt.«
Auf seinen Wink packten ihn zwei Büttel an beiden Händen und schleiften ihn unsanft eine steile Treppe hinab. Das hohe Tonnengewölbe wurde nur von zwei Kienfackeln erhellt, gerade genug, um die herumstehenden und an den Wänden hängenden Geräte erkennen zu können. Der Hauptmann deutete darauf.
»Das wirst du in Bälde alles selbst erproben können, aber dann hörst du die Engel singen und wirst dir über die einzelnen Funktionen dieser Gerätschaften keine Gedanken mehr machen. Jetzt aber werden wir uns in Ruhe damit befassen. Was da an Rollen von der Decke hängt, ist kaum zu verkennen – an diesen Stricken wirst du hochgezogen und wenn das deine Zunge nicht löst, bekommst du noch einen Stein an die Füße gehängt.«
Ich weiß, dachte Villon, hab es selbst erlebt.
»Das da hinten – komm nur näher! – ist eine Vorrichtung für die Wasserprobe. Du wirst auf der Bank darunter festgebunden, bekommst eine Röhre in den Mund gestopft und dann darfst du nach Herzenslust Wasser schlucken – zehn, zwölf Pinten, bis du glaubst, dein Bauch wird platzen. Das tut er zwar nicht, aber du erlebst einen kleinen Vorgeschmack der Höllenqualen, die euch verstockte Sünder ja sowieso erwarten.«

Und so ging es weiter im höhnisch-belehrenden, selbstgefälligen Ton, bis jedes der schrecklichen Geräte erläutert war.
Auf dem Rückweg meinte der Capitaine:
»Leider, leider, dürfen wir diese Zungenbrecher bei dir noch nicht anwenden, aber einen kleinen Vorgeschmack können wir dir schon bieten.«
Er gab den Bütteln einen verstohlenen Wink und sie ließen Villon los, der am Ende der Treppe zu Boden fiel.
»Ein Fluchtversuch!«, rief der Hauptmann entzückt. »Habt ihr gesehen, wie der Gefangene davonlaufen wollte?«
»Jawohl, *mon capitaine*!«, erklang es wie aus einem Mund.
So wurde Villon wieder hinuntergebracht und auf den *chevalet* geschnallt. Der Hauptmann rieb sich zufrieden die Hände.
»Fünfundzwanzig fürs Erste, würde ich sagen …«
Mit Bedacht wählte er dann einen der an der Wand hängenden Stöcke und befühlte ihn kennerisch.
»Ein Haselstock, noch ganz frisch, voll Saft und Kraft.«
Schon nach dem dritten Hieb musste Villon mit Wehmut an den Stockmeister im Kolleg denken, der seine Aufgabe nur ernst nahm, wenn sie ihn nicht ausreichend geschmiert hatten – doch das war fast immer der Fall gewesen.
»Aufhören!«, rief Villon mit sich überschlagender Stimme, »sofort aufhören, das ist ungesetzlich!«
Den Büttel kümmerte das wenig und als der fünfundzwanzigste Hieb gefallen war, hatte Villon seine Stimme verloren und brachte nur noch ein dumpfes Stöhnen zustande. Da er nicht mehr gehen konnte, trugen sie ihn die Treppe hinauf. Der Hauptmann erklärte dazu:
»Eine Peitsche ist zwar schmerzhafter, doch sie hinterlässt Narben und das wollen wir vermeiden. Zwar wird sich dein Hintern grün und blau verfärben, aber das vergeht wieder. Das bedeutet aber keineswegs, dass wir die Farben später nicht wieder auffrischen werden. Vielleicht gewöhnst du dich so an diese Prügelsuppe, dass du sie später vermisst.«

So verlassen, gedemütigt und hoffnungslos hatte sich Villon in seinem ganzen Leben noch nicht gefühlt. Damals, im Gefängnis von Orléans, hatte ihn niemals das Gefühl verlassen, sein Schicksal fest in der Hand zu haben, besonders nachdem ihm der geldgierige Beisitzer seine Hilfe angeboten hatte. Aber jetzt? Er hatte bei seiner Festnahme in Châteauneuf nicht einmal Zeit gefunden, eine Münze im üblichen Notversteck zu verbergen. Selbst wenn es ihm gelungen wäre – ein Mensch wie dieser Capitaine war kaum zu bestechen und seine Büttel, stiernackige Rüpel von größter Beschränktheit, taten nichts ohne ausdrückliche Zustimmung ihres Herrn.

Als weitere Bosheit hatte sich der Capitaine bei der täglichen Nahrungszuteilung ein System einfallen lassen, das in reiner Willkür bestand. Einmal war das Brot hart und kaum zu kauen gewesen, ein anderes Mal so feucht, dass es in den Händen zerfiel. Das Wasser schmeckte brackig und abgestanden und wurde jedes Mal mit einer solchen Heftigkeit heruntergelassen, dass die Hälfte davon überschwappte und weglief. Dann und wann gab es etwas Obst, aber niemals war es einwandfrei. Grüne halbreife Äpfel verursachten Bauchschmerzen und Durchfall, matschige Birnen zerliefen in den Händen, die Pflaumen bestanden nur aus riesigen, mit gallebitterer Haut umhüllten Kernen.

Wenn sein Mut auf den Tiefpunkt gesunken, seine Gedanken zu schwarzem Morast geworden waren, dann holte er sich angestrengt Hélaines Bildnis vor Augen und hoffte, dass ihre Mühen Früchte tragen würden, hoffte, sie würde mit ihrem Anliegen zum Herzog von Orléans vordringen. Doch er wusste, wie schwierig es gerade jetzt war, da ganz Frankreich im Zeichen der Krönung des neuen Königs stand.

Villon hätte mit seinen nahe liegenden Befürchtungen Recht behalten, wäre da nicht die menschliche Natur mit ihrer Eigensüchtelei, ihrer Missgunst und ihrer Dünkelhaftigkeit gewesen, die gerade bei hohen Herren auch in nebensächlichen Dingen seltsame Blüten treibt.

Es fing damit an, dass beim Festbankett nach der Krönung verschiedene Herren nicht zugegen waren, die König Louis aber nur deshalb vermisste, weil er sie für ihr früheres Verhalten zur Verantwortung ziehen wollte. So fehlten unter anderem der Herzog der Bretagne, der Bastard von Orléans und andere, die zum engsten Vertrautenkreis seines Vaters gehört hatten. Sie hielten es für besser, das Strafgericht des neuen Königs auf ihren festen Burgen abzuwarten, um nötigenfalls rechtzeitig die Flucht ergreifen zu können.

Zur Seite des Königs saß Charles d'Orléans, der sich – geprägt von seiner langjährigen Geiselhaft in England – seit seiner Rückkehr aus aller Politik fern gehalten hatte. Doch er hatte seine Kritik an Charles VII. wegen der Behandlung des Dauphins nicht verhehlt. Den Ehrenplatz zur Rechten nahm natürlich der greise Philipp von Burgund ein. Er hatte sich beim Krönungsakt so anmaßend benommen, dass Louis es ihm zeitlebens nicht verzieh – ja, später sogar seine Abneigung auf dessen Nachfolger Charles übertrug.

Doch jetzt ließ der König sich nichts anmerken und behandelte seine Gäste ihrem Rang gemäß. Das bedeutete, dass er dem Herzog von Burgund als Inhaber des größten Lehens die meiste Aufmerksamkeit widmete – solange es vor aller Augen war.

Am Ende der *solennité* aber bat er zu einem kleinen Umtrunk jene zu sich, denen er wirklich vertraute, und dazu gehörte auch Charles d'Orléans, den er zu einem kurzem Gespräch beiseite nahm. Sie traten ans Fenster und schauten hinüber zur girlandengeschmückten Kathedrale, wo sich ringsum das Volk auf den Straßen zu Ehren des Königs betrank.

Der König befühlte seine dicke Nase, als wollte er prüfen, ob sie noch vorhanden sei.

»Ja, mein Lieber, ich greife mir an die Nase, weil ich es noch kaum glauben kann, dass mein Vater – Gott hab ihn selig – endlich einen Platz frei gemacht hat, der ihm schon längst nicht mehr angemessen war. Verzeiht, wenn ich so offen bin, aber Eure Ansichten sind mir bekannt.«

Der Herzog von Orléans, inzwischen siebzig Jahre alt, hob gleichmütig die Schultern.

»Ich habe in meinem Leben zu viel durchgemacht, um mich jetzt noch verstellen zu wollen. So stehe ich nach wie vor dazu, dass Euer Vater Euch – meist grundlos, weil falsch beraten – schändlich behandelt hat. Dennoch möchte ich Euch darum bitten, Majestät, Eure Regierung nicht mit einem Strafgericht zu beginnen. Das könnte Schwierigkeiten geben, die Ihr –«

Der König hob ungeduldig die Hand.

»Ich weiß, was zu tun ist – Ihr braucht Euch keine Sorgen zu machen. Jetzt zu etwas anderem: Meinen Umritt im Land werde ich auf das Nötigste beschränken und nur solche Orte besuchen, die sich um mich verdient gemacht haben.«

Der Herzog lächelte anzüglich.

»Wie etwa Orléans?«

»Soll ich Eurem Lehensmann, dem Bischof, tatsächlich so viel Ehre antun? Vielleicht auf der Durchreise, um dann in Blois Halt zu machen?«

»Ich fühle mich geehrt, Majestät.«

In dem Augenblick fiel dem Herzog der im Kerker schmachtende Villon ein.

»Es ist allgemein bekannt, wie sehr Ihr die Dichtung schätzt – ist Euch der Name Villon ein Begriff?«

Das verschlossene Gesicht des Königs hellte sich auf.

»Aber ja! Da ist in Frankreich ein neuer Stern aufgegangen.«

»Der sich inzwischen leider verdunkelt hat, denn unser Dichter ist in der Festung Meung-sur-Loire eingekerkert.«

Der König konnte seine Betroffenheit nicht verbergen.

»Aber warum?«

»Ich habe ihn vor einem Jahr wegen einer geringfügigen Sache amnestiert – gegen den Willen Seiner Eminenz. Nun hat er ihn ein zweites Mal festgenommen, um meine Abwesenheit für eine Bestrafung zu nützen.«

»Aber der Bischof war doch gestern bei meiner Krönung …«

»Um gleich am nächsten Tag nach Orléans zurückzureisen.«

Der König lächelte hinterhältig.

»Wollen wir ihm die Suppe versalzen?«

»Wenn Eure Majestät –«
»Hört jetzt genau zu. Ihr schickt einen Eilboten direkt nach Meung mit der Weisung, den Gefangenen Villon so lange festzuhalten, bis Ihr ihn selbst in einer bestimmten Sache vernommen habt. Als Euer Lehensmann ist der Bischof zum Gehorsam verpflichtet. Ich aber werde mich auf meinem Umzug einige Stunden in Orléans aufhalten, um dann sofort nach Blois weiterzureisen. Von Meung kein Wort! Gerade dort aber werde ich Halt machen und, wo ich einige Stunden bleibe, verlangt es die Tradition, alle dort Eingekerkerten zu amnestieren.«
»Seid dafür bedankt, Majestät. Ich werde mich durch ein kleines Geschenk erkenntlich zeigen. Villon hat mir vier neue eigenhändig geschriebene Balladen zukommen lassen und ich bitte Euch, sie in die königliche Bibliothek aufzunehmen.«

So kam es, dass der Bote des Herzogs in Meung eintraf, noch ehe der Bischof mit seinem langsamen Tross seine Residenzstadt Orléans erreichte. Der Kurier, angetan mit dem Wappenrock des Herzogtums und von vier Bewaffneten begleitet, verlangte den Burghauptmann zu sprechen. Der Capitaine war guter Laune, hatte soeben gespeist und am Vormittag seinem Gefangenen die dritte Prügelsuppe verabreichen lassen.
Mit gerunzelter Stirn entzifferte der Capitaine die Botschaft und erschrak etwas bei dem Zusatz, der Gefangene möge gut behandelt und ausreichend ernährt werden. Wider Willen entfuhr es ihm:
»Aber woher – woher hätte ich das wissen sollen? Der Bischof hat ausdrücklich verlangt –«
»Der Bischof ist Euer Herr und Ihr habt gehorcht – gut. Nun aber hat Seine Hoheit, der Herzog von Orléans, einen Wunsch geäußert, dem wir uns fügen müssen. Das versteht Ihr doch?«
»Ja, ja, aber ich hoffe nur – hoffe nur –«
Der Hauptmann rang sichtlich um Fassung. Er wollte nichts falsch machen, wusste aber nicht genau, was im Augenblick das Richtige war.
»Jetzt führt mir den Gefangenen vor!«

Auch das noch! Die harten Augen des Hauptmanns begannen vor Schreck zu flackern.
»Aber – aber – das geht jetzt nicht – der Gefangene braucht Ruhe – um die Mittagszeit – meine Leute sind –«
Der Bote sprang vom Pferd.
»*Mon capitaine*, ich selbst kann und will Euch keine Befehle erteilen, doch Seine Hoheit hat mir aufgetragen, mit François de Villon zu sprechen, und genau das werde ich jetzt tun!«
Er winkte seinen vier Bewaffneten und ging auf das Tor zu. Der Hauptmann zögerte, doch er folgte dem herrischen Befehl:
»Ihr geht voraus und weist uns den Weg!«
Dann zogen sie den geprügelten und halb verhungerten Gefangenen ans Licht.
»Ihr seid François de Villon?«
Sein heiseres Krächzen war kaum zu verstehen.
»Ich – ich weiß nicht, ob ich es noch bin ... Stehen kann ich nicht mehr – auch nicht mehr sitzen –«
Der Kurier scheuchte die Wachen aus ihrem Ruheraum und Villon ließ sich langsam und dabei laut stöhnend auf den Strohsack nieder.
»Es geht Euch nicht gut?«
Villon lächelte schmerzlich.
»Kaum etwas zu essen und dann verdorbenes Zeug, einmal pro Woche Stockprügel – wie soll es mir da gut gehen?«
»Hat der Bischof das angeordnet?«
»Ich weiß es nicht. Aber der Capitaine findet immer wieder neue Gründe für eine Bestrafung – Fluchtversuch, Bestechungsversuch, Gotteslästerung –«
»Gotteslästerung?«
»Ja, weil ich gestern gesagt habe, wenn der Himmel den Bischof für seine Ungerechtigkeit nicht eines Tages bestraft, dann gibt es keinen Gott.«
»Und der Fluchtversuch?«
»An Händen und Füßen gefesselt – wie denn? Der Bestechungsversuch? – Womit? Ich habe keinen einzigen Sou in der Tasche.«
»Unter uns, Villon: Ich mische mich nicht in die Angelegenheiten

des Bischofs und über das Geschehene maße ich mir kein Urteil an. Aber wenn ich meine Botschaft recht verstanden habe, so wird sich von nun an der Herzog selbst um Euch kümmern und so, wie es aussieht, glaube ich an ein gutes Ende. Ihr wart ja fast ein Jahr an seinem Hof und er hat Euch damals in Ehren und Freundschaft entlassen.«

»Davon wisst Ihr?«

Der Kurier lächelte.

»Ich lebe an einem Fürstenhof, da weiß jeder von jedem fast alles.«

18

Der König musste auf seinem Umzug viel Selbstbeherrschung aufbringen, um nicht auszubrechen, sich auf ein schnelles Pferd zu schwingen und geradewegs nach Amboise zu reiten, das er sich als künftige Residenz erwählt hatte.

Vom Naturell seines Vaters hatte Louis nicht viel geerbt und er bemühte sich geradezu, in allem das Gegenteil zu tun. War Charles in seiner schlaffen Trägheit durchaus berechenbar gewesen – die meisten Eingaben an ihn blieben unbeantwortet –, so erwies sich der neue König als ein Muster des Unberechenbaren. So war etwa Herzog Philipp von Burgund nach dem Krönungszeremoniell in der festen Meinung nach Hause gereist, mit dem König im besten Einvernehmen zu stehen, aber es dauerte nicht lange, dann traf ein dreister, umfangreicher Katalog von Forderungen bei ihm ein, vor allem die vordem französischen Städte betreffend, deren Rückgabe König Louis unter Kriegsandrohung forderte.

In einem aber folgte der Sohn getreulich seinem Vater: Auch er lehnte Paris als künftige Residenzstadt mit Entschiedenheit ab. Charles hatte es mit der notorischen Untreue der Pariser begründet, die sich während des langen Krieges den Engländern und Burgundern an den Hals geworfen hatten. Louis aber begründete seine Ablehnung mit keinem Wort, sodass die einen sagten, er fühle sich hier wie eingesperrt und von tausend Augen beobachtet, andere wieder meinten, Seine Majestät verabscheue die Nähe zu Burgund, dessen Grenzen im Norden wie im Osten nur wenige Reisetage entfernt lagen. Wie dem auch sei, ein Besuch von Paris war nicht zu umgehen und der König nutzte ihn unter anderem dazu, die schon in die Wege geleitete Zerschlagung der Coquille zu vollenden. Sein Kammerherr Olivier le Daim – vom Volk später als *le diable* bezeichnet – schuf dazu die nötigen Verbindungen. Mit Geld und Helfern reichlich ausgestattet, durchkämmte er die einschlägigen Kneipen und Sammelpunkte, manchmal vom König begleitet, der in seiner schäbigen Kleidung nicht auffiel und sein *argot* inzwischen so vervollkommnet hatte, dass manche dachten, dies sei noch ein Coquillard vom alten Schlag.

Zu dieser Zeit tauchte an der Seite des Königs ein Mann namens Tristan l'Ermite auf, den Louis zum Hauptmann seiner Leibwache beförderte und der später von aller Welt nur noch »Tristan der Henker« genannt wurde. Dieser Mann spürte mit besessener Beharrlichkeit alles auf, was der Coquille nahe stand. Als der König Paris verließ, quollen die Galgen über und es musste ein neuer Schindanger angelegt werden, um die Gerichteten dort zu verscharren.

Nach dem Besuch einiger rings um Paris gelegener Städte, wie Pontoise, Chartres oder Compiègne, wandte sich der königliche Zug nach Süden, um – wie geplant – in Orléans den Nachmittag und die Nacht zu verbringen. Der Bischof ritt dem König bis Artenay entgegen; er litt nicht nur unter der anhaltenden Augusthitze, sondern auch unter einer ihn seit Tagen quälenden Ungewissheit.

Kaum hatte er damals seine Residenzstadt wieder erreicht und sich aufatmend an seine Amtsgeschäfte gemacht, als der Schlosshauptmann von Meung-sur-Loire ihn dringend zu sprechen wünschte. Seine Eminenz empfing ihn mit den aufgeräumten Worten:

»Nun, *mon capitaine*, was gibt es von unserem Galgenvogel zu berichten?«

Der Mann wich seinem Blick aus, schien ratlos und verwirrt.

»Nichts Gutes, Exzellenz, was aber nicht heißen soll, es ginge ihm nicht gut – andererseits –«

»Was ist denn los? So kenne ich Euch gar nicht ...«

»Um genau zu sein: Die von Euch angeordnete strenge Haft habe ich durchgeführt, aber dann kam ein Eilkurier von Seiner Hoheit, dem Herzog, und die Botschaft besagte – besagte ...«

Der Bischof wurde zornig.

»Lasst Euch nicht jedes Wort aus dem Maul ziehen! Der Herzog hat in meinem Herrschaftsbereich weder etwas zu sagen noch etwas anzuordnen!«

»Es war so: Der Herzog meldete auf den Gefangenen Villon eigene Ansprüche an – aber lest es selbst.«

Er streckte dem Bischof das geöffnete Schreiben hin, von dem das rote Herzogssiegel herabbaumelte, hin- und herschwang wie ein drohender Finger. Der Bischof las und blickte auf.

»Seine Hoheit will den Gefangenen in eigener Sache vernehmen – was soll das heißen?«

»Vielleicht hat auch er ein Hühnchen mit ihm zu rupfen ...«

»Nein, das glaube ich nicht. Soviel ich weiß, sind sie eher befreundet – von Dichter zu Dichter.«

Die letzten Worte spuckte der Bischof hin wie etwas Anstößiges.

»Jedenfalls habe ich Villon in eine Turmzelle mit Fenster gesteckt, er kriegt jetzt besseres Essen – na ja, auch bestraft durfte er nicht mehr werden ...«

»Bestraft wofür?«

»Für Flucht- und Bestechungsversuche, Gotteslästerung ...«

Der Bischof ahnte, was geschehen war, und schlug dem Capitaine seine Handschuhe ins Gesicht.

»Ihr seid ein gottverdammter hirnloser Narr! Ist Euch nichts Besseres eingefallen als einen Günstling des Herzogs durchzuprügeln? Ich sage Euch nur eines: Wenn Villon auch diesmal einer Bestrafung entkommt, dann werdet Ihr im Schlosshof vor aller Augen ausgepeitscht und zum einfachen Wachmann degradiert!«

Dem Hauptmann gegenüber war es ungerecht, aber diese Worte diktierte der Zorn.

Am Nachmittag traf der königliche Zug ein – alles in allem waren das fast vierhundert Menschen – und die Stadt begann aus allen Nähten zu platzen. Wegen der Kürze seines Aufenthalts hatte der König darauf verzichtet, das Volk zu bewirten, aber er ließ einen Regen von Silbergroschen auf die brodelnde Menge niedergehen, was nicht selten zu Raufereien führte, bei denen sich ein Dutzend Menschen ineinander verkeilten.

Am Abend veranstaltete der Bischof ein kleines Festbankett, wobei es ihm zum Glück gelang, die königliche Reiseroute zu erfahren – sogar aus dem eigenen Mund Seiner Majestät.

»Morgen werden wir bei Tagesanbruch weiterreisen – ohne Aufenthalt –, um dann am Abend noch Blois zu erreichen.«

Die Bitte, den König bis Blois begleiten zu dürfen, wurde freundlich, aber bestimmt abgelehnt. Ihm war es ganz recht so, er hatte sich in Gesellschaft dieses hässlichen und stets schäbig gekleideten Menschen nie wohl gefühlt. Wichtig war jetzt nur, dass der König ohne Aufenthalt bis Blois durchreisen würde.

Hätte der Bischof Seine Majestät besser gekannt, so wäre ihm diese ungewöhnlich genaue Auskunft höchst verdächtig erschienen. So aber verließ er sich auf das Königswort und hielt es für überflüssig, einige der in Meung Eingekerkerten anderswohin zu verlegen. Seit es zur festen Gewohnheit geworden war, dass bei königlichen Umzügen dort, wo der Monarch sich aufhielt, eine Amnestie verkündet wurde, brachten die jeweiligen Landesherrn ihre wichtigen Gefangenen an andere Orte. Um nicht einen Vorstoß von Hélaine d'Estienne zugunsten Villons zu riskieren – aber auch aus anderen Gründen – war des Bischofs *nièce* diesmal nicht in seinem Gefolge.

Als der König am frühen Morgen weiterzog, atmete Thibault d'Aussigny auf. Diesmal war alles gut gegangen und sobald sich der königliche Zug aus seinem Herrschaftsgebiet entfernt hatte, wollte er mit Villon abrechnen – gründlich! Bis dahin musste auch die Nachricht aus Paris eingetroffen sein, die diesem notorischen Übeltäter alle akademischen Würden aberkannte. Dann war aus dem Magister Artium François de Villon ein landstreichender Gauner geworden, für den es nur noch einen Weg – den zum Galgen – gab.

Der König hatte nach Meung einen Eilkurier vorausgeschickt, der seinen Besuch für die nächsten Stunden ankündigte. Der Capitaine erschrak. Wusste der Bischof davon? Dann beruhigte er sich wieder. Er musste es wohl wissen, da der König bei ihm zu Gast gewesen war und er ihn mit Gewissheit bis hierher begleiten würde. Aber dann – dann würde ja auch dieser Villon freikommen! Diese Erkenntnis traf ihn wie ein Schlag. Warum hatte der Bischof ihn nicht verlegen lassen, da er ihn doch unbedingt bestrafen wollte? Die harte, oft grausame Natur des Hauptmanns erhielt einen Stoß und er begann zu zweifeln, ob er mit seiner unerbittlichen, oft brutalen Strenge nicht die gebotene Grenze überschritten hatte. Aber wo war diese Grenze? Wer sollte über das Zuviel oder Zuwenig entscheiden können? Eine unsinnige Hoffnung ließ ihn noch jetzt, im letzten Augenblick, eine Nachricht vom Bischof erwarten, mit dem Befehl, Villon für einige Tage von hier wegzuschaffen – an einen Ort, wo ihn der Gnadenstrahl des Königs nicht erreichen konnte.

Wie gehetzt lief der Capitaine hinaus und blickte zu dem Turm empor, wo Villon sich derzeit aufhielt, ungefesselt und wohlversorgt mit Nahrung, Kleidung – ja sogar Papier, Feder und Tinte. Der Herzog sollte einen zufriedenen Gefangenen vorfinden und damit seine Befehle befolgt sehen. Freilich, die dreimalige Prügelstrafe war damit nicht aus der Welt zu schaffen, aber sogar der herzogliche Bote hatte eingesehen, dass die Anordnung von einer »strengen Gefangenschaft« auch streng ausgelegt werden musste.

Jetzt aber war ein königlicher Kurier erschienen, der vom Pferd herab hinwarf:

»Der Gefangene Villon ist vom König begnadigt, Ihr habt ihn sofort oder spätestens bei Ankunft Seiner Majestät freizulassen.«

Der Bote hatte zudem noch ein kleines, mit dem königlichen Siegel versehenes Schreiben an François de Villon überreicht, doch der Capitaine hatte nicht den Mut aufgebracht, seinen Gefangenen nach dem Inhalt zu fragen. Dieser lautete:

»Im Namen Seiner Majestät, dem von Gott erwählten König Louis,

lassen wir Euch, François Villon, wissen, dass Eure Gefangenschaft beendet ist und Ihr Euch künftig frei und unbescholten auf dem Gebiet der französischen Krone bewegen könnt.«
Das Schreiben war von einem Sekretär des Königs unterzeichnet.
Das ging ins Blut wie starker Wein. Villon hatte sich in den letzten Tagen gut erholt – die reichliche Nahrung, die lichtdurchflutete Zelle, die saubere Kleidung und nicht zuletzt die Möglichkeit, wieder schreiben zu können, hatten dieses Wunder bewirkt. Ja, es erschien ihm wie ein Wunder, denn er hatte nicht geglaubt, dass das Schicksalsrad sich ein weiteres Mal zu seinen Gunsten drehen würde. Von nun an, nahm er sich fest vor, würde er nicht eine Spanne vom Pfad der Tugend abweichen. Wie oft er sich dies schon vorgenommen hatte, war jetzt nicht mehr von Belang. Da war es aber nicht ernst genug gemeint gewesen; jetzt aber – quasi unter den Augen des Königs – fühlte er sich in die Pflicht genommen, als hätte er einen Schwur geleistet. Eines aber konnte er sich nicht versagen: Er musste sich mit einem anklagenden Spottgedicht vom Bischof verabschieden und es floss ihm so schnell und leicht aus der Feder, als hätte er es schon fertig im Kopf gehabt.

Nun bin ich gerade dreißig Jahr,
der Schande Kelch hab ich geleert,
ich bin kein Weiser und kein Narr,
wenn auch die Wunde noch so schwärt,
die ich verdank allein den Händen
des frommen Thibault d'Aussigny …
mag er als Bischof Segen spenden,
der meine ist und war er nie!

Mir ist der Bischof nicht noch Herr,
er sprach mir auch kein Lehen zu,
ihm schuld ich weder Treu noch Ehr,
bin nicht sein Hirsch noch seine Kuh.
Den Sommer saß ich in der Zelle
Bei Wasser und bei trocken Brot,

kurz gesagt, es war die Hölle:
Gott zahl ihm heim, was er mir bot.

Wenn mir das einer übel nimmt
und meint, ich wolle ihn hier schmähn,
so sage ich, dass dies nicht stimmt,
er möge mich nur recht verstehn.
Nichts Schlimmres sagte ich als dies:
Was er mir Gutes angetan,
o Heiland, Herr im Paradies,
an Leib und Seele tu's ihm an.

Als die Wache ihn am Torturm aufhalten wollte, schwenkte Villon das königliche Schreiben. Da trat schon der Hauptmann heran.
»Wenn Euch Euer Amt lieb ist, so würde ich Euch raten, mich gehen zu lassen. Außerdem verlange ich mein Pferd zurück, dazu mein Gepäck mit allem, was mir gehört.«
Der Hauptmann geriet ins Stottern.
»Der – der Ku–Kurier des Königs hat – hat angeordnet, – dass Ihr – dass Ihr erst, wenn Seine Majestät –«
»Gut, dann warten wir hier.«
Villon streckte dem Hauptmann ein zusammengerolltes Blatt hin.
»Ein Abschiedsgeschenk für Euren Bischof ...«
»Gebt es ihm doch selbst!«
»Begleitet er den König?«
»Ich denke schon.«
»Trotzdem – mit diesem Herrn will ich nichts mehr zu tun haben.«
Er drückte die Papiere dem Widerstrebenden in die Hand. Da wurde schon Villons Pferd herangeführt. Sorgfältig prüfte er das Zaumzeug, auch sein Gepäck, an dem aber nichts fehlte. Der Hauptmann stand nahe dabei, um alles genau zu bewachen. Als Villon sein Bündel neu verschnürte, machte er – mit voller Absicht – eine ungeschickte Bewegung und stieß dabei mit dem Ellenbogen so hart auf den Mund des Hauptmanns, dass seine Lippen zu bluten begannen.

»Oh – verzeiht!«
Noch ehe der Capitaine darauf reagieren konnte, flogen die Tore der äußeren Mauer auf und prächtig geschmückte Reiter trabten heran, in blauseidenen, mit goldenen Lilien geschmückten Wappenhemden. Dahinter ritt der König, in ein schmuckloses braunrotes Wams gekleidet, auf dem Kopf einen braunen Filzhut, lose um die Schultern hing ein graugrüner Reisemantel.
Villon und der Capitaine fielen auf die Knie.
»Ihr seid François Villon? Erhebt Euch! Unseren Brief habt Ihr erhalten?«
»Jawohl, Sire, und ich bedanke mich für die erwiesene Gnade.«
»Gnade? Warum? Das gehört sich so! Im Übrigen wünschen Wir, dass Ihr Euch bei Uns schriftlich bedankt – so, wie Ihr es am besten versteht, in Form eines Gedichtes.«
»Das werde ich unverzüglich tun, Majestät!«
Dann stiegen die Herren ab und gingen, von dem buckelnden Capitaine geführt, zum Schloss, wo sie einen kurzen Imbiss einnahmen.
Plötzlich winkte der König den Hauptmann herbei.
»War Villon der einzige Gefangene?«
»Nein, Majestät, es gibt noch drei andere.«
»Wessen sind sie angeklagt?«
»Das – das weiß ich nicht so genau, Majestät. Irgendwelchen Streit mit Seiner Eminenz ...«
»Auch sie werden freigelassen – sofort!«
Als die drei armseligen Gestalten sich auf dem Schlosshof versammelten, war der König schon nach Westen in Richtung Blois weitergezogen.
Auch Villon hatte sich eilig auf den Weg gemacht – in die entgegengesetzte Richtung. Er wollte auf dem schnellsten Weg nach Sens gelangen, weil er hoffte, dort eine Nachricht seines Vaters vorzufinden. Unterwegs ging ihm ständig der Auftrag des Königs im Kopf herum, aber – seltsam genug – das von tiefer Dankbarkeit getragene Geschenk wollte nicht so schnell aufs Papier wie die boshaften Spottverse für den Bischof. An denen gab es nach der schnellen Nieder-

schrift kaum noch etwas zu korrigieren, doch das Lied für den König sollte ihm und Seiner Majestät alle Ehre machen. Das auf fünf Strophen angelegte Gedicht schloss mit den Versen:

Ich schrieb es Einundsechzig auf,
als mich zu Meung aus harter Haft,
dass neu begänn des Lebens Lauf,
der gute König frei geschafft.
Drum, weil mir bleibt des Leibes Kraft,
bin ich in Demut immer Sein;
will's tun, bis Tod ihn hingerafft:
Wohltat darf nicht vergessen sein.

Wenn der König eines Landes etwas ausspricht, anordnet, rügt, lobt, so tut er das fast immer unter Zeugen. Äußerungen eines geweihten und gesalbten Herrschers – mögen sie noch so banal sein – werden zur Kenntnis genommen, gedreht und gewendet, kommentiert, meist von Chronisten aufgezeichnet und so als exemplarische Aussprüche des Landesherrn im Gedächtnis bewahrt.
Die Aufforderung von König Louis, Villon möge seinen Dank in Form einer Dichtung abstatten, wurde von einem halben Dutzend Menschen deutlich vernommen, darunter auch vom Hofchronisten. Dieser Mann sah – wie alle Hofchronisten – seine Hauptaufgabe darin, jede Äußerung seines Herrn getreulich festzuhalten, was allein vielleicht nicht ausgereicht hätte, den Ruhm des Dichters Villon durch die Lande zu tragen. Aber auch der Herzog von Orléans war Zeuge gewesen und fühlte sich vom König in seiner Vorliebe bestätigt. Später erzählte er anderen davon und fast immer waren es wichtige und einflussreiche Männer, mit denen sich der Herzog unterhielt. Wenn Villon in den Jahren zuvor bei Kennern und beruflich mit dem Schreiben Befassten schon zum festen Begriff wurde, so wirkte das königliche Wort wie jener sprichwörtliche Stein, der auf eine ruhige Wasserfläche trifft und heftige, sich schnell fortpflanzende Wellenbewegungen erzeugt.
Das königliche Machtwort löste bei Villon eine tiefe Dankbarkeit

aus, ein anderer aber hatte bitter daran zu schlucken: Thibault d' Aussigny, der Bischof von Orléans. Zugleich mit der überraschenden Nachricht, der König habe nun doch in Meung Halt gemacht und dort eine Amnestie ausgesprochen, traf auch Villons »Abschiedsgeschenk« bei ihm ein. Der Capitaine, aus Angst vor dem Zorn seines Herrn, hatte es durch einen Boten überbringen lassen. Eine geschwollene Lippe und wackelige Vorderzähne erinnerten ihn noch tagelang an die überraschende und für ihn demütigende Freilassung des François Villon. Nur zu gerne hätte er erlebt, wie man diesen Gauner auf die Folter spannte, ihn Unmengen Wasser schlucken und die Peitsche kosten ließ.

Als der König sich in eigener Person dieses Menschen annahm, brach für den Capitaine eine Welt zusammen. Wie mühsam hatte er sich selbst vom einfachen Wachmann bis zum *concierge du château* hinaufgedient – ein Mann, auf den Verlass war, der in Meung als die verlängerte Hand des Bischofs galt. Und jetzt? Sein Augapfel, der tiefe lichtlose Kerker, jetzt leer von Kreaturen, an denen er seine Allmacht täglich erproben konnte. Was blieb da noch? Als Schlossvogt unterstanden ihm die Wachen, die Bediensteten, ein paar Gärtner und Handwerker. Mit denen konnte er nicht so beliebig umspringen, die hatten neben ihren Pflichten auch Rechte und der Bischof war ein in das Recht verliebter Mann. Er hätte diesen Villon gleich am nächsten Tag nach allen Regeln der Kunst foltern lassen können und als der Hauptmann ihn fragte, warum dies nicht geschehe, schaute er ihn empört an.

»Wo denkt Ihr hin, Capitaine? Villon hat seinen Magister auf einer kirchlichen Universität erworben und solange er diesen Titel führt, untersteht er der geistlichen Gerichtsbarkeit. Ist ihm diese Würde aberkannt, dann gehört der Mann Euch.«

Zwar sandte der Bischof sofort eine Anfrage nach Paris, doch Père Guillaume erhielt davon Kenntnis. Einige seiner früheren Studienkollegen wirkten nun als Professoren am Collège de Navarre und man einigte sich schnell darauf, die Anfrage des Bischofs stillschweigend ad acta zu legen.

»Wegen meines Sohnes gibt es hier zwar ein schwebendes Verfahren, das aber bald zu seinen Gunsten bereinigt sein wird. Was genau wirft ihm der Bischof von Orléans vor? Dass er plündernd und marodierend auf seinem Gebiet aufgegriffen wurde? Meine Herren, ich glaube, da steckt etwas anderes dahinter. Ich habe aus Châteauneuf-sur-Loire ein Schreiben meines Sohnes erhalten, in dem er mir von seiner dortigen Tätigkeit als Rechtsberater der verwitweten Schlossherrin Hélaine d'Estienne berichtet. Zwischen den Zeilen ist herauszulesen, dass sie als eine entfernte Verwandte des Bischofs gilt und er sie ständig im Auge behält.«

Die Herren Professoren, schon von Berufs wegen schnelle Denker, schmunzelten. Einer bemerkte dazu:

»In dieser Hinsicht hat Thibault d'Aussigny einen gewissen Ruf, der seinem kirchlichen Amt wenig Ehre macht.«

Da half es auch nichts, dass der Bischof den ihm bekannten Advokaten Jean Cotart am geistlichen Gericht in Paris um Rechtshilfe bat. Der fidele und trinkfreudige Domherr fühlte sich eher seinen früheren Studienfreunden verpflichtet, mit denen er damals so manchen Krug geleert hatte – und es mit einigen davon noch immer tat. Saufbrüder halten gerne zusammen und so verschwand das Rechtshilfegesuch im Aktenkeller.

Nun hielt also Bischof d'Aussigny anstatt der von ihm erhofften günstigen Antwort aus Paris zwei Blatt Papier in der Hand und las mit wachsendem Unbehagen das ihm gewidmete Gedicht. Schon in der ersten Strophe wurde sein Name genannt und vor seinen empörten Augen tanzten die Buchstaben einen spöttischen Reigen. Was stand hier – in der vierten Strophe?

Was er mir schuf an Grausamkeit,
mehr als ich je beschreiben kann,
zahl heim der Gott der Ewigkeit
in gleicher Münze diesem Mann …

Was erfrechte sich dieser Bursche? Gott wird wohl einen elenden Spitzbuben von einem ehrwürdigen Bischof zu unterscheiden wissen! Und doch war ihm nicht wohl bei diesem Gedanken. Dass ausgerechnet dieser Gauner bei Seiner Hoheit dem Herzog und jetzt sogar beim König selbst in solcher Gunst stand, war schwer zu verstehen. Eines aber wusste d'Aussigny genau: Ein drittes Mal würde er sich davor hüten, einen François Villon festnehmen zu lassen. Außer Landes jagen – ja, und immer wieder. Aber sonst die Hände davon!

Von diesem Ereignis an verlor der Bischof das Interesse an seiner Geliebten Hélaine d'Estienne. Nicht, dass er ihr etwas übel nahm oder ihr gar schaden wollte – nein, sie war ihm nur gleichgültig geworden. Auch verspürte er bei ihrem Anblick ein gewisses Unbehagen, als stünde Villons Schatten hinter ihr. Zugleich aber quälte ihn die Sorge, sie möge ihm etwas nachtragen, würde in ihm zeitlebens den Verfolger des Villon sehen, und er fand nun einen Weg, sich von dieser vermeintlichen Schuld zu befreien: Er musste ihr einen Ehemann besorgen. Schon sein erster Gedanke fiel auf Michel, seinen *maître de la vénerie*. Der Bischof wusste auch gleich, wie dem sonst Eheunwilligen beizukommen war.

»Michel, Ihr wisst, wie sehr ich Euch schätze – als fähigen Jagdmeister nicht weniger denn als einen bewährten und tüchtigen Reisemarschall. In letzter Zeit aber erreichen mich mehr und mehr Klagen, über Eure – na, Ihr könnt es Euch ja denken – endlosen Weibergeschichten. Ja, ich weiß, dass ich Euch da kein Vorbild war, aber ich habe zu Gott um Einsicht und Standhaftigkeit gefleht und wurde erhört. Inzwischen laufen in meinem Gebiet von Euch mehr Sprösslinge herum als die biblischen Erzväter mit ihren zahlreichen Frauen je zeugen konnten. So muss ich als Euer geistlicher Hirte darauf hinweisen, dass die Zeiten des Alten Testaments vorbei sind und wir uns an christlichen Werten und Geboten zu orientieren haben. Wenn Ihr mir weiterhin dienen wollt, muss ich Euch dringend anraten, Euer bisheriges Lotterleben aufzugeben, eine Gemahlin zu nehmen und ihr nach Möglichkeit treu zu bleiben.«

Nichts fürchtete Michel mehr, als sein angesehenes Amt als *maître de la vénerie* zu verlieren, und als er sah, welche Gemahlin der Bischof ihm vorschlug, fiel ihm ein Stein vom Herzen. Hélaine d'Estienne, die Mutter seiner Tochter! Schon öfter hatte er sich insgeheim eingestanden, wenn er sich eines fernen Tages binden wollte oder musste, dann sollte sie es sein. Übrigens liess es sich Seine Eminenz dann nicht nehmen, das Paar in der Kathedrale von Orléans in eigener Person zu trauen.

Danach tat er, was er sich längst vorgenommen, aber aus ihm selbst rätselhaften Gründen stets unterlassen hatte: Er warf Villons Spottgedicht in das Kaminfeuer seiner behaglichen Wohnstube im Bischofspalast zu Orléans, damals noch in der Überzeugung, das Pamphlet damit aus der Welt geschafft zu haben. Wusste der Bischof denn nicht, dass alle Dichter in dieser Welt zu allen Zeiten niemals etwas aus der Hand geben, ohne vorher eine Abschrift angefertigt zu haben? Nur wenige Jahre später hatte Villons Ruhm bereits eine solche Höhe erreicht, dass es sich jede bedeutende Bibliothek – ob an Fürstenhöfen oder an Universitäten – zur Ehre anrechnete, das Werk des Dichters möglichst vollständig zu besitzen. Dazu gehörte auch die gereimte Anklage gegen den Bischof Thibault d'Aussigny, von dem inzwischen jeder Eingeweihte die im Gedicht nicht genannte Ursache kannte. Und so wisperte und zischelte es bei Symposien, in Lotterbetten und bei Damengesellschaften: Der Bischof hat Villon bei seiner Geliebten ertappt und dafür sollte er büßen. Dass der König ihm in eigener Person diese Suppe versalzen hat, ist nicht schwer zu verstehen. Seine Majestät hält bekanntlich nichts von Maitressenwirtschaft …

Ja, das stimmte und daran änderte sich auch später nichts. Louis zog die Gesellschaft vertrauter Kumpane wie Olivier le Daim und Tristan l'Ermite vor, verbrachte mit ihnen viele Tage auf der Jagd und musste von besorgten Freunden mit allen nur möglichen Mitteln dazu bewogen werden, dann und wann seine ehelichen Pflichten zu erfüllen.

In diesen Tagen aber finden wir den König in Angers, als eine der letzten Stationen seines Krönungsumrittes. Neben dem Herzog von Orléans gehörte König René d'Anjou aus zwei Gründen zu den von ihm geschätzten Lehensleuten. Zum einen kümmerte sich auch René keinen Deut um Politik, hatte stets Abstand zum Vater des

Königs gehalten. Zum anderen aber war sein Königstitel von Neapel und Jerusalem so bedeutungslos wie eine Feder am Hut. Louis nannte ihn nicht ohne leisen Spott »mein königlicher Vetter«, achtete den um fast fünfzehn Jahre Älteren als hochkultivierten, vor allem der Poesie verpflichteten Menschen. Kurz zuvor hatte den König Villons Dankgedicht erreicht und so gab es zwischen den beiden einen schönen Gesprächsstoff. Zwar empfand der Herzog jetzt ein leises Unbehagen darüber, dass er Villon damals nicht an seinem Hof festgehalten hatte – nun, da er des Königs Gunst genoss, andererseits aber gehörte er, der selbst ein König war, nicht zu jenen, die in allem äffisch den Landesfürsten nachahmten.
Am Abend vor seiner Abreise ließ König Louis Villons Dankgedicht vom Hofsänger des Herzogs vortragen.

»Ich bet zum heiligen Gottessohn,
dem meine Not ich anbefehle,
mein armes Bitten er belohn,
dem ich verdanke Leib und Seele,
der auftat meine Kerkertür
und mich vor Leid bewahrt nicht wenig,
Ihn und die Jungfrau preis ich hier,
und Ludwig, Frankreichs guten König.

Gott lass ihm Jakobs Segen sprießen
Und Ehr und Ruhm des Salomon,
denn Mut hat er schon viel bewiesen,
und Macht auch hat er wahrlich schon!
Auf dieser wandelbaren Erde
gewähr er ihm noch außerdem,
der Name nie vergessen werde,
das Alter des Methusalem!

Zwölf Söhne sollen, schön und gut,
erstehn ihm aus der Gattin Schoße
von seinem königlichen Blut,

so ritterlich wie Karl der Große,
wie Sankt Martial so frommen Mutes.
Dem Thronbesteiger wünsch ich dies!
Ich wünsche wahrlich ihm nur Gutes
Und nach dem Tod das Paradies.«

Der Herzog klatschte als Erster Beifall.
»Das ist vorzüglich, Majestät, ganz vorzüglich! Was mich betrifft, so möchte ich mich diesen von Frömmigkeit und Dankbarkeit getragenen Glückwünschen anschließen.«
König Louis, von widersprüchlichem und schwer zu durchschauendem Wesen, empfand beim Lesen des Dankgedichts ein Gefühl der Erhebung, das er bei seiner Krönung erwartet, aber nicht empfunden hatte. Dabei wäre damals doch ein erhabener Schauder angebracht gewesen, als das heilige Salböl aus dem Kloster Saint Rémy herbeigeholt wurde, von dem man sagte, dass es sich auf wunderbare Weise immer wieder erneuere. Dann kleideten die Pairs von Frankreich den Dauphin aus, bis auf ein hinten und vorne geschlitztes Hemd, das es erlaubte, ihm Kopf, Schultern, Brust, Armgelenke und Handflächen mit dem heiligen Öl zu salben. Danach kleideten ihn seine Helfer wieder an, legten zuletzt den schweren, blausamtenen und mit goldenen Lilien bestickten Krönungsmantel um seine Schultern. Nach Übergabe von Ring und Zepter senkte der Erzbischof die goldene Krone unter Fanfarenklang auf sein Haupt. Seltsam war nur, dass er sich schon in Brabant, als die Nachricht vom Tod seines Vaters kam, als König gefühlt hatte. Den Krönungsakt empfand Louis – was ihn selbst betraf – als eine verdrießliche Zurschaustellung, deren Notwendigkeit ihm jedoch einleuchtete.
Warum aber hatte ihn Villons Gedicht so berührt? Louis, seiner Natur nach eher abergläubisch als religiös, hielt den Dichterwunsch »… gewähr er ihm noch außerdem, der Name nie vergessen werde, das Alter des Methusalem!«. Ja, das war ein Zauberspruch, der ihm gefiel!

Als der König im Herbst des Jahres 1461 seinen Krönungsumzug abgeschlossen hatte und sich aufatmend nach Amboise zurückzog, war die Coquille in Frankreich bis auf wenige verborgene Reste vernichtet. Mit Vorliebe trug Louis seither eine Kette aus goldenen Jakobsmuscheln um die Schultern und als Olivier le Daim ihn einmal danach fragte, lächelte der König schlau.

»Kannst du es dir nicht denken? Wie viele Coquillards mag es in Frankreich heute noch geben?«

»Keinen mehr, so hoffe ich wenigstens.«

Der König schüttelte leicht den Kopf.

»Falsch, Olivier! Einen gibt es noch und der bin ich!«

Olivier, sonst schnell von Begriff, blickte verdutzt drein und sagte dann:

»Das genügt auch, Sire – mehr davon wären von Übel.«

19

Die Knechte des Bischofs hatten sich nach Villons Festnahme nicht die Mühe gemacht, das Gepäck genau zu durchstöbern, denn nach seiner zu erwartenden Verurteilung wäre immer noch Zeit genug gewesen, die Beute aufzuteilen. Die fünf *ecus d'or* waren ihnen nämlich entgangen, die Villon unterhalb des Sattelknaufs von einem geschickten, für die Coquille tätigen Handwerker als eiserne Reserve hatte einnähen lassen. So konnte er jetzt sorglos reisen und schloss sich – um jedes Risiko zu vermeiden – einem bewachten Kaufmannszug an, der nach Westen unterwegs war. Gegen Mittag passierten sie Châteauneuf, dessen Burgtürme er zwischen den Buchen und Pappeln auftauchen und bald wieder verschwinden sah.

Wo mochte Diane jetzt sein? Sollten sie zufällig ihrem Jagdzug begegnen, so würde er die Kapuze seines *manteau* in die Stirne ziehen und an ihr vorbeischauen. Bei den Gedanken an sie fühlte er sein Herz pochen und seine Stirn heiß werden. Eine Frau wie sie gab es

kein zweites Mal und sollte er alle anderen Liebschaften vergessen, so würde ihm ihre dianenhafte Erscheinung ewig im Gedächtnis bleiben. Nein, wieder sehen würde er sie nicht. Wenn er ihr jetzt den Rücken kehrte, dann galt das für sein ganzes bisheriges Leben. Dreimal hatte das Schicksal ihn von der Galgenleiter springen lassen und er hielt es für kaum wahrscheinlich, dass dies ein viertes Mal geschah. Ehe er nicht mit Père Guillaume gesprochen hatte, wollte er keine konkreten Pläne machen, aber eines nahm er sich fest vor: Mit dem alten Lotterleben musste es vorbei sein – ein für alle Mal!
Fast mutete es ihn heimatlich an, als er schon von weitem Ninettes heiser bellenden Husten vernahm, dann ihre laute Stimme hörte.
»Sieur de Villon! Immer seid Ihr für eine Überraschung gut! Gestern noch hat Euer Vater gemeint, Ihr würdet diesmal vielleicht gleich nach Paris weiterreisen – aber nun seid Ihr da!«
»Ja, Ninette, hier bin ich und du bist inzwischen noch hübscher geworden. Wie viele Anträge hast du in diesem Sommer gekriegt?«
Der Alten gelang es doch tatsächlich, ein wenig rot zu werden.
»Ihr seid schon ein rechter Schwerenöter, Monsieur! Meinerseits wage ich gar nicht zu fragen, wie viele Herzen Ihr diesmal gebrochen habt.«
Villon stieg vom Pferd.
»Diesmal ist eher mir das Herz gebrochen worden …«
Aus dem Herrenhaus kam ihm schon mit wehender Soutane Père Guillaume entgegen.
»François, mein Lieber! Ich war schon dabei, dir eine Nachricht zu hinterlassen, aber das kann ich mir jetzt sparen.«
Sieur Brunel trat heran, verneigte sich leicht und versuchte, erfreut dreinzuschauen.
»Sieur de Villon, seid willkommen! Da habt Ihr Eurem Vater eine große Freude gemacht – bitte entschuldigt mich jetzt, habe einiges vorzubereiten.«
»Wenn ich ihn nicht hätte«, sagte sein Vater leise, »dann würde das Gut hier verkommen. Aber wie ist es dir ergangen? Warum hast du deine Stellung in Châteauneuf aufgegeben?«
Sie gingen ins Haus, während man draußen kurz vor Sonnenunter-

gang die letzte Fuhre mit Weizengarben ablud. Sie setzten sich und Père Guillaume seufzte tief.

»Wieder ist ein Jahr vergangen, mein Sohn, aber diesmal gibt es für dich endlich einmal gute Nachrichten. Am Vortag meiner Abreise ist die Begnadigungsschrift des Königs eingetroffen; vermutlich hat er sie noch während seines Paris-Aufenthalts unterzeichnet.«

»Endlich! Ich habe es satt, herumzuziehen, bin es überdrüssig geworden, meine Dienste wie saures Bier anzubieten. Was nun meine Arbeit in Châteauneuf betrifft, so wisst Ihr nur die Hälfte.«

Villon zog die Amnestie des Königs aus dem Wams und schob sie seinem Vater über den Tisch.

Stirnrunzelnd beugte er sich darüber und blickte dann auf.

»Aber warum, François, warum? Immer gerätst du in lebensbedrohliche Situationen! Der Bischof muss doch einen Grund gehabt haben, dich –«

Villon legte seine Hand auf den Arm des Vaters.

»Warum sollt Ihr nicht wissen, was im Bistum von Orléans die Spatzen von den Dächern pfeifen?«

So erfuhr der tief betroffene Père Guillaume von den Sünden seines Amtsbruders, doch er dachte an seine eigenen und wagte keine Kritik.

Villlon ahnte den Grund seines Schweigens.

»Darf ich offen sprechen, *mon père*? Vermutlich denkt Ihr jetzt an Eure Jugendsünde, deren Frucht hier vor Euch sitzt. Aber verzeiht, schon dieser Vergleich ist ungehörig! Kaum zum Priester geweiht, ein junger Mann voller Saft und Kraft, lebtet Ihr damals in häuslicher Gemeinschaft – aus der Kriegsnot geboren – mit meiner noch jüngeren Mutter. Da hätte es schon der Kraft eines heiligen Asketen bedurft, solchen Lockungen zu widerstehen. Ihr jedenfalls habt Euch zu Eurer Jugendsünde bekannt, habt mich adoptiert und ausbilden lassen. Aber dieser feine Herr in Orléans hat bei seinem hohen Amt nur die Rechte, nicht die Pflichten im Auge gehabt. Er wollte als Kirchenfürst prunkvoll residieren, ohne dabei auf weltliche Freuden zu verzichten. Auf seinem Schloss Sully lebt eine Frau, von der er drei Kinder hat, doch mit einer Matrone wollte er sich nicht be-

gnügen – nein, er hat die Zwangslage der verwitweten Hélaine d'Estienne schamlos ausgenützt. Als seine ›Nichte‹ durfte sie an seinen Banketten teilnehmen und sie musste zu einem Mann ins Bett steigen, der ihr Vater hätte sein können. Stolz auf seine junge Geliebte führte er sie den anderen vor, wie ein Gockel seine Lieblingshenne. Gut, er verlängerte ihren Lehensvertrag mit einer Klausel, die ihr als Frau gestattet, den Besitz für zehn weitere Jahre zu verwalten. Alles andere interessierte ihn nicht! Dass ihre Pachtbauern die Gunst der Stunde nutzten und sie kräftig übers Ohr hauten, hat ihren Besitz in kurzer Zeit fast zugrunde gerichtet. Sie hat mich dazu angestellt, Ordnung in das Chaos zu bringen und ich arbeitete für sie nicht aus Gefälligkeit, sondern weil ich das Geld brauchte. Dass sich daraus ein Liebesverhältnis ergab, will ich nicht leugnen, aber was ist Unrechtes daran? Wir beide waren frei und nur Gott Rechenschaft schuldig. Als man diesem feinen Herrn Bischof dann hinterbrachte, dass seine Geliebte ihre eigenen Wege ging, ergriff ihn ein unheiliger Zorn und er besann sich auf den Ärger, den er im Jahr zuvor mit mir hatte. Ihr wisst, wovon ich spreche? Es war die vom Duc d'Orléans ausgesprochene Amnestie, die mich aus dem bischöflichen Kerker befreite. Damals entzog ich mich durch schnelle Abreise seiner unchristlichen Rachsucht, aber als ich ihm dann die Geliebte abspenstig machte, traf mich sein voller Zorn. Ich will Euch mit meinen schlimmen Erlebnissen im Kerker von Meung nicht behelligen, aber Ihr dürft mir glauben, dass die Gefangenen dort schlimmer als Galeerensklaven behandelt werden. Zu meinem Glück und sicherlich auch mit Gottes gnädiger Hilfe wurde der neue König auf mich und mein Werk aufmerksam. Seine Zuträger haben ihm wohl hinterbracht, um welches ›Verbrechen‹ es sich bei mir handelte, sodass Seine Majestät – wider des Bischofs Erwarten – kurz in Meung Halt machte und die dortigen Gefangenen amnestierte. Das ist die Wahrheit, *mon père*, nun urteilt selbst.«
Dem guten Père Guillaume fiel es nicht schwer, seinen Sohn von aller Schuld freizusprechen. Villons etwas geschönter Bericht entsprach in den wichtigsten Punkten der Wahrheit und sein Herz wurde leicht, weil er diesmal seinen Vater nicht belügen musste.

Am nächsten Tag hatte ein leiser Regen eingesetzt, doch wenig später kam wieder die Sonne hervor und hüllte die gemähten Wiesen, die gelben Stoppelfelder und die mattgrauen Waldstücke in einen feucht glänzenden Mantel.

Vater und Sohn nutzten die Regenpause zu einem Ausritt auf den Calvaire, einen kleinen Hügel am Rande des Gutsbesitzes, den von altersher ein Kreuz zierte. Der steinerne Sockel war immer mit Feldblumen geschmückt; jetzt zur Erntezeit mit Garben von Korn oder einer Weinrebe. Unweit des Kreuzes stand eine alte, knorrig verwachsene Linde, um deren Stamm Père Guillaume eine Holzbank hatte zimmern lassen. Dort nahmen sie Platz. Schweigend betrachteten sie die spätsommerliche Landschaft, doch Villon spürte, dass seinen Vater etwas bedrückte, und so wartete er geduldig auf das erste Wort. Zuerst aber legte Père Guillaume seinen Arm um den Sohn und hielt ihn fest, als wolle er ihn am Weglaufen hindern.

»François, ich habe lange darüber nachgedacht, wie sich dein Lebensweg in ruhigere Bahnen lenken lässt. Mir scheint, du hast die unselige Eigenschaft, immer wieder ins Unglück zu tappen, was nicht zuletzt deinem Leichtsinn und einem allzu sorglosen Gemüt zu verdanken ist. Dass du dein auf der Universität Erworbenes zu nutzen weißt, hast du öfters bewiesen, aber genau besehen hättest du es nicht nötig. Schau doch mich an! Ich übe einen Beruf aus, der nun wahrhaftig nichts mit Gutsverwaltung zu tun hat, aber dieses Erbe ist mir nun einmal zugefallen und es wäre gegen Gottes Gebot, nicht mit seinen Pfunden zu wuchern.«

Er lächelte auf seine gütige und verständnisvolle Art.

»Meiner so genannten Jugendsünde habe ich es nun zu verdanken, dass es dich gibt und ich das von meinen Eltern Ererbte an dich weitergeben kann. Da drängt sich einem der Gedanke auf, an wen du es weitergeben kannst … Da du dich nun einmal für eine weltliche Laufbahn entschieden hast, solltest du auch der christlichen Tradition gehorchen, eine Familie zu gründen. Weißt du übrigens, wie alt ich jetzt bin?«

Villon rechnete blitzschnell zurück. Von verschiedenen Dokumenten her kannte er das Geburtsjahr anno 1398, also –

»Natürlich, *mon père*, Ihr seid jetzt dreiundsechzig und seht aus wie ein Mann von fünfzig.«
Da schoss gleich die Röte in das dicke, gutmütige Gesicht.
»Was du so redest, François … Aber es ändert nichts an der Tatsache, dass ich an der Schwelle zu den Siebzigern stehe, und du weißt, wie gnadenreich es allein schon ist, die fünfzig erreichen zu dürfen. Reden wir also nicht herum: Bald kann der Todesengel an meine Tür pochen und mir fiele der Abschied sehr viel leichter, wenn nicht nur ein einsamer Sohn, sondern eine junge Familie an meinem Grab stünde.«
»Aber, Vater, Ihr strotzt vor Gesundheit und habt nicht den geringsten Grund, jetzt schon an den Tod zu denken.«
»Das liegt allein in Gottes Hand, aber es kann nicht schaden, sich vorzusehen. Damit komme ich endlich zum Thema. Ich habe mich bei den Gutsbesitzern der Umgebung umgesehen und da gäbe es schon einige Töchter, die von Alter und Abstammung her zu dir passen würden.«
Warum sollte er seinem Vater widersprechen? So abwegig wäre es ja nicht, mit dreißig Jahren eine Familie zu gründen.
»Dafür danke ich Euch. Ihr müsst um Himmels willen nicht glauben, dass ich ein Feind der Ehe bin! Freilich war mein unstetes Leben nicht gerade der Boden, auf dem Familien gedeihen.«
Er gab sich einen Ruck und lächelte seinen Vater dankbar an.
»Aber damit ist es nun vorbei! Im kommenden Frühjahr werden wir gemeinsam hierher reisen und dann –«
»Aber warum nicht jetzt? Vor uns liegt fast noch der ganze September! Meist ist die Ernte schon eingebracht und ich schlage vor, dass wir uns einige der in Frage kommenden Damen anschauen.«
»Gerne, *mon père* – Ihr findet mich bereit.«
Ein wenig übertrieben war das schon, denn Villon musste sich mit dem Gedanken erst anfreunden und das war gar nicht so leicht. Andererseits: Was sprach dagegen? Dass Helena immer noch auf ihren Traumprinzen wartete und er dieser Prinz sein könnte? Warum nicht? Vielleicht hatte das Schicksal sie füreinander bestimmt und jetzt war der Zeitpunkt gekommen? Dann sah er das entsetzte Ge-

sicht seines Vaters: Eine entlaufene Nonne? Da sei Gott vor! Auf einer solchen Verbindung kann kein Segen ruhen! So würde Père Guillaume reden und denken, gemäß seinem Priesteramt, das er so ernst nahm wie kaum ein anderer. Im Übrigen lag die Begegnung mit der schönen Helena jetzt fünf Jahre zurück und wenn sie damals schon zu erkennen gab, dass sie niemals ihre Profess ablegen würde, so konnte inzwischen viel geschehen sein. Sei vernünftig, François, befahl er sich selbst. Du hast kritisch und folgerichtig zu denken gelernt, dann wende es jetzt einmal an. Aber die Träume der Menschen – ob im Wachen oder im Schlaf – entziehen sich solchen Befehlen, denn sie führen ihr eigenes Leben, fern aller Vernunft. Brachte er jetzt nicht alle Erfordernisse eines Traumprinzen mit? Er war von Adel, erbte ein ansehnliches Gut und konnte Helena das sorglose Leben einer Landedelfrau bieten. Doch er nahm sich fest vor, diese ungewissen, nebelhaften Pläne seinem Vater zu verschweigen.

Père Guillaume, froh über Villons Bereitschaft, eine Familie gründen zu wollen, begann eine emsige Tätigkeit und versandte an verschiedene in Frage kommende Familien eine Einladung. Er begründete sie damit, dass er den Nachbarn seinen künftigen Erben vorstellen wollte, nicht ohne dabei anzudeuten, dass François jetzt ernsthaft erwäge, eine Familie zu gründen. Jedermann wusste hier, dass es einen adoptierten Sohn gab, aber leider hatten auch die Gerüchte während der letzten Jahre ihre Wirkung getan.

In ländlichen Gebieten geht das Leben – anders als in Städten – einen gemächlicheren Gang und wenn in einer dörflichen Gemeinschaft kaum etwas verborgen bleibt, so gilt das auch für die oft miteinander verwandte und verschwägerte Sippe der Landbesitzer. Das mag etwa einen Umkreis von dreißig bis fünfzig Meilen betreffen – man besucht sich, hechelt die neuesten Ereignisse durch und am Ende weiß jeder, wer wo gestorben ist oder geboren wurde oder sich ehelich verbunden hat. Es ist ja nicht nur so, dass die Mitglieder der Gutsbesitzerfamilien diesen Austausch bewirken. Auch das Gesinde hat Verbindungen da oder dorthin und in solchen Kreisen gibt es kein verlockenderes Thema, als sich lang und breit über die Herrschaft auszulassen.

So war damals in kürzester Zeit bekannt geworden, dass Guillaume de Villon einen Jungen adoptiert hatte, über dessen Lebenslauf man in und um Sens ebenso gut Bescheid wusste wie im Viertel um das Kloster St. Benoît. Es ist kaum nachzuprüfen, auf welchem Weg sich das Gerücht verbreitet hatte, dass der frisch gebackene Magister Artium nach einiger Zeit krumme Wege eingeschlagen hatte, dass er in Paris auf der Fahndungsliste stand und jetzt ein unstetes Wanderleben führte. Auch Villons zweimaliger Kerkeraufenthalt beim Bischof von Orléans war nicht verborgen geblieben, wobei allein diese Tatsache schwerer wog als die beiden durch den Herzog von Orléans und den König von Frankreich erlassenen Amnestien. Im Allgemeinen gehen die Menschen von der Vermutung aus, dass keiner ohne Grund in ein Gefängnis gerät, und wenn ihn dann sogar ein König daraus befreit, so hat er eben Glück gehabt.
Das war es nun, was Villon anhing, und der gute Père Guillaume wunderte sich sehr, dass seiner Einladung nur zwei Familien folgten. Die drei anderen sagten unter höflichen Ausflüchten ab, doch der wahre Grund blieb ungenannt. Zum einen glaubten die meisten, Père Guillaume habe den Sohn einer früh verstorbenen entfernten Verwandten adoptiert und mochten ihn nicht als »echten« Villon anerkennen. Allen aber war mehr oder weniger Villons umtriebiges Leben bekannt, sodass sie in den künftigen Gutsbesitzer wenig Vertrauen setzten.
Dass nun zwei Familien dennoch der Einladung gefolgt waren, entsprach bei der einen – sie war mit vier Töchtern gesegnet – der Zwangslage, nun auch die letzte, Rosalie, unter die Haube zu bringen. Da gab es kaum noch eine Mitgift und so hatte man auch Villons schlechten Leumund dafür in Kauf genommen.
Die andere, Marie, entstammte einer angesehenen, jetzt aber verarmten Familie und hatte als Einzige ihre Geschwister überlebt. Sie empfand das als eine Gnade Gottes und setzte alles daran, in ein Kloster einzutreten – gegen den ausdrücklichen Willen ihrer Eltern. Zwar besaß sie keine Mitgift, hatte aber ein wenn auch schmales Erbteil zu erwarten und sollte – so hofften die Eltern – wenigstens in der Mutterlinie den Stamm erhalten.

Sie kam als Erste und Villon genügte ein Blick auf ihr verhuschtes Wesen, um sie als künftige Gattin auszuschließen. Da sie – zumindest vorerst – nicht Klosterfrau werden durfte, trug sie aus Trotz eine nonnenähnliche Kleidung mit langem schwarzem Rock, den ein mit Kreuzen besticktes Band gürtete. Ihr Haupt bedeckte ein dunkelblaues Tuch, das alle Haare verbarg und bis auf die Brust fiel, wo unübersehbar ein großes schmuckloses Kreuz prangte. Ihr Blick war stets gesenkt und haftete auf dem Boden, als gäbe es dort etwas zu entdecken, sodass Villon ihr Antlitz nur undeutlich wahrnehmen konnte.

Den Eltern war die Verzweiflung über die störrische Tochter anzumerken und ihr Vater nahm kein Blatt vor den Mund.

»Marie will nicht einsehen, dass sie auch als Frau und Mutter in einer christlichen Ehe nach Gottes Wohlgefallen leben kann. Zudem missachtet sie das vierte Gebot! Da ihre Geschwister schon im Kindesalter gestorben sind, hat Gott – und so sieht es auch ihr Beichtvater – ihr ein Zeichen gegeben, als Frau unseren Stamm fortzusetzen. Was uns verblieben ist, wird sie erben, aber wenn es nach ihr ginge, so wäre es die Mitgift für eine künftige Braut Christi. Nein und nochmals nein!«

Unsanft stieß er Marie an die Schulter.

»Jetzt zeige gefälligst nur ein einziges Mal dein Gesicht! Schließlich bist du nicht hässlich, wenn du auch alles tust, dich so erscheinen zu lassen.«

Doch Marie senkte ihren Kopf umso tiefer, sodass nur noch ihre bleiche Stirn zu sehen war.

Père Guillaume glaubte es seinem Stand schuldig zu sein, für dieses Verhalten ein wenig Verständnis aufzubringen. Mit leiser, gütiger Stimme redete er auf das Mädchen ein.

»Marie, ich halte es für gut möglich, dass du glaubst, Gottes Ruf zu verspüren, aber bedenke wohl, dass manchmal der Teufel mit uns sein Spielchen treibt. Er tut es oft so geschickt, dass nicht selten gelehrte geistliche Herren sich von ihm täuschen lassen. Da der Satan immer nur das Böse anstrebt und fürchtet, dabei durchschaut zu werden, so versucht er uns in die Irre zu führen, um sein Ziel zu erreichen. Vielleicht will er dich dazu verleiten, das vierte Gebot zu missachten, um damit in eurer Familie Unfrieden zu stiften, der eines Tages dazu führen könnte, dass deine Eltern dich verstoßen und enterben. Dann hättest du eine Gewissenslast zu tragen, die sich vielleicht auch für eine Nonne als zu schwer erwiese. Denke das in aller Ruhe durch, meine Tochter, und bete um Erleuchtung.«

Diese priesterlich mahnenden Worte blieben nicht ohne Wirkung auf Marie und ganz kurz hob sie ihren Kopf und schaute Père Guillaume erstaunt an.

Nein, dachte Villon, hässlich ist sie nicht, aber sie würde auch als Ehefrau ihr frömmlerisches Wesen nicht ablegen und es ihren Mann zeitlebens spüren lassen, dass sie gegen ihren Willen zur Heirat gezwungen worden war. Auch sein Vater war offenbar zu dieser Einsicht gelangt.

Als die Gäste gegangen waren, ließ Père Guillaume einen Krug Wein kommen und schenkte zwei Becher voll. Sie tranken schweigend. Villon sah, wie über das Gesicht seines Vaters ein wehmütiges Lächeln huschte.

»Arme Marie! Mir scheint, sie ist in ihrem derzeitigen Zustand weder zur Nonne noch zur Ehefrau geeignet. Wahrscheinlich weiß sie nur, was sie nicht will, und sie wäre dir als Ehefrau eine schwer zu tragende Last.«

Villon atmete auf.

»Ich danke für Euer Verständnis, *mon père*. Vielleicht haben wir bei Rosalie mehr Glück.«

Zuerst sah es fast so aus. Das noch sehr junge Mädchen blickte keck und fröhlich in die Welt, gab schnippische Antworten, doch schön konnte man sie beim besten Willen nicht nennen. Dies ist freilich ein relativer Begriff, der sich sowohl nach dem Zeitgeschmack wie auch nach dem persönlichen Empfinden richtet. Das überaus schmale Gesicht beherrschten zwei große, farblose Augen, die ein wenig hervorquollen. Eine bleiche hohe Stirn zog dieses Antlitz noch mehr in die Länge, zu dem ein schmaler Mund besser gepasst hätte als die breiten, vollen Lippen, die sich niemals ganz schlossen und riesige, stark vorstehende Nagezähne entblößten. Viele Männer hätten sich nicht daran gestört, weil Ehen meist aus Vernunft- und Familiengründen geschlossen wurden, doch die gab es hier nicht. Es war weder eine nennenswerte Mitgift zu erwarten noch versprach die Verbindung mit ihrer wenig angesehenen Familie irgendwelche Vorteile. Père Guillaume brachte es fertig, diese Leute mit höflichen, ein wenig hoffnungsvollen Worten zu verabschieden. Danach schlug Villon vor:

»*Mon père*, ich glaube, wir sollten uns noch etwas Zeit für solche Pläne lassen und uns in Paris umschauen. Die meisten unserer hiesigen Nachbarn haben sich von falschen Gerüchten aufhetzen lassen und ich fürchte, es wird eine Weile dauern, bis die Tatsachen für uns sprechen.«

Père Guillaume stimmte dem zu und sie setzten für Ende September ihre Abreise fest.

Villon war kein Mensch, der besonders auf seinen Körper achtete oder gar misstrauisch in sich hineinhorchte und jedes Wehwehchen ernst nahm. Aber nun war es nicht mehr wegzuleugnen, dass er sich im feuchten und lichtlosen Kerker von Meung einen körperlichen Schaden zugezogen hatte. Seither quälten ihn ruhrähnliche Erscheinungen und ein Dauerhusten, der sich jetzt, da die ersten kalten Herbstwinde aufkamen, noch wesentlich verstärkte. Was lag also näher, als die viel gerühmte *herbière* Marie kommen zu lassen?

Seit sie den Bischof von Sens geheilt hatte, genoss sie hohes Ansehen, wenn auch die Bader sie mit scheelen Augen betrachteten. Doch Marie hütete sich, ihnen ins Handwerk zu pfuschen, und lehnte jede Art von chirurgischen Eingriffen ab. Auf den ersten Blick schien sie von stillem, unscheinbarem Wesen, aber wenn sie sich länger in einem Raum aufhielt, spürte man die von ihr ausgehende Kraft.

Sie mochte jetzt um die vierzig oder auch älter sein, kleidete sich einfach und trug keinen Schmuck. Aber sie hätte weder auffallender Kleidung noch gleißender Juwelen bedurft, denn ihre großen saphirblauen und wie Sterne strahlenden Augen zogen alle Blicke auf sich. Villon erschien es seltsam, dass diese Augensterne bar jeden

Ausdrucks waren. Weder Strenge noch Güte, nicht Hochmut oder Mitgefühl lagen in diesem Blick, der aber dennoch Vertrauen erweckte. Marie schaute die Menschen an und schien damit zu sagen: Ich bin für dich da, wer du auch bist – ob Mann, Frau oder Kind, ob alt oder jung, schön oder hässlich – ich bin für dich da!
Sie befahl Villon, stark zu husten, was ihm nicht schwer fiel, und presste dabei ihr Ohr auf seinen nackten Rücken.
»Es sind die Lungen«, sagte sie und nickte dazu. Wegen seines Durchfalls fragte sie ihn, ob er kürzlich etwas Verdorbenes gegessen habe.
»Es ist schon eine Weile her, da war ich Gast beim Bischof von Orléans. Leider entsprach seine Tafel nicht seinem hohen Rang und ich wurde mit schimmligem Brot, fauligem Obst und anderen verdorbenen Küchenabfällen mehr als dürftig ernährt.«
»Das klingt nach Gefängniskost«, bemerkte Marie und begann in ihrem Kräutersack zu kramen.
»Versucht künftig fette und schwere Speisen zu meiden, esst auch kein saures Obst und trinkt nur roten Wein.«
Dann mischte sie mit ruhigen, sicheren Bewegungen einige pulverisierte Kräuter und füllte die Arznei in ein Leinensäckchen.
»Das ist eine Mischung aus Salbei, Johanniskraut und Blutwurz. Gebt davon mehrmals am Tag einen halben Löffel in Wein oder Wasser und mengt es gut durch. Nach spätestens zehn Tagen müsste Euer Leiden behoben sein. Gegen Eure Pulmonie kann ich wenig tun. Diese Krankheit holt man sich in feuchten, schlecht durchlüfteten Wohnungen oder in Eurem Fall …«
»Aus lichtlosen feuchten Kerkern? Oder von Reisen im Winter, wenn man gezwungen ist, stundenlang regennasse Kleidung zu tragen und dann noch in zugigen Scheunen nächtigen muss?«
»Ja, mein Herr, das träfe zu. Ihr könnt abwechselnd einen Tee aus *Bouillon blanc* oder *pulmonaire* trinken, das wird den Husten erleichtern, die Krankheit aber nicht heilen.«
Sie wog mit einer Handwaage die Blätter der Königskerze und des Lungenkrauts ab. Das geforderte Entgelt schien Villon so dürftig, dass er es von sich aus verdoppelte. Sie steckte es ein, ohne genau hinzusehen. Geld schien ihr nicht viel zu bedeuten. Neben ihrem

Kräutersack trug Marie noch einen abgewetzten Lederbeutel mit sich, in dem es seltsam klang und klirrte, als sie ihn hochhob.
Villon, der nichts von seiner Neugier verloren hatte, deutete fragend darauf.
»Da ist nichts für mich drin?«
Sie stellte den Beutel wieder auf den Boden.
»Nichts, woran Ihr glaubt.«
»Woher willst du das wissen?«
»Das ist etwas fürs Volk und nicht für gelehrte Herren.«
»Du könntest meiner Gelehrsamkeit etwas aufhelfen ...«
Sie nickte und öffnete den mehrfach verschnürten Beutel. Dann nahm sie Stück um Stück heraus und legte es mit einer kurzen Erklärung auf den Tisch.
»Das ist ein Drudenstein – mit einem kleinen Loch in der Mitte.«
Villon fand nichts Besonderes daran.
»Das ist ein Schlangenstein.«
Sie hob ihn hoch und Villon sah etwas spiralig Eingerolltes und offenbar zu Stein Erstarrtes.
»Soll gut gegen die Pest sein ...«
Beim nächsten Stück zögerte sie etwas.
»Das geht eigentlich nur Frauen etwas an – wir nennen es einen Schamstein, manche sagen auch Mutterstein.«
Villon nahm ihr das Stück aus der Hand und es sah tatsächlich aus wie ein weibliches Geschlechtsteil.
»Wozu soll es gut sein?«
»Gegen Frauenkrankheiten, soll auch die Fruchtbarkeit fördern.«
»Wer daran glaubt ...«
»Ja, darauf kommt es an. Wollt Ihr noch etwas sehen?«
»Wenn es Euch nichts ausmacht ...«
»Das ist ein Drachenstein – hilft gegen viele Krankheiten, schützt vor Hexerei; der Zungenstein hier wirkt gegen Gift aller Art; der Luchsstein gegen Augenkrankheiten bei Mensch und Tier. Wer einen Gewitterstein bei sich trägt, ist gegen den Blitz gefeit, der Krötenstein hilft gegen Bienen- und Wespenstiche; die Sternsteine –«
»Halt, Marie, halt! Ich kann mir das nicht alles merken; jedenfalls

trägst du da einen ganzen Sack Wissen mit dir herum. Wenn du einen dieser Steine anwendest, sagst du dazu einen magischen Spruch?«

»Das hat mich der Bischof auch gefragt. Ich glaube nicht an Magie und Zauberei und denke, dass der Teufel nur Macht über uns gewinnen kann, wenn wir uns von Gott abwenden.«

Als sie gegangen war, kam Père Guillaume ins Zimmer.

»Ich halte nichts von dieser Hexe, François. Du hättest sie nicht rufen sollen.«

»Das ist keine Hexe, *mon père*, sondern eine Frau, die viel von Krankheiten versteht und auf die Kräfte der Natur vertraut. Sie ist das Gegenteil von sich gelehrt gebenden Quacksalbern, die am Ende von ihren Kranken verlangen, eine lebendige Kröte zu schlucken.«

»Da kann man unterschiedlicher Meinung sein, aber du wirst ja selbst sehen, wie weit du mit ihrer Medizin kommst.«

Villon lachte.

»Zurzeit kann ich mir keine bessere Medizin denken als eine Reise nach Paris.«

Père Guillaume schaute seinen Sohn nachdenklich an.

»Zum Landleben scheinst du mir wenig geeignet. Wenn du dein Erbe übernimmst, dann wirst du es wohl so halten wie ich: In Paris einen Beruf ausüben und mehrmals im Jahr auf dem Gut nach dem Rechten sehen. Aber welchen Beruf, François? Woran hast du gedacht?«

»Das wird sich finden, *mon père* ...«

20

Paris! Ihm schien, als hätte er die Stadt erst gestern verlassen, doch dieses Gestern hatte vier Jahre gedauert. Was erwartete ihn hier? Welchem Beruf sollte er sich zuwenden? Gab es für einen François Villon überhaupt noch die Möglichkeit einer beruflichen Tätigkeit?

Er fürchtete, dass seine Vergangenheit in den Akten des Châtelet noch sehr lebendig war und daran änderte auch der Gnadenbrief des Königs nichts. Gerade hier in Paris tat man alles, um die königlichen Verfügungen zu umgehen oder ihnen entgegenzuwirken. Das Recht ging manchmal recht krumme Wege – wer konnte das besser wissen als der davon heftig gebeutelte Villon? Um nie mehr damit in Berührung zu kommen, hätte er sich einschließen müssen wie ein Eremit und selbst dann wäre er vor Justitias blindem Zugriff nicht ganz sicher gewesen.

Père Guillaume machte sich gleich daran, für seinen Sohn eine angemessene Beschäftigung zu finden, doch Magistri Artium schien es wie Sand am Meer zu geben und jedes Jahr gebaren die Universitäten im Dutzend neue davon. Villon versuchte Anschluss an seinen alten Freundeskreis zu gewinnen, doch den gab es nicht mehr. Soweit sie der Coquille angehört hatten, waren sie verschwunden, übergelaufen, am Galgen oder auf Galeeren gelandet. Die Schicksale der Frauen und Mädchen nahmen eine andere Richtung: Sie hatten geheiratet oder waren in der Gosse oder im Spinnhaus geendet. Die dicke Margot gab es noch, sie hatte ein Hurenhaus gegründet, zahlte den Behörden gesalzene Schutzgelder und hatte einen stockdummen, aber recht kräftigen Kerl geheiratet, der in ihrem Haus für Ruhe sorgte.

Nein, diesem Kreis fühlte sich Villon nicht mehr zugehörig, doch zu seinem Erstaunen öffnete sich ihm eine andere Welt – die seiner Bewunderer. In welche Kneipe er am Abend auch ging, sein Name war in aller Munde und überall trug man seine Lieder vor. Seine? Er musste feststellen, dass da manches unterkam, das nicht von ihm stammte oder das man aus Teilen seiner Lieder neu geformt hatte. Zuerst belustigte es ihn, doch dann wurde es ihm zuwider und er gab sich zu erkennen.

Was? Villon ist wieder in Paris? *Vive le poète!* So schallte es ihm entgegen und nicht selten geschah es, dass ihn Unbekannte auf die Schultern nahmen und im Triumph herumtrugen. Er ließ es sich gefallen, war gerührt, verwundert, erfreut, doch musste er immer häufiger erleben, dass ein Kerl seine verstimmte Laute nahm, sich in der

Kneipe auf einen Tisch setzte und frech behauptete, er gebe jetzt ein Lied »unseres verehrten François Villon« zum Besten. Dann sang er mit misstönender Stimme irgendein billiges Gossenlied. Zuerst zeigte Villon sich davon erheitert, aber als er dergleichen immer öfter hören musste, schlug seine anfängliche Belustigung in Ärger um.
Villons Andenken wurde besonders in seinen früheren Stammkneipen gepflegt, also im »Pomme de Pin«, im »Espé de Bois« und im »Homme d'Arme«. In Letzterem kam es schon so weit, dass man seine Lieder um die Wette vortrug, wobei allerdings gut die Hälfte davon nicht aus seiner Feder geflossen war.
Er hatte sich einiges angehört, noch stehend, in der Nähe des Eingangs, als ihn jemand am Arm berührte. Er wandte sich um, blickte in ein noch junges fröhliches Gesicht und erkannte sofort den Gehilfen des Buchhändlers wieder, der ihm damals den Musenhof in Angers in leuchtenden Farben geschildert hatte.
»Seid Ihr's oder seid Ihr's nicht?«
»Habe ich mich so verändert?«
Der junge Mann blickte verlegen drein.
»Ein wenig schon ...«
»Du nicht – oder muss ich jetzt »Ihr« sagen?«
»Nein, nein, um Himmels willen! Zwar bin ich seit einem Jahr kein Gehilfe mehr, sondern habe die Tochter meines Chefs geheiratet, aber –«
»Meinen Glückwunsch! Wie war doch gleich –?«
»Jacques – für Euch nur Jacques oder Jacquot, wenn Ihr wollt.«
»Nein, ein Hänschen bist du jetzt nicht mehr. Darf ich dich zu einem Krug Wein –?«
»Nein – nein! Ich bin es, der Euch einlädt, denn nicht zuletzt Euren Werken haben wir Buchhändler einen satten Gewinn zu verdanken.«
Jacques war im »Homme d'Arme« offenbar ein geehrter Stammgast, denn man quetschte noch ein Tischchen mit zwei Stühlen in eine Wandnische.
»Stört es euch *bouquinistes* nicht, dass etwa die Hälfte von dem, was hier umgeht, nicht von mir stammt?«

Jacques wiegte seinen Kopf.
»Es ist nicht immer leicht, die tauben Erbsen herauszulesen. Ihr seid an die vier Jahre nicht mehr aufgetaucht, bis in letzter Zeit die Kunde kam, dass unser neuer König Euch nicht nur aus einer fatalen Lage befreit hat, sondern Euer Werk über alle Maßen schätzt. Da hat natürlich gleich jeder in unserer Zunft seine Vorräte nach Euren Liedern durchstöbert und wo man nichts fand, hat man einfach irgendwelche schmissigen Gassenhauer als Euer Werk ausgegeben. Wenn einer hier Ordnung schaffen könnte, dann seid Ihr es!«
»Ist es die Mühe wert?«
»Aber ich bitte Euch!«
Unverhohlene Neugier strahlte aus Jacques' Gesicht. Er beugte seinen Kopf vor, um bei dem Lärm ringsum ja kein Wort zu verfehlen.
»Da wir schon dabei sind: Hat man neben Euren Liedern auch Euren Lebensweg verfälscht? Stimmt es, dass Ihr an den Fürstenhöfen von Angers, Moulins und Blois sozusagen als Hofpoet gewirkt habt?«
Villon winkte ab.
»Ganz so war es nicht. Das mir von Euch empfohlene Angers wollte wenig von mir wissen, während mich in Blois Herzog Charles d'Orléans tatsächlich zum *poète de la cour* abrichten wollte, was ihm aber nicht recht gelang. Nun, wir schieden in Freundschaft und dass mir der hohe Herr gewogen blieb, hat er später auf eindrucksvolle Weise bezeugt.«
»Wie ist das zu verstehen?«
»Des Herzogs Machtwort hat mich aus den Fängen des Bischofs von Orléans befreit.«
»Aber es hieß doch, der König selbst habe Euch –«
»Das war beim zweiten Mal – aber reden wir nicht mehr davon, auch nicht davon, was ich in Moulins erlebte, am so genannten Musenhof von Jean de Bourbon.«
»Wie Ihr wollt … Aber stimmt es tatsächlich, dass Ihr Eure Gefangenschaft in Meung-sur-Loire der Eifersucht des Bischofs zu verdanken habt? Man spricht hier ganz offen davon, aber je weitere Kreise diese Geschichte zieht, desto bunter wird sie wohl ausgeschmückt.«

»Mein lieber Jacques, es ist sogar so, dass spätere Gerüchte manchmal nur ein Abglanz dessen sind, was tatsächlich geschehen ist. Lassen wir es dabei.«

Sie schwiegen und lauschten einem Lied, das ein älterer Mann mit klangvoller Stimme vortrug und das er zuvor als »neuestes Werk unseres genialen Villon« angekündigt hatte. Es war ein Gemengsel aus einigen seiner Lieder mit fremden Einschüben, manchmal auch für einfache Gemüter aufs Wesentliche zurechtgestutzt.

Villon grinste Jacques aufmunternd an.

»Das wäre doch eine Gelegenheit, mich anzukündigen ...«

Der *bouquiniste* strahlte, sprang auf, fasste den Sänger derb am Arm und wandte sich an die zum Teil laut protestierenden Zuhörer.

»Nur ruhig, meine Freunde, wenn ihr hört, was ich zu sagen habe, werdet ihr mir – und nicht nur mir! – gleich zujubeln. François Villon ist nicht nur nach Paris zurückgekehrt – er weilt hier unter uns!«

Villon stand auf, ging in die Mitte und verneigte sich.

»Ja, meine Freunde, Paris hat mich wieder! Eines habe ich vor allem auf meinen Wanderwegen gelernt: Wer hier geboren ist, empfindet diese Stadt als eine Mutter und es zieht ihn unaufhaltsam wieder zurück in ihren Schoß. Was man unter meinem Namen vorträgt, ist manchmal Wildwuchs, aber jetzt, da ich wieder hier bin, werde ich die Schere ansetzen und alle fremden Triebe wegschneiden. Ich möchte jetzt etwas vortragen, das ein Licht auf meine Wanderjahre wirft und euch zeigen soll, dass Villon während dieser Zeit vom Schicksal zurechtgestutzt wurde, was nicht immer ein Schaden ist ... Darf ich?«

Er nahm seinem Vorsänger die Laute aus der Hand, schlug ein paar Akkorde, hustete, räusperte sich kräftig und sang:

»Des ganzen Lebens schwarze Litanei,
vom Mutterleibe bis zum Todesschrei,
die langen Wanderungen durch die kalten
Gelächter aller Menschen und zuletzt
der Streich des Henkers, haben böse Falten

in mein Gesicht gemacht, mich so herumgehetzt
wie Wölfe, fort aus einem warmen Nest gejagt
und nie nach meinem Leid gefragt.

Mir hats die Augen müder noch gemacht,
als alle Schriften, die ich manche Nacht
gelesen habe in der Klosterzelle.
Und bin ich auch gewandert ohne Kreuz und Stab,
es sprang der Bach im Feld mit froher Welle
an mir vorüber und auch grüne Waldung gab
mir das Geleit zu allen Jahreszeiten
bis tief hinein in die wildfremden Weiten.

Nicht immer brauchen oben Sterne sein,
Gott kommt auch mit den schwarzen Wolken überein.
Er hat noch jedem seinen Sarg gegeben
Und gab der Jugend einen hellen Mut.
Wie mancher führt im Mai ein Lasterleben
Und der November nimmt ihn auf in eines Klosters Hut.
Dort fliegen Engel ein und aus
als wärs ein Tauben- oder Hurenhaus.

Und wünscht auch mancher jetzt schon meinen Tod;
Es kommt zuletzt ein großes Morgenrot,
dort wird gezählt und abgewogen,
und wer mich quälte, wird die Prüfung nicht bestehn.
Um ihre Freuden sind die Herren jetzt betrogen
sie werden dunkle Straßen gehen,
dort blühen keine Blumen mehr,
dort sind nur Steine kalt und leer.«

Da gab es betroffene Gesichter, doch am Ende erzitterte die Kneipe unter brausendem Beifall. Als er dem anderen die Laute zurückgeben wollte, spreizte der Mann die Hände.
»Nein, nein, Maître Villon, jetzt, da Ihr die Laute schon in Händen

habt, müsst Ihr noch etwas zum Besten geben – vielleicht etwas über unsere Frauen …«
Villon nickte.

»Sie alle waren tugendsam,
sie waren brav und taten groß.
Mit Recht auch, denn zu Anfang kam
nur einer, der die Gunst genoss,
ein Mönch hier, wer will sie verdammen,
ein Weltmann dort, der ihr so teuer,
zu löschen ihre Liebesflammen,
noch heißer als Sankt Antonsfeuer.

Erst suchen, ganz nach solch Dekret,
sie einen Freund mit Lockenhaar
und ziehen heimlich ihn ins Bett,
kein Dritter noch im Spiele war.
Doch solche Liebe geht vorbei,
die erst nur bei dem einen blieb,
lässt ihn jetzt stehn und fühlt sich frei
und hätt am liebsten alle lieb.

Und woher kommt's? Es ist wohl nur,
ich möchte keiner Unrecht tun,
der Trieb der weiblichen Natur,
die Liebe lässt sie niemals ruhn.
Da passt kein andrer Spruch hierher,
zu Reims und Trois heißt's, einerlei,
in Lille und auch in Saint Omer:
›Sechs Knechte schaffen mehr als drei.‹«

Da klatschten allerdings nur die Männer, während die anwesenden Damen – ein gutes Dutzend vielleicht – empörte, meist nicht ernst gemeinte Rufe ausstießen. Villon hob versöhnlich die Hand.
»Verehrte Damen, verzeiht, wenn ich diesmal nur die eine Seite auf-

gedeckt habe. Beim nächsten Mal werdet ihr ein solches Loblied auf eure Tugend hören, dass die Kerle hier beschämt ihre Schwänze einziehen werden.«

»Na, da bin ich aber neugierig!«, rief eine heisere Frauenstimme und eine andere höhnte: »Die Schwänze einziehen? Das bringt doch keiner von diesen Hurenböcken fertig – da müsste man sie ihnen schon abschneiden!«

Ja, das kam an und ein brausendes Gelächter füllte die Kneipe bis in den letzten Winkel.

Für den nächsten Tag hatte sich Villon mit Jacques in dessen Laden verabredet, der nahe der Seine gegenüber der Kathedrale lag.

»Ein guter Platz«, lobte Villon, doch Jacques schüttelte bedauernd den Kopf.

»So gut auch wieder nicht. Der Grund hier gehört der Stadt und Ihr werdet es nicht glauben, wenn ich Euch den Pachtpreis nenne.«

»Gut, ich glaub's auch so. Jetzt zeige mir einmal, was du unter meinem Namen auf Lager hast.«

Jacques, dessen Schwiegervater vor kurzem gestorben war, beschäftigte nun seinerseits einen Gehilfen, der Villon mit großen Augen anstaunte wie eine Jahrmarktsattraktion. Villon zog den vielleicht Sechzehnjährigen aus Spaß am Ohr.

»Ich bin kein Gespenst, *mon petit garçon*, sondern ein Mensch aus Fleisch und Blut, der sich von anderen nur dadurch unterscheidet, dass er ein wenig dichten kann. Das ist auch nichts Besonderes – andere können dafür etwas anderes.«

Jacques lachte laut heraus.

»Ihr bringt's auf den Punkt, Maître.«

Dann suchten sie die Blätter mit Villons Namen heraus, die in drei Preiskategorien angeboten wurden. Da gab es die dünnen Bögen aus der Papiermühle von Troyes, auf die ein Kopist in schmuckloser Schrift mit schwarzer Tinte drei bis vier Strophen hingesetzt hatte. Etwas teurer waren die Blätter aus einer kleinen feinen Papierfabrik, die hauptsächlich das Quartier Latin belieferte. Da hatten sich begabte Schönschreiber schon mehr Mühe gegeben und die Initialen sehr kunstvoll und vielfarbig angelegt. Dann aber holte Jacques mit feierlichen Bewegungen ein geheftetes Pergament aus einer verschlossenen Truhe. Er legte es so behutsam in Villons Hände, als sei es zerbrechlich.

»Wisst Ihr, was das ist?«

»Jedenfalls kein Papier – das sind Pergamentblätter.«

»Richtig, und zwar mit einem Dutzend Eurer frühen Gedichte und Balladen. Da findet Ihr die Balladen der guten Ratschläge, der Sprichwörter, der Redensarten und was sonst noch in Eurer ersten Pariser Zeit entstanden ist. Schaut Euch das Schriftbild und die Initialen an! Das stammt aus der Werkstatt des Clément Thibault in Bourges, der vorwiegend für Fürstenhäuser arbeitet. Freilich ist es kein jungfräuliches Pergament, sondern es stammt aus einem Codex rescriptus, ist aber sehr sorgfältig wieder aufbereitet worden. Seht es Euch genau an!«

Villon nickte beifällig.

»Ausgezeichnete Arbeit!«

Doch er verschwieg aus Höflichkeit, dass sein scharfes und geübtes Auge noch Reste der alten Beschriftung entdeckt hatte. Natürlich kannte er das Verfahren, bei dem alte, vor Jahrzehnten oder auch Jahrhunderten beschriftete Pergamentblätter mit feinkörnigem Bimsstein so lange abgerieben wurden, bis der alte Text spurlos – oder so spurlos wie möglich – verschwunden war. Er selbst dachte mit Beschämung an seine Fälschertätigkeit in Orléans, bei der es oft nötig war, Worte oder Zeilen eines früheren Textes auszulöschen. Er legte das Heft in Jacques' Hände zurück.

»Ich frage mich nur, woher diese zahlreichen Codici kommen. Von dem, was einmal auf Pergament niedergelegt ist, darf man wohl annehmen, dass es über Jahrhunderte Geltung hat, aber mir scheint, dass manches dieser Schriftstücke gar nicht so alt ist …«

»Ja, da habt Ihr Recht, aber das liegt an den unruhigen Zeiten, die hinter uns liegen. Bedenkt nur, wie viele der zahlreichen von Engländern oder Burgundern ausgestellten Dokumente im neuen Frankreich ungültig geworden sind. Da reisen gerissene Aufkäufer im Land herum und kaufen ganze Wagenladungen solcher Schriftstücke zu-

sammen. In den großen Städten, besonders aber in Paris, herrscht ein unstillbarer Bedarf danach und die Gewinnspanne ist gewaltig.«
»Wer zur richtigen Zeit das Richtige tut …«
Dazu gehörten auch jene, die Villons Anwesenheit ausnutzen wollten, und so erhielt er von mehreren Seiten Angebote, an der Kopie seiner Werke eigenhändig mitzuwirken. Die wenigsten Buchhändler in Paris konnten sich eigene Kopisten leisten, aber dafür waren Werkstätten entstanden, die nichts anderes taten, als diesen steigenden Bedarf zu decken.
Aber auch Père Guillaume war tätig geworden und hatte bei Pièrre Fournier, dem *procurateur* des Klosters St. Benoît, eine Stelle als Hilfsschreiber aufgetan.
»Das ist nur vorläufig, François, bis wir für dich etwas Besseres gefunden haben. Die Entlohnung ist zwar bescheiden, aber es wäre ein Anfang gemacht.«
Nein, dachte Villon, als Hilfsschreiber lasse ich mich niemals wieder missbrauchen. Aber wie sollte er das seinem Vater beibringen?
»Herzlichen Dank, *mon père*, aber ich habe inzwischen selbst einige Angebote bekommen, in leitender Stellung an der Herstellung von Büchern mitzuwirken. Das heißt, ich werde die Kopisten und Illustratoren überwachen – mit einem Wort, ich begleite das Entstehen eines Buches von der Wiege bis zum Erwachsenendasein. Eine verantwortungsvolle, abwechslungsreiche Tätigkeit und überdies gut bezahlt. Vielleicht habe ich es meinem Erfolg bei Seiner Majestät zu verdanken. Das hat sich herumgesprochen …«
Père Guillaume seufzte auf seine ihm eigene, nachsichtig-verzeihende Art.
»Es ist nicht das, was ich mir für deine Zukunft erwünscht hätte, doch der Mensch plant und Gott lenkt ihn nach seinem unerforschlichen Willen in eine andere, ihm vielleicht gemäßere Richtung. Wahrscheinlich war dir dein Poetenberuf schon in die Wiege gelegt und jetzt kann man nicht mehr sagen, dass er brotlos ist.«
»Jetzt nicht mehr, lieber Vater, lange genug hat es gedauert.«
Wenn Villon vorhin von »einigen Angeboten« gesprochen hatte, dann war es tatsächlich schon entschieden, welches er annehmen

würde. Die Schreibwerkstatt der *veuve* Masson in der seiner Wohnung nahe gelegenen Rue St. Etienne hatte ihm nicht nur eine gelegentliche Mitarbeit, sondern eine ordentliche, gut entlohnte Stellung angeboten.

Die Witwe Berthe Masson erwies sich als eine energische Dame um die vierzig, die es – wie Villon bald erfuhr – nicht leicht gehabt hatte, die Schreibwerkstatt ihres vor vier Jahren verstorbenen Mannes zu übernehmen. Zwei unmündige Kinder, damals sechs und acht Jahre alt, waren zu versorgen und der am längsten tätige Kopist, als Aufseher über die anderen vier Schreiber gesetzt, erwies sich als hartnäckiger Bewerber um die Hand der Witwe Masson. Die aber entließ ihn und übernahm selbst die Aufsicht über die anderen, die es ihr dankten, nicht arbeitslos geworden zu sein. Nach Abzug der Engländer gab es neuen Aufschwung; die stark entvölkerte Stadt erlebte einen stetigen Zuzug und als Berthe Masson erkannte, dass damit eine Welle von Rechtsstreitigkeiten einsetzte, stellte sie einen geschickten Advokaten ein. Der Grund für diese Entwicklung lag darin, dass viele der »Neubürger« im Grunde gar keine waren. Sie hatten damals vor den Engländern und Burgundern die Flucht ergriffen und fanden nun, bei ihrer Rückkehr, die eigenen Häuser besetzt, ihre Gärten von anderen genutzt. Um Klienten zu gewinnen, machte Berthe Masson das verlockende Angebot, erst Kosten zu berechnen, wenn der Fall vor Gericht ausgetragen wurde. Zudem hatte sie einen Schreiber angestellt, der ausschließlich für Briefe von Schreibunkundigen an Verwandte, Behörden und andere Adressaten zuständig war.

Kurz und gut, die *veuve* Masson war in allen ihren Unternehmungen sehr erfolgreich und hatte stets ein offenes Ohr, wenn die Nachfrage nach den Werken eines bestimmten Poeten anstieg. In diesem Fall sagte sie sich, warum nicht gleich den Schöpfer der Werke dazukaufen? Aber das waren Überlegungen im Stillen, denn als Villon in ihre Werkstatt kam, ließ sie Hochachtung und Bewunderung erkennen, die auf ihn einen umso größeren Eindruck machten, als sie ohne Überschwang in kurzen treffenden Worten geäußert wurden.

Seit dem Tod ihres Gatten trug Madame Masson Witwenkleidung, die sie aber von Jahr zu Jahr durch subtile Farbgebung abmilderte. So wurde aus dem strengen Schwarz ein lichtes Grau, das sich – als Villon sie kennen lernte – zu einem nicht allzu dunklen Blau gewandelt hatte. Auch die frühere Schmucklosigkeit machte einer wenn auch sparsamen Verwendung von Ringen, Perlenketten und Armbändern Platz.
Als Herrin über ein halbes Dutzend männlicher Angestellte hatte sich Madame Masson eine strenge, entschlossene Miene angewöhnt und es fiel ihr immer schwerer, diese quasi berufliche Mimik im Kreis ihrer Familie abzulegen. Christine, ihre jetzt zehnjährige Tochter, wurde von einem Hauslehrer unterrichtet; Charlot, der zwölfjährige Sohn, besuchte die Lateinschule der zuständigen Pfarrei St. Hilaire. Die Zusammenarbeit mit der Witwe Masson entwickelte sich so erfreulich, dass sie Villon anbot, in ihrem Haus zu wohnen, was er – schon aus Rücksicht auf seinen Vater – zwar nicht durchweg ablehnte, aber auf gelegentliche Nächtigungen beschränkte, wenn sich die Arbeit bis in die Nacht hineinzog.
Berthe Masson hatte während ihrer Witwenzeit – wenigstens bisher – jede Annäherung eines männlichen Wesens abgewiesen. Weder wollte sie sich wieder verheiraten, noch hatte sie ein Bedürfnis nach intimem Umgang mit Männern. Um genau zu sein: Dieses Bedürfnis war bei ihr niemals sehr ausgeprägt gewesen. Die Heirat war von den Eltern arrangiert worden und sie hatte beim ehelichen Umgang mit dem um einiges älteren Monsieur Masson niemals etwas empfunden, das nur entfernt an sexuelle Lust erinnert hätte. Sie erfüllte getreulich ihre ehelichen Pflichten, bei Tag und bei Nacht, und ihr Gemahl hatte nicht den geringsten Grund, am Verhalten seiner Frau etwas auszusetzen. In Gesprächen mit anderen Ehefrauen fühlte Berthe sich darin bestätigt, dass von einer ehelichen Gemeinschaft über das Gefühl der Geborgenheit und der Freude an den Kindern hinaus nichts zu erwarten sei. Bei Männern, so ging in diesen Kreisen die Rede, hatte die Natur wohl etwas anderes im Sinn gehabt; für sie war offenbar der geschlechtliche Umgang eine absolute Notwendigkeit und wenn dies durch Schwangerschaft oder Krankheit

der Gattin eine Einschränkung erfuhr, dann suchten sie eines jener Häuser auf, deren Namen eine ehrbare Ehefrau weder zur Kenntnis noch in den Mund nahm.

Villon hatte in der Schreibwerkstatt eine Reihe von Aufgaben übernommen, die ihn kaum überforderten und die seinen Kenntnissen und Fähigkeiten durchaus entgegenkamen. Er führte für alle kopierten Texte eine mehr oder weniger gründliche Schlussredaktion durch – mit seiner eigenen Arbeit nahm er es besonders genau, aber da ging es fast nur um stilistische oder grobe grammatikalische Fehler. Bei den anderen Texten achtete er sehr darauf, dass die Hochsprache der Île de France benutzt wurde und sich keine Wendungen des Provençalischen oder Franco-Provençalischen einschlichen. Diese Mundarten waren im Süden, Osten und Westen des Landes noch sehr lebendig, doch hatte sich seit Beginn des Jahrhunderts die Sprachform des Nordens für jeden Schriftverkehr unter gebildeten Menschen und im Umgang mit Behörden durchgesetzt.

So viel also zu Villons jetziger Tätigkeit, die aber bald eine überraschende Wendung ins Private erfuhr.

Für die Witwe Masson war der neue Mitarbeiter zuerst ein Mann wie jeder andere gewesen, doch bald spürte sie, dass dies auf François Villon nicht zutraf. An ihm war etwas Schillerndes, Unwägbares, das – wie sie bald beobachten konnte – nicht nur ihr auffiel, nicht nur sie anzog. Madame Masson verfolgte genau das Verhalten ihrer Besucherinnen – etwa ein Drittel ihrer Kunden waren Frauen – und konnte dabei feststellen, dass deren Blicke die anderen Männer nur flüchtig streiften, aber immer häufiger auf Villon haften blieben. Etwas ärgerlich begann Berthe Masson sich zu fragen, warum Villon die weiblichen Blicke wie ein Magnetstein das Eisen auf sich zog. Was war denn so Besonderes an ihm? Dass gerade sie diese Frage sich stellte, fand sie dann selbst recht kurios, denn sie hatte ja das Besondere an ihm, das Schillernde und Unwägbare, gleich zu Anfang erkannt.

Obwohl das Geschlechtliche im Leben der Berthe Masson schon während ihrer Ehe und erst recht danach so gut wie keine Rolle gespielt hatte, begannen sie nun unzüchtige Gedanken heimzusuchen.

Zuerst in ihren Träumen, später auch im wachen Zustand. In dem sich mehrmals wiederholenden Traumbild war sie mit Villon in der Schreibwerkstatt allein, stand regungslos nahe der Tür, sah, wie er sich erhob und auf sie zuging. Sie fühlte eine süße Schwäche in den Gliedern, wollte fliehen und konnte nicht. Er hob sie hoch wie eine Feder, trug sie in ihre Schlafkammer, legte sie aufs Bett und begann sich zu entkleiden. Stück um Stück schälte er seine Kleidung ab, ohne jemals nackt zu werden, denn sein Untergewand schien sich immer wieder zu erneuern. So löste sich das Traumbild auf, ohne dass es zu einer Lösung kam. Doch das Bild begleitete sie in den Tag hinein und ließ sie nicht los. Sie setzte alles daran, Villon nichts von ihren Gedanken merken zu lassen, mied seinen Blick und gab schnelle kurze Anweisungen, wenn es um das Geschäftliche ging.

Natürlich war ihr nicht entgangen, was über diesen inzwischen recht berühmten Sohn der Stadt geredet wurde. Zwar habe er an drei Fürstenhöfen als hoch geschätzter Poet gewirkt, sei aber jedes Mal unter nicht genau zu benennenden, aber höchst verdächtigen Umständen wieder verabschiedet worden. Es wurde gemunkelt, er habe einigen hohen Herren am Hof gewaltige Hörner aufgesetzt, habe sich mehrmals duelliert und sei schließlich als untragbar, aber doch in Ehren verabschiedet worden. Mitglied der Coquille sei er gewesen und so konnte er, durch das Eingreifen hoch gestellter Coquillards, mehrmals dem Galgen entkommen. Zuletzt geschah dies beim Bischof von Orléans, dessen Nichte – oder Geliebte? – er verführt und sie um die Pachterträge ihrer Bauern betrogen habe. Auch wenn einige Damen anstandshalber betonten, sie würden einem derart verruchten Menschen nicht einmal die Hand reichen, so dachten sie im Stillen ganz anders und nicht wenige wünschten, ihr Gatte würde sich – zumindest nachts – in die Gestalt des François Villon verwandeln. Bei Berthe Masson erübrigte sich dieser doch recht bedenkliche Wunsch, denn da gab es keinen Gatten mehr und überdies lebte und arbeitete dieser verruchte Villon in ihrem eigenen Haus.

Wer ihn allerdings aus früheren Zeiten kannte – viele davon gab es nicht mehr –, musste zugeben, dass Villon sein altes Leben aufgegeben hatte. Wenn man ihn damals, die Laute geschultert, von Kneipe zu Kneipe ziehen gesehen hatte, fand man ihn jetzt meist bis spät in die Nacht an der Arbeit oder zu Hause bei seinem Vater im Porte Rouge. Das soll aber nicht heißen, dass er den Vortrag seiner Lieder ganz aufgegeben hatte – nein, aber dies geschah jetzt in einer anderen Umgebung. Er wurde zu Hochzeiten, Geburts- und Namensfesten geladen und was er dort zum Besten gab, war von Inhalt und Umfang her mit den Auftraggebern abgesprochen. Seine eifrigsten Gönner waren die reichen Frères Cardon, die vor allem Tuchhandel betrieben, aber auch an Bordellen, Gasthäusern und Handwerksbetrieben beteiligt waren. Da gab es oft etwas zu feiern und niemals blieb dabei unerwähnt, dass alle sich hoch geehrt fühlten, einen vom König und dem Herzog von Orléans geschätzten Poeten unter sich zu haben.

Berthe Masson wusste dies und wäre Villon der alte Herumtreiber, Hurenbock und Sänger in üblen Kneipen geblieben, so hätte sie ihn weder angestellt noch wäre in diesen schönen, kühl-sonnigen Spätherbsttagen das geschehen, was die unnahbare Witwe noch vor kurzem nicht für möglich gehalten hätte.

Villons unterm Dach gelegene Schlafkammer war nicht heizbar und so machte Madame Masson ihm den Vorschlag, unten in der Wohnstube zu nächtigen. Mit der Zeit hatte es sich nämlich ergeben, dass Villon die Woche über im Haus seiner Arbeitgeberin blieb, von Freitag bis Sonntag aber bei seinem Vater in Porte Rouge wohnte. Père Guillaume fand sich damit ab und übte keine Kritik, schon weil er froh war, den Sohn mit anständiger Arbeit beschäftigt zu wissen.

So nahm Villon den Vorschlag von Berthe Masson dankend an, schon seines Hustens wegen, der sich in der kühleren Jahreszeit zu verschlimmern begann. Die von der *herbière* Marie empfohlenen Arzneien brachten zwar Erleichterung, doch das Übel saß tiefer und er würde sich wohl zeitlebens damit abfinden müssen.

Es wäre nun schwer zu entscheiden gewesen, wer wen verführte. War es Berthe, die daheim ihre strenge Witwentracht abgelegt hatte und nur ein leichtes Hauskleid trug, das ihre Formen betonte und sie jugendlicher erscheinen ließ, oder war es Villon, der schon seit Monaten unbeweibt dahinlebte und aus mancherlei Gründen seine alte Gewohnheit, jedem Rock nachzulaufen, aufgegeben hatte? Vielleicht war es auch nur so, dass jeder dieser beiden Menschen nicht zwingende, aber doch gewichtige Gründe hatte, sich dem anderen in Liebe zu ergeben. Bei Berthe spielte es schon eine gewisse Rolle, dass andere Frauen diesen Mann – der sozusagen ihr gehörte – mit den Augen verschlangen, zudem war sie schon fast fünf Jahre verwitwet und beging aus religiöser Sicht nur die lässliche Sünde der Unkeuschheit. Bei Villons jetziger Lebensweise gab es weder leichte Mädchen noch Freudenhäuser wie das »Cage vert«, wo er früher bei Freiern wie Huren ein gern gesehener Gast gewesen war und seine Sängerdienste mit willigen Frauenkörpern begleichen ließ.

»Die Kinder?«, fragte er besorgt.

»Schlafen schon seit Stunden.«

Berthe Masson, die sich in den Jahren ihrer Witwenschaft fast wieder in eine *virgo* verwandelt hatte, erblühte unter seinen kundigen Händen wie eine lange vertrocknete Pflanze und sie lernte zum ersten Mal in ihrem Leben kennen, was ein erfahrener Mann an einem Frauenkörper bewirken kann.

So kam es, dass Berthe Masson im reifen Alter die Freuden der körperlichen Liebe erleben durfte, und sosehr es sie drängte, die in ihrem Freundinnenkreis umlaufenden Lügen zu entkräften, so wenig gab sie diesem Verlangen nach. Nein, dieses Erlebnis musste ihr gehören, ihr ganz allein, und sie bat Villon um strengste Geheimhaltung.

Aber was war mit den Kindern? Man weiß doch, dass Heranwachsende vor Neugier – gerade was die Eltern betrifft – platzen und alles daransetzen, in die vermeintlichen Geheimnisse des Erwachsenendaseins einzudringen. Bei Christine und Charlot war das nicht anders, aber Villon gehörte für sie in die ihnen verschlossene Arbeitswelt und nicht einmal die Tatsache, dass er immer häufiger auch die Nacht über im Hause blieb, erregte ihren Argwohn.

Seltsam war allerdings, dass Villons Verhältnis zu den Kindern sich in eine unübliche Richtung hin entwickelt hatte. Es war doch meistens so: Wenn die verwitwete Mutter sich wieder verheiratete, dann waren es die halbwüchsigen Söhne, deren harte und oft ungerechte Kritik den Stiefvater traf. Wenn dieser sich bemühte, so gewann er die Töchter bald für sich, während die heranwachsenden Söhne lange in trotziger Ablehnung verharrten.

Als dann doch offenbar wurde, dass aus Berthe Masson und Villon ein Paar geworden war, brachte Charlot volles Verständnis dafür auf, vielleicht auch deshalb, weil Villon ihm viel Zeit und Aufmerksamkeit schenkte, ihn bei den Schularbeiten beriet – mit einem Wort: Er begann die Lücke zu füllen, die der Vater hinterlassen hatte. Charlot, der bald dreizehn wurde, war in der Obhut von Mutter, Kindermädchen und weiblichen Verwandten aufgewachsen, die ihn abküssten wie einen Fünfjährigen und nicht wahrhaben wollten, dass er auf dem Weg ins Männerdasein war. Seine Lehrer in St. Hilaire konnten dazu kein Gegengewicht bilden, denn sie waren gnadenlose Pauker, die mit Rohrstock, Nachsitzen und Strafarbeiten ihr Pensum erzwangen. Da wurden keine Fragen gestattet, die nicht den Unterrichtsstoff betrafen, aber umso mehr Antworten verlangt. Villon hingegen ging geduldig auf Charlots Fragen ein, gab aber immer zu bedenken:

»Meine Antworten, Charlot, gebe ich nach bestem Wissen und Gewissen, aber sie sind nicht das Evangelium. Prüfe genau, was ich dir sage, und wenn nach deiner Ansicht meine Auskünfte ungenau oder unzutreffend sind, dann stelle deine Fragen – frei und offen.«

Ja, das war ein Mann nach Charlots Geschmack und als er behutsam begann, Villon mit seinem verstorbenen Vater zu vergleichen, kam zutage, dass Monsieur Masson sich von den Lehrern nicht sehr unterschieden hatte. Zudem hatte der nie Zeit gehabt, denn die Schreibwerkstatt forderte seine ganze Kraft und am Sonntag beschränkte sich die Zeit, die er mit seinen Kindern verbrachte, auf den gemeinsamen Kirchgang. Bei Villon aber war Religion kein Thema.

»Das muss jeder mit sich selbst abmachen. Wir alle bekennen uns zum Christentum, wissen um die Gebote und Verbote unserer Religion. Da bleiben keine Fragen offen und wenn doch, dann wird dein Beichtvater sich bemühen, dich zu beraten.«

Charlot verzog angeekelt sein von Pickeln heimgesuchtes Gesicht.

»Puh – mein *confesseur*! Dem kann ich erzählen, was ich will, dann kommt die Antwort: ›Sündige fortan nicht mehr, mein Sohn, und bete zur Buße zehn Pater Noster und zehn Ave Maria.‹ Ob ich einen Apfel stehle oder einen Raubmord begehe, die Buße ist bei ihm stets die gleiche.«

Villon lachte und zog Charlot leicht am Ohr.

»Entweder der Mann ist taub oder du übertreibst.«

Bei Christine war es anders. Wenn sie ihn betrachtete, dann stets mit kritisch gerunzelter Stirn. Ihre Antworten waren kurz und schnippisch – Fragen stellte sie grundsätzlich keine, schon um ihm zu zeigen, wie gleichgültig er ihr war. Ihren Vater aber stilisierte sie zu einem Helden, der für diese Welt zu gut gewesen war und jetzt vom Himmel gütig auf seine Tochter, doch strafend auf die übrige Familie herabsah.

Eines Abends, sie saßen beim Nachtmahl, stieß Christine trotzig hervor:

»Auch wenn ihr einmal heiraten solltet, ich werde Villon niemals Vater nennen! Nur damit ihr Bescheid wisst!«

Dies war bisher niemals ein Thema gewesen und auch jetzt hatte man von etwas anderem geredet. So waren sie alle recht verblüfft, doch Villon fing sich schnell.

»Wenn darüber geredet wird, dann tue ich es zuerst und allein mit eurer Mutter. Im Übrigen überlasse ich es eurem Ermessen, wie ihr mich ansprecht.«

Das war freilich recht vage, aber am nächsten Tag, als er mit Berthe kurz allein war, kam Villon auf das Thema zurück. Er versuchte es mit einem Scherz.

»Für mich hätte unsere Verheiratung den Vorteil, dass ich zwei Kinder dazu bekäme.«

Sie schaute ihn ernst an.

»Niemand erwartet von dir, dass du eine ältere Frau heiratest …«

»Mir ist alleine wichtig, was du von mir erwartest.«

»Es gibt Gerede, aber darum kümmere ich mich nicht.«

Tatsächlich aber begannen sie die ständigen Sticheleien aus den Kreisen ihrer Freunde und Verwandten schon zu stören. Dazu kam, dass

Villon inzwischen zwar als Dichter berühmt, durch sein Vorleben aber auch berüchtigt war. Nicht alle glaubten, dass er sein Wesen geändert hatte, und zu denen, die darauf beharrten – einmal Gauner, immer Gauner –, gehörte Jean Laurens. Als Ankläger hatte er damals den Einbruch ins Collège de Navarre untersucht und persönlich der peinlichen Befragung des Guy de Tabarie beigewohnt. Nach dreimaligem Aufziehen hatte der Gequälte ein Teilgeständnis abgelegt, doch als sie ihm die Spanischen Stiefel anlegten, sprudelte es nur so heraus und da fiel auch Villons Name als Mittäter. Nun waren alle anderen von der Bildfläche verschwunden, doch dieser Villon lebte fröhlich und unbehelligt in Paris und verbarg sein Gaunertum geschickt hinter einer ehrbaren Tätigkeit. Damit aber mochte Jean Laurens sich nicht abfinden.

Dabei war Villon nicht nur auf dem Weg in eine bürgerliche Zukunft, er hatte sich tatsächlich entschlossen, mit Berthe Masson noch vor Weihnachten die Ehe einzugehen. Nach einem schicklichen Zögern erklärte sich die Witwe einverstanden, doch Verwandte ihres Mannes bestanden auf einer Besitzregelung, die Villon – sollte Berthe vor ihm sterben – von jeder Erbschaft ausschloss. Vor allem der jüngere Bruder des Verstorbenen fühlte sich als leiblicher Onkel von Christine und Charlot für deren Zukunft verantwortlich.

Villon hob lächelnd die Schultern.

»Zum einen glaube ich nicht, dass ich Berthe überleben werde, zum anderen habe ich selbst eine beträchtliche Erbschaft zu erwarten. Ich bin mit allem einverstanden.«

Jean Laurens aber war es ganz und gar nicht. Weder beeindruckte ihn Villons poetischer Ruhm noch die Tatsache, dass ihn der König zweimal amnestiert hatte – zuerst in Bezug auf das Gnadengesuch wegen des Einbruchs und dann in Meung als Gefangener des Bischofs. Laurens verbrachte viele Stunden im Aktenkeller des Châtelet und stieß zu seinem eigenen Erstaunen auf die Tatsache, dass der Villon zugemessene Schuldanteil von hundert *ecus d'or* – beim Einbruch waren sie zu fünft gewesen – noch nicht zurückerstattet war. Zwar konnte er als Straftäter nicht mehr belangt werden, aber als Schuldner des Kollegs war er mit einer *action civile* zu fassen.

Die dürre Seele des Jean Laurens begann vor Freude zu rascheln. Da er mit seiner Ansicht, Villon sei ein Gauner geblieben, in Paris durchaus nicht alleine stand, war die Zivilklage schnell erhoben. Zwei Bewaffnete der Stadtmiliz nahmen Villon an seinem Arbeitsplatz fest und steckten ihn in den Schuldturm.

»Da habt Ihr Euch einen feinen Bräutigam geangelt, *ma mère*«, bemerkte Christine gehässig, was ihr sofort eine Ohrfeige ihrer Mutter und einen schmerzhaften Knuff ihres Bruders eintrug.

Berthe Masson wusste nicht recht, was sie denken sollte. Villon hatte doch kein Verbrechen begangen, solange er in ihrem Haus lebte? Sie raffte sich auf und besuchte Père Guillaume in seinem Hause Porte Rouge. Nur ungefähr wusste der Priester über das Verhältnis seines Sohnes zur Witwe Masson Bescheid oder, deutlich gesagt, so genau wollte er es gar nicht wissen. Sie aber hielt sich bedeckt und sprach von Villon nur als ihrem geschätztesten Mitarbeiter.

»Ich habe ihm die Aufsicht über meine Schreibwerkstatt anvertraut; er hat sich bewährt und sein Verlust wird von mir – äh – von uns als sehr schmerzlich empfunden.«

»Verlust? Aber, Madame, der Fall wird sich binnen weniger Tage aufklären und ich werde Euch die Zusammenhänge kurz erklären. Vor über fünf Jahren wurde mein Sohn betrunken und unter falschen Vorstellungen von anderen für eine Straftat missbraucht. Sein Gnadengesuch ist längst befürwortet, aber es wurde offenbar versäumt, den entstandenen finanziellen Verlust auszugleichen. Das hat nun ein übereifriger Beamter des Châtelet wieder ans Licht gezerrt und, rein juristisch gesehen, ist mein Sohn ein Schuldner des Kollegs. Ich bin dabei, den Fall zu regeln, und verspreche Euch, dass Maître Villon binnen weniger Tage seine Arbeit bei Euch wieder aufnehmen kann.«

Nun hätte Madame Masson eigentlich beruhigt sein müssen, aber die Zweifel waren gesät und als ehrbare, tüchtige, weit über den Tag hinausdenkende Frau hielt sie es für angebracht – auch im Hinblick auf ihre Kinder –, die Möglichkeit einer Heirat mit diesem Mann noch einmal gründlich zu überdenken.

Der ans Châtelet angebaute Schuldturm war – etwa verglichen mit den Kerkern des Bischofs von Orléans – ein durchaus bequemer Aufenthalt. Der Stadtmagistrat war dabei von der Überlegung ausgegangen, dass ein Schuldner eher gehegt und gepflegt werden sollte, als durch harte, entwürdigende Gefangenschaft in eine trotzige Verzweiflung getrieben zu werden. So konnten die Häftlinge – wenn Verwandte oder Freunde dafür aufkamen – sich das Essen bringen lassen, einen Diener beschäftigen, korrespondieren und Besuche empfangen.

Père Guillaume war nicht reich genug, um hundert *ecus d'or* einfach aus der Tasche zu zaubern, aber die Einnahmen aus dem Landgut und der Verkauf eines kunstvoll illustrierten Stundenbuchs brachten diese Summe doch schnell zusammen.

Jean Laurens' papierene Seele knisterte vor Zorn, als nach wenigen Tagen Villons Freilassung verfügt wurde. Doch er tröstete sich mit seiner Devise »einmal Gauner, immer Gauner« und erwartete geduldig die nächste Straftat dieses hartgesottenen Verbrechers, der sich jetzt arglistig hinter einem ehrbaren Beruf verbarg.

Villons Empfang in der Schreibwerkstatt fiel verhalten aus. Die Kopisten zeigten sich höflich-reserviert und Madame Masson gab ihm zu verstehen, dass es ihr in der nächsten Zeit lieber sei, wenn er zu Hause nächtige. Sie spielte dabei auf den Besuch bei seinem Vater an und setzte ihre Worte so, als würden ihre Wünsche mit denen des Père Guillaume übereinstimmen. Christine würdigte ihn keines Wortes, doch Charlot zeigte über seine Rückkehr ehrliche, unverstellte Freude. Der Junge wartete sehnsüchtig auf eine Gelegenheit, um mit Villon unter vier Augen zu sprechen. Dann platzte er heraus:

»Ich finde es blöd, dass meine Mutter Euch jetzt die kalte Schulter zeigt und Christine glaubt, Euch mit schweigender Verachtung strafen zu mussen. Die Sache hat sich doch aufgeklärt – oder? Was können die Euch noch anhängen?«

»Ich weiß nicht, wie deine Mutter dir den Fall dargestellt hat, aber eines sollst du doch wissen: Jeder Mensch, insbesondere jeder Mann, gerät irgendwann in seinem Leben auf Abwege. Manchmal ist es nur ein Ausrutscher, manchmal ein Irrweg, manchmal sogar der Weg ins

Verderben. Als bloßen Ausrutscher möchte ich meinen Fall nicht betrachten, eher als Irrweg. Ich wurde amnestiert, die pekuniären Schulden sind beglichen – was bleibt da noch? Soll ich mich in ein Kloster verkriechen und zeitlebens Buße tun?«

»Nein!« Charlot rief es mit überschnappender Stimme. »Nein, das sollt Ihr nicht! Ich frage mich nur, warum meine Mutter und Christine das nicht einsehen.«

»Vielleicht gibt es dafür eine Erklärung. Frauen denken und fühlen anders, damit müssen wir Männer uns abfinden. Vielleicht hat die Natur den Müttern und denen, die es einmal werden, ein Übermaß an Vorsicht mitgegeben, um damit für die Sicherheit ihrer Kinder Sorge zu tragen. Wir Männer sind da unbedenklicher und ist der Fall einmal abgeschlossen, vergessen wir leicht und schauen nach vorne.«

Dass er zweimal deutlich in die Welt der Männer mit einbezogen wurde, konnte Charlot niemals vergessen und ließ ihn zum standhaften Parteigänger Villons werden.

Père Guillaume aber verschmerzte die hundert *ecus* umso leichter, als er seinen Sohn wieder im Haus hatte. Dass von einer ehelichen Verbindung mit Madame Masson jetzt nicht mehr die Rede sein konnte, hatte ihm Villon kurz zu verstehen gegeben. Jetzt lebte wieder seine Hoffnung auf, François könne sich mit der Tochter eines Gutsbesitzers angemessen verheiraten und mit ihr Kinder zeugen, die nach Blutsrecht den Namen Villon tragen würden.

21

Villon reagierte auf den Rückzug der Madame Masson auf seine Weise. Er schloss mit der ersten Nachtstunde pünktlich seine Arbeit ab und verließ – wenn auch als Letzter – nach den anderen Angestellten das Haus.

Berthe Masson, die den genossenen Liebesfreuden doch ein wenig nachtrauerte, hatte ihm behutsam zu verstehen gegeben, dass er – auch wenn aus der Heirat nichts wurde – doch dann und wann in ihrer Schlafkammer willkommen sei. Aber auch Villon besaß seinen Stolz und stellte sich taub. Wenn er gelegentlich eine Stunde länger blieb, dann nur Charlot zuliebe, mit dem er die Schularbeiten durchging und ernsthafte »Männergespräche« führte. Christine, erleichtert über das Scheitern der noch vor Weihnachten geplanten Ehe, richtete nun doch wieder das Wort an Villon, doch sie blieb bei ihrer kurzen schnippischen Art.

Da er nun quasi seines Familienlebens beraubt war, kehrte Villon zu dem Freundeskreis zurück, der sich seit seiner Rückkehr nach Paris um ihn, den Dichter, gebildet hatte. Das waren nun allerdings ganz andere Menschen als sein früherer Umgang, der im Wesentlichen aus Säufern, verkrachten Studenten, kleinen wie großen Gaunern und leichten Mädchen jeglicher Art bestanden hatte. Sein jetziger Freundeskreis waren gestandene Männer, die es im Leben zu etwas gebracht hatten. Freilich waren da auch Wendehälse darunter, wie jener Hutin des Moustier, der noch vor wenigen Jahren in der Coquille einen hohen Rang eingenommen hatte, dann rechtzeitig zur Gegenseite übergelaufen war und jetzt der Stadtmiliz angehörte. Dieser Mensch war so umgänglich wie undurchsichtig, aber bei Gesellschaften ein blendender Unterhalter. Als Freund der Poesie erwies sich der wohlhabende, wenn auch etwas eigenbrötlerische Roger Pichart, der seinen Beruf als Schreiber an der Universität mehr als Kurzweil, denn als Notwendigkeit ansah.

Mit ihnen war Villon an einem feuchtkalten Abend Ende November zu einer Abendgesellschaft bei Robert Dogis eingeladen, der vor einigen Jahren reich geerbt hatte und nun sein Vermögen auf vergnügliche Art verbummelte. Er pflegte zu sagen: Das Geld muss noch für etwa zehn Jahre reichen, dann bin ich entweder tot oder zum Genuss nicht mehr fähig. Dafür genügt auch das Armenhaus … Wer ihn näher kannte, wusste, dass er noch aus anderen Quellen schöpfte, die auch in zwanzig Jahren kaum versiegen würden. Doch liebte er es, sich den Anstrich eines *bonvivant* zu geben, der sorglos in den Tag hineinlebte.

Das war keine hochgeistige Gesellschaft, aber jeder trug zur Unterhaltung etwas bei, jeder hatte etwas zu sagen. Wenn keinem mehr etwas Gescheites einfiel, dann trug Villon seine neuesten Lieder vor. War er früher niemals ohne seine Laute ausgegangen, so sparte er sich jetzt die Mühe, denn in jedem der Häuser seiner Freunde war ein solches Instrument verfügbar.

Noch in Sens hatte er sein Hauptwerk, »Das Testament«, begonnen, an dem er jetzt unentwegt arbeitete. Jedes wichtige Ereignis in seinem Leben hatte er hier eingebunden und sich nicht gescheut, Menschen, die ihm Gutes oder Böses taten, auch namentlich zu nennen. Doch es widerstrebte ihm, schon jetzt etwas davon preiszugeben. Wie versprochen, hatte er dem Herzog von Orléans eine Abschrift der ersten Hälfte des »Testaments« geschickt und von ihm postwendend – neben einem Geldgeschenk – ein selbst verfasstes Rondeau erhalten.

Als man ihn nach dem Essen aufforderte, etwas vorzutragen, tat er recht geheimnisvoll.

»Was ich nur ganz selten tue – heute möchte ich euch ein Liedchen singen, das ein anderer mir zu Ehren verfasst hat. Danach dürft ihr raten, von wem es gewesen sein könnte.

Wer wie er die Schande bis zur Neige hat getrunken,
den schert die Meinung andrer nicht.
Das eigene Leben ist sein Strafgericht,
ist jemand tiefer noch gesunken?

Wenn auf der Straße Spott und Geifer nach ihm spuckt,
ihn rührt kein Lästermaul. Sein Stolz war nie geduckt.
Er beugt sich zärtlich tief am Arm zur Liebsten hin,
ihr gehört sein Herz, für sie allein hat er nur Sinn.

Wer wie er die Schande bis zur Neige hat getrunken,
den schert die Meinung andrer nicht.
Das eigene Leben ist sein Strafgericht,
ist jemand tiefer noch gesunken?

Jedem tollen Streich, jedem Unfug reicht er seine Hand,
ihn freut's, es lacht mit ihm das ganze Land.
Er konnte nicht mal mehr vor Scham erröten,
doch nie gab's einen größren Mann mit solchen Nöten,
der wie er die Schande bis zur Neige hat getrunken.«

Robert Dogis, der Gastgeber, meldete sich als Erster zu Wort. »Das klingt, als wäre es auf Eurem eigenen Mist gewachsen ...«
Villon nickte.
»Die ersten Zeilen stammen tatsächlich von mir – das andere aber ...«
»... könnte ein begabter Verehrer in Eurem Stil verfasst haben«, meinte Roger Pichart, der Universitätsschreiber.
»Na gut, ich werde es euch sagen: Charles d'Orléans ist der Verfasser und schon damals, als ich an seinem Hof war, hat der hohe Herr mich durchschaut: ›... jedem Unfug reicht er seine Hand, ihn freut's, es lacht mit ihm das ganze Land.‹ Treffender kann man es wohl nicht sagen.«
Hutin des Moustier, der frühere Coquillard, lächelte wissend.
»Da gebe ich Euch Recht, Villon, aber es bezieht sich auf Eure Vergangenheit. Mit den Zeiten haben wir alle uns geändert ...«
Das stimmt, besonders was dich betrifft, dachte Villon, aber du bist nicht der erste Gauner, der rechtzeitig auf den Pfad der Tugend überwechselte.
Dann leerten sie noch so manchen Krug und als sie aufbrachen, war es draußen längst stockfinster geworden. Doch es regnete nicht mehr und die kühle frische Luft tat den Zechern so gut, dass sie sich erboten, Villon zu seinem Haus zu begleiten. Sie waren schon an der Rue St. Jacques angelangt, als sie das Eckhaus zur Rue des Martyrs hell erleuchtet fanden. Neugierig traten sie näher und da hörten sie Maître Ferrebourgs laute, sonore Stimme, der seinen Schreibern in zornigem Ton etwas diktierte.
Ja, jeder kannte das Haus und jeder die Person des Notars und Advokaten François Ferrebourg, der für den König und hohe Kirchenfürsten tätig war. Das war ein Mann mit respektablem Einfluss bis

in die höchsten Kreise. Doch Hutin des Moustier, der Polizeibeamte, fühlte sich aufgerufen, den Maître an die Pariser Gesetze zu erinnern. Diese besagten, dass nach dem Angelusläuten in keiner Werkstatt, keiner Amtsstube, keinem Ladengeschäft mehr gearbeitet werden durfte.

Zuerst war es Neugier, die Pichart trieb, auf Villons Schultern zu steigen und durch das helle Viereck des Fensters zu spähen. Da stand tatsächlich Maître Ferrebourg im Raum und diktierte seinen vier Schreibern einen gleich lautenden Text. Mehr im Spaß als zornig stieß Pichart das nur angelehnte Fenster auf und rief hinein:

»Ah – da wird ja der Feierabend geschändet! Vielleicht sollte man die Stadtmiliz –«

Die Schreiber ließen ihn nicht aussprechen, zwei davon stürzten zum Fenster, zwei liefen auf die Straße, wo im Nu eine wilde Rauferei im Gange war.

Hutin konnte noch so laut rufen: »Ich bin Mitglied der *police de la ville*« – sie gerbten ihm gewaltig das Fell. Zuletzt lief auch Maître Ferrebourg auf die Straße und dummerweise geradewegs in den Dolch des wütenden Robert Dogis, der sich auch außerhalb des Hauses für seine Gäste verantwortlich fühlte.

Zwar nur an der Schulter leicht verletzt, rief der Maître empört: »Zu Hilfe! Mörder! Mörder!«

Als die Stadtmiliz erschien, ergriffen alle die Flucht bis auf Hutin des Moustier, der seinem Kollegen zu erklären versuchte, wie es zu dem Zwischenfall gekommen war. Natürlich nannte er dabei die Namen, nicht ohne ausdrücklich zu erwähnen, dass keiner von ihnen – Dogis ausgenommen – bei der Prügelei eine Waffe gezogen hatte.

Da solche Zwischenfälle in Paris an der Tagesordnung waren, hätte man es bei einer Erwähnung des Vorfalls und einer Geldbuße von Dogis belassen können, doch zwei Menschen verhinderten dies. Einmal Maître Ferrebourg, der den Angriff auf einen königlichen Notar fast so empfand, als habe er dem König selbst gegolten. Selbst das hätte sich einrenken lassen, aber da gab es noch den Châtelet-Beamten Jean Laurens, dem der Fall wie gerufen kam. Seine papierene Seele raschelte wieder einmal vor freudiger Erregung. Alle jene, die Villon übel wollten, waren ihm namentlich bekannt und dazu gehörten zwei seiner Kollegen vom Châtelet – einflussreiche Leute, von denen der eine mit Villon ein besonderes Hühnchen zu rupfen hatte. Vor einigen Monaten war nämlich sein Liebchen Denise zu diesem Dichterling übergelaufen. Da Villon wenig Interesse zeigte, kam sie – tränenreich um Verzeihung bettelnd – zu ihrem Liebhaber zurück, der sie gnädig wieder aufnahm. Sein eifersüchtiger Hass auf Villon aber blieb und so klitterten jetzt die drei eine Anklageschrift zusammen, die sich gewaschen hatte. Da war von Mord und Aufwiegelung die Rede und von versuchtem Einbruch – schließlich hatte Villon diesen Pichart zum Fenster gehoben. Sein Vorleben wurde ausführlich erwähnt; da war von Mitgliedschaft bei der Coquille die Rede, von Totschlag, Einbruch und Straßenraub. Dass diese Straftaten nach dem Gesetz – weil amnestiert – als gesühnt galten, wurde freilich nicht erwähnt.

Noch ehe Père Guillaume etwas unternehmen konnte, wurde Villon von dem berüchtigten Folterknecht Henri Cousin unter Anwesenheit des Anklägers Jean Laurens peinlich befragt. Man hielt sich nicht lange mit Daumenschrauben auf, sondern spannte den Delinquenten auf eine Streckbank und flößte ihm nach und nach etwa ein Dutzend *pintes* Wasser ein. Während sein Leib anschwoll wie ein riesiges Furunkel, schnappte er pfeifend und stöhnend nach Luft, sog dadurch Wasser in seine geschwächten Lungen und fühlte sich nahe dem Ersticken. In seiner Todesnot brachte er ein heftiges Nicken zustande, sodass Cousin mit zufriedenem Grinsen von ihm abließ. Laurens beugte sich vor und fragte gespannt:

»Ist das ein Geständnis?«

»Ja«, krächzte Villon, unterbrochen von schweren Hustenanfällen. »Ja, ja …«

»Na schön, wurde ja auch Zeit, dass sich der Galgenvogel mit dem Strick vermählt.«

Gleich am nächsten Tag wurde Villon wegen Mordes zum Tod am Galgen verurteilt. Nun kamen die Richter allerdings nicht umhin, Père Guillaume zu benachrichtigen. Der las kopfschüttelnd das

Urteil, denn es erschien ihm seltsam, dass sich Ferrebourgs Tod nicht sofort in Paris herumgesprochen hatte. So ließ er Erkundigungen einziehen und erfuhr, dass der königliche Notar sich bester Gesundheit erfreute. Er besprach den Fall mit einem befreundeten rechtskundigen Domherrn. Der warnte ihn.

»Keine Eingabe an irgendwelche Behörden! Das wird von Leuten, die Eurem Sohn übel wollen, auf die lange Bank geschoben, bis er am Galgen hängt. Nein, nein! Ich werde für Euch herausfinden, wer der Beichtvater von Maître Ferrebourg ist, und Ihr müsst mit all Eurer Beredsamkeit auf ihn einwirken. Wird Euer Sohn für einen nicht begangenen Mord gehängt, so fällt Gottes Fluch auf Ferrebourg, der es geschehen ließ.«

Das leuchtete Père Guillaume ein und als der Beichtvater, ein streng dreinblickender älterer Dominikanermönch, gefunden war, suchte er ihn sofort auf. Er legte dem Priester in nüchternen Worten den Fall dar und schloss:

»Ich halte es für eine schwere Sünde gegen die Gebote unseres Herrn, wenn man einen Unschuldigen zu Tode kommen lässt. Das durch schwere Folter erpresste Mordgeständnis wird schließlich gegenstandslos, wenn Maître Ferrebourg lebt und vor aller Welt seine Arbeit tut. Bedenkt auch eines: François Villon ist dem König persönlich bekannt und Seine Majestät schätzt ihn als Dichter sehr hoch. Da steht es einem königlichen Notar nicht an, wissentlich Unrecht geschehen zu lassen.«

»Wissentlich? Achtet auf Eure Worte, *mon père.* Meines Erachtens ist der Maître über das vor kurzem ergangene Urteil weder informiert noch würde er ihm – so gut kenne ich ihn – beistimmen.«

Drei *ecus d'or* wechselten den Besitzer.

»Für die Armenkasse Eures Klosters«, bemerkte Père Guillaume.

»Gott möge es Euch vergelten.«

Maître Ferrebourg, der nicht mit Gewissheit sagen konnte, ob Villon seinen Dolch gezogen hatte, zeigte sich durchaus hilfsbereit, vor allem als er hörte, dass der Dichter ein persönlicher Bekannter des Königs war.

»Zwar werden die Urteile hier nicht im Namen des Königs, sondern des Stadtparlaments ausgesprochen, aber Recht muss Recht bleiben. Immerhin aber war es ein Mordversuch …«

»An dem noch drei andere beteiligt waren«, fügte sein Beichtvater ruhig hinzu.

»Ich hoffe, die anderen sind auch verurteilt?«

Von denen wusste der Priester nichts und sie gingen ihn auch nichts an.

»Sie werden nicht durch die Maschen des Gesetzes schlüpfen«, sagte er vage.

Père Guillaume aber tat ein Weiteres. Er appellierte an das gerade tagende Stadtparlament und sandte ein Gnadengesuch an den König. Die Herren im Parlament ließen sich ein wenig Zeit, doch immerhin setzten sie das Todesurteil aus.

»Ferrebourg lebt«, gab einer der Ratsherren zu bedenken, »und es wäre wider Recht und Gesetz, jemanden für einen nicht begangenen Mord büßen zu lassen.«

Auch die Anklage des Mordversuchs wurde fallen gelassen, nachdem der Polizist und frühere Coquillard des Moustier ausgesagt hatte, dass bei Villon mit Sicherheit keine Waffe zu sehen war.

»Was bleibt dann noch?«, fragte der sichtlich enttäuschte Jean Laurens. Sie einigten sich schnell auf den schlechten Lebenswandel des Dichters und entließen ihn am 5. Januar 1463 aus dem Gefängnis mit der schriftlichen Begründung:

»Das vorausgegangene Verfahren und der auf Erhängen lautende Urteilsspruch werden aufgehoben. Doch in Anbetracht seines schlechten Rufes und anstößigen Lebenswandels wird Magister François Villon auf zehn Jahre aus der Stadt und der Grafschaft Paris verbannt.«

Villon war durch die schwere Folterung in einen so erbärmlichen Zustand geraten, dass er sich kaum noch auf den Beinen halten konnte. Sein Vater ließ ihn durch zwei Lohndiener ins Haus Porte Rouge bringen, wo er sich gleich zu Bett legte. Nur mit Mühe war es ihm gelungen, für die Verbannung einen Aufschub von drei Tagen zu erlangen. Père Guillaume seufzte schwer.

»Am achten Januar musst du nolens volens Paris verlassen. Wie auch immer – du begibst dich auf dem schnellsten Weg nach Sens! Dort bist du der französischen Gerichtsbarkeit entzogen und kannst in Ruhe deine Verbannungszeit abwarten.«

»Zehn Jahre, *mon père*? Ob ich das überlebe?«

Sein Vater winkte ab.

»Die Erfahrung lehrt, dass es niemals so lange dauert, wie es das Urteil will. Ich kenne da ein paar Leute ...«

»Das war auch bisher mein Glück, dass Euer Einfluss bis ins Châtelet reicht. Aber jetzt – ich bin ein Wrack, *mon père*, wackle wie ein alter Stuhl, meine Lungen pfeifen wie eine verstimmte Handorgel. Ich bin zu schwach, um ein Pferd zu besteigen, geschweige denn einen Ritt von vier, fünf Tagen zu unternehmen.«

»Es wird gehen müssen! Wenn sie dich am vierten Tag noch hier finden, führt kein Weg am Galgen vorbei!«

Villon richtete sich im Bett auf.

»Ja, das weiß ich, aber ich werde in Begleitung reisen müssen; allein stehe ich diesen langen Weg nicht durch.«

Père Guillaume dachte nach.

»Während du hier Kräfte sammelst, werde ich mich nach einer Begleitung für dich umsehen. Täglich reisen Kaufleute, Geistliche, auch Soldaten in alle Richtungen. Da könntest du dich einer Gruppe, die nach Süden zieht, anschließen und die Reise wäre sicherer.«

Villon hustete lange und verzog dabei schmerzvoll sein Gesicht.

»Was die in einer Folterkammer mit Menschen anstellen, ist eine Lästerung Gottes, der unsere Körper schließlich nach seinem Willen geschaffen hat.«

»Da muss ich dir Recht geben, mein Sohn, aber auch die im Alten Testament erwähnten Strafen waren hart.«

»Trotzdem würde es heute keiner jüdischen Gemeinde mehr einfallen, ihre Ehebrecherinnen zu steinigen oder eine Mehrehe zu gestatten – obwohl es in der Thora steht.«

»Die Zeiten ändern sich, mein Sohn. Wir aber sollten an das Nächstliegende denken und dabei alles vermeiden, was dich wieder mit dem Gesetz in Konflikt bringen könnte.«

Während Père Guillaume sich die Füße wund lief und alle seine Verbindungen spielen ließ, um für seinen Sohn ein sicheres Geleit nach

Sens zu finden, lag Villon jämmerlich hustend im Bett und versuchte – unterstützt von einer alten Hausbesorgerin – wieder zu Kräften zu kommen. Dreimal täglich zwang sie ihm ein Gemisch aus vier Eiern, Rotwein und Honig auf, braute Hustentees und ermunterte ihn, seine Glieder durch Umherwandern im Haus geschmeidig zu halten.
Beim Nachtmahl bemerkte er zu seinem Vater:
»Manchmal erscheint es mir, als hätte mich bei meiner ersten Straftat – dem Einbruch ins Kolleg – ein Fluch getroffen, der mich immer wieder, ob schuldig oder nicht, in das Netz der Gesetze treibt. Ich schwöre Euch bei meinem Leben, *mon père*, dass ich in jener Nacht meinem Vorhaben treu blieb, nur in Todesgefahr zur Waffe zu greifen. Es war eine dumme harmlose Prügelei und mehr aus Versehen ist Maître Ferrebourg mit einem Dolch in Berührung gekommen. Ich glaube, Dogis hat ihn gezogen, als er sich angegriffen fühlte. Schließlich war es dunkel und keiner hat so recht gewusst, wo er hintrifft und wen er trifft. Mir aber dann einen Mord anhängen, obwohl alle Welt weiß, dass Ferrebourg mit einem harmlosen Pflaster auf der Schulter weiter seinen Geschäften nachgeht ...«
Villon schüttelte ratlos seinen Kopf.
»Ich verstehe das nicht! Da muss es im Châtelet doch Leute geben, die mich um jeden Preis vernichten wollen – um jeden Preis!«
Père Guillaume tätschelte seinen Sohn am Arm.
»Jetzt beruhige dich wieder und sei versichert, dass ich der Sache nachgehen werde.«
Am nächsten Tag erschien sein Vater mit der Nachricht, dass am Morgen des achten Januar eine Gruppe von Kaufleuten nach Dijon reisen wollte. Da lag Sens direkt am Weg und wenn es sich ergab, wollten die Händler dort sogar nächtigen.
»Ich gebe dir ein Schreiben für Brunel mit, denn dieser Mann ist – und das hat durchaus auch Vorteile – das personifizierte Misstrauen. Jedenfalls soll er sehen, dass dein Aufenthalt mit meinem ausdrücklichen Einverständnis geschieht. Spätestens im Mai werden wir uns dann dort wieder sehen.«
Villon hätte bei dieser Nachricht erleichtert sein müssen, aber er war es nicht und zwang sich dennoch zu einem dankbaren Lächeln.

»Wenn ich Euch nicht hätte, *mon père* ...«

In Wahrheit fühlte er sich geistig wie körperlich so elend, dass er allen Ernstes schon daran gedacht hatte, sich unter falschem Namen in einem Klosterhospiz zu verkriechen, um dort in Demut auf seinen Tod zu warten. Aber das konnte und wollte er seinem Vater nicht antun, auch wenn es ihm vor der Einsamkeit auf dem Landgut graute. Mit dem Verwalter Brunel und anderen Menschen unter einem Dach leben, denen Poesie und geistiges Leben so fremd waren wie das Innere eines Königsschlosses. Dann schon lieber die Abgeschlossenheit einer Klosterzelle, die – genau betrachtet – mehr geistigen Freiraum ließ als der ärgerliche Umgang mit Ignoranten und Schwachköpfen.

Jetzt, da er der geistigen Elite von Paris zum Begriff geworden war, jetzt, da ihn alle Welt – begonnen beim König – als *poeta laureatus* feierte, musste er einer Bagatelle wegen der Stadt den Rücken kehren! Dass sein Vater – nach eigenem Bekunden – alles versuchen würde, die Verbannungszeit abzukürzen, konnte ihn nicht trösten.

Père Guillaume hatte noch ein Übriges getan und sein Testament beim Abt seines Klosters hinterlegt. Als der Abt den Text gelesen hatte, nickte er zufrieden und setzte sein Signum als Zeuge auf das Dokument.

»Ihr habt getan, was sich gehört, *mon frère*, und nichts anderes habe ich von Euch erwartet.«

Père Guillaume hatte es seinem Abbé zuvor erläutert.

»Was ich von meinen Vätern übernommen habe, möchte ich an meinen Sohn weitergeben. Doch alles von mir selbst Geschaffene, das Haus Porte Rouge, die Kunstschätze und anderes soll an mein Kloster gehen, das mir zeitlebens Heimat und Zuflucht war.«

Villon kannte den Inhalt des Testaments und so hatte sich für ihn – so mochte es Außenstehenden erscheinen – alles zum Besten gefügt. Doch so empfand er es nicht und er hätte freudig sein gesamtes Erbe hingegeben um den Preis, in Paris bleiben zu dürfen. Sei zufrieden! So schalt er sich selbst. Es war ein unverdientes Glück, das dich dreimal vor dem Galgen bewahrt hat – ein Schicksal, das unter Tausenden nur wenige trifft. Dir bleibt immer noch ein Gesuch an den König – vielleicht befürwortet vom Duc d'Orléans –, die Verbannungszeit gnädig abzukürzen.

Ein wenig Trost brachten diese Gedanken doch – schließlich stand er erst im dreiunddreißigsten Lebensjahr, war also beileibe kein alter Mann. Sein Vater wurde heuer einundsechzig und befand sich bei bester Gesundheit. Freilich, Père Guillaume hatte nicht annähernd das durchgemacht, was seinem Sohn beschieden war, aber irgendwie musste es ja weitergehen. Es wird weitergehen.

Es muss weitergehen! Es muss! Mit diesem Vorsatz schwang François Villon sich am Morgen des achten Januar aufs Pferd, mühsam genug. Der Abschied von seinem Vater war kurz. Der lächelte, winkte und rief:

»Auf baldiges Wiedersehen!«

Die Gruppe von Kaufleuten, der Villon sich anschloss, führte auf Packpferden und Mauleseln die verschiedensten Waren mit sich, begleitet von einer achtköpfigen schwer bewaffneten Wachmannschaft. Villon war von seinem Vater reichlich mit Geld ausgestattet worden und beteiligte sich an der Entlohnung der Sicherheitstruppe.

Das Reiten fiel ihm schwer und immer wieder schüttelten ihn Hustenanfälle, die seit einiger Zeit auch blutigen Schleim hervorbrachten. Das feuchtkalte, häufig von Nieselregen begleitete Wetter war Gift für seine Lungen, aber was sollte er tun? Wer ihn am neunten Januar noch innerhalb der Bannmeile von Paris aufgriff, konnte sich fünf *ecus d'or* verdienen – ein Betrag, für den schon so mancher umgebracht worden war.

Die Wachmannschaft setzte sich aus ehemaligen Söldnern zusammen, die während des langen Krieges auf jeweils der Seite gekämpft hatten, die sie am höchsten entlohnte. Keiner dieser groben Kerle hatte jemals etwas anderes gelernt, als mit Waffen umzugehen, hatte jemals etwas anderes getan, als zu hauen, stechen, verletzen, töten. Schon am ersten Tag erkannten sie in Villon das schwächste Glied in der Reisegruppe. Die Kaufleute bildeten eine Runde für sich, saßen am Abend beisammen und ließen keinen anderen in ihren Kreis eindringen. Auch zwei junge Priester reisten mit und ihnen hätte sich der an einem geistlichen Kolleg ausgebildete Villon wohl anschließen können, aber sein körperlicher wie geistiger Zustand verlangte nicht nach Gesellschaft. Zusammengesunken hockte er auf seinem Pferd, hustend und fiebrig, von Anfang an der Letzte im Trupp, noch hinter den Packpferden. Üblicherweise hätten die Wachsoldaten zu je vier den Anfang und das Ende bilden müssen, aber bald wurde es denen, die den Schluss machten, lästig, mit dem langsamen Villon immer weiter zurückbleiben zu müssen. Freilich, kam er ihnen aus den Augen, so war es ihre Pflicht, den Trödler wieder einzufangen, aber am Abend des zweiten Tages – kurz vor Melun – sprachen sich die zwei der Wachleute leise untereinander ab und beschlossen, den wieder weit zurückgebliebenen Villon zu erschlagen und zu berauben. Ihnen war nicht entgangen, dass er am Gürtel eine pralle Börse trug, und er hatte dies getan, weil er keinen Grund sah, bei ausreichender Bewachung sein Geld zu verstecken.

Die beiden meldeten den Kaufleuten, sich wieder einmal auf die Suche nach dem zurückgebliebenen Villon machen zu müssen.

»Dieser Mensch wird allmählich zum Ärgernis!«, bemerkte einer der Kaufherren laut und die anderen nickten dazu beifällig.

Sie fanden Villons Pferd am Wegrand an einen Baum gebunden, ihn selbst aber am Ufer der Loire bewusstlos auf einer Kiesbank. Vielleicht hatte er trinken oder sich erfrischen wollen – jedenfalls schlug ihm der eine den Schwertknauf auf den Kopf, während ihm der andere die Börse in aller Ruhe abknüpfte.

»Abschneiden sieht zu sehr nach einem Raubüberall aus. Der ist krank und hat sein Geld einfach verloren.«

Er lachte leise.

»Wir sollten einmal nachsehen …«

Der andere zeigte sich so erfreut wie einverstanden. Sie kamen auf eine Summe von achtzehn *ecus d'or*.

So schob jeder neun der blinkenden Goldmünzen in sein Wams.

»Das Pferd lassen wir, wo cs ist. Nähmen wir es mit, würden wir uns nur verdächtig machen.«

Bei ihrer Rückkunft meldeten sie Villon als nicht auffindbar. »Vielleicht hat er es sich anders überlegt und ist umgekehrt …?« Die Kaufleute zeigten sich wenig beeindruckt, die beiden Priester senkten ergeben ihre Köpfe.

Gegen Morgen erwachte Villon aus tiefer Bewusstlosigkeit und sofort fühlte er den dumpf-bohrenden Schmerz am Hinterkopf. Er befühlte die riesige Beule, spürte den Schorf des getrockneten Blutes. Noch in der Meinung, er sei gestürzt, kroch er die Uferböschung hinauf, hörte sein Pferd freudig wiehern und griff erschreckt an seinen Gürtel.

Ich bin zurückgeblieben, dachte er, und da haben sie mich überfallen. Er fühlte sich unsagbar elend, das Fieber durchraste mit feurigen Stürmen seinen ausgemergelten Leib und er fühlte sich nicht imstande, das Pferd zu besteigen. Wieder begann es zu nieseln. Eine zweite Nacht im Freien und mein nächster Weg führt zum Friedhof. Aber wohin? Seine Gedanken verwirrten sich. Er spürte die feuchte Schnauze des Pferdes, die über sein Gesicht fuhr. Ja, ja, ist schon gut – ich muss nur noch eine Weile – muss nur noch –. Er sank in einen fiebrigen Traum und da war die schöne Helena, die ihm aus nebliger Ferne zuwinkte. Er winkte zurück und wollte rufen: »Ich komme! Warte, bleib stehen – ich komme!« Doch die Gestalt wurde kleiner, löste sich auf wie in die Luft entschwebender Rauch.

Er erwachte in den Mittag hinein und dem hitzigen Fieber war ein eisiger Schüttelfrost gefolgt. Die Zinnflasche mit dem Hustentee lag noch beim Gepäck, das die Räuber offenbar nicht angerührt hatten. Gierig trank er daraus und ließ sie dann achtlos fallen. Wozu brauchte er sie noch? Bin ich am Ende angelangt? Er würde die Reisegruppe niemals mehr einholen können, fühlte sich wieder zu schwach, um sein Pferd zu besteigen. Aber ich muss hier weg, muss mich erholen. Er tastete nach den Silbergroschen, die er für den Tagesbedarf ins Innere seines Wamses gesteckt hatte. Sie waren noch da und jetzt begann er zu zweifeln, ob es wirklich ein Überfall gewesen war, da seine Börse, wie es schien, sauber und in aller Ruhe abgeknüpft worden war. Solche Burschen schlagen einen tot und nehmen alles:

Geld, Kleider, Stiefel, Pferd, Gepäck – alles. Aber das berührte ihn kaum noch – es war, als sei es einem anderen passiert. Unter großen Mühen kletterte er in den Sattel, ritt bis Corbeil, ruhte etwas aus und schaffte es noch bis Savigny, wo er in der Abenddämmerung anlangte. In einer billigen Herberge erhielt er für einen *gros blanc* eine Schlafstatt, dazu Brot mit einem Krug Wein.
Wohin wollte er eigentlich? Wenn er weiter nach Norden zog, würde er die Bannmeile von Paris überschreiten – dann ging es geradewegs zum Galgen. Aber er wollte doch nach Sens … Dazu fehlte ihm die Kraft, er brauchte eine Ruhepause von acht bis zehn Tagen, doch er musste vor dem Zugriff des Châtelet sicher sein. Da leuchtete wie ein Funke der Name des Klosters Vaux-de-Cernay auf. Damals hatte er mit dem Abt ein längeres Gespräch gehabt, er würde sich gewiss an ihn erinnern können.
Am Morgen richtete er sich her, so gut es ging, zwang sich dazu, eine Schale Milch zu trinken und kaute lustlos an einem Stück Brot.
Am späten Vormittag sah er vor sich ein bewaldetes Tal und im Hintergrund aus dem Gewirr der entlaubten Bäume einen spitzen Kirchturm ragen. Das Kloster! Er ritt näher, erinnerte sich an den schmalen Hohlweg und wusste plötzlich, dass er auf das Nonnenkloster Porte-Royale zuritt. Als er an der Pforte vom Pferd steigen wollte, ergriff ihn eine solche Schwäche, dass er zu Boden stürzte und bewusstlos liegen blieb.
Er erwachte in einem der Gästebetten, neben ihm saß eine alte Nonne und döste vor sich hin. Er zupfte sie am Ärmel.
»Oh – Monsieur – soll ich einen Arzt holen?«
Villon, leicht auf Fieberwogen schwebend, fühlte sich wie berauscht.
»Aber nein, *ma soeur*, es wird schon wieder. Kennt Ihr hier eine Schwester, die sich die schöne Helena nennt?«
Ihr Gesicht wurde hart und abweisend.
»Ja, eine solche hat es gegeben. Ihr Klostername lautete freilich anders, aber in eitlem weltlichem Hochmut maßte sie sich diesen Namen an. Sie wollte keine Profess ablegen und ging in die Welt hinaus.«
»In die Welt hinaus? Wie ist das zu verstehen?«

»Sie erwählte statt des himmlischen Bräutigams einen irdischen.«
»Dann hat sie ihren Traumprinzen also gefunden ...«
Er sagte es so leise, dass die Nonne sich fragend vorbeugte.
»Was habt Ihr gesagt?«
»Nichts – nichts, was Euch betreffen könnte ... Wie geht es der Äbtissin?«
»Von welcher sprecht Ihr?«
»Von Huguette du Hamel natürlich.«
»Sie wurde vor einigen Monaten wegen unwürdiger Amtsführung zur einfachen Nonne degradiert und strafweise in ein strenges bretonisches Kloster eingewiesen.«
Er lächelte traurig. Arme Huguette, man hat dir dein lockeres Leben missgönnt – die Herrenabende, die wechselnden Geliebten ...
Wieder hatte er so leise gesprochen, dass die Nonne es nicht verstand.
»Ihr müsst lauter reden, Monsieur, Euer Gemurmel ist für mich ...«
»Ja, ja, schon gut. Und die neue Äbtissin?«
»Sie wird Euch später einen kurzen Besuch abstatten.«
Dann reichte ihm die Nonne einen bitteren Trank, der ihn schläfrig machte. Da bin ich wohl zu spät gekommen, ging es ihm durch den Kopf, sie hat nicht ewig auf ihren Traumprinzen warten wollen ...
Er schlief ein, bis am späten Nachmittag eine helle Frauenstimme ihn weckte.
»Maître Villon?«
»Ja, das bin ich, aber woher –?«
»Einige der Schwestern haben Euch wieder erkannt.«
»Ihr hättet mich ja fragen können.«
»Einen schlafenden Kranken soll man nicht wecken. Ihr habt Euch nach der – der schönen Helena erkundigt?«
Er nickte.
»Ja, sie hat uns viel Kummer gemacht. Solange Huguette du Hamel hier das Regiment führte, wurde sie geduldet, aber als ich das Kloster übernahm, musste ich sie vor die Wahl stellen: die Profess ablegen oder das Kloster verlassen. Sie hat sich dann mit einem ihrer Verehrer – vermutlich war es der Reichste – verheiratet. Er hat in-

zwischen von seinem Vater die *mairie* von Etampes übernommen.«
»Keine schlechte Wahl ...«
»Jedenfalls weht jetzt in Porte-Royale ein anderer Wind und ich kann Euch höchstens noch eine Nacht beherbergen.«
»Aber wo soll ich hin? Mein Geld ist weg, nach Paris kann ich nicht zurück ...«
»Wir sind hier ein Nonnenkloster, Maître, und haben gewisse Rücksichten zu nehmen. Wendet Euch an das Kloster Vaux-de-Cernay, dort gibt es ein Hospiz für Männer. Der Weg von zwei Meilen ist auch einem Kranken zuzumuten.«
»Gut, ich werde morgen aufbrechen.«
Wieder versank er in fiebrige Träume, hörte den alten Abt in Vaux-de-Cernay geifern: »Diese schamlose *abbesse* bringt das ganze Klosterleben in Verruf! Im Grunde ist sie nur eine geistlich gekleidete Puffmutter ...«
Plötzlich verwandelte sich der Alte in die schöne Helena, die Villon lächelnd an der Hand nahm. »Lass ihn doch zetern, Liebster, uns soll das nicht kümmern. Ich werde dich jetzt zu unserem Traumschloss führen, wo wir leben und uns lieben werden – für immer – für immer ...«
Ihre Stimme verklang und Villon erwachte. Wie spät mochte es sein? Auf dem Tischchen neben seinem Bett kämpfte die Flamme des Öllämpchens um ihr Leben, flackerte verzweifelt, zog die letzten Tropfen aus ihrem Bauch, aber die reichten nicht lange hin und sie erlosch. Der Docht glühte noch für Sekunden auf, dann füllte nachtschwarze Dunkelheit den kleinen Raum.
Da wusste Villon plötzlich, dass er bald sterben würde. Wie das Lämpchen sein Öl, so hatte er seine Lebenskraft restlos aufgebraucht. Hatte Gott die Geduld mit ihm verloren und wollte endlich einen Schlusspunkt setzen? Oder lag es an ihm, der seines Lebens satt war, nichts mehr zu erwarten, nichts mehr zu erhoffen hatte? Sein Hauptwerk, »Das Große Testament«, war abgeschlossen, er konnte sich nur noch wiederholen.
Aus einem unruhigen, von Hustenattacken unterbrochenen Schlaf erwachte Villon bei Morgengrauen. Es klopfte und ohne eine Ant-

wort abzuwarten, trat die alte Nonne ein, stellte einen Topf heiße Honigmilch ans Fenster und legte ein Stück Brot daneben.
»Wenn Ihr gegessen habt, müsst Ihr aufbrechen, Maître Villon.«
Sie ging und er quälte sich mit Mühe aus dem Bett, zwang sich zu essen und zu trinken.
Draußen half ihm dann ein Bauernbursch aufs Pferd und ritt auf einem Maultier neben ihm, bis sie nach kaum einer Stunde das Kloster Vaux-de-Cernay erreichten. Villon streckte ihm einen Groschen hin und der Bursche grinste.
»Da werde ich mich einmal richtig besaufen!«
»Tu das, mein Junge, aber trinke auf meine Gesundheit.«
Der Abt war noch immer der gleiche – er wirkte alt, aber nicht gealtert.
»Villon! Solange Jahre habt Ihr Euch Zeit gelassen, uns hier wieder zu besuchen. Was führt Euch her? Ihr seht nicht gut aus …«
»Ich bin krank, *votre référence* – schwach, hinfällig, aufgebraucht. Aus Paris bin ich für eine Weile verbannt, war auf dem Weg zum Landgut meines Vaters in Sens, wurde überfallen, beraubt …«
Da wurde der Abt ganz eifrig und rief:
»Wir pflegen Euch hier gesund! Der Klang Eurer Lieder ist auch hierher gedrungen und ich sehe es als eine Ehre an, den Orpheus unseres Landes dem Leben wieder zu schenken.«
»Ihr übertreibt, *mon père.* Gott hat mir ein wenig Talent verliehen und ich –«
»Ja, Ihr habt mit Euren Pfunden gewuchert, Maître Villon, wie es sich gehört.«
Im Hospiz wurde ihm eines der besten Krankenzimmer bereitet und ein heilkundiger Pater nahm sich seiner an.
»Ihr hustet Blut? Wie lange schon?«
»Seit ich wieder in Paris bin – oder besser: war. Im Winter hat es sich verschlimmert …«
»Da kann Euch nur eines helfen: strengste Bettruhe, leichte, aber gehaltvolle Nahrung, Wein in Maßen, aber regelmäßig. Dazu erbauliche Lektüre, die Gebete – jedenfalls werde ich Feder und Papier von Euch fern halten.«

Villon lächelte schwach.
»Das wäre gar nicht nötig, *mon père*. Was zu sagen ist, habe ich gesagt ...«
»Auch gut, jedenfalls hoffe ich, Euch bald wieder auf den Beinen zu sehen. Wenn erst die warmen Tage kommen ...«
»Da ist aber noch lange hin.«
»Geduld zählt zu den wirksamsten Arzneien.«
»Ich werde mich bemühen.«
Ja, er bemühte sich, aber die Krankheit schritt fort und bald kam es dazu, dass er Blutklumpen hustete und die Fieberschübe immer heftiger wurden. In seinen klaren Stunden führte er mit dem Abt lange Gespräche, verschwieg auch nicht, dass er immer wieder von der schönen Helena träumte.
»Sie ist ihrem Vorsatz treu geblieben, hat von Anfang an erkannt, dass sie nicht für das Klosterleben geschaffen ist. Und ich dummer Kerl habe gehofft – gedacht – erwartet – ach, ich weiß nicht! Immer wenn es mir am schlechtesten ging, hat ihr Traumbild mich getröstet.«
Der Abt drohte scherzhaft mit dem Finger.
»In solchen Fällen ruft ein Christ wenn nicht Gott, so doch die Heiligen zu Hilfe an. Die Jungfrau Maria wäre da geeigneter gewesen als eine verstockte, sündige Novizin.«
Villon nickte, wollte etwas sagen, doch ein würgender erstickender Hustenanfall schnitt ihm das Wort ab.
Auch auf sein nahes Ende kam er mit dem Abt zu sprechen. Als der geistliche Herr nach tröstenden Worten suchte, winkte Villon ab.
»Ich habe zu oft dem Tod ins Antlitz geschaut, um ihn noch zu fürchten. Nur um eines bitte ich Euch: Wenn es so weit ist, dann darf es mein Vater nicht wissen. Es würde ihm alle Hoffnung nehmen. Er soll glauben, ich treibe mich wieder einmal in der Welt herum. Mein Pferd und was ich mit mir führe, vermache ich dem Kloster. Mein Grab soll namenlos bleiben ...«
»Aber warum, Maître Villon?«
»Was bedeutet ein zu Staub zerfallener Körper, verglichen mit unsterblicher Poesie? Das ist weder Stolz noch Hochmut – es ist das

Wissen, etwas Dauerhaftes geschaffen zu haben. Vielleicht wiegt Gott die Freuden, die meine Lieder anderen bereitet haben, gegen meine Sünden auf. Was meint Ihr?«

»Gott ist gnädig und barmherzig. Im Leichtsinn begangene Sünden wiegen – so glaube ich – vor seinen Augen leicht.«

Villon nahm immer weniger Nahrung zu sich, es war, als hätte er eine Kröte im Hals, die ihn am Schlucken hinderte. Von Zeit zu Zeit trank er etwas verdünnten Rotwein; in wenigen Tagen magerte er zum Skelett ab. Das Reden hatte er aufgegeben, nur manchmal presste er mühsam einige Worte heraus. Als der Abt tröstend seine feuchte, fieberheiße Hand nahm und sich über ihn beugte, vernahm er ein heisernes Flüstern.

»Helena – die schöne Helena soll – soll mich besuchen –«

Hatte Villon vergessen, dass die entlaufene Nonne jetzt verheiratet war? Gestern hatte ihm der heilkundige Frater gesagt, der Kranke gleite jetzt in ein Delirium ab und sehe Bilder, die sich mehr und mehr von der Wirklichkeit entfernten. Der Abt dachte daran und nickte dem Sterbenden zu.

»Ja, Maître, ich verspreche es Euch – Helena wird Euch bald besuchen.«

War das nur so zur Beruhigung des Todkranken gesagt? Nein, es steckte eine Absicht dahinter. Wenige Tage später nämlich erwartete der Abt den Besuch seines frisch verheirateten Neffen, der ihm seine Frau vorstellen wollte.

Das hübsche junge Wesen wagte kaum aufzuschauen zu diesem Onkel, der ein so hohes geistliches Amt innehatte. Der Abt küsste sie auf beide Wangen und sagte lächelnd:

»Jetzt stell dich nicht so an, *ma petite*! Ich bin auch nur ein Mensch und muss mich einst vor Gott verantworten wie jeder Mann und jede Frau, ganz gleich, welchen Rang sie im Leben bekleidet haben. Jetzt aber überfalle ich dich gleich mit einer Bitte: Im Hospiz liegt François Villon und wird nicht mehr lange leben. Statte ihm einen Besuch ab, lächle ihn an und sage, die schöne Helena sei gekommen.«

Da meldete sich gleich der Neffe zu Wort.

»Ich weiß natürlich, wer Villon ist – wer in Paris wüsste es nicht? Es tut mir Leid, dass er sterben muss, aber ich dulde nicht, dass Ihr meine Frau –«

Der Abt winkte ungeduldig ab.

»Halt den Mund und hört mich beide an!«

In knappen Worten stellte er den Fall dar und schloss:

»Es ist ein Akt christlicher Barmherzigkeit, dem großen Dichter mit einer frommen Lüge das Sterben zu erleichtern.«

Als die junge Frau das Sterbezimmer betrat, begann draußen eine Amsel ihr etwas verfrühtes Frühlingslied zu trällern – laut, beharrlich, in endlosen Wiederholungen.

Schaudernd blickte die junge Frau auf den Kopf eines noch lebenden Menschen, der schon einem Totenschädel glich. Doch sie überwand sich und sagte halblaut:

»Villon, ich bin es, die schöne Helena …«

Die fieberglänzenden Augen belebten sich etwas.

»Helena? Du bist also doch gekommen … Dein – Dein Traumprinz ist krank, aber er wird – er wird –«

Die Augen fielen ihm zu, doch das stille, zufriedene Lächeln blieb auf seinem Gesicht – auch im Tode noch.

Danksagung

Wie wir heute wissen, ist der schon zu Lebzeiten einsetzende Ruhm des französischen Poeten François Villon nach seinem Tod noch beträchtlich gestiegen. Vor allem im 20. Jahrhundert wurde der Dichter in nahezu alle Kultursprachen übersetzt, doch die Übertragung von Lyrik ist ein Kapitel für sich. Ohne näher darauf eingehen zu wollen, möchte ich dankend die drei Übersetzer erwähnen, deren Zitate ich in diesem Buch verwendet habe.

Da ist einmal der expressionistische Lyiker Paul Zech (1881–1946), der in seinem Nachwort bemerkt:

»Ich habe meine Nachdichtungen und Variationen nicht für künftige Philologen geschrieben, die ihr Werturteil nur nach wortwörtlicher Übertragung, Zeile für Zeile einrichten ...«

Ja, so ist es in der Tat, denn Zech hat die meines Erachtens freieste, wenn auch gewiss frechste und eigenwilligste Nachdichtung geliefert.

Carl Fischer hat sich in seiner zweisprachigen Ausgabe näher an den Urtext gehalten, doch ist es ihm gelungen, dabei den Reiz des Originals zu bewahren. Dankenswerterweise hat Fischer sich auch an die elf »Jargongedichte« gewagt und konnte dabei etwas vom spröden Charme der Gaunersprache vermitteln.

Walter Küchler (1877–1953), einer der besten Kenner französischer Sprache und Literatur, hat das Seine dazu gegeben, uns Villon in einer sprachlich knapperen, aber dennoch sehr einfühlsamen Übertragung nahe zu bringen.

Um der Romanhandlung entgegenzukommen, war es manchmal notwendig, die Zitate geringfügig zu verändern.

Die drei hier erwähnten Werkausgaben sind als Taschenbücher im Handel – W. Küchler im Insel Verlag, die anderen bei dtv.

Historische Romane von Siegfried Obermeier

Salomo und die Königin von Saba
400 Seiten, ISBN 3-485-01007-3

Messalina – die lasterhafte Kaiserin
400 Seiten, ISBN 3-485-00916-4

Sappho
448 Seiten, ISBN 3-485-00885-0

Mein Kaiser, mein Herr
648 Seiten, ISBN 3-485-01035-9

»So spannend kann Geschichte sein...«
Berliner Morgenpost

»Der Autor ist ein Meister der Erzählung über prominente Personen.«
Lausitzer Rundschau

Lesetipp

NYMPHENBURGER
WWW.NYMPHENBURGER-VERLAG.DE